Revista de Direito Tributário

88

MALHEIROS EDITORES

Revista de Direito Tributário

Publicada sob os auspícios do

Instituto Geraldo Ataliba — IDEPE — Instituto Internacional de Direito Público e Empresarial
Presidente: Prof. Aires Barreto

ISS 0102-7956

REVISTA DE DIREITO TRIBUTÁRIO
publicação trimestral de
MALHEIROS EDITORES LTDA.
Rua Paes de Araújo, 29, 17º andar - conj. 171
CEP: 04531-940 - São Paulo, SP
Tel. (0xx11) 3078-7205
Fax. (0xx11) 3168-5495
Diretor Responsável: Álvaro Malheiros
Diretora: Suzana Fleury Malheiros

Assinaturas e comercialização:
CATAVENTO DISTRIBUIDORA
DE LIVROS S.A.
Rua Conselheiro Ramalho, 928
CEP 01325-000 - São Paulo - SP
Tel. (0xx11) 289-0811 - Fax. (0xx11) 251-3756
Supervisão Gráfica: Vânia Lúcia Amato
Composição: *Scripta*
Impressão: Paym Gráfica e Editora Ltda.

Revista de Direito Tributário

CADERNOS DE DIREITO TRIBUTÁRIO

Fundador: Rubens Gomes de Souza (✝)

CADERNOS DE DIREITO TRIBUTÁRIO

SUMÁRIO

CADERNOS DE DIREITO TRIBUTÁRIO

LEI COMPLEMENTAR TRIBUTÁRIA
— CARLOS MÁRIO DA SILVA VELLOSO 7

CONSIDERAÇÕES SOBRE O FUTURO DA HERMENÊUTICA TRIBUTÁRIA À LUZ DOS PRINCÍPIOS DA LIBERDADE E JUSTIÇA TRIBUTÁRIA
— RICARDO LOBO TORRES 24

HARMONIZAÇÃO TRIBUTÁRIA NO ACORDO ALCA E O DIREITO BRASILEIRO
— HELENO TAVEIRA TÔRRES 33

EFICIENCIA Y COSTES DE LA ADMINISTRACIÓN DE JUSTICIA: EL MODELO ALEMÁN
— TORSTEN EHMCKE e DIEGO MARÍN-BARNUEVO 59

O SIGILO BANCÁRIO E FISCAL NO ORDENAMENTO JURÍDICO BRASILEIRO
— JOSÉ AUGUSTO DELGADO 83

CONTRIBUIÇÕES SOCIAIS DE SEGURIDADE SOCIAL. ALGUNS ASPECTOS DE SEU REGIME JURÍDICO
— WAGNER BALERA 124

PRINCÍPIOS DE DIREITO ADMINISTRATIVO TRIBUTÁRIO
— AURÉLIO PITANGA SEIXAS FILHO 139

SIGILO BANCÁRIO E INTERPRETAÇÃO ECONÔMICA NO PROCESSO ADMINISTRATIVO
— JOHNSON NOGUEIRA 149

PIS/COFINS — VARIAÇÃO CAMBIAL POSITIVA DE PASSIVOS — NÃO-INCIDÊNCIA
— WALDIR LUIZ BRAGA e GUILHERME PEREIRA DAS NEVES 166

STJCE "LANKHORST-HOHORST *vs.* FINANZAMT STEINFURT", DE 12.12.2002, AS. C-324/00. LIBERTAD DE ESTABLECIMIENTO. NORMAS TRIBUTARIAS SOBRE SUBCAPITALIZACIÓN. DISTRIBUCIÓN ENCUBIERTA DE BENEFICIOS. COHERENCIA DEL RÉGIMEN FISCAL. EVASIÓN FISCAL
— MANUEL LUCAS DURÁN 176

ESTUDOS E COMENTÁRIOS

AS CONTRIBUIÇÕES SOCIAIS E A TREDESTINAÇÃO DE SEUS RECURSOS
— Paulo Ayres Barreto 185

ELEMENTOS QUE INTEGRAM O ATO COOPERATIVO DE FORMA GENÉRICA E A COMPETÊNCIA PARA ESTABELECER NORMAS COMPLEMENTARES QUE ESTABELEÇAM LIMITES À INCIDÊNCIA DE TRIBUTOS
— Renato Romeu Renck 192

A TEORIA COMUNICACIONAL DO DIREITO E O DIREITO TRIBUTÁRIO BRASILEIRO
— Daniela de Andrade Braghetta 218

ASPECTOS CONSTITUCIONAIS DA HIPÓTESE TRIBUTÁRIA DA TAXA PELA PRESTAÇÃO DE SERVIÇO PÚBLICO
— Vladimir da Rocha França 224

ACÓRDÃO DO TRIBUNAL DE JUSTIÇA (QUINTA SECÇÃO) 12 DE DEZEMBRO DE 2002 (ART. 43 CE — CASO LANKHORST-HOHORST) 246

CADERNOS DE DIREITO TRIBUTÁRIO

LEI COMPLEMENTAR TRIBUTÁRIA*

CARLOS MÁRIO DA SILVA VELLOSO

Ministro do Supremo Tribunal Federal. Membro da Academia Brasileira de Letras Jurídicas. Professor-Emérito da PUC/MG e da UnB

1. Introdução: o processo legislativo e as normas jurídicas que elabora. 2. A lei complementar. 3. Lei complementar e lei ordinária: inexistência de superioridade hierárquica. 4. Lei complementar tributária do art. 146 da Constituição: 4.1 A matéria sobre a qual disporá: 4.1.1 Conflitos de competência: art. 146, I; 4.1.2 Limitações constitucionais ao poder de tributar: art. 146, II; 4.1.3 As limitações constitucionais à tributação na Constituição e o âmbito de atuação da lei complementar; 4.1.4 Normas gerais em matéria tributária: art. 146, III; 4.1.5 A lei disciplinadora de limitações: casos em que a lei será lei ordinária. 5. Leis complementares em matéria tributária. 6. Competência legislativa concorrente da União, Estados e Distrito Federal: CF, art. 24: 6.1 Competência concorrente não-cumulativa e cumulativa; 6.2 Normas legais estaduais na competência concorrente. 7. Conclusões.

1. Introdução: o processo legislativo e as normas jurídicas que elabora

A Constituição Federal, ao dispor sobre o processo legislativo, estabelece que compreende este a elaboração de diversas normas jurídicas: emendas à Constituição, leis complementares, leis ordinárias, leis delegadas, medidas provisórias, decretos legislativos e resoluções (CF, art. 59). Em primeiro lugar, temos as normas derivadas, que são as emendas constitucionais, leis, é certo, em sentido material, não, entretanto, em sentido formal, dado que as emendas constitucionais são oriundas de poder diverso do Poder Legislativo propriamente dito, não obstante ser o próprio Poder Legislativo que as elabora. Assim o faz, todavia, investido de poder constituinte derivado, poder constituinte de segundo grau, instituído pelo poder constituinte originário. Vêm, em seguida, os atos normativos primários gerais. Nestes, temos como gênero

* Texto básico de palestras proferidas no VIII Simpósio Nacional de Estudos Tributários, realizado em São Paulo, sob o patrocínio da Academia Brasileira de Direito Tributário, em 6.6.1997 e no I Congresso de Direito Tributário, realizado em Recife, PE, em 2.10.2001, sob o patrocínio do Instituto Pernambucano de Estudos Tributários.

a lei e, como espécies desse gênero de ato normativo, as leis complementares, as leis ordinárias, as leis delegadas e as medidas provisórias. Seguem-se os atos normativos primários individuais, que são os decretos legislativos e as resoluções.

As medidas provisórias têm força de lei e a sua elaboração cabe ao Presidente da República, obedecidas as condições inscritas no art. 62 da Constituição. O constituinte de 1988, ao instituí-las, inspirou-se no decreto-lei da Constituição italiana de 1947. A Assembléia Constituinte de 1987/1988 trabalhava sobre um modelo parlamentarista de governo. Num determinado momento, abandonou esse modelo e caminhou para o presidencialismo. Esqueceu-se, entretanto, de rever o projeto no que toca às medidas provisórias. Na verdade, do modo como está, na Constituição, a medida provisória reflete modelo de governo parlamentar. É que, neste, o gabinete, que constitui o governo, não passa de uma seção do parlamento, chefiado pelo primeiro ministro e sob o controle do parlamento. Se ato ou atos do gabinete não merecerem aprovação daquele, pode o gabinete cair, pode receber voto de desconfiança do parlamento e ser dissolvido. Então, no sistema parlamentar de governo é razoável a possibilidade de o gabinete legislar sem maiores limitações, o que, entretanto, no sistema presidencial não é adequado. E, vale repetir, o modo como a medida provisória está na Constituição — art. 62 — reflete modelo de governo parlamentar e não presidencial. Ela, medida provisória, foi posta no processo legislativo como espécie do gênero lei, lei sob condição resolutória.[1]

Vamos cuidar, nesta palestra, da lei complementar, da lei complementar tributária.

2. *A lei complementar*

A lei complementar brasileira tem origem na Constituição da França, de 1958, que criou espécie de lei que "ocupava uma posição intermediária entre a Constituição e as leis ordinárias, denominada de *loi organique*".[2] Ela, lei complementar, com as características atuais, aprovada mediante quórum qualificado, foi introduzida, pela primeira vez, na ordem jurídica brasileira, pela Constituição de 1967, não obstante ter sido tratada, com tais características, pela Emenda Constitucional 4, de 1961, que instituiu o sistema parlamentar de governo no Brasil e que teve vida efêmera.[3] Escreve Reinaldo Pizolio Jr., forte em Diniz Ferreira da Cruz,[4] que a Emenda Constitucional 4, de 1961, "determinava em seu art. 22 que se poderia complementar a organização do sistema parlamentar então instaurado, através de leis votadas, nas duas Casas Legislativas do Congresso Nacional, pela maioria absoluta de seus membros".[5] Todavia, conforme já foi dito, o sistema parlamentar de governo, instaurado pela EC 4, de 1961, teve vida efêmera e nenhuma lei complementar foi aprovada pelo Congresso Nacional. É possível, pois, a afirmativa, anteriormente feita, de que a lei complementar, nos moldes como se apresenta, foi introduzida,

1. A Emenda Constitucional 32, de 11.9.2001, introduziu alterações no art. 62 da Constituição. Vedou-se a edição de medida provisória sobre diversas matérias (art. 62, § 1º, I, *a* a *d*, II, III e IV). Estabeleceu-se que medida provisória que implique instituição ou majoração de impostos, exceto os previstos nos arts. 153, I, II, IV, V e 154, II, só produzirá efeitos no exercício financeiro seguinte, se houver sido convertida em lei até o último dia daquele em que foi editada (art. 62, § 2º). As medidas provisórias terão eficácia por sessenta dias, prorrogável, uma vez, por igual período (art. 62, §§ 3º e 7º). Esse prazo contar-se-á da publicação da medida provisória, suspendendo-se durante o recesso do Congresso Nacional. Outras alterações foram introduzidas. As principais, entretanto, estão acima indicadas.

2. Reinaldo Pizolio Jr., "Considerações acerca da lei complementar em matéria tributária", *Cadernos de Direito Tributário e Finanças Públicas* 14/173.

3. José Afonso da Silva, *Aplicabilidade das Normas Constitucionais*, 3ª ed., Malheiros Editores, p. 234.

4. Diniz Ferreira da Cruz, *Lei Complementar em Matéria Tributária*, São Paulo, J. Bushastsky Ed., 1978, p. 90.

5. Reinaldo Pizolio Jr., ob. e loc. cits.

pela primeira vez, na ordem jurídica brasileira, pela Constituição de 1967. A Constituição de 1988 a manteve, sem alteração. Convém registrar que a Emenda Constitucional 18, de 1965, fazia referência à lei complementar (art. 2º, IV, *c*, art. 4º, art. 12, §§ 1º e 2º). Não estabelecia a citada Emenda 18, entretanto, que a sua aprovação ocorreria mediante quórum qualificado.

3. *Lei complementar e lei ordinária: inexistência de superioridade hierárquica*

Feitas essas ligeiras observações, comecemos por indagar: as leis complementares ocupam posição hierárquica superior à das leis ordinárias?

Logo após a promulgação da Constituição de 1967, autores de nomeada sustentaram a superioridade hierárquica da lei complementar sobre a lei ordinária. Um desses autores foi o saudoso Geraldo Ataliba.[6] Todavia, Geraldo Ataliba se reconsiderou, posteriormente. Em nota que fez inserir no seu livro, escreveu, demonstrando grandeza de homem e de jurista: "Este livro foi publicado em 1971. Em 1972, o Prof. Souto Maior Borges, em aula proferida a nosso convite, na PUC/SP, refutou a afirmação de que a lei complementar está em posição hierárquica superior à lei ordinária. Tão rigorosa e científica foi sua argumentação que nos convencemos imediatamente e, publicamente, revimos estas afirmações (fls. 29, 5º período e ss.), para curvarmo-nos à evidência da argumentação científica do mestre pernambucano, depois expostas no seu magistral livro *Lei Complementar Tributária*, editado também pela Revista dos Tribunais".[7]

O que deve ser entendido, e a lição é de José Souto Maior Borges, é que há "dois grupos básicos de leis complementares: 1º) leis complementares que fundamentam a validade de atos normativos (leis ordinárias, decretos legislativos e convênios); e 2º) leis complementares que não fundamentam a validade de outros atos normativos",[8] integrando o primeiro grupo a lei complementar do art. 146 da Constituição.

A partir da obra de José Souto Maior Borges,[9] o entendimento da doutrina é mesmo no sentido de que a lei complementar tem campo específico, estabelecido pela Constituição, expressamente. Fora desse campo, é ela lei ordinária. Ensina Roque Antonio Carrazza que, "de logo cabe-nos dizer que a lei ordinária não revoga a lei complementar, não porque ocupe posição menos preeminente do que esta, mas porque ambas possuem campos de atuação (matérias sobre as quais podem versar) diversos, isto é, nunca coincidentes".[10] Juristas de nomeada versaram o tema[11] no rumo preconizado por José Souto Maior Borges. Hugo de Brito Machado, que sustentara a inexistência de superioridade hierárquica da lei complementar sobre a lei ordinária, passou a adotar posição em sentido contrário. Escreve: "Meditando sobre o tema, relendo as referidas lições da doutrina, e especialmente relendo os dispositivos da Cons-

6. Geraldo Ataliba, *Lei Complementar na Constituição*, São Paulo, Ed. RT, 1971.

7. Geraldo Ataliba, ob. cit., p. 29.

8. José Souto Maior Borges, *Lei Complementar Tributária*, São Paulo, Ed. RT, 1975.

9. José Souto Maior Borges, ob. cit.

10. Roque Antonio Carrazza, ap. Celso Ribeiro Bastos, "A inexistência de hierarquia entre a lei complementar e as leis ordinárias", *Cadernos de Direito Tributário e Finanças Públicas* 26/11.

11. Antônio Carlos Rodrigues do Amaral, "Lei Complementar", *Curso de Direito Tributário*, Edições CEJUP/CEEU, Belém, PA/São Paulo, 1993, p. 95; Paulo de Barros Carvalho, *Curso de Direito Tributário*, São Paulo, 1985, p. 109; Hamilton Dias de Souza, "Lei complementar em matéria tributária", in *Curso de Direito Tributário*, Saraiva, 1982, p. 29; Eduardo Marcial Ferreira Jardim, *Manual de Direito Financeiro e Tributário*, São Paulo, Saraiva, 1993, p. 103; Edgar Lincoln de Proença Rosa, *A Questão do Decreto-lei sobre Tributos*, São Paulo, Ed. RT, 1982, p. 56; Celso Ribeiro Bastos, *Curso de Direito Financeiro e Tributário*, São Paulo, Saraiva, 1991, p. 164; Celso Ribeiro Bastos, "A inexistência de hierarquia entre a lei complementar e as leis ordinárias", *Cadernos de Direito Tributário e Finanças Públicas* 26/11; *Lei Complementar*, São Paulo, Saraiva, 1985; Michel Temer, *Elementos de Direito Constitucional*, 10ª ed., Malheiros Editores, 1994, p. 142.

tituição, modificamos nosso ponto de vista. Na verdade a lei complementar é espécie normativa superior à lei ordinária, independentemente da matéria que regula, e mesmo disponha sobre matéria a ela não reservada pela Constituição, não pode ser revogada por lei ordinária".[12]

A lei complementar existente no processo legislativo brasileiro decorre de comando constitucional. Se fundamenta ela a validade de outros atos normativos, impõe-se reconhecer a sua superioridade. A lei complementar, por exemplo, inscrita no parágrafo único do art. 59 da Constituição — lei complementar disporá sobre a elaboração, redação, alteração e consolidação das leis — ostenta posição hierárquica superior, dado que servirá de fundamento de validade dos demais atos normativos. Correto, entretanto, o entendimento de que as leis complementares, na linha da lição de Souto Maior Borges, que não fundamentam a validade de outros atos normativos, não têm posição hierárquica superior.[13]

4. *Lei complementar tributária do art. 146 da Constituição*

No campo tributário, cumpre registrar que a lei complementar de normas tributárias, inscrita no art. 146 da Constituição, lei nacional, ostenta a superioridade hierárquica mencionada.

No sistema constitucional tributário, aliás, podemos distinguir várias espécies de leis complementares, a começar pela lei complementar do art. 146 da Constituição, da qual cuidaremos, por primeiro.

A Constituição de 1967, no art. 18, § 1º, estatuía que "lei complementar estabelecerá normas gerais de direito tributário, disporá sobre os conflitos de competência nessa matéria entre a União, os Estados, o Distrito Federal e os Municípios e regulará as limitações constitucionais ao poder de tributar".

Duas correntes doutrinárias surgiram. A primeira, a corrente dicotômica, capitaneada por Geraldo Ataliba, sustentava que a lei complementar do § 1º do art. 18 da CF/1967 tinha por finalidade editar normas gerais de direito tributário sobre (a) conflitos de competência entre a União, os Estados, o Distrito Federal e os Municípios e (b) regular as limitações constitucionais à tributação.[14] A segunda, a corrente tricotômica, sustentava, a seu turno, que a citada lei complementar do § 1º do art. 18 da CF/1967 tinha por finalidade (a) emitir normas gerais de direito tributário; (b) dispor sobre conflitos de competência nessa matéria entre a União, os Estados, o Distrito Federal e os Municípios; (c) regular as limitações constitucionais ao poder de tributar.

12. Hugo de Brito Machado, "Posição hierárquica da Lei Complementar", *Revista Dialética de Direito Tributário* 14/19.

13. Michel Temer ensina: "Hierarquia, para o Direito, é a circunstância de uma norma encontrar sua nascente, sua fonte geradora, seu ser, seu engate lógico, seu fundamento de validade, numa norma superior. A lei é hierarquicamente inferior à Constituição porque encontra nesta o seu fundamento de validade. Aliás, podemos falar nesse instrumento chamado lei, porque a Constituição o cria. Tanto isto é verdade que o Supremo Tribunal Federal, ao declarar que uma lei é inconstitucional, está dizendo: 'aquilo que todos pensaram que era lei, lei não era', dado que lei é instrumento criado pelo Texto Constitucional. Pois bem, se hierarquia assim se conceitua, é preciso indagar: lei ordinária, por acaso, encontra seu fundamento de validade, seu engate lógico, sua razão de ser, sua fonte geradora, na lei complementar? Absolutamente, não!" E conclui o eminente mestre: "Não há hierarquia alguma entre a lei complementar e a lei ordinária. O que há são âmbitos materiais diversos atribuídos pela Constituição a cada qual destas espécies normativas" (*Elementos de Direito Constitucional*, cit., 17ª ed., pp. 146-148). A lição de José Afonso da Silva é relevante, quando afirma existir "uma relação hierárquica também naquelas hipóteses em que a lei complementar seja normativa, ou seja, estabeleça regra limitativa e regulatória de outras normas. (...) Se as do primeiro grupo fundamentam a validade de outros atos normativos, isso indica relação hierárquica, de tal sorte que tais atos hão que conformar-se a seu fundamento de validade, que por isso, se coloca em nível superior" (ob. cit., p. 247).

14. Geraldo Ataliba, "Normas gerais de Direito Financeiro e Tributário", *RDP* 10/15; Roque Antonio Carrazza, *Curso de Direito Constitucional Tributário*, cit., 11ª ed., pp. 513 e ss.

A questão foi bem exposta por Paulo de Barros Carvalho, dos principais líderes da corrente dicotômica:

"A linha tradicional de nossos tributaristas, calcada na leitura pura e simples do arranjo textual do preceptivo, erigiu seu entendimento procurando respeitar todas as cláusulas ao pé da letra, sem vislumbrar o cabimento de quaisquer outras ponderações alheias à estrutura lingüística do comando. Dessa maneira, encetou processo hermenêutico, de cunho estritamente literal, para chegar à inferência de que a lei complementar, citada no art. 18, § 1º, manifestava três distintas funções: a) emitir normas gerais de direito tributário; b) dispor sobre conflitos de competências, nessa matéria, entre a União, os Estados, o Distrito Federal e os Municípios; e c) regular as limitações constitucionais ao poder de tributar.

"Trilhando raciocínio diferente, outra facção doutrinária menos numerosa, mas edificada sobre os alicerces de abalizadas opiniões científicas, veio prosperando, enriquecida, cada vez mais, com valiosas contribuições de novos adeptos. Não se limitando à feição gramatical do texto, buscava, antes de tudo, analisá-lo em confronto com as grandes diretrizes do sistema, para obter uma compreensão que pretendia ser coerente e harmônica. O produto desse trabalho exegético contestava a afirmação da corrente tradicional e, desapegado aos símbolos lingüísticos do artigo, promoveu exame sistemático que invocava a primazia da Federação e da autonomia dos Municípios, para atingir os seguintes resultados: a lei complementar do art. 18, § 1º, da Constituição anterior, tinha uma única finalidade: veicular normas gerais de direito tributário. Estas, por seu turno, exerciam duas funções, dispor sobre conflitos de competência entre as entidades tributantes e regular as limitações constitucionais ao poder de tributar."[15]

15. Paulo de Barros Carvalho, *Curso de Direito Tributário*, cit., 3ª ed., p. 110.

O fundamento básico sobre o qual se apoiava a corrente dicotômica seria o respeito e "para que se tivesse por respeitado o princípio federativo".[16] Predominou, entretanto, registra André Luiz Borges Netto, a corrente tricotômica, que "sempre foi amplamente aceita pelos tribunais e entre os juristas da 'escola bem comportada do Direito Tributário' ", com prejuízo, acrescenta, forte em Paulo de Barros Carvalho, para "a integridade dos princípios da Federação e da autonomia dos Municípios".[17]

Não obstante os poderosos argumentos dos adeptos da corrente dicotômica, certo é que a prevalência da interpretação que conduziu à preponderância da corrente tricotômica não causou prejuízo ao princípio federativo, como bem esclareceu Gilberto de Ulhoa Canto: "Dizer-se que a lei complementar afetava a autonomia dos Estados e Municípios, e por isso serem elas inconstitucionais, não é correto, pois a sua criação e o âmbito de sua competência estão expressos na mesma Constituição que assegura a autonomia, que assim é restringida na sua própria origem. Por outro lado, as suas normas inibem também a autonomia legislativa da própria União, na medida em que nem leis federais sobre tributos do poder central escapam à necessidade de se submeterem ao que as leis complementares prescrevem, dentro dos limites que lhes são próprios. Acresce que a lei complementar é elaborada pelo Congresso Nacional, em cujos quadros a União não tem condição alguma de influir, pois os Senadores representam os Estados e os Deputados os colégios eleitorais dos Estados e dos Municípios".[18]

16. André Luiz Borges Netto, "Lei Complementar Tributária", *Cadernos de Direito Constitucional e Ciência Política* 10/5.

17. André Luiz Borges Netto, ob. e loc. cits.

18. Gilberto de Ulhoa Canto, "Lei Complementar Tributária", *Cadernos de Pesquisas Tributárias*, coord. Ives Gandra Martins, São Paulo, v. 15, pp. 2-3.

4.1 A matéria sobre a qual disporá

A Constituição de 1988 acabou com o debate,[19] porque adotou a corrente tricotômica, ao estabelecer, no art. 146:

Art. 146. Cabe à lei complementar:

I — dispor sobre os conflitos de competência, em matéria tributária, entre a União, os Estados, o Distrito Federal e os Municípios;

II — regular as limitações constitucionais ao poder de tributar;

III — estabelecer normas gerais em matéria de legislação tributária, especialmente sobre:

a) definição de tributos e de suas espécies, bem como, em relação aos impostos discriminados nesta Constituição, a dos respectivos fatos geradores, bases de cálculo e contribuintes;

b) obrigação, lançamento, crédito, prescrição e decadência tributários;

c) adequado tratamento tributário ao ato cooperativo praticado pelas sociedades cooperativas.

4.1.1 Conflitos de competência: art. 146, I

A lei complementar do art. 146 da Constituição disporá, em primeiro lugar, sobre os conflitos de competência, em matéria tributária, entre a União, os Estados, o Distrito Federal e os Municípios (art. 146, I).

É certo que terá reduzido espaço para dispor sobre conflitos de competência, dado que a competência tributária dos entes políticos mencionados está estabelecida na Constituição. Por isso, esclarece Roque Carrazza, "no plano lógico-jurídico, não há qualquer possibilidade de surgirem conflitos de competência tributária entre a União, os Estados, os Municípios e o Distrito Federal". Todavia, acrescenta Carrazza: "Na prática, porém, como já vimos, podem surgir certas situações que, afinal, irão traduzir-se em 'Conflitos' de competência tributária".[20] Tal é o caso, por exemplo, acrescenta o mestre de Direito Constitucional Tributário, da recauchutagem de pneumáticos, em que a lei complementar esclarecerá que se trata de prestação de serviço e não de industrialização, sujeita, portanto, ao ISS e não ao IPI.[21]

Com correção científica, leciona, a propósito do tema, Eduardo Arruda Alvim que "a lei complementar que dispuser sobre possíveis conflitos de competência não pode inovar, em sentido material, senão que, apenas, aclara o disposto no texto constitucional".[22] No mesmo sentido a lição de Ives Gandra Martins.[23]

4.1.2 Limitações constitucionais ao poder de tributar: art. 146, II

A lei complementar regulará as limitações constitucionais ao poder de tributar (art. 146, II).

Geraldo Ataliba, o grande líder da escola paulista de Direito Tributário e que tanta falta tem feito, lecionava que a lei complementar, no ponto, nada poderia dispor e somente "o espírito de imitação, a cópia apressada, a imponderação, a inconseqüência brasileira levaram a colocar no Texto da Constituição essas coisas que agridem a mais elementar lógica jurídica e violam o bom senso, o senso comum, elementar de todo o povo".[24]

Examinemos a matéria, começando por estabelecer o quadro das limitações constitucionais ao poder de tributar, tal como estão postas na Constituição.

19. Ives Gandra Martins, *Comentários à Constituição do Brasil*, v. VI, t. I, 2ª ed., Saraiva, 2001, p. 78.

20. Roque Antonio Carrazza, *Curso...*, 11ª ed., p. 528.

21. Roque Antonio Carrazza, ob. e loc. cits.

22. Eduardo Arruda Alvim, "Lei Complementar Tributária", *Cadernos de Direito Constitucional e Ciência Política* 6/47.

23. Ives Gandra Martins, ob. e loc. cits., pp. 79 e ss.

24. Geraldo Ataliba, "Lei complementar em matéria tributária", *RDT* 48/85.

4.1.3 As limitações constitucionais à tributação na Constituição e o âmbito de atuação da lei complementar

As limitações ao poder de tributar estão na Constituição, especialmente nos arts. 150, 151 e 152. Elas não se esgotam, entretanto, em tais disposições. A questão pode ser visualizada na forma a seguir exposta, na linha de lição de José Afonso da Silva, em palestra que proferiu em 1975.[25] Com as adaptações necessárias, parece-me correto classificar as limitações constitucionais ao poder de tributar da seguinte forma:

1. PRINCÍPIOS GERAIS, aplicáveis a todos os tributos:

1.1 legalidade, art. 150, I;

1.2 igualdade tributária, art. 150, II;

1.3 irretroatividade, art. 150, III, *a*;

1.4 anterioridade, art. 150, III, *b*, excluídas as contribuições sociais, às quais se aplica a anterioridade nonagesimal, art. 195, § 6º;

1.5 proibição de tributos com efeito de confisco, art. 150, IV;

1.6 ilimitação ao tráfego de pessoas ou bens, ressalvado o pedágio, art. 150, V.

2. PRINCÍPIOS ESPECIAIS, ou vedações:

2.1 à União: uniformidade tributária, art. 151, I;

2.2 à União: instituir isenções tributárias de competência dos Estados, do Distrito Federal ou dos Municípios, art. 151, III;

2.3 aos Estados, ao Distrito Federal e aos Municípios: estabelecer diferença tributária entre bens e serviços, de qualquer natureza, em razão de sua procedência ou destino, art. 152.

3. PRINCÍPIOS ESPECÍFICOS, destinados a determinados impostos:

3.1 Imposto de Renda: é vedado à União tributar a renda das obrigações da dívida pública dos Estados, do Distrito Federal e dos Municípios, bem como a remuneração e os proventos dos respectivos agentes públicos, em níveis superiores aos que fixar para suas obrigações e para seus agentes: art. 151, II;

3.2 Imposto de Renda: será informado pelos critérios da generalidade, da universalidade e da progressividade, na forma da lei: art. 153, § 2º, I;

3.3 IPI e ICMS: não-cumulatividade: art. 153, § 3º, II; art. 155, § 2º, I;

3.4 IPI e ICMS: seletividade: art. 153, § 3º, I; art. 155, § 2º, III.

4. IMUNIDADES:

4.1 genéricas: impostos de modo geral:

4.1.1 recíproca: art. 150, VI, *a*;

4.1.2 templos: art. 150, VI, *b*;

4.1.3 patrimônio, renda ou serviços dos partidos políticos, inclusive suas fundações, das entidades sindicais dos trabalhadores, das instituições de educação e de assistência social, sem fins lucrativos, atendidos os requisitos da lei: art. 150, VI, *c*;

4.1.4 livros, jornais, periódicos e o papel destinado a sua impressão: art. 150, VI, *d*;

4.1.5 operações de transferência de imóveis desapropriados para fins de reforma agrária: art. 184, § 5º;

4.2 específicas: determinados impostos:

4.2.1 Imposto de Renda: aposentados com mais de 65 anos de idade: art. 153, § 2º, II: revogada pela EC 20/1998;

4.2.2 IPI: não incidirá sobre produtos industrializados destinados ao exterior: art. 153, § 3º, III;

4.2.3 ITR: não incidirá sobre pequenas glebas rurais, definidas em lei, quando as explore, só ou com sua família, o proprietário que não possua outro imóvel: art. 153, § 4º;

25. José Afonso da Silva, "Sistema Tributário Nacional", conferência proferida no Curso de Direito Tributário, em grau de extensão universitária, promovido pelo Instituto Brasileiro de Direito Tributário e pela Faculdade de Direito da USP, São Paulo, Ed. Resenha Tributária, 1975.

4.2.4 ICMS: o ouro, quando definido em lei como ativo financeiro ou instrumento cambial, sujeita-se exclusivamente à incidência do imposto sobre operações de crédito, câmbio e seguro, ou relativas a títulos ou valores mobiliários (art. 153, V), devido na operação de origem: art. 153, § 5º; art. 155, § 2º, X, *c*;

4.2.5 ICMS: nas exportações: não incidirá sobre operações que destinem ao exterior produtos industrializados, excluídos os semi-elaborados definidos em lei complementar: art. 155, § 2º, X, *a*;

4.2.6 ICMS: não incidirá sobre operações que destinem a outros Estados petróleo, inclusive lubrificantes, combustíveis líquidos e gasosos dele derivados e energia elétrica: art. 155, § 2º, X, *b*;

4.2.7 ITBI: não incide sobre a transmissão de bens ou direitos incorporados ao patrimônio de pessoa jurídica em realização de capital, nem sobre a transmissão de bens ou direitos decorrentes de fusão, incorporação, cisão ou extinção de pessoa jurídica, salvo se, nesses casos, a atividade preponderante do adquirente for a compra e venda desses bens ou direitos, locação de bens imóveis ou arrendamento mercantil: art. 156, § 2º, I;

4.2.8 Contribuições de seguridade social: são isentas (leia-se, são imunes) de contribuição para a seguridade social as entidades beneficentes de assistência social que atendam as exigências estabelecidas em lei: art. 195, § 7º.

A lei complementar, pois, especificará os requisitos para o gozo da imunidade, quando a Constituição assim o exigir. Definirá, por exemplo, os semi-elaborados destinados ao exterior, sobre os quais incidirá o ICMS (art. 155, § 2º, X, *a*). É claro que a lei complementar não poderá alterar, excluir, aumentar ou restringir o que está na Constituição em termos de limitações constitucionais ao poder de tributar. Ela simplesmente complementará a disposição constitucional limitadora, quando esta assim o exigir.

4.1.4 Normas gerais em matéria tributária: art. 146, III

Finalmente, caberá à lei complementar estabelecer normas gerais em matéria de legislação tributária, especialmente — a lista que se segue, portanto, é exemplificativa — sobre:

a) definição de tributos e de suas espécies, bem como, em relação aos impostos discriminados na Constituição, a dos respectivos fatos geradores, bases de cálculo e contribuintes;

b) obrigação, lançamento, crédito, prescrição e decadência tributários;

c) adequado tratamento tributário ao ato cooperativo praticado pelas sociedades cooperativas.

A lei complementar definirá o tributo e as suas espécies, certo que estas estão na Constituição: impostos, taxas, contribuições de melhoria, contribuições parafiscais, em suas diversas espécies, e empréstimo compulsório. Definirá, também, no tocante aos impostos, os respectivos fatos geradores, bases de cálculo e contribuintes, sem desbordar, evidentemente, do já estabelecido na Constituição. Estabelecerá normas gerais sobre obrigação tributária, o lançamento, o crédito, a prescrição e a decadência tributários. No ponto, a inovação foi salutar. Durante anos, a doutrina se dividia, por exemplo, no que toca à prescrição e à decadência relativamente às contribuições sociais. Hoje, não há mais questionamento: os prazos de prescrição e de decadência, inscritos no CTN, aplicam-se às contribuições (CF, art. 149). No voto que proferi quando do julgamento do RE 148.754-RJ, acentuei: a questão da prescrição e da decadência, entretanto, no que concerne às contribuições, está pacificada. É que tais institutos são próprios da lei complementar de normas gerais (art. 146, III, *b*). Quer dizer, os prazos de decadência e de prescrição inscritos na lei complementar de normas gerais, assim no CTN, são aplicáveis, agora, por expressa previsão constitucional, às contribuições parafiscais (CF, art. 146, III, *b*; art. 149).[26] Todavia, porque a contribuição não é imposto, não há necessidade de a lei complementar definir o seu fato gerador, base de cálculo e contribuintes. Assim decidiu o Supremo Tribunal Federal.[27]

4.1.5 A lei disciplinadora de limitações: casos em que a lei será lei ordinária

Ainda no que toca às limitações constitucionais à tributação, indaga-se: a lei que disciplina tais limitações, quando o exige a Constituição — art. 153, § 1º, por exemplo: é facultado ao Poder Executivo, atendidas as condições e os limites estabelecidos em lei, alterar as alíquotas dos impostos enumerados nos incisos I, II, IV e V, do art. 153 — deverá ser, sempre, lei complementar?

No voto que proferi, no Supremo Tribunal Federal, quando do julgamento do RE 225.602-CE, sustentei que a lei complementar somente será exigida se a Constituição, expressamente, assim determinar, podendo a Constituição excepcionar a regra do art. 146. Naquele voto, examinamos justamente a lei que estabelece as condições e os limites a que se sujeita o Executivo na alteração das alíquotas do imposto de importação (CF, art. 153, § 1º).[28]

Examinemos a questão, tal como o fiz no voto que proferi com o apoio dos meus eminentes pares, no citado RE 225.602-CE.

Estabelece a Constituição, no § 1º do art. 153, que "é facultado ao Poder Executivo, atendidas as condições e os limites estabelecidos em lei, alterar as alíquotas dos impostos enumerados nos incisos I, II, IV e V".

É dizer, no que concerne aos impostos de importação (inc. I do art. 153), exportação, para o exterior, de produtos nacionais ou nacionalizados (inc. II do art. 153), IPI (inc. IV do art. 153) e IOF (inc. V do art. 153), a Constituição excepciona o princípio da legalidade relativamente à majoração da alíquota. É que tais impostos têm natureza extrafiscal. São mais instrumentos de realização de políticas governamentais e menos forma de arrecadação ou de ingresso de dinheiro nos cofres públicos. Dá-se, então, em razão da ressalva inscrita no citado § 1º do art. 153, espécie de exceção mitigada do princípio da legalidade tributária: o Executivo pode alterar as alíquotas dos impostos mencionados — importação, exportação, IPI e IOF — com observância, entretanto, das condições e dos limites estabelecidos em lei.

Porque a Constituição estabelece, no art. 146, II, que cabe à lei complementar regular as limitações constitucionais ao poder de tributar, sustentam eminentes estudiosos do direito constitucional tributário, que a lei indicada no citado § 1º do art. 153 da CF deve ser lei complementar e não lei ordinária.[29] É que, em tal caso, tem-se uma limitação ao poder de tributar.

Divirjo, entretanto, desses eminentes doutores. O que deve ser tomado em linha de conta é isto: a lei complementar somente será exigida se a Constituição, expressamente, assim determinar. Não há dúvida no sentido de que a hipótese do § 1º do art. 153 da CF retrata uma limitação ao poder de tributar. Em princípio, portanto, somente a lei complementar poderia regulá-la. Todavia, a própria Constituição — e a Constituição poderia fazê-lo — excepciona a regra, ao exigir, na hipótese figurada, apenas lei e não lei complementar. O mesmo poderá ser dito relativamente à disposição inscrita no inc. II do § 2º do art. 153, ou à imunidade do ouro definido em lei como ativo financeiro ou instrumento cambial, § 5º do art. 153.

Registre-se que a Constituição, no capítulo do Sistema Tributário Nacional —

26. *RTJ* 150/888.
27. RE 138.284-CE, Ministro Carlos Velloso, *RTJ* 143/313; RE 150.755-PE, Ministro Sepúlveda Pertence, *RTJ* 149/259 e *RTJ* 152/971.
28. *DJ* 6.4.2001.

29. Sacha Calmon Navarro Coelho, *Comentários à CF/1988*, 3ª ed., Forense, p. 288.

arts. 145 e ss. — quando quer lei complementar ela assim o diz, expressamente, como se pode ver, por exemplo: art. 148, I e II — instituição de empréstimos compulsórios; art. 153, VII — imposto sobre grandes fortunas; art. 154, I — competência residual da União para instituição de impostos; art. 155, I — imposto sobre heranças e doações: a competência para sua instituição será regulada por lei complementar nos casos especificados nas alíneas *a* e *b* do § 1º do art. 155; no que toca ao ICMS, art. 155, II, conferir art. 155, § 2º, X, *a* (semi-elaborados definidos em lei complementar); ICMS: art. 155, II, conferir art. 155, § 2º, XII, alíneas *a* até *g*: estatuto do ICMS; art. 156, III, ISS — a lei complementar definirá os serviços de qualquer natureza, não compreendidos no art. 155, II; ISS, art. 156, III: fixação das alíquotas máximas e de hipóteses de exclusão de incidência do ISS: art. 156, § 3º, I e II; art. 195, § 4º: contribuições sociais, outras fontes, caso em que deve ser observada a técnica da competência residual da União, art. 154, I; art. 161, I, II, III — repartição da receita tributária.

Assim, quando a Constituição, no Capítulo do Sistema Tributário Nacional, fala apenas em lei e não em lei complementar, lícito é concluir que, mesmo nos casos em que a disciplina seria, em princípio, por lei complementar, ela, Constituição, excepcionou, exigindo, apenas, lei.

Baleeiro leciona que a lei fixadora dos requisitos para obtenção da imunidade do art. 19, III, *c*, da CF/1967, é a lei ordinária, convindo registrar que a CF/1967 também dispunha, no § 1º do art. 18, que "Lei complementar (...) regulará as limitações constitucionais do poder de tributar".[30]

Registre-se que Misabel Derzi, que fez a revisão e a atualização da obra de Baleeiro, opina de modo contrário: "não se deve sustentar mais a tese de que lei ordinária possa cumprir o papel de regular imunidades (...)".[31] Certo é, entretanto, que a CF/1967, conforme foi dito linhas acima, fazia exigência igual à CF/1988 (CF/1967, art. 18, § 1º). A questão, portanto, não teria mudado.

A matéria foi examinada, pelo Supremo Tribunal Federal, não, entretanto, nos limites que vem sendo agora tratada. Refiro-me ao RE 93.770-RJ, Relator o saudoso e eminente Ministro Soares Muñoz, cujo acórdão porta a seguinte ementa:[32]

> *Ementa: Imposto de importação. Imunidade.*
>
> O art. 19, III, *c*, da Constituição Federal não trata de isenção, mas de imunidade. A configuração desta está na Lei Maior. Os requisitos da lei ordinária, que o mencionado dispositivo manda observar, não dizem respeito aos lindes da imunidade, mas àquelas normas reguladoras da constituição e funcionamento da entidade imune. Inaplicação do art. 17 do Decreto-lei 37/1966. Recurso extraordinário conhecido e provido.

O Tribunal Federal de Recursos decidira que a isenção do imposto de importação sobre produtos industrializados só por lei especial poderia ser atendida. O voto do também saudoso e eminente Ministro Peçanha Martins contém os fundamentos da decisão do TFR: o impetrante importara mercadorias para o seu uso. Pretendeu, então, isentar-se do imposto de importação sobre produtos industrializados, alegando sua qualidade de entidade social amparada pelo art. 19, III, da CF. Argumentou, em seguida, o Ministro Peçanha:

> Esta disposição constitucional, entretanto, não socorre ao pretendido. É que o art. 17 do DL 37, de 1966, só autoriza a isenção do imposto de importação desde que considerada a mercadoria, pelo Conselho de Política Aduaneira, sem similar nacional, prova que o impetrante não realizou (...).

30. Aliomar Baleeiro, *Limitações Constitucionais ao Poder de Tributar*, 7ª ed., ed. rev. e compl. à luz da CF/1988 por Misabel Abreu Machado Derzi, Forense, 1997, p. 313.

31. Ob. cit., p. 316.

32. *RTJ* 102/304.

Apreciando o recurso extraordinário, o Ministro Soares Muñoz começou por fazer a distinção entre imunidade e isenção, esclarecendo que o art. 19, III, *c*, não cuidava de isenção, que

> é um favor concedido por lei, pelo qual o pagamento do tributo é dispensado. (...) Quando a dispensa do tributo é concedida pela própria Constituição, não há isenção, mas imunidade.

Acrescentou o Ministro Muñoz:

> (...)
>
> Nenhuma dúvida foi suscitada quanto a ser o recorrente instituição de assistência social e fazer jus, nessa qualidade e em princípio, à imunidade prevista no art. 19, III, *c*, da Constituição Federal. O mandado de segurança foi indeferido pelo acórdão recorrido em razão de o art. 17 do Decreto-lei 37/1966 só autorizar a isenção do imposto de importação se a mercadoria tiver sido considerada, pelo Conselho de Política Aduaneira, sem similar nacional, prova que o impetrante não produziu.
>
> Esse Decreto-lei, anterior à Constituição Federal em vigor, não pode, no particular, ser aplicado, porque ele impõe à imunidade, a qual não se confunde com isenção, uma restrição que não está no texto constitucional. Os requisitos da lei que o art. 19, III, *c*, da Constituição manda observar não dizem respeito à configuração da imunidade, mas àquelas normas reguladoras da constituição e funcionamento da entidade imune, tal como salientou a sentença de primeiro grau.
>
> Cumpre evitar-se que falsas instituições de assistência e educação sejam favorecidas pela imunidade. É para evitar fraude que a Constituição determina sejam observados os requisitos da lei (...).[33]

O voto assenta-se, portanto, nas seguintes premissas: a) a recorrente era uma instituição de assistência social; b) nessa qualidade, fazia jus à imunidade prevista no art. 19, III, *c*, da CF; c) a segurança fora indeferida em razão de o art. 17 do DL 37/1966 só autorizar a isenção do imposto de importação se a mercadoria tivesse sido considerada sem similar nacional, prova que não foi feita. Todavia, acrescentou o Ministro Muñoz: o DL 37/1966 é anterior à CF/1967. Não poderia, então, ser aplicado, porque "impõe à imunidade, a qual não se confunde com a isenção, uma restrição que não está no texto constitucional. Os requisitos da lei que o art. 19, III, *c*, da Constituição manda observar não dizem respeito à configuração da imunidade, mas àquelas normas reguladoras da constituição e funcionamento da entidade imune, tal como salientou a sentença de primeiro grau".[34]

É dizer, a lei não vai configurar a imunidade, que está na Constituição. A lei estabelecerá, sim, as "normas reguladoras da constituição e funcionamento da entidade imune".

Do mencionado acórdão, portanto — RE 93.770-RJ — não se pode tirar a ilação no sentido de que teria ele feito distinção entre lei ordinária e lei complementar. A primeira para uma coisa, a segunda para outra.

O que deve ser entendido é que, relativamente ao imposto de importação, a CF/1988, no § 1º do art. 153, excepciona o princípio da legalidade, autorizando o Poder Executivo a alterar as alíquotas do citado imposto, "atendidas as condições e os limites estabelecidos em lei".

A CF/1988, no § 1º do art. 153, pois, é que excepciona o princípio da legalidade, autorizando o Executivo a alterar as alíquotas, "atendidas as condições e os limites estabelecidos em lei".

É dizer, a autorização não é dada pela lei, mas pela Constituição. A lei simplesmente fixará as condições e os limites a serem observados.

33. *RTJ* 102/307.

34. *RTJ* 102/307.

De certa forma, o raciocínio está condizente com a doutrina do acórdão do citado RE 93.770-RJ, dado que lá ficou estabelecido que a lei não vai configurar a imunidade, que está na Constituição. A lei estabelecerá, sim, as "normas reguladoras da constituição e funcionamento da entidade imune".

Em síntese, exigindo a Constituição, no § 1º do art. 153, expressamente, lei, e não lei complementar, forçoso é concluir que ela própria, Constituição, excepcionou a regra inscrita no art. 146, II. É dizer, a lei de condições e limites do art. 153, § 1º, é lei ordinária e não lei complementar.

5. Leis complementares em matéria tributária

Conforme vimos, além da lei complementar do art. 146 da Constituição Federal, lei nacional, temos mais as seguintes leis complementares tributárias: (1) para a instituição de empréstimos compulsórios: art. 148, I e II; (2) para a instituição de imposto sobre grandes fortunas: art. 153, VII; (3) competência residual da União: impostos: art. 154, I; (4) imposto sobre herança e doações: art. 155, I: a competência para sua instituição será regulada por lei complementar nos casos especificados nas alíneas *a* e *b* do § 1º do art. 155; (5) ICMS: art. 155, II: art. 155, § 2º, X, *a*: definição dos produtos semi-elaborados, que serão excluídos da imunidade prevista no art. 155, § 2º, X, *a*; (6) ICMS: art. 155, II: art. 155, § 2º, XII, *a* até *g*: estatuto do ICMS; (7) ISS: art. 156, III: a lei complementar definirá os serviços de qualquer natureza, não compreendidos no art. 155, II; (8) ISS: art. 156, III: art. 156, § 3º, I, II: fixação das alíquotas máximas e exclusão da sua incidência nas exportações de serviços para o exterior; (9) contribuições sociais: outras fontes: art. 195, § 4º: observância da técnica da competência residual da União: art. 154, I; (10) repartição da receita tributária: art. 161, I, II, III.

6. Competência legislativa concorrente da União, Estados e Distrito Federal: CF, art. 24

Os incisos I a XVI do art. 24 da Constituição Federal relacionam matérias sobre as quais a União, os Estados e o Distrito Federal legislarão, concorrentemente. Uma dessas matérias é a tributária: art. 24, I. É dizer, União, Estados e Distrito Federal legislarão, concorrentemente, sobre direito tributário. A regra de competência legislativa, entre as entidades federativas brasileiras, é a horizontal. É dizer, cada ente político labora em área reservada: União, art. 22; Estados, art. 25, § 1º; Distrito Federal, art. 32, § 1º; Municípios, art. 30. Consagra a Constituição, entretanto, na competência concorrente, regra de competência legislativa vertical, nas modalidades não-cumulativa e cumulativa.[35] Quando duas entidades políticas — União e Estados — têm competência para legislar sobre uma mesma matéria, tem-se competência concorrente, que pode ser cumulativa e não-cumulativa. É cumulativa, quando os entes políticos legislam sobre a mesma matéria, sem limitações. A não-cumulativa ocorre, por exemplo, quando à União reserva-se a competência para expedir normas gerais e aos Estados a competência para preencher os vazios da lei federal, assim uma competência de complementação.[36]

6.1 Competência concorrente não-cumulativa e cumulativa

Afirmamos, linhas atrás, forte em lição de Tércio Sampaio Ferraz Júnior,[37] que a competência concorrente estabelecida na

35. Tércio Sampaio Ferraz Júnior, "Normas gerais e competência concorrente — Uma exegese do art. 24 da Constituição Federal", *RTDP* 7/16.

36. Manoel Gonçalves Ferreira Filho, *Comentário à Constituição Brasileira de 1988*, v. I, 2ª ed., Saraiva, 1997, pp. 182-183.

37. Tércio Sampaio Ferraz Júnior, ob. e loc. cits.

Constituição, art. 24, é não-cumulativa e cumulativa. É o que pretendemos demonstrar.

Dispõem os §§ 1º, 2º, 3º e 4º do art. 24 da Constituição:

> Art. 24. (...).
>
> § 1º. No âmbito da legislação concorrente, a competência da União limitar-se-á a estabelecer normas gerais.
>
> § 2º. A competência da União para legislar sobre normas gerais não exclui a competência suplementar dos Estado.
>
> § 3º. Inexistindo lei federal sobre normas gerais, os Estados exercerão a competência legislativa plena, para atender as suas peculiaridades.
>
> § 4º. A superveniência de lei federal sobre normas gerais suspende a eficácia da lei estadual, no que lhe for contrário.

A competência concorrente não-cumulativa está nos §§ 1º e 2º. A cumulativa, nos §§ 3º e 4º.

Com efeito.

Esclareça-se, primeiro que tudo, que a competência da União é para editar normas gerais (§ 1º). Essa competência, entretanto, não exclui a competência suplementar dos Estados (§ 2º). Tem-se, na hipótese do § 2º, competência para o preenchimento de vazios da lei federal, assim competência concorrente vertical, não-cumulativa. As normas gerais da União existem e a legislação estadual simplesmente as suplementará em termos de regulamentação. Essa competência é atribuída também aos Municípios, art. 30, II.

Já a competência do § 3º tem natureza diversa. Ensina Tércio Sampaio Ferraz Júnior: "O § 3º regula o caso de inexistência de lei federal sobre normas gerais, ou seja, de lacuna. A Constituição Federal, ocorrendo a mencionada inexistência, autoriza o Estado federado a preenchê-la, isto é, a legislar sobre normas gerais, mas apenas para atender a suas peculiaridades. O Estado, assim, passa a exercer uma competência legislativa plena, mas com função colmatadora de lacuna, vale dizer, apenas na medida necessária para exercer sua competência própria de legislador sobre normas particulares. Ele pode, pois, legislar sobre normas gerais naquilo em que elas constituem condições de possibilidade para a legislação própria sobre normas particulares. Tais normas gerais estaduais com função colmatadora por isso mesmo só podem ser gerais quanto ao conteúdo, mas não quanto aos destinatários: só obrigam nos limites da autonomia estadual".[38]

Na Lei Fundamental de Bonn há 14 casos em que pode ocorrer a legislação concorrente, dispondo os Estados dessa competência legislativa desde e na medida em que a Federação não faça uso da sua faculdade legislativa (art 72, *l*).

Assim, aos Estados a Constituição conferiu competência para legislar na medida em que a Federação não dispuser dos poderes legislativos constitucionais a ela conferidos. Na competência concorrente, no sistema constitucional alemão, o direito federal afasta o direito estadual.

Na competência concorrente do § 3º do art. 24 da Constituição do Brasil, tem-se que o direito federal também afasta o direito estadual (§ 4º). Inexistindo lei federal sobre normas gerais, exercerão os Estados competência legislativa plena, a fim de preencher a lacuna, ou seja, a falta da lei federal. Assim o farão, entretanto, para atender a suas peculiaridades (§ 3º). Sobrevindo a lei federal de normas gerais, suspende esta a eficácia da lei estadual no que esta compreender princípios, normas gerais e no que contiver, também, particularidades incompatíveis com a norma geral federal. É o caso, portanto, do direito federal afastando o direito estadual. Inspira-se a Constituição, no ponto, no constitucionalismo alemão, art. 72, inciso I, da Lei Fundamental de Bonn. Quando do julgamento, no Supremo Tribunal, da Reclamação 383-SP, em junho de 1992, foi esse o entendimento que sustentei.[39]

38. Tércio Sampaio Ferraz Júnior, ob. e loc. cits.

39. Reclamação 383-SP, *RTJ* 147/404.

6.2 Normas legais estaduais na competência concorrente

Posta assim a questão, indaga-se até que ponto seria legítimo ao Estado-membro, utilizando-se da competência concorrente, editar normas legais e mesmo normas gerais tributárias.[40]

Feita a distinção retropreconizada, no sentido de que a competência concorrente do art. 24 da Constituição compreende competência concorrente não-cumulativa ou suplementar (§ 2º) e competência concorrente cumulativa (§ 3º), temos o seguinte: poderão os Estados-membros: 1º) presente a lei de normas gerais, no uso da competência suplementar, preencher os vazios daquela lei de normas gerais, a fim de afeiçoá-la às peculiaridades locais (art. 24, § 2º); 2º) poderão os Estados, em princípio, inexistente a lei federal de normas gerais, exercer a competência legislativa plena "*para atender a suas peculiaridades*" (art. 24, § 3º). Aí, cumpre deixar claro que, tratando-se de matéria que tem por finalidade, por exemplo, dirimir conflitos de competência entre os Estados, não dirá essa matéria respeito a peculiaridades locais. Assim decidiu o Supremo Tribunal Federal, no RE 136.215-RJ, Relator o Ministro Octávio Gallotti, relativamente ao adicional do imposto de renda que a Constituição atribuía aos Estados-membros (CF, art. 155, II) e que foi suprimido pela Emenda Constitucional 3, de 1993. Está na ementa do acórdão:

> Impossibilidade de sua cobrança, sem prévia lei complementar (art. 146 da CF). Sendo ela materialmente indispensável à dirimência de conflitos de competência entre os Estados da Federação, não bastam, para dispensar sua edição, os permissivos inscritos no art. 24, § 3º, da Constituição e no art. 34 e seus parágrafos do ADCT.

Declarou-se, então, a inconstitucionalidade da Lei 1.394, de 2.12.1988, do Estado do Rio de Janeiro.[41] No voto que proferi, quando desse julgamento, acentuei que a definição de fato gerador, na lei complementar, inscrita no art. 146 da Constituição, tem por finalidade impedir a ocorrência de conflitos de competência em matéria tributária, entre as entidades políticas que compõem a Federação. Por isso, tratando-se de impostos, deverão os seus respectivos fatos geradores estar definidos na mencionada lei complementar de normas gerais (CF, art. 146, III, *a*). E acrescentei:

> (...)
>
> No sistema constitucional anterior, sob o pálio da Constituição de 1967, a questão, no particular, foi muito debatida. Eminentes estudiosos do Direito Constitucional Tributário afirmavam que a definição de fato gerador de impostos não tinha o caráter de norma geral e, por isso, as definições de fato gerador, inscritas na lei complementar, mais precisamente no Código Tributário Nacional, eram consideradas normas de lei ordinária e não normas de lei complementar, dado que, para esses eminentes juristas, repito, a definição de fato gerador de tributo não tinha caráter de norma geral, não era próprio, portanto, da lei complementar; e a Constituição de 1967, no art. 18, § 1º, dispunha que lei complementar estabeleceria normas gerais de direito tributário, disporia sobre os conflitos de competência nessa matéria entre a União, os Estados, o Distrito Federal e os Municípios, e regularia as limitações constitucionais do poder de tributar. Esses eminentes juristas, aliás, sustentavam que a lei complementar deveria dispor, em termos de normas gerais, sobre os conflitos de competência entre as entidades políticas mencionadas e, ainda, em termos de normas gerais, regularia as limitações constitucionais do poder de tributar.

40. Ives Gandra Martins leciona que, tratando-se de lei complementar nacional, não incide a regra do § 3º do art. 24 da CF, cuidando o citado § 3º do art. 24 "apenas (...) daquelas normas gerais veiculáveis por lei ordinária federal, não abrangendo qualquer exceção à instrumentalização por lei complementar" (ob. e loc. cits., pp. 97-99).

41. RE 136.215-RJ, Ministro Octávio Gallotti, *RTJ* 147/976.

Eu próprio, Senhor Presidente, em certa época, no Tribunal Federal de Recursos, que tive a honra de integrar, não obstante sustentar o caráter tricotômico da lei complementar do § 1º do art. 18 da Constituição pretérita, cheguei a comungar do entendimento no sentido de que a definição de fato gerador não cabia na referida lei complementar, era matéria própria de lei ordinária. Lembro-me de um julgamento em que essa questão veio à baila — desse julgamento participou o eminente Ministro Néri da Silveira — quando discutimos a definição do fato gerador do imposto de importação ou a compatibilidade do art. 19, CTN, com o art. 23, do DL 37, de 1966, que desfechou na Súmula 4-TFR. Na oportunidade sustentei que a definição de fato gerador não cabia na lei complementar do art. 18, § 1º, da Constituição de 1967.

Continuei, entretanto, meditando e refletindo sobre a questão. E, refletindo e meditando melhor, passei a entender que a definição de fato gerador é, na verdade, própria da lei complementar do art. 18, § 1º, da CF/1967. E por que é própria? Porque se à lei complementar cabia dispor — como hoje cabe, CF/1988, art. 146 — sobre os conflitos de competência entre as entidades políticas, deveria ela definir fatos geradores dos impostos. É que a definição de fato gerador, parece-me, é a providência primeira que cabe fazer a lei complementar quando dispõe sobre conflitos de competência tributária. Definir fatos geradores é a providência primeira que deve a lei complementar adotar para o fim de evitar os conflitos de competência tributária entre as entidades políticas. Neste caso, portanto, é importante, muito importante, que uma lei nacional defina o fato gerador dos impostos e aquilo que toca de perto o fato gerador, que gira em torno deste, para, justamente, repito, impedir a ocorrência de conflitos de competência entre as entidades políticas que compõem a Federação.

Posta assim a questão, penso que não se pode emprestar à matéria caráter local, para o fim de permitir, na linha do § 3º do art. 24 da Constituição, que o Estado-membro exerça competência legislativa plena. E por que? Porque a matéria, por não ter caráter local, por ser eminentemente nacional, não é daquelas que cabem na cláusula inscrita na parte final do § 3º do art. 24 da Constituição — 'para atender a suas peculiaridades', vale dizer, para atender a peculiaridades locais. É que o Estado-membro somente exercerá competência legislativa plena, na falta da lei federal, para atender a suas peculiaridades (§ 3º do art. 24 da Constituição). Ora, definir fato gerador de imposto, conforme vimos, interessa a mais de uma entidade política que compõe a Federação, diz respeito a diversas entidades políticas, a mais de um Estado-membro, interessa e diz respeito à própria União.

Assim, Sr. Presidente, emprestando-se interpretação sistemática à Constituição, interpretando-se, em conjunto, as normas inscritas no art. 24, § 3º, art. 146, I, III, *a*, 155, II, da Constituição, a outra conclusão não se chega senão àquela a que chegaram os eminentes Ministros Relatores, Moreira Alves e Octávio Gallotti. (...).[42]

No julgamento da cautelar pedida na ADIn 429-DF, Relator o Ministro Célio Borja, o Supremo Tribunal Federal decidiu que,

> à falta de lei complementar da União que regulamente o adequado tratamento tributário do ato cooperativo praticado pelas sociedades cooperativas (CF, art. 146, II, *c*), o regramento da matéria pelo legislador constituinte estadual não excede os lindes da competência tributária concorrente que lhe é atribuída pela Lei Maior (CF, art. 24, § 3º).[43]

7. Conclusões

Ao fim e ao cabo, podemos formular as seguintes conclusões:

a) o processo legislativo compreende a elaboração de várias normas jurídicas:

42. *RTJ* 147/981-983.
43. *DJ* 19.2.1993.

emendas à Constituição, leis complementares, leis ordinárias, leis delegadas, medidas provisórias, decretos legislativos e resoluções. As emendas constitucionais são normas derivadas, leis em sentido material, não em sentido formal, porque oriundas de poder diverso do Poder Legislativo propriamente dito. Não obstante o Poder Legislativo elaborá-las, assim o faz, entretanto, investido de poder constituinte derivado, poder constituinte de 2º grau, instituído pelo poder constituinte originário. Vêm, em seguida, os atos normativos primários gerais. Nestes, tem-se o gênero lei e suas espécies: leis complementares, leis ordinárias, leis delegadas e medidas provisórias. Seguem-se os atos normativos primários individuais, que são os decretos legislativos e as resoluções: CF, arts. 59 a 69;

b) a lei complementar, que tem origem na *loi organique* da Constituição francesa de 1958, aprovada mediante quórum qualificado, foi introduzida na ordem constitucional brasileira pela Constituição de 1967, não obstante ter sido tratada, com as mesmas características, pela EC 4, de 1961, que instituiu o sistema parlamentar de governo e que teve vida efêmera;

c) a lei complementar não é hierarquicamente superior à lei ordinária. O que deve ser entendido é que (a) há leis complementares que fundamentam a validade de outros atos normativos, inclusive leis ordinárias, e (b) leis complementares que não fundamentam outros atos normativos, integrando as primeiras a lei complementar do art. 146 da Constituição. As do primeiro grupo ostentam superioridade hierárquica sobre os atos normativos cuja validade encontra fundamento naquelas leis complementares;

d) a lei complementar tributária do art. 146 da Constituição, lei nacional, ostenta superioridade sobre a lei ordinária. Esta lei, na linha da corrente tricotômica tem por finalidade dispor sobre os conflitos de competência, em matéria tributária, entre os entes federativos (CF, art. 146, I), regular as limitações constitucionais à tributação (CF, art. 146, II) e estabelecer normas gerais tributárias sobre as matérias elencadas, exemplificativamente, nas alíneas *a*, *b* e *c* do inc. III do art. 146 da Constituição;

e) as limitações constitucionais à tributação estão na Constituição, especialmente nos arts. 150, 151 e 152, mas não se esgotam em tais artigos. A lei complementar especificará os requisitos para o gozo, por exemplo, da imunidade, quando a Constituição assim o exigir;

f) ainda no que toca às limitações constitucionais à tributação, há casos em que a lei que as disciplina pode ser lei ordinária. Nos casos em que a Constituição excepciona a regra do art. 146, II, como, por exemplo, na hipótese do art. 153, § 1º: é facultado ao Poder Executivo, atendidas as condições e os limites estabelecidos em lei, alterar as alíquotas dos impostos enumerados nos incs. I, II, IV e V do mencionado art. 153;

g) além da lei complementar referida no art. 146 da Constituição, várias outras leis complementares — nacionais e federais em sentido estrito — estão elencadas na Constituição: art. 148, I e II; art. 153, VII; art. 154, I; art. 155, I; art. 155, § 2º, X, *a*; art. 155, § 2º, XII, *a* até *g*; art. 156, III; art. 156, § 3º, I, II; art. 195, § 4º; art. 161, I, II e III;

h) consagra a Constituição, na competência concorrente, regra de competência legislativa vertical, nas modalidades não-cumulativa e cumulativa (CF, art. 24, §§ 1º, 2º, 3º e 4º);

i) a competência concorrente não-cumulativa está nos §§ 1º e 2º do art. 24. A cumulativa, nos §§ 3º e 4º do citado art. 24. A competência da União é para editar normas gerais (§ 1º), que não exclui a competência suplementar dos Estados (§ 2º), competência para preencher vazios da lei federal, assim competência não-cumulativa, competência suplementar, conforme foi dito: as normas gerais da União existem e a legislação estadual simplesmente as suplementará, em termos de regulamentação. Essa competência é atribuída também aos Municípios, art. 30, II. Já a competência cumulativa (§ 3º do art. 24) tem natureza diversa. Ela ocorre no caso de inexistência da lei federal de normas gerais, caso em que o Estado exerce competência legislativa plena, mas apenas para atender a suas peculiaridades (§ 3º). Sobrevindo a lei federal de normas gerais, suspende ela a eficácia da lei estadual (§ 4º do art. 24);

j) hipóteses existem, portanto, em que o Estado-membro pode editar normas legais e mesmo normas gerais, na competência concorrente do art. 24 da Constituição.

CADERNOS DE DIREITO TRIBUTÁRIO

CONSIDERAÇÕES SOBRE O FUTURO DA HERMENÊUTICA TRIBUTÁRIA À LUZ DOS PRINCÍPIOS DA LIBERDADE E JUSTIÇA TRIBUTÁRIA

RICARDO LOBO TORRES
Professor Titular de Direito Financeiro na Universidade do Estado do Rio de Janeiro (UERJ)

I – Introdução: 1. Hermenêutica e Teoria Geral da Interpretação – 2. Passado e futuro da hermenêutica tributária. II – Jurisprudência dos conceitos: 3. O Positivismo Conceptualista – 4. Reflexos na interpretação do direito tributário. III – Jurisprudência dos interesses: 5. O Positivismo Sociológico – 6. Reflexos na interpretação do direito tributário. IV – Jurisprudência dos valores: 7. O Pós-Positivismo – 8. Reflexos na hermenêutica tributária: 8.1 Pluralismo metodológico – 8.2 Pluralismo de princípios e valores: 8.2.1 Ponderação e razoabilidade – 8.2.2 Liberdade e direitos fundamentais do contribuinte – 8.2.3 Segurança jurídica – 8.2.4 Justiça tributária – 8.3 Normas antielisivas – 9. Equilíbrio entre os Poderes do Estado – 10. Estado Democrático de Direito. V – Conclusão. VI – Bibliografia.

I – Introdução

1. Hermenêutica e Teoria Geral da Interpretação

Analisaremos neste trabalho a hermenêutica em seu sentido lato, coincidente com o de Teoria Geral da Interpretação e sem ligação direta com as questões suscitadas no plano da hermenêutica filosófica, principalmente por Gadamer e Betti.

Interessa-nos analisar os problemas da interpretação do direito tributário segundo o novo enfoque que surge, a partir das décadas finais do século XX, por influência da reintrodução das idéias de liberdade e justiça no pensamento jurídico.

2. Passado e futuro da hermenêutica tributária

A melhor abordagem da questão, a nosso ver, consiste em estabelecer as linhas históricas gerais, a fim de verificar se já se iniciou o movimento de idéias que deve prosperar no decurso do século XXI.

Passado e futuro são dimensões indissolúveis; e, no caso, o século XXI já se iniciou com a queda do Muro de Berlin (1989), que marcou o fechamento do breve século XX – para utilizar a expressão de Hobsbawn.[1]

1. *A Era dos Extremos. O Breve Século XX (1914-1991)*, 1996.

É preciso, pois, que se examinem, ainda que rapidamente, as principais correntes da Teoria da Interpretação vigentes anteriormente (*jurisprudência dos conceitos* e *jurisprudência dos interesses*), para que se possam estabelecer as características mais relevantes da reaproximação entre Direito e Ética, com a incorporação da temática da liberdade e da justiça (*jurisprudência dos valores*). Pode-se afirmar, esquematicamente, que a jurisprudência dos conceitos foi movimento típico do século XIX, contemporâneo do Estado Liberal de Direito, enquanto a jurisprudência dos interesses marcou principalmente o século XX, no qual floresceu o Estado Social de Direito; o século XXI começa a viver sob o influxo da jurisprudência dos valores e na busca da plena afirmação do Estado Democrático de Direito. Mas é claro que há interseções históricas e que alguns defensores das escolas anteriores continuam a doutrinar até hoje.

Outra averbação preambular é a de que a história da interpretação do direito tributário deve ser contada a partir da perspectiva européia, e principalmente, alemã, pois a produção teórica germânica influenciou sensivelmente os países latinos, chegando, afinal, embora de forma algum tanto tortuosa, ao Brasil.[2]

II – Jurisprudência dos conceitos

3. O Positivismo Conceptualista

A jurisprudência dos conceitos afirma-se na Alemanha no final do século XX, coincidindo aproximadamente com a corrente da Escola da Exegese que triunfou na França. Condensa a orientação do Positivismo Cientificista e Conceptualista, que se iniciara com Savigny e, posteriormente, desenvolveu-se com o Pandetismo de Windscheid e Regelsberger. Influencia, mais tarde, outras manifestações do Positivismo Formalista, como foram a Teoria Pura de Kelsen e os Estruturalismos Lingüísticos.

Sua posição básica consiste na defesa da idéia de que o Direito é pensado por conceitos, categorias e institutos, com os quais a realidade fática coincide. Se houver desacordo o problema está no mundo real, e não no universo dos conceitos e categorias jurídicas, perfeitos e eternos.

4. Reflexos na interpretação do direito tributário

Inúmeros foram os reflexos da jurisprudência dos conceitos sobre a hermenêutica tributária.

A interpretação sistemática e a literal ocuparam lugar significativo no quadro dos métodos de interpretação. No Brasil a sua principal influência fez-se sentir nos arts. 109 e 110 do CTN, que, em leitura casada, apontam no sentido da primazia dos conceitos do direito civil sobre os do direito tributário.

O princípio da legalidade, especialmente na sua visão como legalidade estrita ou absoluta, passou a preponderar entre os princípios constitucionais tributários. A liberdade burguesa postulava o enfoque apertado da legalidade. Em conseqüência, declara-se a ajuridicidade da capacidade contributiva.

O legislador passou a ser o principal ator no campo do direito tributário.

Procede-se à defesa do Estado Liberal Clássico, em sua fase de individualismo possessivo, com a preeminência dos interesses da burguesia.

Admite-se a elisão, com base na autonomia da vontade e na propriedade como direito absoluto, que seria sempre lícita, por se apoiar em conceitos do direito privado.

Seus principais representantes são O. Mayer, Flume e Kruse, na Alemanha. No Brasil: Gilberto de Ulhôa Canto e A. R.

2. Rubens Gomes de Souza ("Normas de interpretação no Código Tributário Nacional", in Bernardo Ribeiro de Moraes e outros, *Interpretação no Direito Tributário*, p. 371) indicou há muito tempo o itinerário das idéias tributárias: inicia-se na Alemanha, passa para a Itália, chega à Argentina e, posteriormente, ao Brasil.

Sampaio Dória. De notar que a corrente formalista de interpretação chega ao Brasil depois da jurisprudência dos interesses, invertendo o itinerário universal.

III – Jurisprudência dos interesses

5. O Positivismo Sociológico

A jurisprudência dos interesses surge na Alemanha, inicialmente por influência de Jhering, como oposição às idéias da jurisprudência dos conceitos. Denota forte base no Positivismo Sociológico e Historicista. Desdobra-se, no decurso do século XX, em diversas escolas, todas apoiadas no denominador comum da prevalência do dado empírico.

Sua posição básica: o Direito é fato social e econômico, que deve ser captado, em sua finalidade, no mundo real.

6. Reflexos na interpretação do direito tributário

A jurisprudência dos interesses projeta extraordinária influência na interpretação do direito tributário, principalmente sob o impacto da abordagem da "consideração econômica do fato gerador", introduzida pelo Código Tributário Alemão de 1919, por influência de Enno Becker. Posteriormente, ao tempo do Nacional-Socialismo, adquire contorno totalitário. Retorna após a II Guerra, prevalecendo até o advento do novo Código Tributário (1977), com exceção do período de 1955 a 1965, no qual preponderou a orientação civilista. Na Itália desenvolveu-se a doutrina funcionalista.

O sentido inicial do art. 109 do CTN, inspirado no Modelo de Código Tributário para a América Latina, era o de cristalizar a interpretação teleológica e a consideração econômica do fato gerador. Mas predominou, afinal, principalmente por influência de Gilberto de Ulhôa Canto, a tendência formalista, casando-se o art. 109 com o art. 110. A tese da autonomia do direito tributário, corolário da visão economicista, prevaleceu na Alemanha e na Itália, mas não no Brasil.[3]

Com a influência do Positivismo Economicista dá-se o deslocamento da temática da *liberdade* e da *legalidade estrita* para a da *justiça* e da *capacidade contributiva*. A riqueza do cidadão, mensurada de forma mecanicista, desvinculada dos valores e sacada diretamente da realidade social, passa a ser considerada o fundamento da tributação. A legalidade fica inteiramente obscurecida.

Como conseqüência do causalismo sociológico, o juiz assume novo papel, podendo descobrir, casuisticamente, a capacidade contributiva de cada cidadão, e afirmá-la com apoio na analogia.

O Positivismo Sociológico torna-se a ideologia do Estado Social de Direito, que prevalece no período de 1919 a 1989, aproximadamente, e que se caracteriza pela intervenção no domínio econômico e social, tornando-se um Estado gastador, providencial e sorvedor dos recursos da sociedade.

Um dos reflexos da jurisprudência dos interesses é a possibilidade de se combater o abuso de forma jurídica, que aparece no Código Alemão de 1919 e que leva, muitas vezes, à insegurança jurídica.

A interpretação economicista tem entre os seus grandes representantes E. Becker, na Alemanha, e Vanoni e Griziotti, na Itália. No Brasil foi defendida por Aliomar Baleeiro e Amílcar de Araújo Falcão. A geração de 1964, como vimos, optou pelo caminho conceptualista.

IV – Jurisprudência dos valores

7. O Pós-Positivismo

A partir do final dos anos 70 e, simbolicamente, de 1989, data da queda do Muro de Berlin, ocorre uma virada no pensamento jurídico ocidental, que procura superar os Positivismos, triunfantes por

3. Cf. Ricardo Lobo Torres, *Normas de Interpretação e Integração do Direito Tributário*, p. 192.

aproximadamente um século. O Pós-Positivismo, na busca da afirmação de valores e princípios, supera assim o Positivismo Conceptualista que o Sociológico.

O novo paradigma apóia-se na convicção de que há valores e princípios jurídicos, de fundamentação ética, que penetram na Constituição e se irradiam pelo ordenamento jurídico, concretizando-se, afinal, em normas jurídicas atributivas de direitos e deveres ou conformadoras de competências estatais.

Tais valores, nomeadamente a *liberdade* e a *justiça*, imantam o ordenamento jurídico com a intermediação de princípios formais e vazios, como sejam os da *ponderação*, *razoabilidade*, *transparência* e *responsabilidade*. Esses princípios formais exercem papel legitimador, eis que vão permitir, na via do discurso e da democracia deliberativa, que a liberdade, a justiça e a segurança adquiram sua inicial concretude constitucional, o que vai acontecer no próprio art. 1º da CF, mediante a proclamação dos princípios estruturais (Estado Democrático de Direito, República, Federalismo) e dos princípios fundamentais (soberania, dignidade humana, cidadania, livre iniciativa, pluralismo político).[4]

Os valores e princípios éticos juridicizados no art. 1º da CF se irradiam por todo o Texto Maior e se concretizam como (a) direitos de liberdade ou princípios de direitos humanos (art. 5º), (b) garantias dos direitos fundamentais (art. 5º), (c) direitos sociais (art. 7º), (d) princípios de justiça (arts. 145, 170 e 195 e ss.), (e) direitos fundamentais do contribuinte (arts. 150-152), sendo o contraponto fiscal do art. 5º.

Assiste-se, por conseguinte, à recuperação e à positivação dos valores da liberdade, segurança e justiça, que o ceticismo do Positivismo havia varrido do mundo jurídico. Kelsen levara às suas últimas conseqüências o esquema normativista, com declarar que os direitos fundamentais só tinham significado jurídico se declarados na Constituição positiva[5] e que a justiça era uma norma ética, mas não jurídica.[6] A partir dos anos 70, com a obra seminal de John Rawls, retorna o pensamento jurídico à reflexão sobre a liberdade e a justiça, que agora aparecem na mesma equação de princípios formulada pelo filósofo americano, no qual o primeiro princípio[7] é de liberdade, e o segundo de justiça distributiva,[8] imantados ambos pela igualdade. Liberdade e justiça, por conseguinte, deixam de ser valores independentes e incomunicáveis, como sucedia na tríade do Liberalismo Francês – liberdade, igualdade e fraternidade –, e se legitimam ponderadamente segundo suas dimensões de peso verificadas no processo de concretização.

8. Reflexos na hermenêutica tributária

8.1 Pluralismo metodológico

A superação dos Positivismos, assim Conceptualistas que Historicistas, com o retorno dos valores éticos e jurídicos básicos ao pensamento ocidental e com a mudança do paradigma da norma para o dos princípios, projeta importantes conseqüências no plano da hermenêutica tributária, a começar pelo pluralismo metodológico.

4. Cf. Ricardo Lobo Torres, "A legitimação dos direitos humanos e os princípios da ponderação e da razoabilidade", in Ricardo Lobo Torres (coord.), *Legitimação dos Direitos Humanos*, pp. 397-449.

5. *Allgemeine Staatslehre*, p. 154: "Os assim chamados direitos da liberdade *[die sogenannten Freiheitsrechts]* não existem fora da ordem jurídica estatal *[ausserhalts der staatlichen Rechtsordnung]*".

6. "Die Normen der Gerechtigkeit", in *Reine Rechtslehre*, p. 357: "Wie alle Tugend der Gerechtigkeit eine moralische Qualität; und insofern liegt Gerechtigkeit innerhalb des Bereiches der Moral".

7. *A Theory of Justice*, p. 60: "Primeiro: cada pessoa deve ter um direito igual à mais ampla liberdade básica compatível com uma liberdade similar para os outros" (*each person is to have an equal right to the most extensive basic liberty compatible with a similar liberty for others*).

8. John Rawls, *A Theory ...*, p. 60: "Segundo: as desigualdades sociais e econômicas devem ser combinadas de tal forma que ambas (a) gerem a expectativa razoável de trazer vantagens para todos; (b) sejam ligadas a posições e a órgãos abertos a todos".

Os métodos de interpretação deixam de se hierarquizar e operam todos harmoniosamente, sem supremacias nem prioridades. Há uma nítida interação entre os métodos literal, lógico, histórico e sistemático, que são escolhidos em atenção ao caso emergente e nos quais penetra sempre a consideração teleológica. A finalidade deixa de ser um vetor autônomo para se transformar na valoração que impregna todos os outros métodos, do literal ao sistemático.[9] Com isso, a consideração econômica do fato gerador surge na mesma equação valorativa na qual aparecem também princípios como os da legalidade e da tipicidade, passando a prevalecer a interpretação teleológica objetiva,[10] que incorpora a dimensão sistêmica.

8.2 Pluralidade de princípios e valores

8.2.1 Ponderação e razoabilidade

Os valores e os princípios não se encontram mais em estruturas hierarquizadas. Todos eles aparecem integradamente, sujeitando-se à ponderação e à razoabilidade.

Os valores são idéias de grande abstração e generalidade, que não penetram diretamente na linguagem constitucional. A liberdade, a justiça e a segurança jurídica dependem da intermediação dos princípios para que possam ingressar no discurso da Constituição.

Os princípios, tanto os vinculados à liberdade e segurança quanto à justiça, sendo enunciados menos abstratos e genéricos do que os valores, têm aptidão de se positivarem no sistema constitucional.

Mas todos os princípios se abrem para a ponderação, o que é a diferencial característica para com as regras. Os princípios entram no jogo de ponderação com outros princípios, aplicando-se aquele que melhor se amoldem aos interesses emergentes, sem que o preponderante revogue o outro; as regras, ao contrário, aplicam-se por subsunção, e no caso de colisão uma delas deve ser considerada revogada.[11]

8.2.2 Liberdade e direitos fundamentais do contribuinte

A liberdade projeta diversos reflexos na hermenêutica tributária.

Sob um primeiro aspecto, a interpretação jurídica passa a versar também a respeito da temática dos direitos fundamentais do contribuinte e das limitações constitucionais ao poder de tributar. A interpretação das imunidades e das proibições de desigualdade constitui, hoje, campo de especial interesse da hermenêutica tributária, em contraponto com a problemática da interpretação dos direitos fundamentais. A visão das imunidades como limitação ao poder de tributar, e não como autolimitação do próprio poder, ao lado das proibições de privilégios odiosos e de discriminações, todos ancorados nos direitos humanos, abre nova perspectiva hermenêutica para o direito tributário.

Um outro aspecto relevante é o de que os direitos fundamentais do contribuinte, protegidos pelas imunidades e pelas proibições de desigualdade, entram no jogo de ponderação com a justiça fiscal e com seus princípios os mais conspícuos: a capacidade contributiva, o custo/benefício e a solidariedade do grupo. A proibição de confisco, por exemplo, exige do intérprete o

9. Cf. Klaus Tipke, "Über Teleologische Auslegung, Lückenfeststellung und Lückenausfüllung", in *Festschrift für Hugo von Wallis*, pp. 133-150.

10. Cf. Karl Larenz, *Methodenlehre der Rechtswissenschaft*, p. 320.

11. Cf. Karl Larenz, *Methodenlehre ...*, p. 709; Robert Alexy, *Theorie der Grundrechte*, p. 79 ("os princípios têm diferentes pesos nos casos concretos e o princípio com peso maior *[grösseren Gewicht]* prevalece"); Kathleen M. Sullivan, "The justices of rules and standards", *Harvard Law Review* 106(1)/60 ("Há um direito ou uma disposição estrutural, uma infração governamental ao direito ou à disposição estrutural, e um interesse ou justificação do Governo para a infração. A ponderação leva em conta os princípios ou políticas afetando cada um desses componentes – quão importante é o Direito, quão grave foi a infração, e quão boa é a justificativa governamental").

sopesamento entre a liberdade e a capacidade contributiva, eis que o risco da legislação confiscatória só se inicia além do limite máximo da capacidade contributiva suscetível de imposição pelo Estado. A mesma coisa, com o sinal invertido, acontece com o mínimo existencial, que apenas se caracteriza quando a tributação ofende as condições mínimas para a sobrevivência digna do homem, que se situa aquém da capacidade contributiva. O Tribunal Constitucional Alemão vem proferindo decisões exemplares sobre a possibilidade de quantificação das necessidades mínimas da liberdade do cidadão, que criam o anteparo contra a tributação, que se torna inconstitucional se atingir o mínimo existencial.[12] No Brasil o STF há algum tempo controla a legislação que atinge a *não-capacidade contributiva*, tornando-se inconstitucional por ferir o *mínimo existencial*.[13] Recentemente, em acórdão paradigmático, declarou o STF a inconstitucionalidade da lei federal que estabelecia a incidência de contribuição previdenciária sobre os proventos dos aposentados, traçando, na ocasião, linha argumentativa de raro refinamento teórico, baseada na ponderação entre justiça (capacidade contributiva) e liberdade (proibição de confisco e proteção do mínimo existencial):

"A *proibição constitucional de confisco* em matéria tributária nada mais representa senão a interdição, pela Carta Política, de qualquer pretensão governamental que possa conduzir, no campo da fiscalidade, à injusta apropriação estatal, no todo ou em parte, do patrimônio ou dos rendimentos dos contribuintes, comprometendo-lhes, pela insuportabilidade da carga tributária, o exercício do direito a uma existência digna, ou a prática de atividade profissional lícita ou, ainda, a regular satisfação de suas necessidades vitais (educação, saúde e habitação, por exemplo).

"A identificação do efeito confiscatório deve ser feita em função da totalidade da carga tributária, mediante verificação da capacidade de que dispõe o contribuinte – considerado o montante de sua riqueza (renda e capital) – para suportar e sofrer a incidência de todos os tributos que ele deverá pagar, dentro de determinado período, à mesma pessoa política que os houver instituído (a União Federal, no caso), condicionando-se, ainda, a aferição do grau de insuportabilidade econômico-financeira à observância, pelo legislador, de padrões de razoabilidade destinados a neutralizar excessos de ordem fiscal eventualmente praticados pelo Poder Público."[14]

8.2.3 Segurança jurídica

A idéia segurança jurídica vem abrindo novas perspectivas para a hermenêutica tributária. A realidade representada pelo Estado da Sociedade de Riscos, que coincide em largo espectro com o Estado Democrático de Direito, desperta acurada reflexão sobre os limites e o conteúdo da segurança, que possam coartar os riscos da liberdade e da existência. Assim sendo, a segurança deixa de ser apenas a dos direitos individuais do burguês, para alcançar também a dimensão da segurança social (= seguridade social), da segurança pública e da segurança nacional, na busca do que Habermas chama de "Estado de Segurança" (*Sicherheitstaat*).[15]

O princípio da legalidade, vetor principal da segurança jurídica, ganha novo contorno, com a possibilidade de flexibilização. A interpretação dos tributos contraprestacionais, como as taxas e as contribuições sociais, dilarga-se, na consideração dos aspectos ligados à capacidade contri-

12. *BVerfGE* 82, 60; 82, 198.

13. Pleno, Repr. 1.077, rel. Min. Moreira Alves, j. 28.3.1984, *RTJ* 112/34: "Se a taxa judiciária, por excessiva, criar obstáculo capaz de impossibilitar a muitos a obtenção da prestação jurisdicional, é ela inconstitucional, por ofensa ao disposto na parte inicial do § 4º do art. 153 da Constituição".

14. Pleno, ADIn 2.010-2/Liminar, rel. Min. Celso de Mello, j. 30.9.1999, *Revista Dialética de Direito Tributário* 81/225, 2002.

15. *Faktizität und Geltung*, p. 525.

butiva, à sociedade tecnológica, à discricionariedade do legislador e à impossibilidade de pleno fechamento dos conceitos jurídicos. O Judiciário Brasileiro demonstra ainda muita timidez no reconhecimento da flexibilização da legalidade tributária, como aconteceu em casos como os da taxa ecológica para o IBAMA, da taxa de saúde e da contribuição de acidentes do trabalho (SAT).[16]

8.2.4 Justiça tributária

A volta à discussão sobre a justiça provoca inúmeros reflexos sobre a hermenêutica tributária. A partir dos anos 70 do século XX, sob a influência inicial da obra de Rawls, ocorre o retorno ao tema da justiça tributária, principalmente sob a perspectiva kantiana. Surgem inúmeros livros importantes, como os de Tipke,[17] Vogel,[18] Kirchhof[19] e M. Lehner,[20] na Alemanha; e Buchanan,[21] nos Estados Unidos. Uma das características marcantes do novo movimento é que a idéia de justiça, apreendida na via da argumentação, da retórica e do discurso democrático, torna-se objeto permanente da interpretação.

Assim sendo, a interpretação jurídica leva em conta os princípios da justiça.[22] A capacidade contributiva é compreendida não mais pela ótica do economicismo, do causalismo e do utilitarismo, mas segundo o paradigma dos princípios, buscando-se seu fundamento no benefício e na solidariedade. O custo/benefício é o princípio de justiça aplicável à interpretação das taxas e da contribuição de melhoria. A solidariedade do grupo, que informa a criação do sistema das contribuições sociais, também se afirma na via hermenêutica.

Por outro lado, a justiça entra no jogo de ponderação com a liberdade e a segurança jurídica, como vimos acima, e a interpretação dos princípios de justiça – como capacidade contributiva, custo/benefício e solidariedade do grupo – necessita da interação e harmonização com os princípios das imunidades e das proibições de desigualdade e com os princípios de segurança, máxime a legalidade e a tipicidade.

8.3 Normas antielisivas

O paradigma dos princípios, com seus sólidos pressupostos metodológicos, projeta um outro reflexo sobre a hermenêutica tributária: a necessidade de edição de normas antielisivas.

Com efeito, ao tempo da jurisprudência dos conceitos advogava-se a liberdade de planejamento, com base na autonomia da vontade, o que tornava a elisão sempre lícita. A jurisprudência dos interesses levou a interpretação econômica ao exagero oposto, com defender a ampliação do quadro da ilicitude da elisão, que se caracterizaria como qualquer desencontro entre forma jurídica e substância econômica. Com as teses da jurisprudência dos valores e princípios o planejamento fiscal só se torna ilícito quando abusivo.

Na última década do século XX e no início do século XXI surgem leis em diversos países (Espanha, Canadá, Suécia, Itália, Portugal, Brasil) que trazem normas antielisivas. Fundamentam-se em princípios como os da transparência e da responsabilidade. Visam a coartar os abusos praticados pelo contribuinte na interpretação das leis tributárias e na estruturação dos seus negócios ou empresas, quando agirem em fraude à lei ou com a dissimulação da *mens*

16. Cf. Ricardo Lobo Torres, "Legalidade tributária e riscos sociais", *Revista Dialética de Direito Tributário* 59/112.

17. *Steuergerechtigkeit in Theorie und Praxis*, 1981; *Die Steuerrechtsordnung*, 3 vs., 1993.

18. *Der offene Finanz- und Steuerstaat. Ausgewählte Schriften 1964 bis 1990*, 1991.

19. "Der verfassungsrechtliche Auftrag zur Besteuerung nach der finanziellen Leistungsfähigheit", *Steuer und Wirtschaft* 62(4)/319-329, 1985; "Die Steuerrechtsordnung als Wertordnung", *Steuer und Wirtschaft* 73(1)/3-11, 1996.

20. *Einkommensteuerrecht und Sozialhilferecht*, 1993.

21. *The Limits of Liberty*, 1975.

22. Cf. Georgia Warnke, *Justice and Interpretation*, p. 39.

legis, isto é, quando recorrerem à analogia; a norma antielisiva apóia-se em contra-analogia ou na redução teleológica.[23]

9. Equilíbrio entre os Poderes do Estado

A hermenêutica tributária centrada no paradigma dos princípios conduz a novo equilíbrio entre os Poderes do Estado. Superam-se as posições extremadas da jurisprudência dos conceitos, segundo a qual o legislador era o herói construtor do edifício tributário; e da jurisprudência dos interesses, que enfatizava o papel criador do juiz tributário. Hoje procura-se o equilíbrio entre os Poderes do Estado, reservando-se à lei a incumbência de instituir os tributos, mas abrindo-se também à Administração, na via do regulamento, importante papel de complementação das regras jurídicas, e ao Judiciário, pelo fenômeno da judicialização da política, a participação no esforço estatal de construção de políticas públicas, inclusive a fiscal. A reserva de regulamentação administrativa e a judicialização da política correspondem, na estrutura dos Poderes do Estado, à interação entre justiça e segurança jurídica no plano da relativização dos conceitos tributários e do controle da discricionariedade legislativa.

10. Estado Democrático de Direito

O paradigma dos princípios reflete-se também no campo da formatação do Estado. As principais correntes hermenêuticas estão intimamente ligadas à configuração do Estado. A jurisprudência dos conceitos vinculava-se aos pressupostos do Estado de Direito clássico, de corte liberal, no qual prosperava o individualismo possessivo. A jurisprudência dos conceitos serviu de ideologia do Estado Social de Direito – ou Estado de Bem-estar Social, ou Estado-Providência –, de feição socialista ou social-democrata, com seu perfil intervencionista e gastador de recursos públicos, cada vez mais abundantes pela extração de parcelas substanciais de riqueza da sociedade, muita vez com a intermediação da chamada *interpretação econômica*. O equilíbrio entre os Poderes do Estado e a ponderação de princípios estão ligados ao Estado de Democrático de Direito – ou Estado Subsidiário, ou Estado de Sociedade de Riscos, ou Estado de Ponderação[24] –, com sua missão de equilibrar receitas e despesas, tributos e gastos públicos.

V – Conclusão

O futuro da hermenêutica tributária já começou e se desenvolverá, de acordo com o paradigma dos valores e princípios, pela ponderação entre liberdade, segurança e justiça e os respectivos princípios, com vista à formatação do Estado Democrático de Direito, ao equilíbrio entre os Poderes Legislativo, Executivo e Judiciário e à estruturação de um ordenamento tributário justo, seguro e livre.

VI – Bibliografia

ALEXY, Robert. *Theorie der Grundrechte*. Frankfurt, Suhrkamp, 1986.

BUCHANAN, James M. *The Limits of Liberty*. Chicago, The University of Chicago Press, 1975.

HABERMAS, Jürgen. Fakt*izität und Geltung*. Frankfurt, Suhrkamp, 1993.

HOBSBAWN, Eric. *A Era dos Extremos. O Breve Século XX (1914-1991)*. São Paulo, Cia. da Letras, 1996.

KELSEN, Hans. *Allgemeine Staatslehre*. Bad Homburg, Max Gehlen, 1966.

————. "Die Normen der Gerechtigkeit". *Reine Rechtslehre*. Viena, Franz Deuticke, 1960 (p. 357).

KIRCHHOF, Paul. "Der verfassungsrechtliche Auftrag zur Besteuerung nach der finan-

23. Cf. Ricardo Lobo Torres, "Normas gerais antielisivas", *Anais do Seminário Internacional sobre Elisão Fiscal*, 2001, pp. 371-411.

24. Cf. Walter Leisner, *Der Abwägungstaat. Verhaltnismässigkeit als Gerechtigkeit?*, 1997.

ziellen Leistungsfähigheit". *Steuer und Wirtschaft* 62(4)/319-329. 1985.

———. "Die Steuerrechtsordnung als Wertordnung". *Steuer und Wirtschaft* 73(1)/3-11. 1996.

LARENZ, Karl. *Methodenlehre der Rechtswissenschaft*. Berlim, Springer-Verlag, 1983.

LEHNER, Moris. *Einkommensteuerrecht und Sozialhilferecht*. Tübingen, J. C. B. Mohr, 1993.

LEISNER, Walter. *Der Abwägungstaat. Verhaltnismässigkeit als Gerechtigkeit?*. Berlim, Duncker & Humblot, 1997.

RAWLS, John. *A Theory of Justice*. Oxford, Oxford University Press, 1980.

SOUZA, Rubens Gomes de. "Normas de interpretação no Código Tributário Nacional". In: MORAES, Bernardo Ribeiro de, e outros. *Interpretação no Direito Tributário*. São Paulo, EDUC/Saraiva, 1975 (p. 371).

SULLIVAN, Kathleen M. "The justices of rules and standards". *Harvard Law Review* 106(1)/22-123. 1992.

TIPKE, Klaus. *Die Steuerrechtsordnung*. 3 vs. Köln, O. Schmidt, 1993.

———. *Steuergerechtigkeit in Theorie und Praxis*. Köln, O. Schmidt, 1981.

———. "Über Teleologische Auslegung, Lückenfeststellung und Lückenausfüllung". *Festschrift für Hugo von Wallis*. 1985 (pp. 133-150).

TORRES, Ricardo Lobo. "A legitimação dos direitos humanos e os princípios da ponderação e da razoabilidade". In: TORRES, Ricardo Lobo (coord.). *Legitimação dos Direitos Humanos*. Rio de Janeiro, Renovar, 2002 (pp. 397-449).

———. "Legalidade tributária e riscos sociais". *Revista Dialética de Direito Tributário* 95/112. São Paulo, Dialética, 2000.

———. *Normas de Interpretação e Integração do Direito Tributário*. Rio de Janeiro, Renovar, 2000.

———. "Normas gerais antielisivas". *Anais do Seminário Internacional sobre Elisão Fiscal*. Brasília, ESAF, 2001 (pp. 371-411).

——— (coord.). *Legitimação dos Direitos Humanos*. Rio de Janeiro, Renovar, 2002.

VOGEL, Klaus. *Der offene Finanz- und Steuerstaat. Ausgewählte Schriften 1964 bis 1990*. Heidelberg, C. F. Müller, 1991.

WARNKE, Georgia. *Justice and Interpretation*. Cambridge, The MIT Press, 1993.

Rio de Janeiro, agosto de 2002.

CADERNOS DE DIREITO TRIBUTÁRIO

HARMONIZAÇÃO TRIBUTÁRIA NO ACORDO ALCA E O DIREITO BRASILEIRO

Heleno Taveira Tôrres

Professor-Associado de Direito Tributário do Departamento de Direito Econômico e Financeiro da Faculdade de Direito da USP e Professor de Direito Tributário Internacional dos Cursos de Mestrado e Doutorado da PUC/SP. Livre-Docente (USP), Doutor (PUC/SP) e Mestre (UFPE) em Direito Tributário. Especializado em Direito Tributário Internacional pela Universidade de Roma — *La Sapienza*. Advogado

1. Considerações iniciais. 2. Descrição básica do processo de constituição da ALCA. 3. A harmonização das legislações em matéria tributária. 4. Harmonização e a neutralidade fiscal: 4.1 Neutralidade fiscal ao comércio entre as partes do Acordo ALCA. 5. O Acordo ALCA e o direito interno brasileiro — Recepção e relação normativa: 5.1 O direito brasileiro e a recepção das normas de Direito Internacional; 5.2 O procedimento de recepção; 5.3 Relação entre normas de direito internacional e direito interno à luz da Constituição Federal. 6. Acordo ALCA e o federalismo fiscal brasileiro. 7. Princípio da interdição de tratamento discriminatório no Acordo ALCA e no direito brasileiro: 7.1 Não-discriminação e capital estrangeiro no direito brasileiro; 7.2 Não-discriminação tributária no direito brasileiro; 7.3 O princípio da não-discriminação do art. III do GATT, à luz do direito brasileiro — Uma analogia favorável ao processo de integração da ALCA. 8. Considerações finais.

1. Considerações iniciais

O projeto de integração proposto para acolher 34 países das Américas, definido como Área de Livre Comércio das Américas — ALCA, reascende o entusiasmo dos estudos sobre o direito da integração. Dentre os vários aspectos jurídicos circundantes, cuidaremos da questão tributária, mais propriamente definida como harmonização fiscal, tendo em vista sua função instrumental para a formação de qualquer bloco regional.

Na atual fase em que se encontra a programação do Acordo ALCA, a preocupação deve concentrar-se, prioritariamente, nas questões relativas à *circulação* de mercadorias, bens e serviços, com alguma expansão também ao fenômeno de harmonização fiscal em matéria de imposto sobre as rendas, no que tange ao tratamento destinado aos "investimentos", haja vista a implicação deste fenômeno na política fiscal e na organicidade dos sistemas internos dos países-membros.

Partindo da compreensão da *harmonização tributária* como uma tentativa, em comum acordo dos Estados-membros, de eliminação ou redução das contradições ou de neutralização de divergências nas relações ou situações jurídicas em matéria tributária que envolvam os distintos ordenamentos jurídicos, vislumbra-se, no processo de criação da ALCA, uma espécie de "harmonização fiscal" acompanhada de razoável *segurança jurídica*, em face do elevado grau de certeza do direito que a proposta de Acordo permite.

Para atingir esse objetivo, analisaremos os princípios que norteiam a proposta do Acordo ALCA, ressaltando a importância dos dispositivos que garantem a aplicação do tratamento de nação mais favorecida aos investimentos, os critérios de não-discriminação, justiça, eqüidade, neutralidade fiscal no trato dos investimentos transnacionais, bem como o respeito ao princípio de isonomia das soberanias constituídas, com tomadas de decisão das respectivas instituições por consenso. Em seguida, relacionaremos cada um destes com o direito brasileiro. Nessa oportunidade, faz-se imperioso recordar o modo como a ordem jurídica brasileira recepciona o direito internacional, antevendo as dificuldades que o Acordo poderá encontrar, inclusive de eventuais conflitos com o próprio texto constitucional. Por esses motivos, cuidaremos aqui de evidenciar essas questões jurídicas, sem maior espaço para aspectos de economia, política ou estatística.

2. *Descrição básica do processo de constituição da ALCA*

Como é sabido, as negociações da Área de Livre Comércio das Américas — ALCA foram iniciadas na Segunda Cúpula das Américas, nos dias 18 e 19 de abril de 1998, em Santiago do Chile, visando a constituir uma "zona de livre comércio", envolvendo 34 países da região. Desde então, diversos documentos foram compostos, no intuito de consolidar o acordo final de constituição do Processo,[1] previsto para ser iniciado no ano de 2005.

1. A análise aqui procedida toma por base a versão mais recente, de 2.11. 2002, do *Draft Agreement* do FTAA — *Free Trade Area of the Americas*.

A proposta de criação de mais uma zona de livre comércio na América Latina não traz qualquer óbice técnico à continuidade de outros modelos de integração que ora se encontram em andamento, como o Mercosul e a ALADI; tampouco conflita com as regras da Organização Mundial do Comércio (OMC), tendo inclusive como um dos seus propósitos alcançar metas mais avançadas do que os objetivos que esta última pretende atingir, na medida que se define com o compromisso de respeitar o Artigo XXIV do Acordo Geral sobre Tarifas Aduaneiras e Comércio (GATT) de 1994 e o Artigo V do Acordo Geral sobre Comércio de Serviços (GATS).

Dentre os objetivos visados pelo Acordo ALCA, para os quais a harmonização fiscal prestar-se-ia como instrumento fundamental, identificamos os seguintes: (i) liberalizar o comércio a fim de gerar crescimento econômico e prosperidade, contribuindo para a expansão do comércio mundial; (ii) gerar níveis crescentes de comércio de mercadorias, bens e serviços, e de investimento, mediante a liberalização dos mercados, por meio de regras justas, claras, estáveis e previsíveis; e (iii) eliminar obstáculos, restrições ou distorções desnecessárias ao livre comércio entre as Nações-partes.

Para atingir estes fundamentos, o Acordo ALCA pretende outorgar aos seus partícipes um tratamento especial e diferenciado, que leve em conta os níveis de desenvolvimento e tamanho das economias dos Estados-membros. Assim, funcionarão como princípios norteadores de suas ações, os seguintes: a) as regras acordadas deverão ser claras, transparentes e estáveis, para evitar a possibilidade de que qualquer País possa aplicar medidas unilaterais, arbitrárias ou discricionárias, em detrimento de uma ou de várias das demais Partes; b) presença de congruência dos direitos e obrigações que derivem do Acordo com as regras e disciplinas da Organização Mundial do Comércio (OMC); c) a coexistência do Acordo com acordos bilaterais e sub-regionais, na medida em que os direitos e obrigações decorrentes desses acordos tenham maior alcance do que os do Acordo; d) o tratamento especial e diferenciado, considerando as amplas diferenças nos níveis de desenvolvimento e tamanho das economias dos Países, para promover a plena participação das Partes; e) a adoção de decisões por consenso; f) a igualdade soberana das Partes; e g) a boa-fé no cumprimento dos compromissos assumidos pelas Partes no âmbito do Acordo. Em resumo, o Acordo ALCA prevê expressamente sua coexistência com acordos bilaterais ou regionais, não prejudicando nenhum deles, na medida que tais direitos e obrigações impliquem maior grau de integração que o previsto pelas normas deste Acordo, nos moldes da Declaração Ministerial de San José; e além disso, confirma que os direitos e obrigações vigentes entre as nações envolvidos deverão manter-se conforme o Acordo da OMC, com prevalência das disposições por esta expedidas, dentro do quanto possa ser compatível.

Para os efeitos de aplicação do Acordo, a cada país é imputada a responsabilidade pala observância de doas as suas disposições, devendo cada Estado-membro tomar as medidas razoáveis de que disponha com o fim de assegurar o respectivo cumprimento por parte dos governos e das autoridades regionais e locais dentro de seu território. Exige-se, assim. Vinculação do direito interno aos termos do Acordo, adequando sua legislação e procedimentos administrativos às obrigações daquele ato institucional. Evidentemente que a distinção de organização interna dos países poderia criar dificuldades para a implantação do processo de integração. Por isso, prevê o Acordo que os direitos e obrigações deste são comuns a todas as Partes. Sejam elas Estados federais ou unitários, inclusive os diferentes níveis e esferas de governo.

A proposta do Acordo traz à lume uma formação institucional constando dos seguintes órgãos: a) Instância Política, b) Instância Executiva, c) Instâncias Técnicas, d) Secretaria Administrativa, e e) Órgão de Solução de Controvérsias. A Instância Política, integrada pelos Ministros encarregados pelo comércio de todas as Partes, será o órgão superior de condução política deste acordo. A Instância Executiva será composta pelos Vice-Ministros ou por seus representantes encarregados pelo comércio de todas as Partes. As Instâncias Técnicas estarão formadas por representantes de todas as Partes do Acordo. Estarão integradas por peritos que se reunirão a pedido da instância Executiva, para assessorar os Vice-Ministros e Ministros sobre a aplicação dos termos do Acordo quê sejam matéria de sua competência. A Secretaria Administrativa será o órgão de apoio logístico e operacional encarregado de prestar serviços administrativos às demais instituições da ALCA, na implementação do Acordo. Por fim, o Órgão de Solução de Controvérsias estará comporto por todas as Partes do Acordo (constituído pelos mesmos membros que componham a Instância Executiva), encarregado de administrar a plena aplicação do mecanismo de Solução de Controvérsias do acordo, com duas Instâncias: a Primeira Instância e o Órgão de Apelação (Segunda Instância).

No âmbito das Instâncias Política, Executiva e Técnicas, todas as decisões deverão ser tomadas considerando a igualdade soberana das partes, com votos tomados consensualmente, tal como se passa no âmbito do Mercosul.

Basicamente, este é o desenho estrutural do Programa que define as negociações da Área de Livre Comércio das Américas — ALCA, dentro do qual a harmonização tributária é exigência funcional inequívoca, como instrumento primário para alcançar os objetivos pretendidos nos vários segmentos.

3. A harmonização das legislações em matéria tributária

O conjunto de disciplinas formado pelos sistemas tributários dos Estados-membros, ou como diz Berlin, pelas *fiscalidades nacionais*,[2] acrescido das disposições próprias de direito comunitário em matéria tributária, compõe o *objeto* do *direito comunitário tributário*. Este "conjunto de sistemas" lhe serve como *objeto* em razão da *pretensão de harmonização* ou de *aproximação* das legislações tributárias estatais, com a definição *in genere* do *regime jurídico dos impostos* que pretenda tutelar, com o objetivo de modificar estes sistemas, na tentativa de reduzir os conflitos e diferenças entre eles (através de normas comunitárias). Esta pretensão é parte integrante dos objetivos básicos do direito comunitário, como o é a "eliminação dos protecionismos", a "liberdade de circulação"[3] etc.

O objeto da harmonização tributária é formado, portanto, pelo somatório dos *sistemas tributários de cada um dos Estados-membros*, naquilo que tenham de tratamento em comum, no intuito de manter um certo equilíbrio entre eles, com particular percuciência sobre a tipologia dos impostos, as respectivas bases de cálculo e as alíquotas destes, na medida que a *harmonização tributária* constitui um instrumento voltado à racionalização e eficiência da gestão do *espaço integrado*, sem que isso implique num fim institucional por si mesmo.[4]

Como se dessome destas considerações, a *harmonização tributária*, que se manifesta numa potencial tentativa de neutralização de divergências entre os ordenamentos tributários dos países-membros do processo de integração, mediante a fixação de critérios de aproximação ou de uniformização quanto à definição dos elementos de qualificação e de determinação de tributos, implica infalivelmente em redução da autonomia fiscal[5] dos Estados-membros, mas isto em favor do desenvolvimento do processo de integração,[6] sua grande virtude e razão de ser. Nada obstante, são inúmeros os preconceitos em face das tomadas de decisões favoráveis ao processo de harmonização.

Sabe-se bem que as receitas públicas derivadas (tributos), em especial aquelas provenientes de impostos sobre as rendas, constituem os principais recursos financeiros dos Estados, e, estes recursos, sempre ordenados segundo uma coordenação interna de distribuição de carga fiscal com os demais tributos e também entre as diferentes categorias redituais, arrecadadas seguindo uma política historicamente conexa às peculiaridades locais e interessada em privilegiar fatores econômicos, sociais e culturais típicos.

É fácil perceber porque os Estados não estão dispostos a renunciar parcelas das suas competências em matéria impositiva[7] de rendimentos, particularmente, em favor da harmonização tributária. Mas isto não é desejável, pois o espírito da integração se

2. Dominique Berlin, *Droit Fiscal Communautaire*, Paris, PUF, 1988, p. 12.

3. O conteúdo do direito comunitário tributário — a harmonização dos sistemas tributários dos Estados-membros — é largamente subordinado às finalidades da construção comunitária, pelo objetivo de eliminação dos obstáculos à realização dos interesses comunitários, que resultam das disparidades das legislações fiscais nacionais.

4. Como destaca Gustavo Zunino, no seu importante Relatório Geral: "La armonización no persigne sólo que las normas específicamente impositivas estén coordinadas, sino que tal coordinación se extienda a todas las cuestiones conexas que en la práctica determinan y condicionan el éxito en la aplicación de los impuestos armonizados. Conspira por ejemplo contra el objetivo propuesto la presencia de circunstancias de hecho, como puede ser la presencia de altos índices de evasión o la existencia de una política sancionatoria tan diferente que actúe en los hechos como una desarmonización de los tributos coordinados" (Gustavo Zunino, "Armonización de la imposición sobre los consumos en los países del Mercosur", *III Jornadas Tributarias del Mercosur*, Relato Generale, Buenos Aires, AAEF, 1999, p. 22).

5. Isto já era antevisto em: Cesare Cosciani, *Problemi Fiscali del Mercato Comune*, Milão, Giuffrè, 1958, pp. 82-83.

6. Não há integração econômica nem federalismo viável sem harmonização e cooperação. A fragmentação tributária é prejudicial ao desenvolvimento e ao bem-estar (Maílson da Nóbrega, "Que autonomia tributária?", *Folha de S. Paulo*, sexta-feira, 8.8.1977, 2º Caderno, p. 2).

7. Para algumas considerações financeiras, Giulio Tremonti e Giuseppe Vitaletti, *La Fiera delle Tasse*, Bolonha, Il Mulino, 1991, pp. 53-84.

enfraquece quando se privilegia o interesse econômico nacional.

A *harmonização* não significa "unificação de arrecadação" ou "uniformização legislativa",[8] mas uma "calibração" dos regimes jurídicos que, uma vez aplicável aos sistemas tributários estatais, nas respectivas autonomias, deva ser suficientemente capaz de proporcionar uma redução dos contrastes[9] porventura existentes, mediante estabilização congruente de expectativas, tanto dos Estados partícipes como dos operadores econômicos.

Funcionalmente falando, a harmonização constitui-se num procedimento, numa técnica jurídica voltada para a eliminação das disparidades existentes, que se caracteriza pelo entrechoque de regras no pluralismo das ordens normativas insertas e coordenadas no mesmo espaço territorial, o espaço de integração, com o fim de estabelecer uma disciplina legislativa comum sobre matérias tributárias específicas, para possibilitar a redução dos obstáculos e distorções econômicas não passíveis de imediata *uniformização*.[10] Tudo isso, confluindo na definição de critérios para o regime impositivo e para a coordenação dos procedimentos administrativos de arrecadação e de fiscalização, destinados a assegurar uma aplicação uniforme dos impostos e a manter os níveis de arrecadação nos períodos seguintes.

Contudo, sem embargo das premissas acima indigitadas, alguns pontos são de difícil trato, em face dos quais não podemos ter ilusão. É inegável que alguns aspectos são praticamente inelimináveis a curto prazo, tendo em vista as expressões políticas, econômicas, sociais e culturais, bem como de redistribuição de riquezas e de prestação de serviços públicos de cada Estado-membro. Basta pensar na organização política dos Estados. A importância da arrecadação do imposto sobre a renda para um Estado Federal (Brasil), não é a mesma para os Estados unitários (Uruguai).

Passemos agora a cuidar de três problemas cruciais para a harmonização tributária dos impostos sobre a renda no programa de instalação da ALCA: a) neutralidade fiscal; b) a relação entre as normas do direito internacional e aquelas de direito interno; c) o Acordo ALCA em face do federalismo fiscal brasileiro; d) a influência do princípio da não-discriminação tributária, e d) o relacionamento com as normas do GATT e do Mercosul.

4. Harmonização e a neutralidade fiscal

Um aspecto que merece ter um privilegiado enfoque é o que resguarda à relação entre o processo de *harmonização* e o atendimento ao *princípio da neutralidade fiscal*,[11] que corresponde ao postulado da

8. Assim, Lang (1994, p. 766); Gabriel Casado Ollero, *L'Ordinamento Comunitario e l'Ordinamento Tributario Interno*; Andrea Amatucci, *Trattato di Diritto Tributário*, v. I, t. l, Pádua, CEDAM, 1994, pp. 825-862; Comunidade Européia, *Taxation in the Single Market*, Bruxelas, Gab. de Publicações Oficiais da CE, 1990, 30 pp.; Andrea Amatucci, "Aspetti fiscali dell'Ato Unico Europeu", *Rass. Trib.*, Roma, EU, 1989, a. XXXII, I, pp. 685-694 e "L'adattamento del sistema finanziario italiano agli atti delle instituzioni della CEE", *Dir. Prat. Trib.*, Pádua, CEDAM, 1975, v. XLVI, I, pp. 1.280-1.333, p. 73; Augusto Fantozzi, "Il sistema tributario italiano verso il mercato unico europeo", *Rass. Trib.*, Roma, EIT, 1989, a. XXXII, I, pp. 351-359.

9. "Armonizzare non vuole certo dite identificazione, ma vuole sicuramente dire rendere compatibile, a maggiore o minore grado di efficienza, sistemi diversi, quindi, eliminare le disfunzioni di maggiore rilevanza" (Pietro Adonnino, "Il principio di non discriminazione nei rapporti tributari fra paese membri secondo le norme della CEE e la giurisprudenza della corte di giustizia delle comunit", *Riv. Dir. Fin.*, Milão, Giuffrè, 1993, v. LII, mar., p. 66).

10. Claudio Sachetto, "L'armonizzazione fiscale nella comunità europea", *Dir. Prat. Trib.*, Pádua, CEDAM, 1990, LXI, I, p. 283: "Armonizzare è termine antitetico a uniformare e quindi postula la permanenza di alcuna diversità".

11. Do ponto de vista jurídico são postos dois aspectos: a neutralidade fiscal como *conseqüência da eqüidade fiscal* e como *efeito da renúncia á redistribuição* que desencadeia o conflito com os objetivos do Estado social. No que concerne ao primeiro aspecto, o postulado da neutralidade da tributação é parte integrante de uma imposição cuja justiça pode

não interferência de tributos sobre as decisões de fundo econômico a serem tomadas pelas empresas, i.e., a neutralidade decisória quanto ao fenômeno tributário. Este princípio é colocado atualmente como endereço teórico de eficiência para o sistema tributário de um país que tenha economia integrada e globalizada.

A manutenção de divergências entre as legislações fiscais, de ceda forma, mas não de modo decisivo, condiciona as manobras empresariais para alocação dos investimentos. Em face deste aspecto, a *neutralidade fiscal*[12] deve ser implementada de tal modo a impedir que as empresas, para decidir sobre a melhor forma de organização (comercial), procurem tomar em consideração *aspectos fiscais*, prioritariamente, em particular o nível de pressão fiscal do país de interesse.

A harmonização fiscal, antes de pretender alcançar um pleno equacionamento racional dos sistemas fiscais envolvidos, almeja assegurar o funcionamento do Mercado Comunitário.[13] Um ajuntamento de sistemas funcionalmente "irracionais" alimentaria, em verdade, um "mercado de diferenças", que findaria por desencadear o surgimento de inúmeras anomalias econômicas, principalmente de distorções no regime de concorrência,[14] o que, de modo algum, faz parte das pretensões dos objetivos da ALCA.

Um aspecto relevante é a correspondência entre este princípio, da *neutralidade tributária* e a eficácia do princípio internacional da *não-discriminação* ante às empresas estrangeiras, que significa condições de igualdade destas em relação ao ônus suportado pelas empresas nacionais. Alguns autores chegam a ver no processo de harmonização tributária uma superação, por incompatibilidade, ao *princípio da não-discriminação*,[15] como se a presença de um, necessariamente, excluísse a do outro. Não nos parece assim. Casos de *discriminação* podem ser verificados também em situações tributárias harmonizadas. Em verdade, o princípio da *não-discriminação* serve como um guia para a implementação de todo o processo harmonizante. A sua existência é latente, e é responsável, em boa medida, pelo combate às tendências protecionistas dos Estados-membros.[16]

4.1 Neutralidade fiscal ao comércio entre as partes do Acordo ALCA

No caso dos impostos à exportação, prevê o acordo ALCA que nenhuma Parte

derivar, seja pela idéia de igualdade, seja pelo conceito de liberdade. A grande parte dos motivos que fazem da tributação o fator decisório essencial se baseia na desigualdade da tributação, que conduz o contribuinte a se comportar de um modo tal que não assumiria caso estivesse em presença de um tratamento equânime. Assim, as diferentes formas impositivas sobre tipos de rendas, os parâmetros, as preceituações lacunosas, os incentivos fiscais e alíquotas diferentes provocam condicionamentos de comportamento que não se apresentam nem conciliáveis com a eqüidade fiscal nem com a concepção liberal de tributação.

12. Enrico Nuzzo, "Riflessioni in margine ai rapporti tra trattati contro le doppie imposizioni e talune regole impositive del diritto ccmunitario", *Riv. Dir. Trib.*, Milão, Giuffrè, 1993, a. 3, n. 6, jun., pp. 739-748.

13. De modo semelhante, Lang (1994, p. 772), ao afirmar: "(...) os critérios de harmonização de Direito Comunitário oferecem fundamentos jurídicos para a realização de *sistemas fiscais mais racionais*".

14. Cf. José Guilherme Xavier de Basto, *A Tributação do Consumo e a sua Coordenação Internacional*, Lisboa, Centro de Estudos Fiscais, 1991, 309 pp.

15. Patrizio Braccioni, "Capacità contributiva e principi fondamentali dell'ordinamento comunitário", *Dir. Prat. Trib.*, Pádua, CEDAM, v. LX, 1989, pp. 1.137-1.153; Luigi Daniele, "Il divieto di discriminazione fiscale nella giurisprudenza comunitaria (1980-1987)", *Il Foro Italiano*, 1989, v. IV, p. 201-224; Claudio Sachetto, "I divieti di discriminazione contenuti nell'art. 95 CEE. L'evoluzione dell'interpretazione della Corte di Giustizia CEE e l'applicazione nel ordinamento italiano", *Dir. Prat. Trib.*, Pádua, CEDAM, 1986, v. LVII, I, pp. 499-514; Berlin (1988, pp. 102-175).

16. Um excelente trabalho comparativo sobre o tema da harmonização do imposto sobre a renda no âmbito do Mercosul encontra-se no seguinte Relatório: Enrique Jorge Reig, "La tributación de la renta en el Mercosur (personas físicas y jurídicas)", in Dejalma de Campos, *O Sistema Tributário e o Mercosul*, São Paulo, LTr, 1998, pp. 166-214.

adotará ou manterá imposto, gravame ou direito algum à exportação sobre uma mercadoria para território de outros países-membros, a menos que tais impostos, gravames ou direitos sejam adotados ou mantidos também sobre: a) a exportação da referida mercadoria para o território dos demais países; e b) a referida mercadoria, quando esteja destinada ao consumo interno. Neste âmbito, podem, os Estados-membros, eleger uma lista de exceção a tais regras gerais, reservando-se o direito de aplicar impostos à exportação às mercadorias listadas.

No que concerne ao controle do comércio recíproco entre as Partes, o método de Valoração Aduaneira é preservado, nos termos do Artigo VII do GATT de 1994 da OMC, adicionado de algumas particularidades. Por exemplo, para os fins de sua aplicação, as Partes poderão celebrar consultas entre si, a fim de assegurar que isso não represente um obstáculo ao comércio, mormente em casos de definição de preços estimados, os quais não poderão ser considerados como preço de base para a determinação dos impostos internos de cada Parte ou para a aplicação de direitos e tarifas aduaneiras.

Quanto às importações, eliminam-se quaisquer tributos ou tarifas aplicáveis à importação de uma mercadoria para ser consumida no território aduaneiro de uma das Partes, caso a mercadoria não seja exportada para o território de outra Parte, exceto: a) os gravames equivalentes a um imposto interno estabelecido em conformidade com o Art. III, 2 do GATT 1994, ou qualquer disposição equivalente prevista por um acordo posterior do qual as Partes sejam parte; b) qualquer direito *antidumping* ou medida compensatória que seja aplicado de acordo com a legislação de cada Parte; c) qualquer direito ou outro gravame relacionado à importação, proporcional ao custo dos serviços prestados; e d) qualquer prêmio oferecido ou arrecadado sobre mercadorias importadas, decorrente de qualquer sistema de licitação, relativo à imposição de restrições quantitativas à importação ou de tarifas-cota ou de cotas de preferência tarifária.

Estas regras gerais sobre harmonização fiscal na exportação e importação vão encontrando tratamentos diversificados, conforme a espécie do tipo de mercadoria ou serviço. A agricultura, por exemplo, recebe orientação muito específica, caso a caso, haja vista seu significado estratégico para a maioria dos países-membros.

5. *O Acordo ALCA e o direito interno brasileiro — Recepção e relação normativa*

O Acordo da ALCA, mesmo versando sobre matéria tipicamente mercantil (agricultura, serviços, investimento, acesso a mercado etc.), como visto acima, traz disposições de natureza tributária, como condição para o implemento instrumental do seu objeto principal. Assim, na parte que corresponde à matéria tributária, o Acordo passa a ter a feição de típica *convenção internacional em matéria tributária*, enquanto veículo introdutório de normas que se apresentam com textos normativos voltados a integrar os ordenamentos internos dos signatários naquilo que forem incompletos, diversos ou contraditórios, mediante um conjunto de regras destinadas ao tratamento dos tributos envolvidos, por uma funcional limitação ao sistema tributário (interno) de cada um deles, com a finalidade de harmonizar este relacionamento, para garantir os objetivos do Acordo, prevenir o combate à evasão e elusão tributária internacional, impedir a discriminação e garantir maior segurança jurídica aos contribuintes, pela certeza do direito aplicável.

5.1 O direito brasileiro e a recepção das normas de Direito Internacional

Para que o tratado[17] ou convenção internacional apresente-se no sistema jurídi-

17. Para a Convenção de Viena, de 1969, o art. 2º define tratado como "um acordo internacional celebrado por escrito entre Estados e regido pelo

co de um dado país como veículo introdutor de normas, adquirindo aplicabilidade interna[18] a este, precisa atender aos requisitos de validade típicos do direito constitucional de cada um dos ordenamentos dos signatários, após, preliminarmente, estarem atendidos os critérios do direito das gentes. A formalidade de ratificação,[19] contudo,

direito internacional, quer conste de um instrumento único, quer de dois ou mais instrumentos conexos, qualquer que seja sua denominação particular". Segundo Hans Kelsen, "é o meio pelo qual os sujeitos da comunidade jurídica internacional regulam a sua conduta recíproca, vale dizer, a conduta dos seus órgãos e súditos em relação aos órgãos e súditos dos outros. É o acordo de vontades através do qual são criadas normas que impõem deveres e conferem direitos aos Estados contratantes" (Hans Kelsen, *Teoria Pura do Direito*, 6ª ed., Coimbra, Armênio Amado, 1984, p. 431).

18. Cfr. Antonio la Pergola, *Costituzione e Adattamento dell'Ordinamento Interno al Diritto Internazionale*, Milão, Giuffrè, 1961; Michele Buquicchio, *Il Procedimento Costituzionale di Formazione dei Trattati*, Nápoles, Jovene, 1980; Adolfo Maresca, *Il Diritto dei Trattati*, Milão, Giuffrè, 1971; Luigi Ferrari Bravo, *Diritto Internazionale e Diritto Interno nella Stipulazione dei Trattati*, Pompéia, Morano, 1964; Giuseppe Barile, *Diritto Internacionale e Diritto Interno*, Milão, Giuffrè, 1964; Hans Kelsen, *Princípios de Derecho Internacional Público*, Buenos Aires, El Ateneo, 1964; Charles Rosseau, *Droit International Public*, t. 1, Paris, Sirey, 1970, 464 pp.; Tomaso Perassi, *Scritti Giuridici*, Milão, Giuffrè, 1958, 449 pp.; Giuseppe Ottolenghi, *Scritti Vari di Diritto Internazionale*, v. 2, Turim, Giappichelli, 1960; Giuseppe Biscottini, *Gli Atti di Diritto Interno Necessari allo Svolgimento delle Relazioni Internazionali*, Milão, Giuffrè, 1988, 135 pp. e *Contributo alla Teoria degli Atti Unilaterali nel Diritto Internazionale*, Milão, Giuffré, 1951; J. Puente Egido, *La Teoría Pura del Derecho y la Ciencia del Derecho Internacional*, Madri: CSIC, 1962; Mario Giuliano, Tullio Scovazzi e Tullio Treves, *Diritto Internazionale — Parte Generale*, Milão, Giuffrè, 1991, 643 pp.; Giuliana Ziccardi Capaldo, *La Competenza a Denunciare i Trattati Internazionali. Contributo allo Studio del "Treaty Power"*, Nápoles, ESI, 1983.

19. Esta, contudo, não é exigida para todos os atos internacionais, como é caso dos seguintes: a) os acordos sobre assuntos que sejam de competência privativa do poder executivo; b) os concluídos por agentes ou funcionários que tenham competência para isso, sobre questões de interesse local ou de importância restrita; c) os que consignam simplesmente a interpretação de cláusulas de um tratado vigente; d) os que decorrem, lógica e necessariamente, de algum tratado vigente e são com o que o seu complemento; e) os de *modus vivendi*, quando têm em vista apenas deixar as coisas no estado em que se encontram ou estabelecer simples bases para negociações futuras.

dependerá do modelo de recepção que tenha sido adotado pelo Estado, que pode ser de três tipos:

1. *Reconhecimento automático* — as convenções internacionais formam, automaticamente, parte do direito nacional ao entrarem em vigor, sem necessidade de uma ordem de aplicação ou edição de uma lei com o respectivo conteúdo;

2. *Incorporação* — as convenções internacionais, para que venham a produzir efeitos jurídicos válidos sobre um Estado, devem ser recepcionadas por uma ordem legislativa, para a respectiva aplicação, somente entrando em vigor com a ratificação;

3. *Transformação* — as convenções internacionais convertem-se em direito interno pela edição de uma lei com o mesmo conteúdo. Nos termos desse modelo, as convenções, enquanto tais, não têm a possibilidade de produzir efeitos jurídicos, porque esses efeitos derivam das leis nacionais, editadas com o inteiro teor das mesmas.

Alega a maioria dos doutrinadores que a Constituição do Brasil não contém enunciados expressos que disponham sobre o reconhecimento do direito internacional, salvo algumas poucas e esparsas referências às formas procedimentais encontradas no bojo das normas de repartição de competências, como se vê nos arts. 21, I; 49, I; 84, VIII, da CF.[20] Contrariamente, enten-

20. Esta competência sempre coube à União, lembrando que o art. 102, da Constituição de 1824, estabelecia esta atribuição ao chefe do Poder Executivo; a Constituição de 1891, no art. 34, II, dispunha tal possibilidade como competência privativa da União, *in verbis*: "resolver definitivamente sobre tratados e convenções com as nações estrangeiras"; na Constituição de 1934, art. 5º, I: "Compete privativamente à União celebrar tratados e convenções internacionais"; na Constituição de 1946, art. 5º, I: "Compete à União celebrar tratados e convenções internacionais com os Estados Estrangeiros"; e na Constituição de 1967, art. 8º, I e Emenda Constitucional 1 de 1969, art. 8º, I: "Compete à União manter rela-

demos que a Constituição Federal disponibiliza, sim, um conjunto de enunciados, decerto restrito, mas adequados à definição dos critérios de recepção e a posição que devem ocupar no direito interno.

De início, a Constituição Federal dispõe como sendo competência da União, nos termos do art. 21, CF, "manter relações com Estados estrangeiros e participar de organizações internacionais", o que em seguida é discriminado para o órgão próprio, Presidência da República, pelo art. 84, VIII, da CF, a competência privativa para "celebrar tratados, convenções e atos internacionais, sujeitos a referendo do Congresso Nacional". Como a competência atribuída é "privativa", admite delegação e, por esse motivo, preocupa-se a Constituição em investir como autoridade competente o *Presidente da República* para, privativamente, manter relações com Estados estrangeiros e *acreditar seus representantes diplomáticos* (art. 84, VII). *Representantes plenipotenciários* daquela autoridade (Ministro das Relações Exteriores e Chefe de missão diplomática) ou os *representantes diplomáticos*, desde que portadores de *Carta de Plenos Poderes*.

No Brasil, é o Presidente da República, enquanto chefe de Estado, atuando em nome da República Federativa do Brasil, nos termos do art. 1º, da Constituição, o órgão dotado de competência para firmar qualquer acordo internacional, sujeito ao controle por parte do Legislativo nos casos que especifica. internacionalmente, contudo, trata-se de ato irrelevante, esse do controle parlamentar, desprovido de qualquer influência sobre os interesses das demais partes envolvidas no ato internacional, salvo quanto às reservas que possam ser feitas, mesmo se internamente apresente-se como conditio sine qua *non* para validade do ato de recepção. É o que se dessome do art. 49, I, da CF, que prevê como de "competência exclusiva" do Congresso Nacional "resolver definitivamente sobre tratados, acordos ou atos internacionais que acarretem encargos ou compromissos gravosos ao patrimônio nacional".

Nesta ordem, o tratado celebrado pelo Presidente da República tem que receber, como critério inafastável para adentrar ao sistema, o *referendo* de aprovação emitido por Decreto Legislativo[21] do Congresso Nacional, quando acarretem encargos ou compromissos gravosos ao patrimônio nacional, a juízo do Congresso Nacional, que deve se pronunciar sempre, em face de mensagem do Presidente da República, acompanhada do texto do tratado, acordo ou ato internacional já autenticado e assinado, e cujo objeto consistirá na autorização ao Presidente da República para a respectiva ratificação.

5.2 *O procedimento de recepção*

Havendo o reconhecimento, mediante referendo do Congresso Nacional, a convenção internacional poderá ser "ratificada", ficando ainda sob a discricionariedade[22] do Presidente da República a deci-

ções com Estados Estrangeiros e com eles celebrar tratados e convenções". Esta atribuição de competência sempre veio acompanhada, salvo nas Cartas de 1824 e de 1937, da exigência de colaboração entre Executivo e Legislativo na conclusão dos tratados internacionais.

21. "O decreto legislativo é o estatuto expressivo das competências exclusivas do Congresso Nacional e está no nível de lei ordinária. Aprovado por maioria simples, não tem sanção, sendo promulgado pelo Presidente do Congresso que o manda publicar. Adquire grande relevância no direito brasileiro como veículo que introduz o conteúdo dos tratados e das convenções internacionais no sistema normativo (...) transformando-os em regras jurídicas válidas" (Paulo de Barros Carvalho, *Curso de Direito Tributário*, 11ª ed., São Paulo, Saraiva, 1998, p. 54).

22. Como dá Antônio de Moura Borges: "A ratificação é ato discricionário. O chefe de Estado é livre juridicamente, para proceder ou não a ratificação — mesmo que o Poder Legislativo já tenha aprovado o projeto de tratado —, assim como para realizá-la no momento que lhe seja ou pareça oportuno, a não ser que as partes tenham fixado prazo para tal" (Antônio de Moura Borges, *Convenções sobre Dupla Tributação Internacional*, Teresina, UFPI, 1992, p. 120; cf., António Cabral de Moncada, *Curso de Direito Internacional Público*, v. I, Coimbra, Almedina, 1998, p. 227).

são sobre o melhor momento e a conveniência para sua efetivação, mediante troca dos instrumentos de ratificação ou o respectivo depósito destes.

O ato de ratificação aperfeiçoa-se com a notificação dada ao outro país signatário ou ao depositário. Destarte, somente com o conhecimento pela outra parte, mediante a *troca dos instrumentos de ratificação* (ou depósito das ratificações, quando multilateral), passará o tratado a produzir os seus efeitos entre as partes (*pacta non obligant nisi gentes inter quas inita*). Por isso, quanto à natureza jurídica, o ato de ratificação não é mais do que uma comunicação formal dirigida à parte depositária das ratificações, quando se trata de acordos multilaterais, ou ao outro Estado, no caso de acordo bilateral, vinculando o Estado plenamente, nos termos da autorização legislativa (se houver alguma reserva). Por isso, o ato de ratificação é irretratável, cabendo apenas a denúncia do tratado, caso o Estado deseje posteriormente afastar-se do compromisso assumido.

Após esse ato de ratificação, promulga o Presidente um Decreto, ato inteiramente administrativo, pretendendo dar publicidade e executoriedade ao respectivo tratado, aprovado pelo Decreto Legislativo, que segue em anexo ao mencionado Decreto.

Para alguns, o *iter* procedimental de incorporação dos tratados internacionais conclui-se com a expedição desse Decreto, do qual decorreriam três conseqüências distintas: (i) a promulgação do tratado internacional; (ii) a publicação oficial de seu texto; e (iii) a executoriedade do ato internacional, que passa, a ser vinculante no plano do direito interno. Alberto Xavier admite esse efeito vinculante para o decreto presidencial, no processo de elaboração dos tratados, quanto ao início da aplicabilidade do conteúdo das convenções ratificadas. E seguindo essa opinião há vários outros autores, e também o próprio Supremo Tribunal Federal, ao decidir que os tratados somente adquirem *validade* no ordenamento interno após a expedição do respectivo Decreto, como se vê nos fundamentos de recente Acórdão, *in verbis*: "Na realidade, o Protocolo de Medidas Cautelares (Mercosul) — que se qualifica como típica Convenção Internacional — não se incorporou definitivamente à ordem jurídica doméstica do Estado Brasileiro, eis que ainda não se concluiu o procedimento constitucional de sua recepção pelo sistema normativo brasileiro. (...) Esse entendimento jurisprudencial veio a ser confirmado e reiterado no julgamento da ADIn 1.480-DF, Rel. Ministro Celso de Mello, ocasião em que se enfatizou, uma vez mais, que o decreto presidencial, que sucede à aprovação congressual do ato internacional e à troca dos respectivos instrumentos de ratificação, revela-se — enquanto momento culminante do processo de incorporação desse ato internacional ao sistema jurídico doméstico (...)".[23]

Merece destaque lembrar que o tratado não adquire validade na ordem interna. Quanto ao direito interno, válidos devem ser os atos de recepção. Válida deve ser a edição do Decreto Legislativo. Encontrando-se este eventualmente inquinado de algum defeito que lhe afete a existência jurídica, isso seguramente não se transfere ao tratado, que continua plenamente válido no direito das gentes. A única conseqüência será o impedimento ao Presidente da República de vincular o Estado ao ato internacional, pela ratificação, porquanto somente a partir deste o tratado adquire vigência e conseqüente eficácia na ordem interna, para fins de aplicabilidade, mas nunca de validade.

Parece não ser aceitável que um tratado, elaborado pelas autoridades competentes, segundo a designação constitucional e a aquiescência internacional, devidamente autenticado e assinado, reconhecido pelo Poder Legislativo, pelo referendo atribuído pelo Decreto Legislativo, com ulterior publicação[24] deste, e ratificado, gerando o

23. Carta Rogatória 8.279, em 4.5.1998.

24. A publicidade é garantia de executoriedade do ato. Por isso, como diz Grandino Rodas, "A ado-

compromisso da República Federativa do Brasil na ordem internacional, perante outra ou várias nações signatárias, apesar de tudo isso, tenha que ficar a mercê de um ato administrativo, o Decreto do Presidente da República. A prevalecer esse critério, o tratado, após sua ratificação, vigoraria apenas no plano internacional, sem gerar efeitos no plano interno, o que colocaria o Brasil na privilegiada posição de poder exigir a observância do pactuado pelas outras partes contratantes, sem ficar sujeito à obrigação recíproca, atribuindo os respectivos direitos aos destinatários do seu conteúdo, ou realizando os deveres ali estabelecidos.

O tratado é recepcionado na ordem interna não mediante o ato final — o Decreto do Presidente da República —, mas pelo Decreto Legislativo oriundo do Congresso Nacional. Por isso, o início do prazo de *vigência* da Convenção, a partir do qual os interessados poderão reclamar os compromissos assumidos pelos Estados-partes, não decorre do ato administrativo que, consuetudinariamente, a título de conferir-lhe publicidade e execução, pretende servir como pressuposto de validade, pelo procedimento. A vigência do acordo começará a contar exclusivamente a partir do ato de ratificação, como previsto no corpo do tratado, pela aprovação mediante o Decreto Legislativo expedido pelo Congresso Nacional.

O Decreto do Presidente aparece no direito interno exclusivamente com efeitos administrativos, vinculando seus servidores ao cumprimento das disposições convencionais, de executar e praticar todas as suas disposições, com efeitos *ex tunc* (desde a ratificação). Mediante estes procedimentos, portanto, e com base no reconhecimento da dualidade de ordenamentos, são admitidas as normas de Direito Internacional no ordenamento interno, para fins de aplicabilidade interna, dotando-as de eficácia jurídica.

5.3 Relação entre normas de direito internacional e direito interno à luz da Constituição Federal

Visto o procedimento de recepção admitido pelo sistema jurídico nacional, cabenos tratar agora da situação das normas de direito internacional em face do direito interno, e particularmente sobre a posição hierárquica que devem ocupar na estrutura sistêmica, se aquelas normas passam a ser direito interno, com a roupagem de lei ordinária ou decreto legislativo, ou se continuam a manterem o mesmo *status* de direito internacional.

Como dissemos, é corrente ouvir-se dizer que a Constituição brasileira não contém nenhum dispositivo predisposto explicitamente à recepção do direito internacional na ordem jurídica interna, tampouco sobre o lugar que ocupa na hierarquia das fontes do direito.[25] Todavia, analisando as normas que, direta ou indiretamente, se reportam aos tratados internacionais,[26] é possível, sistematicamente, chegar a algumas conclusões[27] bem diversas.

ção da teoria dualista, que esposa a separação absoluta entre a ordem interna e a internacional, acarreta como corolário a necessidade de promulgar tratados para que estes, embora já existentes no plano internacional, tenham validade no território nacional" (João Grandino Rodas, *A Publicidade nos Tratados Internacionais*, São Paulo, Ed. RT, 1980, p. 199).

25. Salvo os direitos e garantias individuais, por força do art. 5º, §§ 1º e 2º, CF. Para uma análise mais demorada sobre o tema, remetemos o leitor à brilhante e profunda Tese de Doutorado da jovem Profa. Flávia Piovesan, Direitos Humanos e o Direito Constitucional Internacional, São Paulo, Max Limonad, 1996, pp. 82-127; tb., Xavier (1996, p. 44); Sacha C. Navarro Coêlho, "Validade e extensão dos tratados internacionais em matéria tributária, perante a Constituição Federal do Brasil de 1988", in *Imposto de Renda: Estudos*, São Paulo, Res. Trib., nov. 1992, n. 31, pp. 33-62.

26. Quero deixar registrado a minha mais profunda indiferença à corrente e tola distinção entre "tratados-normativos" e "tratados-contratos". As expressões 'tratado" e "convenção" estão, aqui, tomadas como sinônimas e buscam designar o mesmo ato-norma que vincula os Estados no Direito Internacional.

27. Cf. o importante estudo: Andrea Amatucci, "Il conflitto tra norme internazionali ed interne tributarie", *Rivista di Diritto Tributario Internazionale*, Roma, ETI, jan.-abr. 1999, a. I, n. I, pp. 59-94.

Para alguns, todo o procedimento de recepção supra-referido serve para que o tratado seja recebido no direito interno como "Decreto Legislativo", com *status* de lei ordinária (por coordenação), afinal este é o ato do procedimento legislativo que o acolhe na ordem interna.

Como se sabe, as *normas jurídicas* são unidades que, sintaticamente inter-relacionadas, mediante vínculos horizontais (relações de coordenação) e verticais (relações de subordinação-hierarquia), compõem um *sistema*. Como ensina Paulo de Barros Carvalho, a ordem jurídica é necessariamente organizada em padrões hierárquicos, porquanto o modo peculiar de existir da norma supõe subordinação a outra regra de nível superior. Uma regra qualquer há de ter, para ser provida de juridicidade, seu fundamento em outra que lhe seja superior, como condição de validade. Essa hierarquização baseia-se exclusivamente na função da norma, i.e., na competência desempenhada, por isso os atos normativos típicos, como lei complementar, lei ordinária, decreto legislativo, somente hierarquizam-se entre si quando a função esteja vinculada a uma competência que permita tal possibilidade.

Segundo o STF, pela voz do Ministro Celso de Mello, "os tratados ou convenções internacionais, uma vez regularmente incorporados ao direito interno, situam-se, no sistema jurídico brasileiro, nos mesmos planos de validade, de eficácia e de autoridade em que se posicionam as leis ordinárias, havendo, em conseqüência, entre estas e os atos de direito internacional público, mera relação de paridade normativa". Em seguida assevera o Ministro que no sistema jurídico brasileiro, os atos internacionais não dispõem de primazia hierárquica sobre as normas de direito interno, de sorte que alguma espécie de prevalência somente pode existir quando a antinomia com o ordenamento doméstico impuser, para a solução do conflito, a aplicação alternativa do critério cronológico (*lex posterior derogat priori*) ou, quando cabível, do critério da especialidade. E para tudo alega precedentes.

Essa é uma interpretação possível, mas não a única e, segundo nossos critérios, a que menos reflete o tratamento que Constituição Federal confere aos tratados e convenções internacionais, na relação com o direito interno.

Qualquer atitude de hermenêutica constitucional nessa específica matéria, para ser consistente, deve começar pelas disposições do art. 4º, da CF, que relaciona os princípios fundamentais — todos princípios consagrados na ordem jurídica internacional — a serem observados pelo Estado brasileiro nas suas relações internacionais.[28] Como são "princípios fundamentais" que regem a relação entre o Estado brasileiro e os demais Estados no conserto das nações, a eficácia de tais fundamentos ficaria severamente prejudicada caso aos tratados e convenções internacionais não fosse atribuída prevalência de aplicabilidade sobre o direito interno infraconstitucional.

Em diversas matérias específicas, além dos arts. 4º e 5º, § 2º, o Constituinte Federal fez questão de enfatizar o princípio de prevalência do direito internacional sobre o direito interno, como demonstra o art. 178, § 1º, da CF, segundo o qual "a *ordenação* do transporte internacional *cumprirá os acordos firmados pela União*, atendido o princípio de reciprocidade" (exatamente, onde se lê, como *caput*, "A *lei* disporá sobre:"); e do mesmo modo, o art. 192 da CF: "O sistema financeiro nacional, estruturado de forma a promover o desenvolvimento equilibrado do País e a servir aos interesses da coletividade, será regulado em *lei complementar*, que disporá, inclusive, sobre: (...) III — as condições para

28. Art. 4º: "A República Federativa do Brasil rege-se nas suas relações internacionais pelos seguintes princípios: I — independência nacional; II — prevalência dos direitos humanos; III — autodeterminação dos povos; IV — não-intervenção; V — igualdade entre os Estados; VI — defesa da paz; VII — solução pacífica dos conflitos; VIII — repúdio ao terrorismo e ao racismo; IX — cooperação entre os povos para o progresso da humanidade; X — concessão de asilo político".

a *participação do capital estrangeiro* nas instituições a que se referem os incisos anteriores, tendo em vista, especialmente: a) os interesses nacionais; b) *os acordos internacionais*".[29] Como se vê, seja por lei ordinária, seja por lei complementar, a depender da matéria, ambas devem atender ao que estiver entabulado no texto constitucional e nos acordos internacionais previamente constituídos.

Sendo o Estado brasileiro tão comprometido com a ordem internacional, torna-se imprescindível que este tenha critérios rigorosos para justificar a prevalência do direito internacional, em qualquer circunstância. E a isto o Constituinte não se furtou.

Primeiro, entendeu que todo tratado internacional encontra-se hierarquicamente subordinado à Constituição, devendo o seu conteúdo ser compatível com o texto constitucional, sob pena de seu imediato banimento da ordem jurídica; salvo em se tratando de direitos humanos, situação na qual outros princípios decorrentes dos tratados internacionais, em que a República Federativa do Brasil seja parte, serão incorporados ao próprio texto do art. 5º, não podendo sequer serem alcançados por Emenda à Constituição (art. 60, IV, *a*, da CF), subordinando-se apenas à apreciação do Supremo Tribunal Federal, que poderá ser provocado para apreciar a respectiva compatibilidade (art. 102, III, *b*). Quer dizer, sendo uma convenção em matéria de direitos humanos recepcionada pelo sistema jurídico e ratificada validamente, nos termos do dualismo sistêmico, tal conteúdo passará a ter o mesmo nível hierárquico dos Direitos e Garantias Fundamentais já relacionados na Constituição, mesmo que nunca deixe de ser direito internacional.

29. E isto fica ainda mais reforçado quando interpretamos o parágrafo único do art. 52, dos ADCT: "Art. 52. Até que sejam fixadas as condições a que se refere o art. 192, III, são vedados: (...) Parágrafo único. A vedação a que se refere este artigo *não se aplica às autorizações resultantes de acordos internacionais*, de reciprocidade, ou de interesse do Governo brasileiro" (g.n.).

Quanto aos demais tratados ou convenções internacionais, firmados em matérias distintas, estes manter-se-ão, sempre, em plano inferior à Constituição Federal, podendo inclusive virem a ser declarados inconstitucionais, no todo ou em parte, pelo STF, tal qual os que versarem sobre direitos humanos, quando incompatíveis com o teor da Constituição. Isso decorre do art. 102, III, *b*, CF, ao dizer que compete ao Supremo Tribunal Federal, precipuamente, a guarda da Constituição, cabendo-lhe, mediante recurso extraordinário, declarar a *inconstitucionalidade* de *tratado* ou lei federal, no controle difuso ou concentrado.

Nestes termos, a hierarquia normativa entre a Constituição Federal e os tratados dos quais a República faça parte é evidente e nem merece maiores comentários. Resta-nos analisar agora a relação entre o tratado e a legislação infraconstitucional, para saber da compatibilidade entre estes.

Existe antinomia quando duas normas válidas de um mesmo sistema, no que concerne a certos critérios (material, pessoal, espacial ou temporal), conflitam entre si, quanto aos modais deônticos, ou seja: uma obriga e a outra proíbe, ou uma permite e a outra obriga, ou uma proíbe e a outra permite o mesmo comportamento. Quando a uma dada norma N corresponde outra contraditória, não-N, sendo ambas válidas, uma pelo menos será aplicada pelo sistema,[30] porque é também pertinente a este um mecanismo decisional que possibilita a aplicação uma ou outra norma a um dado caso concreto (mas nunca ambas), sem alterar em nada a validade da proposição normativa contraditória que não for aplicada. O ato de aplicação, contudo, somente poderá tomar uma das duas como sendo a norma válida aplicável ao caso concreto. Sendo assim, as contradições entre normas são elimináveis pelas seguintes regras:

30. Lourival Vilanova, *Estruturas Lógicas e o Sistema de Direito Positivo*, São Paulo, EDUC, 1977, p. 174.

• critério temporal (*lex posterior derogat priori*) — norma de mesmo nível revoga norma anteriormente ditada.

• critério hierárquico (*lex superior derogat inferiori*) — norma de nível mais elevado prevalece sobre norma de nível inferior;

• critério da especialidade (*lex specialis derogat generali*) — norma especial prevalece sobre norma geral.

Indaga-se: seria possível aplicar os critérios de resolução de antinomias, os quais pressupõem normas com idêntico fundamento de validade, às relações entre normas de direito internacional e normas de direito interno? A resposta somente poderá ser pela negativa, pois não está em discussão a validade do ato de recepção (do decreto legislativo), mas do próprio tratado, cuja validade é obtida no direito internacional e não no direito interno de um ou do outro Estado signatário. Recepção e ratificação são critérios próprios para estabelecer a aplicabilidade e a eficácia das regras do acordo, não a sua validade.

A inexistência de contradições intrasistêmicas não é condição *sine qua non* para a *estrutura sistêmica* do jurídico, mas a coerência (inexistência de antinomias) é imprescindível para o ato de *aplicação* do direito. Considerados estes pressupostos teóricos, temos que o ato de aplicação exige necessariamente uma previsão sobre os critérios de decisão dos conflitos e até mesmo das antinomias. Mas nada disso aplica-se à relação entre direito interno e direito internacional. Em face do princípio de prevalência do direito internacional sobre o direito interno infraconstitucional, qualquer dispositivo contrário ao teor dos tratados internacionais representará uma quebra do tratado (*treaty override*), uma denúncia tácita do acordo. Daí o ordenamento não dispor de regras sobre a resolução de antinomias dos tratados internacionais, mas somente de atribuição de competência para a resolução de lides decorrentes da aplicação dos tratados.

Como já foi assinalado, nos diversos países encontramos basicamente três sistemas de recepção de normas internacionais: (i) recepção automática, quando após a assinatura do tratado for suficiente para sua entrada em vigor a simples publicação no Diário Oficial (Espanha); (ii) transformação do direito internacional em direito interno, quando o tratado passa a ser o conteúdo de uma lei específica, votada e aprovada com o seu conteúdo, entrando em vigor com a sua publicação (Itália), ou como (iii) incorporação mediante ordem de reconhecimento legislativo, o qual exige a colaboração do Legislativo não para aprovar como lei, mas apenas para autorizar o chefe de Estado a concluir os procedimentos de ratificação, obrigando o Estado perante os demais signatários. Este último é o modelo adotado pelo Brasil. E por este último modelo o direito internacional não perde essa natureza, motivo pelo qual as regras de antinomia não são aplicáveis aos eventuais conflitos de aplicação entre seu conteúdo e as matérias presentes em leis internas, haja vista o princípio de prevalência de aplicabilidade do direito internacional.

E para decidir os conflitos baseados em tratados internacionais, prescreve a Constituição Federal, além da possibilidade de declaração de constitucionalidade, a competência dos *juízes federais* (art. 109, III, CF) para processar e julgar as causas fundadas em tratado ou contrato da União com Estado estrangeiro ou organismo internacional; e, por decorrência, aos *Tribunais Regionais Federais* (art. 108, II, CF), para julgar, em grau de recurso, as causas decididas pelos juízes federais e pelos juízes estaduais no exercício da competência federal da área de sua jurisdição. E ainda, ao *Superior Tribunal de Justiça* (art. 105, III, *a*, CF), a quem cabe julgar, em *recurso especial*, as causas decididas, em única ou última instância, pelos Tribunais Regionais Federais ou pelos tribunais dos Estados, do Distrito Federal e Territórios, quando a decisão recorrida: contrariar tratado ou lei federal, ou negar-lhes vigência.

Toda essa descrição sobre a possibilidade de resolução de conflitos em matéria de tratados visa a demonstrar que a Constituição Federal deixou muito bem definida a posição dos tratados em face das leis, do que se conclui que:

I — o tratado mantêm-se como "direito internacional" na ordem interna, como se verifica pelo procedimento de incorporação adotado;

II — haja vista a Constituição Federal, para os fins de resolver conflitos de interesses baseados em tratados ou convenções, dispor que compete ao STF "declarar a inconstitucionalidade de *tratado* ou lei federal", isto seda despiciendo se o "tratado" fosse "lei" para o direito interno, cabendo falar apenas em declaração de inconstitucionalidade de "leis"; na mesma linha, as distribuições de competências aos juízes federais e tribunais, com exclusividade para as matérias veiculadas por tratados internacionais, também seria inútil, bastando expressa referência à "lei federal";

III — os tratados firmados pela República mantêm-se, desse modo, no direito interno, subordinados à Constituição e com prevalência de aplicabilidade sobre qualquer lei,[31] complementar ou ordinária; federal, estadual, distrital ou municipal; anterior ou posterior ao seu ingresso na ordem jurídica, não se podendo aplicar ao caso as regras típicas de antinomia.

Estivéssemos falando de direito forâneo, de direito estrangeiro propriamente dito, que devesse ser aplicado na ordem interna, por determinação de uma *regra de conflito*, como acontece no Direito internacional Privado, então aí sim, caberia dizermos de uma coordenação hierárquica entre a lei estrangeira e a lei nacional, equiparando-as às leis ordinárias internas; mas não ao direito internacional.

6. Acordo ALCA e o federalismo fiscal brasileiro

Dentre os princípios enunciados acima, dispõe o Acordo ALCA que este deverá ser aplicado de modo uniforme em qualquer Estado, não interessando sua forma interna, por que adota um regime federativo ou unitário. Esta previsão do Acordo entra em rota de colisão com grande parte da doutrina nacional, que não admite qualquer ingresso de norma de direito internacional com efeitos sobre a legislação de Estados e Municípios. Laboram em equívoco os que pensam assim, é bem verdade.

Existe uma espécie de preconceito declarado contra a aplicação dos tratados internacionais no direito brasileiro, posto como se houvesse oposição entre a Constituição e aqueles instrumentos normativos, especialmente quando esses acordos instituem isenções a tributos estaduais ou municipais. É verdade que na Constituição Federal, dentre as limitações ao poder de tributar, existe uma restrição expressa à União quanto à instituição de isenções de tributos da competência dos Estados, do Distrito Federal ou dos Municípios (art. 151, III, CF). Por conta deste dispositivo é que se apresentam tantas celeumas sobre o assunto, com alegações de vedação às "isenções heterônomas". Vale refletir melhor sobre esse assunto.

A "União", enquanto representante da República Federativa do Brasil, logo, pessoa jurídica de direito público internacional, constitucionalmente competente para comprometer o Estado brasileiro na ordem internacional, não se confunde com a "União", pessoa jurídica de direito público interno, que compõe a organização político-administrativa brasileira (art. 18, CF), de forma federativa (art. 1º, CF), dotada das atribuições constitucionalmente distribuídas segundo os interesses do Constituinte.

31. A prevalência dos tratados internacionais sobre o direito interno é reconhecido em praticamente toda a Jurisprudência do STJ, em assuntos que envolvem matéria tributária, mas também em outras matérias, como se vê da seguinte decisão: "O nome Audi, de titularidade de empresa estrangeira, tem proteção no Brasil por força de *tratados internacionais*" (STJ, REsp 331.022-RJ, 4ª T., Rel. Ministro Ruy Rosado de Aguiar, *DJ* 6.5.2002, p. 296).

Confirma esse raciocínio José Souto Maior Borges, para quem constitui "equívoco elementar transportar os critérios constitucionais de repartição das competências para o plano das relações interestatais. Essas reclamam paradigma diverso de análise. Nesse campo, como já o fizera dantes com as leis *nacionais*, a CF dá à União competência para vincular o Estado brasileiro em nome dela e também dos Estados-membros e Municípios. A procedência dessa ponderação é corroborada pelo art. 5º, § 2º, da CF, *in fine*, ao referir expressamente os 'tratados internacionais em que a República Federativa do Brasil (*sic*: *não a União Federal*) é parte'. São, pois, áreas diversas e autônomas de vinculação jurídica".

Na composição federativa, por rigor, deve-se ter sempre em mente a distinção entre *ordem jurídica global*, inerente à República Federativa do Brasil, sujeito de direito público externo, definida como sistema de normas nacionais, e as *ordens jurídicas parciais*: central (a União) e periféricas (Estados-membros), que estão submetidas à discriminação constitucional de competências. Entre os entes formadores das ordens jurídicas parciais não há preeminência ou relação hierárquica de uma sobre a outra, visto serem autônomas e isônomas entre si e diferenciarem-se apenas pela distinção das competências materiais pertinentes a cada uma. Mas não se diga o mesmo quanto à relação entre a ordem jurídica global e soberana (representante dos interesses nacionais) e as ordens parciais. A ordem global soberana prevalece sobre as ordens parciais autônomas.

A União, na qualidade de pessoa de direito público internacional, não está limitada em seu poder por efeito do princípio federativo, afinal, *in casu*, ela exerce exclusivamente a soberania, sem conhecer qualquer limitação, a salvo as de direitos humanos ou dos princípios e regras de direito internacional, seja de ordem interna, uma vez que os entes federados são apenas autônomos, e não "soberanos", seja de ordem externa, quanto ao direito de Estados estrangeiros.

As normas constitucionais de "repartição de competência tributária", e, por corolário, as de "limitações ao poder de tributar", estão dispostas para a distribuição de competência entre si, o que não impede que os compromissos, em matéria tributária, internacional e soberanamente assumidos pela União, representante da República Federativa do Brasil (quando atende interesse cunho nacional), derroguem a prescrições constitucionais predispostas para a supressão de possíveis conflitos de competência — justo por não haver aqui qualquer conflito de competência, em vista da soberania.

Seria ilógico pensar que apenas a União (pessoa jurídica de direito público interno — ordem parcial autônoma, do mesmo modo com os Estados e Municípios) tivesse que ser a única a sofrer as coarctações ou a beneficiar-se das concessões inerentes às disposições acordadas nas convenções firmadas pela República Federativa do Brasil. O interesse nacional deve prevalecer sobre os interesses dos entes federados, sempre, pelo que não se deve confundir autonomia com sabedoria estatal. Outros fundamentos, tão relevantes quanto o federalismo, como é o caso da presença da nação na ordem internacional com autodeterminação, respeitando a todos os preceitos insculpidos no art. 4º da Constituição,[32] exigem tal postura hermenêutica.

32. É o caso, por exemplo, das isenções concedidas pela Convenção de Viena sobre Relações Diplomáticas e Consulares, que alcança tributos estaduais e municipais, art. 34: "O agente diplomático gozará de isenção de todos os impostos e taxas, pessoais ou reais, nacionais, regionais ou municipais, com as exceções seguintes: a) os impostos indiretos que estejam normalmente incluídos no preço das mercadorias ou dos serviços; b) os impostos e taxas sobre bens imóveis privados situados no território do Estado acreditado, a não ser que o agente diplomático os possua em nome do Estado acreditante e para os fins da missão; c) os direitos de sucessão percebidos pelo Estado acreditado, salvo o disposto no § 4 do art. 39; d) os impostos e taxas sobre rendimentos privados que tenham a sua origem no Estado acreditado e os impostos sobre o capital referentes a investimentos em empresas comerciais no Estado acreditado; e) os impostos e taxas que incidem sobre a re-

E dizendo isso estamos afirmando que não há qualquer antinomia entre normas tributárias de direito interno que tragam na hipótese de incidência materialidade isenta por tratado internacional, pela necessária prevalência de aplicabilidade que se deve conferir ao direito internacional.

Tratando-se de matéria tributária, o art. 98 do CTN dispõe sobre a superioridade das normas internacionais, sejam elas anteriores, sejam supervenientes. Esse dispositivo, apesar da competência do CTN em dispor acerca de normas gerais em matéria de legislação tributária, tem caráter declarativo, visto que a superioridade das normas internacionais é consagrada pela Constituição em qualquer esfera normativa.

Contudo, esta orientação ainda encontra na jurisprudência inexplicáveis resistências. Como exemplo, o Superior Tribunal de Justiça que entende ser vedado à União celebrar tratados isentando tributos estaduais, em face do princípio federativo e da vedação à União de instituir isenções heterônomas, nos termos do art. 151, III (REsp 90.871-PE).[33] Mas, como nos fala a maior autoridade nacional em matéria isencional, José Souto Maior Borges, "não é a rigor, de isenção heterônoma, senão autônoma, que se trata. Autonomia da pessoa isentante — a Federação — cuja única peculiaridade consiste no caráter plurilateral da sua instituição. Sob essa nova óptica, justifica-se o contraste (a) isenções unilaterais de direito interno (autônomas ou heterônomas), (b) isenções plurilaterais de direito interestatal (autônomas). As primeiras são sempre resultantes de atos de direito interno resultantes; as segundas, de atos de direito interestatal".

Desta feita, qualquer que seja a espécie de benefício fiscal (isenção, deduções etc.) concedido a imposto estadual ou municipal mediante convenção internacional, torna-se, tal norma, cogente e plenamente vinculante para a Fazenda estatal, distrital ou municipal quanto à concessão, conforme pactuado. Esta é a interpretação que melhor se coaduna com a realidade normativa e constitucional brasileira.

7. *Princípio da interdição de tratamento discriminatório no Acordo ALCA e no direito brasileiro*

O capítulo relativo aos *investimentos*, do Acordo ALCA, está, todo ele, construído sob a égide do *princípio da nação mais favorecida*, onde estão previstas as medidas a serem adotadas ou mantidas por um dos países com relação: a) aos investidores de outro país em tudo o que se relacione ao seu investimento; b) aos investimentos de investidores de outro país realizados no território de um dado país; e c) a todos os demais investimentos de não-residentes. Isso revela não somente um interesse de garantir certeza e segurança jurídica nas relações jurídicas que envolvam aplicação de investimentos, mas estimula possibilidades para a implantação de uma tentativa de harmonização também sobre os chamados "im-

muneração relativa a serviços específicos; f) os direitos de registro, de hipoteca, custas judiciais e imposto de selo relativos a bens imóveis, salvo o disposto no art. 23".

33. "*Tributário. Isenção. ICMS. Tratado internacional.* 1. O sistema Tributário instituído pela CF/1988 vedou a União Federal de conceder isenções a tributos de competência dos Estados, do Distrito Federal e Municípios (art. 151, III). 2. Em conseqüência, não pode a União firmar tratados internacionais isentando o ICMS de determinados fatos geradores, se inexiste lei estadual em tal sentido. 3. A amplitude da competência outorgada à União para celebrar tratados sofre os limites impostos pela própria Carta Magna. 4. O art. 98 do CTN há de ser interpretado com base no panorama jurídico imposto pelo novo Sistema Tributário Nacional" (REsp 90.871-PE, Rel. Ministro José Augusto Delgado (96/0017825-9), 17.7.1997). Também: "O mandamento contido no art. 98 do CTN não atribui ascendência às normas de direito internacional em detrimento do direito positivo interno, conferindo-lhes efeitos semelhantes. O art. 98 do CTN, ao preceituar que tratado ou convenção não são revogados por lei tributária interna, refere-se aos acordos firmados pelo Brasil a propósito de assuntos específicos e só é aplicável aos tratados de natureza contratual" (STJ, 1ª T., Rel. Ministro Demócrito Reinaldo, REsp 41.147-5-PR (930033045-4).

postos diretos", que para os fins do Acordo, é usada para significar todos os impostos sobre rendas totais, sobre o capital total ou sobre elementos das rendas ou do capital, inclusive os impostos sobre benefícios por alienação de bens, impostos sobre sucessões, heranças e doações e impostos sobre os volumes totais de ordenados ou salários pagos pelas empresas, assim como os impostos sobre ganhos de capital.

Visando a evitar qualquer espécie de discriminação, o Acordo ALCA tenta garantir o mesmo nível de tratamento adotado para qualquer sujeito não-residente, próprio do direito internacional consuetudinário, inclusive um tratamento justo e eqüitativo, bem como proteção e segurança plenas. Por isso, cada País deverá outorgar aos investidores de outra Parte o tratamento que resultar ser o melhor entre o tratamento nacional e o tratamento de nação mais favorecida, preservados os incentivos às pequenas e médias empresas nacionais. Este é o móvel do Acordo. Por isso mesmo, estão vedadas quaisquer exigências unilaterais, salvo as disciplinas vigentes no âmbito do Acordo de Medidas de Investimento Relacionadas ao Comércio da OMC, de requisitos de *desempenho* como condição para o estabelecimento, ampliação ou manutenção de investimentos, que requeiram ou exijam o compromisso de exportar mercadorias ou que especifiquem que certas mercadorias ou serviços sejam adquiridos internamente, ou outros requisitos similares.

Sendo o *princípio da nação mais favorecida* a regra geral, o Acordo propõe algumas exceções a este e ao tratamento nacional. Assim, estabelece que se um país houver outorgado um tratamento especial ao investidor ou ao investimento do investidor de um país Parte ou não-Parte, em virtude de sua atual ou futura participação em: (i) convenções para evitar a dupla tributação; (ii) acordos internacionais relativos, total ou parcialmente, a questões tributárias; ou (iii) zonas de livre comércio, uniões aduaneiras, mercados comuns, uniões econômicas ou monetárias e instituições similares; tal país não estará obrigado a estender o tratamento às outras partes do acordo que não estejam incluídas nestas hipóteses.

O Tratamento de Nação Mais Favorecida não se aplicará aos seguintes casos: (i) privilégios, vantagens ou benefícios que uma Parte Contratante conceder aos investidores de outra Parte Contratante ou de terceiros Estados em virtude de acordos de integração econômica, inclusive os de zona de livre comércio, união aduaneira, mercado comum ou união econômica ou monetária; (ii) privilégios, vantagens ou benefícios decorrentes de acordos destinados a facilitar as relações fronteiriças; (iii) direitos e obrigações decorrentes de acordos destinados a evitar a dupla tributação e, em geral, qualquer assunto relacionado a matéria tributária; algumas reservas ao Tratamento Nacional e ao Tratamento de Nação Mais Favorecida sobre matérias ou setores específicos estão incluídas em anexo específico.

Desse modo, propõe-se o Acordo ALCA como um instrumento hábil a garantir o princípio da não-discriminação sobre o capital estrangeiro, particularmente envolvendo todas as transferências relativas aos investimentos de um dado sujeito residente de um dos Estados-membros. Vamos ver como isso se pode acomodar ao direito brasileiro.

7.1 Não-discriminação e capital estrangeiro no direito brasileiro

Antes de adentrarmos ao ponto central das questões, vale fazer algumas considerações a respeito dos regimes tributários aplicáveis aos não-residentes. Assim, procedendo-se a uma análise dos ordenamentos tributários em vigor, verifica-se que estes adotam geralmente dois modelos para tratar e tributar os rendimentos das pessoas jurídicas não-residentes: (i) um modelo analítico, de *tratamento isolado*, i.e., de tributação por cada espécie de rendimento, que é a regra geral de tributação para sujeitos não-residentes, ou (ii) um modelo unificador dos rendimentos[34] (força de atração), quando este não-residente atua diretamente, mediante filial ou estabelecimento permanente, consolidando sobre ele todos os rendimentos obtidos pelo não-residente (força de atração plena) ou pelo menos aqueles obtidos por intermédio da filial ou do estabelecimento permanente (força de atração restrita).

Essa força de atração das rendas e rendimentos, imputáveis a uma atuação direta de pessoas jurídicas não-residentes, evidencia-se como uma medida que modifica o regime geral de *tratamento isolado*, que é a regra para tributar qualquer forma de produção de rendimentos por sujeito não-residente. É o que se denomina de *poder modificador do tratamento isolado*. No modelo analítico, o tratamento restringe-se, pois, àqueles elementos redituais exclusivamente vinculados à fonte efetiva de rendimentos (*effectively connected income*), percebidos no território do Estado pela pessoa jurídica não-residente, i.e., aplicando-se o tratamento isolado, que é a regra para tributar toda e qualquer renda de sujeito não-residente obtida territorialmente.

Quanto ao *tratamento isolado*, há basicamente dois regimes possíveis para os rendimentos produzidos por um sujeito não-residente. Um que o considera como tal (não-residente), tratando-o diversamente dos sujeitos residentes, quanto à aplicação dos mecanismos de arrecadação tributária e sujeitando-o a uma retenção exclusiva na fonte, que incide sobre os rendimentos brutos provenientes de fontes nacionais; e o outro, pelo qual os não-residentes são *equiparados aos residentes*, submetendo-os às regras a estes aplicáveis, dando eficácia ao princípio da uniformidade de tratamento entre residentes e não-residentes em matéria tributária.

O *tratamento por equiparação* é estabelecido pelos Estados como forma de afastar qualquer hipótese de ação divergente aplicável contra sujeitos não-residentes, tanto de natureza formal quanto de ordem material, evitando, assim, que o procedimento de exigibilidade dos tributos seja usado como fator de discriminação. E esta consagração do regime de equiparação tem sua razão de ser, especialmente quando um não-residente participa no capital de uma sociedade que tem a nacionalidade do País, porquanto ao criar mecanismos de tratamentos discriminatórios contra tal sujeito não-residente, tal atitude equivaleria a discriminar empresas nacionais entre si, tratando diversamente sociedades cuja composição societária possuísse investimentos de residentes ou domiciliados no exterior. A isonomia e a garantia de livre-concorrência quedar-se-iam afetadas.

O *regime por equiparação*, como visto, é uma exceção à regra geral da possibilidade de o Estado adotar tratamento diferenciado sobre não-residentes. Desde a instituição da *Carta de Direitos e Deveres Econômicos dos Estados*, pela Resolução 3.281, de 12.12.1974, da Assembléia Geral das Nações Unidas, firmou-se o princípio da liberdade de tratamento interno ao capital estrangeiro,[35] sob a égide do conceito de soberania. Contudo, liberdade de tratamento não significa poder para discri-

34. Cf. Heleno Tôrres, *Pluritributação Internacional sobre as Rendas de Empresas*, 2ª ed., São Paulo, Ed. RT, 2001, pp. 214 e ss.; Ana Miraulo, "Forza di atrazione della stabile organizzazione e tratamento isolato dei redditi", *Rassegna Tributaria*, Roma, EIT, 1990c, pt. I, p. 430; Stefano Giorgi, "Il princípio del trattamento isolato dei redditi e la cd. 'forza di attrazione' della stabile organizzazione: problemi e proposte di soluzione", in Victor Uckmar e Carlo Garbarino, *Aspetti Fiscali delle Operazioni Internazionali*, Milão, EGEAI/Giuffrè/ISDACI, 1995, pp. 25-94; cf., ainda, Alberto Xavier, *Direito Tributário Internacional do Brasil*, 5ª ed., Rio de Janeiro, Forense, 1999, p. 388; Alcides Jorge Costa, *Rendimentos Auferidos no Exterior por Pessoa Jurídica. Imposto de Renda: Alterações Fundamentais*, São Paulo, Dialética, 1996, pp. 11-15.

35. "Article 2. Each State has the right: (a) To regulate and exercise authority over foreign investment within its national jurisdiction in accordance with its laws and regulations and in conformity with its nationals objectives and priorities. No State shall be compelled to grant preferential treatment to foreign investment".

minar, *in specie*, quando não-residentes e residentes estejam em situação equivalente, e com maior razão no âmbito tributário, no qual somente o princípio da capacidade contributiva serve à autorização democrática para determinar o regime tributário aplicável a cada contribuinte, segundo a demonstração efetiva de capacidade econômica.

No Brasil, o regime de tratamento equiparado aplicável a não-residentes, quanto ao ingresso de capital estrangeiro, encontra-se garantido expressamente por lei, nos termos dos arts. 2º e 43 da Lei 4.131/1962. Assim, neste diploma legal, prescreve o art. 2º: "Ao capital estrangeiro que se investir no País, seta dispensado tratamento jurídico idêntico ao concedido ao capital nacional em igualdade de condições, sendo vedadas quaisquer discriminações não previstas na presente lei".

A partir da presente regra, foram esculpidas na Lei 4.131/1962 as únicas medidas de controle e de discriminação que se poderiam aplicar à matéria, de tal modo que o legislador pudesse atingir a finalidade que inspirava a referida lei, de conferir certeza, igualdade e segurança jurídica aos investimentos estrangeiros no País. Antes da Constituição de 1988, aquela lei era, basicamente, a única fonte de garantia para os regimes de equiparação. Com a promulgação da Constituição de 1988, que trouxe em seu bojo preceitos próprios para afastar quaisquer hipóteses de discriminação entre brasileiros e estrangeiros, como o art. 3º, IV, o art. 150, II, dentre outros, salvo a exceções que a própria Constituição trazia, mas que foram sendo afastadas ao longo da sua evolução, por meio da revisão e 1993 e outras reformas, os limites das possibilidades de regimes diferenciados foram ainda mais reduzidos, de tal modo que a competência[36] do art. 172 não poderá ser exercida para criar hipóteses de discriminação, quando brasileiros e estrangeiros estiverem em situações equivalentes, sem que se apresente uma inequívoca justificação constitucional.

Esta restrição ao uso de tratamentos diferenciados, segundo a lei vigente, não está baseada na "nacionalidade", mas sim no critério de "residência", porquanto há de ser interpretada de acordo com o art. 1º, da mesma Lei, segundo o qual: "*Consideram-se* capitais estrangeiros, *para os efeitos desta lei os bens, máquinas e equipamentos entrados no Brasil sem dispêndio inicial de divisas, destinados à produção de bens ou serviços, bem como os recursos financeiros ou monetários, introduzidos no país para aplicação em atividades econômicas desde que, em ambas as hipóteses*, pertençam a pessoas físicas ou jurídicas residentes, domiciliadas ou com sede no exterior" (g.n.). Como se vê, o "capital estrangeiro" aparece definido como todo e qualquer ingresso de capital no País, pertencente a pessoas físicas ou jurídicas não-residentes, cujo uso legítimo somente pode ser exercido após registrado no Banco Central. A residência do titular do capital investido foi o critério para qualificar de "estrangeiro" o capital que ingressa na jurisdição brasileira como investimento, de sorte que titular de "capital estrangeiro" só poderá ser pessoa física ou jurídica residente domiciliada ou com sede no exterior (não-residentes). Em definitivo, a nacionalidade não interessará aos critérios atributivos do correspondente regime jurídico do capital estrangeiro no atual direito vigente.

Nestes termos, enquanto não revogado, o conteúdo da Lei 4.131/1962, ao mencionar que se encontra vedada qualquer hipótese de discriminação não prevista na respectiva Lei, exerce as atribuições de uma autêntica norma de sobredireito, com eficácia sobre todo o sistema jurídico, inclusive sobre o legislador tributário, mormente em se tratando de investimento regularmente escriturado no Banco Central, sem qualquer função especulativa, ao que nenhuma razão assistiria querer atribuir tra-

36. Constituição, art. 172: "A lei disciplinará, com base no interesse nacional, os investimentos de capital estrangeiro, incentivará os reinvestimentos e regulará a remessa de lucros".

tamento mais gravoso contra o ganho obtido sobre aplicação no investimento ao qual se destina legitimamente.

7.2 Não-discriminação tributária no direito brasileiro

A Constituição, ao agasalhar um princípio como o da capacidade contributiva, e, ao mesmo tempo, garantir os direitos à igualdade e à propriedade, impõe aos legisladores, com exclusividade, o valor de único critério de graduação e discriminação na incidência tributária, como meio de alcançar qualquer espécie de justiça fiscal. É como se lê no art. 145, § 1º: "(...) os impostos terão caráter pessoal e serão *graduados* segundo a capacidade econômica do contribuinte (...)". Graduação, esta, que poderá oscilar entre os dois limites inafastáveis: (i) do mínimo existencial, para pessoas físicas, ou dos custos necessários à produção da renda e manutenção do patrimônio, no quadro das pessoas jurídicas, àquele do (ii) não-confisco- Nas precisas palavras de Aliomar Baleeiro, seu introdutor no Brasil: "A análise desse dispositivo o decompõe em três princípios consociados para o fim da justiça social através da tributação: a) personalização dos tributos; b) graduação; c) capacidade contributiva".[37] Assim o é.

Por ser o princípio da capacidade contributiva o único critério admitido pela Constituição para distinções de regimes e tratamentos entre contribuintes, quando estes se encontrem em condições análogas, o recurso ao exercício de poder de polícia, como meio para fundamentar efeitos de extrafiscalidade à atividade tributária, com o objetivo de conferir tratamento mais gravoso ao capital estrangeiro, somente poderá ser aplicado nos exíguos casos para os quais a Constituição autoriza o seu uso, a exemplo das hipóteses do art. 153, § 1º, da CF, das contribuições de intervenção no domínio econômico, da progressividade, salvo para o caso de criação de taxas (art. 145, II, CF), ou mesmo da seletividade no IPI e no ICMS.

A igualdade exige critérios de comparabilidade efetivos para admitir alguma espécie de separação entre sujeitos, quanto aos regimes tributários aplicáveis. Portanto, é preciso ter critério, mui objetivamente definido, para dizer quando pessoas encontram-se em "situação equivalente". Ao partirmos da premissa, falsa, por evidência, de que todo e qualquer "não-residente" não está em situação "equivalente" em relação a todo e qualquer "residente", caímos numa generalidade fácil de argumentar em outras searas, como no direito societário, no direito penal (cf. art. 5º), mas nunca nos domínios do direito tributário. E ainda mais quando uma lei que regula a presença de não-residentes no País dispõe que nenhuma outra espécie de discriminação, além daquelas que alberga, poderá se aplicar aos investimentos destes.

Não é demais lembrar. O argumento da aplicação de medidas de extrafiscalidade sobre não-residentes, baseado na justificativa de mantê-los sujeitos a uma carga tributária mais gravosa, em virtude de não participarem de ulteriores incidências no País, sobre o mesmo rendimento, é um daqueles "fundamentos demasiado óbvios", aos quais se referia Becker. Quem é "não-residente" em face de um dado ordenamento, é "residente" do seu Estado de origem, que o cobrará de todos os tributos correspondentes. Agrava-se, assim, a carga tributária sobre sua capacidade contributiva.

Encontram-se plasmadas na Constituição brasileira disposições que se dirigem à limitação da extrafiscalidade agravante, garantindo o *princípio de uniformidade de*

37. Aliomar Baleeiro, *Direito Tributário Brasileiro*, 11ª ed., Rio de Janeiro, Forense, 1999, p. 704; em outra passagem, diz-nos o grande Mestre: "Se 'todos são iguais perante a lei', não será possível a esta reservar tratamento fiscal diverso aos indivíduos que se acham nas mesmas condições. (...) o princípio fundamental, fonte principal de critérios discriminatórios, é o da capacidade contributiva, que recomenda a personalização do imposto e a sua graduação, segundo as possibilidades econômicas do contribuinte" (ibidem, p. 522).

tratamento tributário como meio de evitar discriminações injustificadas, em vista de situações análogas. A própria repartição de competências tributárias é um forte instrumento para a contenção do seu uso indiscriminado, bem como outros princípios garantidores, como o da proibição do uso de tributo com finalidade confiscatória. Dessome-se do rigor de tais limites que qualquer tentativa de emprego de extrafiscalidade há de ser antecipada de largo exame de compatibilidade com os princípios do sistema constitucional tributário.[38]

A garantia contra o uso da extrafiscalidade agravante, geralmente criadora de efeitos discriminatórios, foi consolidada, na Constituição de 1988, no art. 150, II, ao prescrever o impedimento, para qualquer uma das pessoas políticas, de *instituir tratamento desigual entre contribuintes que se encontrem em situação equivalente*, proibida qualquer distinção em razão de ocupação profissional ou função por eles exercida, *independentemente da denominação jurídica dos rendimentos, títulos ou direitos*.

Não sendo a oportunidade para uma aturada descrição das possibilidades eficaciais desse preceito, vale ressaltar duas particularidades que esse princípio da não-discriminação realça e às quais muitos não se deram conta, especialmente para diferençá-lo do conteúdo da isonomia prescrita no art. 5º, XLI, da Constituição, aproximando-o mais do princípio fundamental de não-discriminação do art. 3º, IV, da CF, segundo o qual "Constituem *objetivos fundamentais* da República Federativa do Brasil: (...) IV — promover o *bem de todos*, sem preconceitos de origem, raça, sexo, cor, idade e *quaisquer outras formas de discriminação*" (g.n.). Não que se encontre aqui o destino de uma absoluta igualdade entre brasileiros e estrangeiros. Não que tenhamos por afastadas todas as hipóteses de regimes de tratamento diferenciado, porquanto isso se verifica inclusive entre pessoas nacionais. O que não admite o referido dispositivo é que possa haver discriminação de tratamento quando pessoas estejam em situações equivalentes, segundo a atividade que queiram exercer. Postos nesses termos, quando a Constituição quis diferenciar os tratamentos, o fez, expressamente, como se vê no art. 5º, ao limitar certas das garantias ali contidas apenas aos estrangeiros "residentes" no País; ou mesmo nos arts. 12, §§ 2º e 3º; e 14, § 3º, sobre os direitos exclusivos de nacionais ou naturalizados. E quando preferiu não fazer qualquer distinção, também o fez, como se dessome da referência ampla ao conceito de "contribuinte", que pode ser tanto pessoas nacionais quanto estrangeiras, residentes ou não, na redação do art. 150, II, da Constituição.

Posto nesses termos, revela-se como absolutamente incorreto dizer que o direito brasileiro autoriza discriminação em matéria tributária entre nacionais e estrangeiros, quando estes se encontrem em situações equivalentes.[39] O art. 5º não fundamenta o conteúdo do art. 150, II, quando se refere apenas aos "estrangeiros residentes", precisamente porque o conteúdo do art. 150, II, não é o mesmo da isonomia de que fala o art. 5º, ao prescrever o princípio da interdição ao tratamento discriminatório.

Fundados nesse entendimento, vemos que as divergências entre o princípio da interdição ao tratamento discriminatório, pre-

38. Cf. Franco *Fichera, Imposizione ed Extrafiscalità nel Sistema Costituzionale*, Roma, ESI, 1973, 155 pp.

39. Essa crítica é também acompanhada por Ricardo Lobo Torres, cujo estudo sobre "as proibições de discriminação", cap. III do v. III, do seu *Tratado de Direito Constitucional Financeiro e Tributário*, traz a melhor análise a respeito. Para esse Autor, "as discriminações fiscais são desigualdades infundadas que prejudicam a liberdade do contribuinte. *Qualquer discrime desarrazoado, que signifique excluir alguém da regra tributária geral ou de um privilégio não-odioso, constituirá ofensa aos seus direitos humanos*, posto que desrespeitará a igualdade assegurada no art. 5º da CF" (Ricardo Lobo Torres, *Tratado de Direito Constitucional Financeiro e Tributário (Os Direitos Humanos e Tributação)*, v. III, Rio de Janeiro, Renovar, 1999, p. 399, cf. pp. 399-462).

sente no art. 150, II, da Constituição, e os demais dispositivos que versam sobre isonomia, em particular, o próprio art. 5º, estão calcadas em duas premissas bem evidentes, uma de ordem subjetiva e outra de natureza objetiva. A primeira, de ordem *subjetiva*, porquanto o art. 5º somente se aplica às relações que envolvam brasileiros ou estrangeiros "residentes" no Brasil, i.e., com aplicabilidade restrita aos estrangeiros "residentes"; enquanto que o art. 150, II, não faz diferença entre brasileiros (residentes) e estrangeiros (não-residentes), ao se reportar a *tratamento desigual* entre "contribuintes", bastando que estes se encontrarem em *situação equivalente*. Ora, no caso do capital estrangeiro, porque o art. 2º da Lei 4.131/1962 determina a equiparação de tratamento entre residentes e não-residentes, o pressuposto da "situação equivalente" queda-se plenamente atendido, sendo cabível reclamar a aplicação do art. 150, II, da Constituição, naquelas hipóteses em que o detentor de capital estrangeiro esteja submetido a hipótese de incidência de tributo ou dever formal que tenha como conseqüência um resultado mais gravoso para aquele sujeito, apenas motivado pelo critério da residência. E a segunda, de natureza *objetiva*, em vista a parte final do inciso II e corolário da anterior, quando diz que estará garantida a uniformidade de tratamento tributário ao contribuinte *independentemente da denominação jurídica dos rendimentos, títulos ou direitos*. É dizer, a qualificação de "capital estrangeiro" não poderá servir como critério de discriminação para atribuir um regime tributário desigual, mais gravoso, especialmente nos casos de aplicação de capital estrangeiro sob a forma de investimento societário. A *denominação jurídica dos rendimentos, títulos ou direitos* não terá qualquer função, para os fins de mutação de regimes, quando os sujeitos a quem correspondam encontrem-se em "situações equivalentes", seguindo o exemplo dado, como sócios de uma pessoa jurídica.

O *princípio da não-discriminação* em matéria tributária, aplicado ao *capital estrangeiro*, implica dizer que a todo e qualquer sujeito não-residente, ao efetuar investimentos no Brasil, e sendo estes devidamente inseridos na ordem jurídica nacional (registrado no Banco Central do Brasil — BACEN), qualificando-se como "capital estrangeiro", deverá ser sempre conferido tratamento não menos favorável do que aquele a que estariam submetidos sujeitos residentes que se encontrem em situação equivalente. Em outras palavras, ao autorizar a entrada de um determinado capital na economia nacional, qualificando-o como "capital estrangeiro", fica o Estado brasileiro obrigado a atribuir a esse capital idêntico regime, mercantil ou fiscal, do que aplica aos residentes, quando em igualdade de condições de emprego. Consagra-se, assim, o princípio da interdição de discriminação em matéria tributária, nas relações entre residentes e não-residentes, contra qualquer espécie de extrafiscalidade agravante que se pretenda empregar, ao sabor de vitanda inconstitucionalidade.

7.3 O princípio da não-discriminação do Art. III do GATT, à luz do direito brasileiro — Uma analogia favorável ao processo de integração da ALCA

Como já foi observado, o Acordo ALCA traz uma proposta de criação de zona de livre comércio para 34 países das Américas. Sendo uma "zona de livre comércio", exige-se a liberação de incidências tributárias e não-tributárias sobre a troca de mercadorias, bens e serviços, entre os Estados-partes, o que se poderia apresentar como conflituoso com as regras da OMC, especialmente o princípio da nação mais favorecida, bem como com os tratamentos mais favoráveis já existentes no seio de outras experiências de integração, como o Mercosul. Ciente de tais circunstâncias, o Acordo não traz qualquer óbice técnico à continuidade de outras modalidades de modelos de integração que ora se encontram em andamento, como o Mercosul e a ALADI; tampouco tenta desbordar as regras da Organização Mundial do Comércio (OMC), tendo inclusive como um dos seus propósitos alcançar metas mais avançadas dos objetivos que esta última pretenda atingir.

Atualmente, o exemplo de maior eficácia do princípio internacional da não-discriminação no direito brasileiro continua sendo o que consta do art. III do "Acordo GATT/47", que se apresenta como um critério de interpretação axiológica necessária à aplicação das normas jurídicas tributárias sobre operações que envolvam produtos de procedência de um dos países integrantes do GATT, prevalecendo sobre o direito interno sempre que houver a aplicação de norma jurídica tributária interna aos países signatários, quando essa norma deveria respeitar o "princípio da igualdade de tratamento tributado" ou da "não-discriminação".

Apesar de o Acordo GATT ter a maioria de seus dispositivos dirigidos para a regulação de questões econômicas, comerciais ou aduaneiras, ele dispõe de preceitos que se dirigem a tratar de questões tributárias. Como afirma Gustavo Zunino: "Pero lo que aquí nos interesa conviene destacar la existencia de otra categoría de limitaciones y que son aquellas que vienen establecidas por los tratados internacionales, limitaciones que tienen un gran alcance en el ámbito del comercio exterior. Pero las disposiciones de estas tratados no se agotan solo respecto a los impuestos que gravan directamente las importaciones y exportaciones, ya que inclusive alcanzan también a los impuestos internos, para evitar que puedan ser utilizado como instrumentos para obstaculizar a la libre circulación de las mercaderías".[40] Assim, serão apresentados como princípios básicos do Acordo GATT: o princípio do tratamento nacional ou da igualdade de tratamento tributário; o princípio ou cláusula da nação mais favorecida, dentre outros.

40. Gustavo Zunino, "Limitaciones al poder tributario sobre el comercio internacional y restricciones sobre las políticas de defensa comercial, derivadas del Acuerdo de Marrakesh por el que se estableció la Organización Mundial del Comercio", in *Justiça Tributária*, São Paulo, Max Limonad, 1998, p. 213.

Verifica-se, pois, que o Acordo GATT estabeleceu o "princípio da igualdade de tratamento" ou "da não-discriminação", inscrito no art. III,[41] o qual prescreve: "(...) gozarão de tratamento não menos favorável que o concedido a produtos similares de origem nacional". O Acordo GATT, como se vê, não concede qualquer isenção aos produtos importados de países signatários; bastando-se com a exigência de atendimento ao princípio de isonomia de tratamento tributário, de sorte que o produto importado receba sempre o mesmo tratamento, não mais nem menos favorável, do que seja concedido ao produto nacional. Assim, se o produto nacional for beneficiado com um regime de isenção fiscal, o mesmo tratamento deve ser dispensado ao produto estrangeiro. Mas se for tributado, que a incidência seja estendida também ao produto estrangeiro. Nesse sentido, é o entendimento do Supremo Tribunal Federal sobre o tema, como fica patente no RE 84.768-SP: "ICM. Em se tratando de produto importado a que se aplicam as vanta-

41. Art. III — Tratamento Nacional em Matéria de Impostos e de Regulamentação Internos. 1. os produtos de qualquer Parte Contratante importados no território de outra Parte Contratante serão isentos da parte dos tributos e outras imposições internas de qualquer natureza que excedam aos aplicados, direta ou indiretamente, a produtos similares de origem nacional. Além disto, nos casos em que não houver no território importador produção substancial de produto similar de origem nacional, nenhuma Parte Contratante aplicará tributos internos novos ou mais elevados sobre os produtos de outras Partes Contratantes com o fim de conceder proteção à produção de produtos, diretamente competidores ou substitutos, não taxados de maneira semelhante; os tributos internos dessa natureza, existentes, serão objeto de negociação para a sua redução ou eliminação. 2. os produtos originários de qualquer Parte Contratante importados no território de qualquer outra Parte Contratante *gozarão de tratamento não menos favorável que o concedido a produtos similares de origem nacional* no que concerne a todas as leis, regulamentos e exigências que aferem a sua venda, colocação no mercado, compra, transporte, distribuição ou uso no mercado interno. As disposições deste parágrafo não impedirão a aplicação das taxas diferenciais de transportes, baseadas exclusivamente na utilização econômica dos meios de transporte e não na origem de produtos" (g.n.).

gens asseguradas pelo GATT, não se admite a cobrança de ICM pela sua entrada no estabelecimento do importador, se o similar nacional gozar de isenção desse tributo. Recurso extraordinário não conhecido".[42] O RE 85.092-RS, de modo semelhante: "Mercadoria importada. Acordo do GATT, isenção do IPI. Igualdade de tratamento fiscal, na liberação de máquinas agrícolas importadas da Bélgica. Recurso extraordinário não conhecido, a míngua dos seus pressupostos legais".[43] Como também o RE 84.545-SP: "ICM. Mercadoria importada do exterior. *Isenção reconhecida com base no Acordo Geral de Tarifas e Comércio, por ser igualmente isento o similar nacional.* Precedentes do Supremo Tribunal Federal. Recurso extraordinário conhecido e provido"[44] (g.n.). Sobre esse assunto, a Jurisprudência do STJ é farta e pacífica no mesmo sentido, reconhecendo a prevalência de aplicabilidade do Tratado GATT, corroborada pela Súmula 20, *in verbis*: "A mercadoria importada de país signatário do GATT é isenta do ICM, quando contemplado com esse favor o similar nacional".

Metodologicamente, o procedimento não poderia ser mais simples, bastando identificar-se qual o tipo de tratamento atribuído pela legislação tributária ao produto nacional, após atestar sua similaridade com o produto estrangeiro que se pretenda importar, e assim:

I — sendo aquele tributado, que as condições, alíquotas e bases de cálculo adotadas sejam idênticas para este;

II — sendo o produto nacional contemplado com qualquer regime de isenção, total ou parcial (redução de alíquota ou de base de cálculo, alíquota zero etc.), que este mesmo tratamento seja dispensado ao produto estrangeiro similar.

42. RE 84.768-SP, Rel. Ministro Moreira Alves, j. 18.7.1976.

43. RE 85.092-RS, 2ª T., Rel. Ministro Djacir Falcão, j. 31.5.1977, *DJ* 1.7.1977.

44. RE 84.545-SP, 1ª T., Rel. Ministro Rodrigues Alckmin, j. 17.8.1976, *DJ* 17.9.1976.

Pela sua simplicidade, os efeitos do "princípio da igualdade de tratamento tributário", previsto no "Acordo GATT/47", foi facilmente assimilado pela Jurisprudência, consolidando-se no direito interno como um dos mais importantes princípios de Direito Internacional Tributário aplicável no Brasil. Ora, em nada o regime de tratamento promovido pelo Acordo ALCA toca ou conflita com as expectativas deste, devendo-se projetar em conformidade com o Art. XXIV do Acordo Geral sobre Tarifas Aduaneiras e Comércio (GATT) de 1994 e o Art. V do Acordo Geral sobre Comércio de Serviços (GATS).

8. Considerações finais

Postos esses fundamentos, numa análise antecipada da relação entre o Acordo-quadro de instalação da ALCA e o direito tributário brasileiro, visando a identificar os principais aspectos relacionados com a harmonização fiscal, pôde-se observar claramente a transparência dos propósitos que o norteiam e a garantia técnica de razoável aproximação entre os critérios ali estabelecidos e o direito brasileiro.

Para que seja viabilizada a instalação da área de livre comércio proposta no Acordo ALCA, é sumamente importante reduzir a mistificação política que se constituiu nos últimos anos sobre sua aplicação, como se o Acordo favorecesse exclusivamente os interesses dos Estados Unidos. Na realidade, o que se vê, no corpo do Acordo, é o interesse de garantir um tráfico jurídico de comércio baseado nas regras da OMC, somente as excedendo naquilo que for mais favorável às partes, além da garantia de manutenção dos processos de integração em vigor, como o Mercosul, Nafta, CARICOM, ALADI, Pacto Andino e outros.

No que tange aos princípios que o norteiam, ressalta-se, com grande evidência, o interesse de reforçar o tratamento de nação mais favorecida, no campo das trocas comerciais, e expandindo-o para o setor de investimentos, além de garantir, com robustez, critérios de não-discriminação, justiça, eqüidade, neutralidade fiscal e respeito ao princípio de isonomia das soberanias constituídas, com tomadas de decisão por consenso de todos os participantes, nas respectivas instituições do bloco.

As grandes dificuldades residirão na compatibilidade política dos interesses envolvidos e na relação entre as normas do Acordo ALCA e o teor da Constituição Federal, especialmente na relação harmônica que se deve estabelecer entre as unidades da Federação e a manutenção de equilíbrio fiscal, mormente no que concentre à Lei de Responsabilidade Fiscal, haja vista o volume de renúncia de receita que certos Estados e Municípios terão que suportar com a sua entrada em vigor, sem contrapartida orçamentária de receita para mitigar seus efeitos.

CADERNOS DE DIREITO TRIBUTÁRIO

EFICIENCIA Y COSTES DE LA ADMINISTRACIÓN DE JUSTICIA: EL MODELO ALEMÁN*

TORSTEN EHMCKE

Presidente del Tribunal Superior Tributario de Münster.
Catedrático de Derecho Tributario en la Westfälische Wilhelms-Universität Münster
y

DIEGO MARÍN-BARNUEVO

Profesor Titular de Derecho Financiero y Tributario en la Universidad Carlos III de Madrid.
Becario de la Fundación Alexander von Humboldt

1. Introducción. 2. Datos generales sobre Alemania. 3. Datos generales sobre el sistema judicial alemán: 3.1 Organización judicial; 3.2 Número de personas dedicadas a la administración de justicia: 3.2.1 Plantilla de personal juzgador (jueces y fiscales); 3.2.2 Plantilla de personal no juzgador; 3.2.3 Número de abogados y representantes judiciales. 4. El coste público de la justicia: 4.1 Las tasas judiciales; 4.2 Las costas del proceso y su imputación; 4.3 Los costes de la justicia: 4.3.1 Gastos; 4.3.2 Ingresos. 5. El coste privado: 5.1 La representación procesal; 5.2 Honorarios profesionales; 5.3 Ayudas para sufragar los gastos del proceso; 5.4 Ayudas para sufragar los gastos de asesoramiento; 5.5 Oficinas de orientación jurídica; 5.6 Seguros de defensa jurídica. 6. Dilación: 6.1 La situación en Alemania; 6.2 Medidas legales para evitar la dilación; 6.3 Medidas organizativas para evitar la dilación; 6.4 Dotación de medios para evitar la dilación; 6.5 Incentivos laborales para evitar la dilación. 7. Consideraciones finales.

1. Introducción

El funcionamiento de la Justicia — como otros servicios públicos esenciales — tiene un interés general que transciende a toda la sociedad, lo que constituye un estímulo para el debate abierto sobre la calidad y la rapidez de la justicia. Aunque resulta difícil medir la calidad de un servicio público, lo cierto es que existen algunos indicadores que permiten extraer conclusiones directas sobre la calidad de la justicia en un determinado país.

La rapidez del proceso, su accesibilidad, el volumen de asuntos tramitados por

* Este trabalho é uma versão resumida y atualizada do publicado com o mesmo título na obra *El Coste de la Justicia*, dirigida e coordenada pelo Prof. Santos Pastor, e editada pelo Consejo General del Poder Judicial en España, em 2003.

los tribunales, el número de sentencias revocadas, su capacidad para ejecutar lo juzgado, etc., son algunos indicadores útiles para valorar la calidad de la justicia en un determinado país.

Otro de los indicadores utilizados en los últimos tiempos para enjuiciar la calidad de la justicia es la valoración de sus costes.

El principal objetivo de este indicador es valorar la eficiencia de la justicia, esto es, descubrir la mejor asignación posible de los recursos existentes para lograr una Justicia más eficaz.[1]

Se trata de una perspectiva importante y novedosa, sobradamente experimentada en el ámbito empresarial, y cuyo desarrollo permitirá una mejor explotación de los recursos humanos y medios materiales puestos a disposición de la Justicia.

La utilización de esta nueva perspectiva de análisis exige manejar mucha información y documentación sobre los costes, directos e indirectos, de la justicia.

El resultado de estos estudios permitirá extraer conclusiones inmediatas, sin duda, pero su principal interés reside en la elaboración de series estadísticas que permitan comparar el funcionamiento de la justicia en distintos contextos.

Esta comparación, a su vez, permitirá contrastar la eficacia de las diversas medidas concretas adoptadas en cada momento para mejorar el funcionamiento de algunas instituciones judiciales.

2. *Datos generales sobre Alemania*

En primer lugar, para situar en su contexto la información sobre el coste de la Justicia en Alemania y facilitar su contraste con la información de otros países, hemos recabado algunos datos generales sobre Alemania:[2]

• Alemania, después de la unificación del año 1990, tiene una extensión de 357.022 kilómetros cuadrados,[3] lo que constituye una extensión similar a la del Estado de Mato Grosso do Sul y, aproximadamente, un 4,19% de la extensión total de Brasil.[4]

• Tiene una población de 82.260.000 habitantes,[5] lo que representa algo menos de la mitad de la población brasileña.[6] La densidad de población es por tanto bastante alta, de 230 habitantes por kilómetro cuadrado, frente a los 19,9 hab./km^2 de Brasil.[7]

• En cuanto a la evolución económica, los datos del Producto Interior Bruto, la Renta per Cápita, y el Índice de Precios al Consumo de los últimos años se recogen en los siguientes cuadros:[8]

1. Sobre el concepto de eficiencia aplicado al ámbito de la justicia, puede verse, ampliamente, S. Pastor Prieto, *¡Ah de la Justicia! Política Judicial y Economía*, Madrid, Civitas/Ministerio de Justicia, 1993, p. 39.

2. Los datos sobre la población y el Producto Interior Bruto han sido extraídos de *OECD Historical Statistics 1970-1999*, salvo en los casos en que se menciona expresamente otra fuente.

3. Vid. *Statistisches Jahrbuch 2002 für die Bundesrepublik Deutschland*, p. 46.

4. Según datos extraídos del Instituto Brasileiro de Geografia e Estatística <http://www.ibge.gov.br>, en donde se afirma que la extensión del Estado de Mato Grosso do Sul es de 357.124,962 km^2, y la de Brasil de 8.514.876,599 km^2.

5. Datos referidos al 1 de enero de 2001, extraídos del *Statistisches Jahrbuch 2002 für die Bundesrepublik Deutschland*, p. 45.

6. Según la información divulgada por Instituto Brasileiro de Geografia e Estatística <http://www.ibge.gov.br>, la población brasileña en esa misma fecha era de 169,8 millones de habitantes.

7. La densidad de población en España en el año 2000 ese mismo año [Diego: 1.1.2002?] era de 78 hab./km^2 frente a los 108 hab./km^2 de Francia y los 380 hab./km^2 de Gran Bretaña, según datos extraídos del Instituto Nacional de Estadística, *España en Cifras 2000*, p. 2.

8. Los mismos datos, referidos a Brasil y expresados en reales, pueden consultarse en: <http://www.ibge.gov.br/home/estatistica/economia/contasnacionais/default1996_2000.shtm>.

Cuadro 1

EVOLUCIÓN DEL PRODUCTO INTERIOR BRUTO DE ALEMANIA DURANTE EL PERÍODO 1991/2001[9]

(datos expresados en miles de millones de Euros)

	1991	1992	1993	1994	1995	1996	1997	1998	1999	2000	2001
€	1.502	1.613	1.654	1.736	1.801	1.834	1.872	1.929	1.974	2.026	2.063

Cuadro 2

EVOLUCIÓN DE LA RENTA PER CÁPITA DE ALEMANIA DURANTE EL PERÍODO 1991/2001[10]

	1991	1992	1993	1994	1995	1996	1997	1998	1999	2000	2001
€	14.600	15.400	15.500	16.000	16.600	16.900	17.100	17.600	17.800	18.300	18.600

Cuadro 3

EVOLUCIÓN DEL ÍNDICE DE PRECIOS AL CONSUMO DURANTE EL PERÍODO 1991/2001[11]

	1991	1992	1993	1994	1995	1996	1997	1998	1999	2000	2001
%	89,0	92,5	95,8	98,4	100,0	101,4	103,3	104,3	104,9	106,9	109,6

• La Región de Renania del Norte-Westfalia, sobre la que también se aportan muchos datos estadísticos en este trabajo, tiene una población de 18.010.000 habitantes, que representa aproximadamente el 22% de Alemania. El Producto Interior Bruto de esta región representó en el año 2001 el 22,3% del total de Alemania.

3. Datos generales sobre el sistema judicial alemán

Como es sabido, Alemania es una República Federal[12] integrada por 16 Estados.[13] Las competencias en materia de Justicia se encuentran repartidas entre la Federación (*Bund*) y los Estados Federados (*Länder*), por lo que existen leyes sobre el sistema judicial provenientes del Parlamento Federal y de los Parlamentos de los Estados Federados. La Constitución sólo contiene algunas menciones genéricas sobre el sistema judicial,[14] pero sienta las bases de una marcada separación entre los diversos órdenes jurisdiccionales.

9. Datos extraídos de *Statistisches Jahrbuch 2002 für die Bundesrepublik Deutschland*, p. 633.

10. Datos extraídos de *Statistisches Jahrbuch 2002 für die Bundesrepublik Deutschland*, p. 633.

11. Datos extraídos de *Statistisches Jahrbuch 2002 für die Bundesrepublik Deutschland*, p. 612.

12. Artículo 20.1 Ley Fundamental (*Grundgesetz*, GG), de 23.4.1949 en la redacción dada el 26.7.2002.

13. Baden-Wurtemberg, Baviera, Brandeburgo, Bremen, Hamburgo, Hesse, Meckemburgo-Antepomerania Occ., Baja-Sajonia, Renania del Norte-Westfalia, Renania-Palatinado, Sarre, Sajonia, Sajonia-Anhalt, Slesvig-Holstein, Turingia.

14. La Constitución establece el principio de independencia judicial (art. 97 GG), las competencias de los jueces de la Federación y de los jueces de los Estados Federados (art 98 GG), el proceso de control constitucional de las leyes (art. 100 GG), el sometimiento al juez legal (art. 101.1 GG), así como los principios penales de *nulla poena sine lege* y *ne bis in idem* (art. 103 GG).

3.1 Organización judicial

La organización en Juzgados y Tribunales, su denominación equivalente en el sistema judicial español, y el número parcial y total de órganos judiciales, se contiene en la siguiente tabla:

Cuadro 4

DENOMINACIÓN Y NÚMERO DE ÓRGANOS JUDICIALES[15]

	JURISDICCIÓN ORDINARIA (CIVIL Y PENAL)	JURISDICCIÓN ADMINISTRATIVA	JURISDICCIÓN TRIBUTARIA	JURISDICCIÓN LABORAL	JURISDICCIÓN SOCIAL	
TRIBUNALES SUPREMOS	*Bundesgerichtshof* (Karlsruhe) 1	*Bundesverwaltungsgericht* (Leipzig) 1	*Bundesfinanzhof* (München) 1	*Bundesarbeitsgericht* (Erfurt) 1	*Bundessozialgericht* (Kassel) 1	Estado Federal
TRIBUNALES SUPERIORES	*Oberlandesgerichte* 25	*Oberverwaltungsgerichte* 16	*Finanzgerichte* 19	*Landesarbeitsgerichte* 19	*Landessozialgerichte* 16	Estados Federados
TRIBUNALES TERRITORIALES	*Landgerichte* 116	*Verwaltungsgerichte* 52	Inexistente	*Arbeitsgerichte* 122	*Sozialgerichte* 69	
JUZGADOS	*Amtsgerichte* 686	Inexistente	Inexistente	Inexistente	Inexistente	
	Total 828	Total 69	Total 20	Total 142	Total 86	
	Número total de órganos judiciales: 1.145					

Los principales motivos por los que puede llamar la atención esta organización jurisdiccional son los siguientes:

• La separación total existente entre los diversos órdenes jurisdiccionales.

• El reconocimiento de un "orden laboral", para la resolución de los conflictos entre trabajadores y empresarios, distinto del llamado "orden social", en el que se plantean todas las cuestiones suscitadas en el ámbito de las prestaciones sociales.

• El reconocimiento de autonomía jurisdiccional al orden tributario, que en muchos países queda encuadrado en el ámbito de los tribunales administrativos.

• La unificación jurisdiccional del orden civil y penal, incluidos ambos en la llamada jurisdicción ordinaria.

• La existencia de distintos códigos procesales para cada jurisdicción: una ley general sobre creación y organización de tribunales, llamada *Gerichtsverfassungsgesetz* (GVG), y diversas leyes de enjuiciamiento específicas para cada uno de los órdenes jurisdiccionales existentes.[16]

15. A fecha 1 de enero de 2002 (*Statistisches Jahrbuch 2002 für die Bundesrepublik Deutschland*, p. 341).

16. *Zivilprozessordnung* (ZPO), *Strafprozessordnung* (StPO), *Verwaltungsgerichtsordnung* (VwGO), *Finanzgerichtsordnung* (FGO), *Arbeitsgerichtsgesetz* (ArbGG) y *Sozialgerichtsgesetz* (SGG).

• Otra característica importante del sistema judicial alemán es que no existe un órgano de gobierno de los jueces similar al existente en otros países.[17] La máxima autoridad la encarna el Ministro, que obviamente carece de potestades de control de la actividad jurisdiccional, y la potestad disciplinaria es ejercida normalmente por el Presidente del tribunal.[18]

• Finalmente cabe destacar la relación existente entre el número de tribunales y de habitantes en el año 2002: 1,4 tribunales por cada 100.000 habitantes; la mayor parte de ellos, 828 de un total de 1.145, eran tribunales de la jurisdicción ordinaria.

3.2 Número de personas dedicadas a la administración de justicia

Para evaluar correctamente los costes de la Justicia es importante conocer lo gastado en personal y, previamente, el número de personas que desde instancias públicas o privadas trabajan en la Administración de Justicia.

3.2.1 Plantilla de personal juzgador (jueces y fiscales)

El número de jueces y fiscales existente en Alemania se puede apreciar en los siguientes cuadros:

Cuadro 5

EVOLUCIÓN DEL NÚMERO DE JUECES QUE PRESTAN SERVICIOS EN LAS DISTINTAS JURISDICCIONES

(datos del Estado Federal y los Estados Federados, referidos al 1 de enero de cada año)[19]

	1991	**1993**	**1995**	**1997**	**1999**	**2001**
Civil/Penal	13.606	15.691	16.600	15.649	15.548	15.464
Administrativo	1.882	2.221	2.573	2.406	2.375	2.361
Tributario	598	610	610	616	635	641
Laboral	780	986	1.111	1.128	1.163	1.142
Social	1.046	1.109	1.182	1.171	1.220	1.228
Otros[20]	46	51	58	29	28	44
TOTAL	17.932	20.672	22.134	20.999	20.969	20.880

Cuadro 6

EVOLUCIÓN DEL NÚMERO DE FISCALES EN LOS ÚLTIMOS AÑOS

(datos del Estado Federal y los Estados Federados, referidos al 1 de enero de cada año)

	1991	**1993**	**1995**	**1997**	**1999**	**2001**
TOTAL[21]	3.887	4.920	5.375	5.211	4.998	5.044

17. En España, por ejemplo, donde la Constitución reconoce al Consejo General del Poder Judicial la función de actuar como órgano de gobierno del Cuerpo de Jueces y Magistrados y personal al servicio de la Administración de Justicia (artículo 122 de la Constitución Española).

18. Vid., por ejemplo, el artículo 31 del Código Procesal Tributario (*Finanzgerichtsordnung*, FGO).

19. Datos extraídos de Informaciones del Ministerio Federal de Justicia.

20. Tribunales Constitucionales, Tribunales de Servicio y Tribunales Disciplinarios.

21. Datos extraídos de *Statistische Jahrbücher für die Bundesrepublik Deutschland.*

En la información contenida en los cuadros apreciamos que, en 2001, el número de jueces era de 20.880. La mayor parte de ellos, el 74,06% del total, presta sus servicios en el ámbito de la jurisdicción ordinaria (civil y penal). La relación existente ese año entre el número de jueces y la población es, por tanto, de un juez por cada 3.940 habitantes; o, desde la perspectiva inversa, se puede decir que a cada 100.000 habitantes les corresponden 25,4 jueces.

El número de fiscales en activo en enero de 2001 era de 5.044, lo que representa un fiscal para cada 16.308 habitantes, o, desde otra perspectiva, significa que cada 100.000 habitantes tienen 6,1 fiscales.

3.2.2 Plantilla de personal no juzgador

Bajo la denominación "personal no juzgador" incluimos a todas aquellas personas que trabajan para la Administración de Justicia sin ser jueces o fiscales. Dada la dificultad para conseguir las cifras correspondientes a toda Alemania, hemos utilizado las correspondientes al Estado de Renania del Norte-Westfalia, que permiten conocer la relación existente entre personal juzgador y no juzgador en cada jurisdicción y, por tanto, realizar cálculos aproximados para toda Alemania.

Cuadro 7

COMPOSICIÓN DE LA PLANTILLA DE PERSONAL DEL MINISTERIO DE JUSTICIA

(datos del año 2002,[22] referidos a la plantilla teórica[23] del Estado de Renania del Norte-Westfalia)

a) Ministerio	**d) Jurisdicción Tributaria**	**g) Instituciones Penitenciarias**
b) Jurisdicción Ordinaria	**e) Jurisdicción Laboral**	**h) Formación Continua**
c) Jurisdicción Administrativa	**f) Jurisdicción Social**	**i) Total**

	a)	b)	c)	d)	e)	f)	g)	h)	i)
Jueces y Fiscales	17	4.677	527	192	216	247	—	1	5.877
Funcionarios	153	11.907	135	93	139	146	7.431	69	20.073
Empleados	55	5.961	495	103	331	396	767	29	8.137
Trabajadores	4	371	18	2	5	28	57	35	520
Subtotal	212	18.239	648	198	475	570	8.255	133	28.730
TOTAL	229	22.916	1.175	390	691	817	8.255	134	34.607

Los datos contenidos en el cuadro permiten extraer alguna información importante sobre la relación existente entre el personal juzgador y no juzgador en las distintas jurisdicciones. Las posiciones extremas están marcadas por la jurisdicción ordinaria, en la que el personal juzgador representa el 20 por 100 del total de la plantilla, y la jurisdicción tributaria, donde los jueces representan el 50 por 100 del total de la

22. Datos extraídos de: *Haushaltsplan Nordrhein-Westfalen für den Geschäftsbereich des Justizministeriums für das Haushaltsjahr 2003.*

23. El número de personal efectivamente empleado suele ser inferior a la plantilla teórica. Por ejemplo, la plantilla teórica de jueces de los Tribunales Superiores Tributarios de toda Alemania era, el 1.1.2002, de 613, mientras que la plantilla efectiva en ese año fue sólo de 594 jueces.

plantilla. Las *ratios* exactas entre personal no juzgador y personal juzgador son:

• 3,9 a 1, en la jurisdicción ordinaria

• 2,3 a 1, en la jurisdicción social

• 2,2 a 1, en la jurisdicción laboral

• 1,2 a 1, en la jurisdicción administrativa

• 1,0 a 1, en la jurisdicción tributaria

3.2.3 Número de abogados y representantes judiciales

En cuanto al número de abogados, asesores fiscales y auditores de cuentas — todos ellos tienen capacidad de representación procesal, como expondremos más adelante — los datos ofrecidos por los Colegios Profesionales ponen de manifiesto el incremento sufrido en los últimos años:

Cuadro 8

NÚMERO DE REPRESENTANTES JUDICIALES

	1993	1994	1995	1996	1997	1998	1999	2000	2001	2002	2003
Abogados[24]	67.562	70.881	74.735	79.265	85.543	91.952	98.295	104.501	110.843	116.820	121.000
Asesores fiscales[25]	54.679	56.355	57.616	60.000	61.486	63.003	65.686	67.901	69.845	71.198	73.955
Auditores de cuentas[26]	13.437	13.931	14.470	14.909	15.377	15.974	16.456	16.881	17.351	17.970	18.538

El crecimiento del número de profesionales con capacidad de representación procesal ha sido muy importante en los últimos diez años, pues supone:

• El 79,10%, en el caso de los abogados

• El 35,25%, en el caso de los asesores fiscales

• El 37,96%, en el caso de los auditores de cuentas

Estas cifras resultan especialmente llamativas si las comparamos con el crecimiento de jueces en el período comprendido entre 1991 y 2001, que sólo fue del 16%.[27] También es significativo comparar esas mismas cifras con el número de habitantes de Alemania, pues revelan una evolución profesional bien distinta de la producida en el ámbito de los jueces:

Cuadro 9

RELACIÓN ENTRE POBLACIÓN Y REPRESENTANTES JUDICIALES, Y POBLACIÓN Y JUECES

	ratio profesionales/ciudadanos	
	1993	**2003**
Abogados	83:100.000	147:100.000
Asesores fiscales	68:100.000	90:100.000
Auditor de cuentas	17:100.000	23:100.000
	ratio jueces/ciudadanos	
	1991	**2001**
Jueces	22,5:100.000	25,4:100.000

24. Fuente: Colegio de Abogados Federal (*Bundesrechtsanwaltskammer*).

25. Fuente: Colegio de Asesores Fiscales Federal (*Bundessteuerberaterkammer*).

26. Fuente: Colegio de Auditores de Cuentas Federal (*Wirtschaftsprüferkammer*).

27. El incremento del número de jueces ha sido de 17.932 jueces existentes en 1991, a 20.880 jueces existentes en 2001 (exactamente 16,43%).

En todo caso, conviene señalar que las profesiones jurídicas se ejercen en Alemania con mucha más movilidad que en otros países, pues la condición de jurista habilita para el ejercicio de cualquier profesión jurídica.

No existe por tanto un título de Licenciado en Derecho, sino una condición de jurista, que se adquiere después de:

• Estudiar Derecho en la Universidad, con superación de algunas asignaturas obligatorias y otras optativas.[28]

• Realizar un primer examen estatal, en cuya evaluación participan profesionales del Derecho y profesores de Universidad.

• Realizar prácticas remuneradas (*Vorbereitungsdienst*) durante dos años en distintos ámbitos jurídicos (en los tribunales, en la Administración, en despachos de abogados, notarías, consultoras, etc.).

• Realizar un segundo examen estatal, en cuya evaluación no participan profesores universitarios.

A partir de ese segundo examen se adquiere la condición de jurista, que habilita indistintamente para ejercer como juez, notario, fiscal, abogado, etc. (la posibilidad de elegir una actividad u otra depende de la nota obtenida en el segundo examen). La polivalencia de los juristas es una singularidad importante para comprender mejor los indicadores existentes sobre el ejercicio de profesiones jurídicas en Alemania.

4. *El coste público de la justicia*

Una vez realizadas estas consideraciones preliminares, estamos en condiciones de estudiar y comentar los llamados costes públicos de la justicia en Alemania. Para evitar equívocos en la utilización de conceptos similares, hemos dividido este epígrafe en tres apartados distintos: las tasas judiciales; las costas judiciales; y los costes de la justicia.

El primero hace referencia al tributo que las partes tienen que satisfacer por utilizar los servicios de la Administración de Justicia; el segundo, más amplio, alude a todos los gastos que las partes tienen que soportar por su participación en un proceso; y el tercero hace referencia a todos los costes públicos, directos e indirectos, generados por la actividad judicial.

4.1 Las tasas judiciales

En Alemania existe un sistema de tasas judiciales que obliga a las partes litigantes a financiar parcialmente los costes de la Administración de Justicia.

Estas tasas son pagadas por los beneficiarios directos de la actividad judicial — esto es, las partes — según un criterio de imputación que normalmente exime del pago a la parte vencedora en juicio, como más adelante veremos.

Las tasas judiciales se calculan, según lo previsto en la Ley de Costas Judiciales (*Gerichtskostengesetz*), en función de dos parámetros: la cuantía del litigio y el tipo de la actividad judicial desarrollada.[29]

a) La cuantía del litigio sirve para determinar la tarifa básica de la tasa. Cuanto mayor es la cuantía del litigio, mayor será la tarifa básica de la tasa (aunque es cierto que el porcentaje aplicado disminuye, lo que permite afirmar que se trata de un tributo de tarifa degresiva).

El cuadro de tarifas básicas permite comprobar que la cuantía de las tasas es poco relevante en términos relativos:

28. En el año 2002, el promedio de estudios realizados por los estudiantes antes de presentarse al examen fue de 9,5 semestres (en el ámbito territorial correspondiente al Tribunal Territorial de Hamm). Conviene añadir que los estudiantes solicitan voluntariamente realizar el examen en el momento en que consideran que ya están preparados para ello.

29. Vid. Artículo 11 de la Ley de Costas Judiciales (*Gerichtskostengesetz*).

Cuadro 10

TARIFA BÁSICA EN LAS TASAS JUDICIALES[30]

Cuantía del litigio hasta ... €	Cuantía de tasa ... €	Cuantía del litigio hasta ... €	Cuantía de tasa ... €
300	25	40.000	398
600	35	45.000	427
900	45	50.000	456
1.200	55	65.000	556
1.500	65	80.000	656
2.000	73	95.000	756
2.500	81	110.000	856
3.000	89	125.000	956
3.500	97	140.000	1.056
4.000	105	155.000	1.156
4.500	113	170.000	1.256
5.000	121	185.000	1.356
6.000	136	200.000	1.456
7.000	151	230.000	1.606
8.000	166	260.000	1.756
9.000	181	290.000	1.906
10.000	196	320.000	2.056
13.000	219	350.000	2.206
16.000	242	380.000	2.356
19.000	265	410.000	2.506
22.000	288	440.000	2.656
25.000	311	470.000	2.806
30.000	340	500.000	2.956
35.000	369		

b) A la tarifa básica, calculada en aplicación de lo dispuesto en la anterior tabla, se le aplica un coeficiente multiplicador, determinado en función de la distinta actividad jurisdiccional desarrollada.[31] Así, por ejemplo, en los procesos civiles, los coeficientes aplicables son:

30. Vid. Artículo 11.2 y anexo 2 de la Ley de Costas Judiciales (*Gerichtskostengesetz*).

31. Vid. Artículo 11.1 y anexo de la Ley de Costas Judiciales (GKG).

— En procesos monitorios: 0,5

— En procesos completos en primera instancia: 3,0

— En procesos terminados por allanamiento o desistimiento: 1,0

— En procesos de apelación: 1,5

— En procesos de apelación terminados por revocación del recurso: 0,5

Trasladando esas reglas a un caso concreto, podemos calcular que en un proceso cuya cuantía litigiosa fuera de 15.000 €, la tarifa básica sería de 242 €. Si el proceso terminara por sentencia, esa tarifa básica se multiplicaría por 3, y la tasa judicial sería de 726 €. En caso de que el proceso terminara convencionalmente, sin necesidad de sentencia resolviendo la controversia, el coeficiente multiplicador sería 1 y la tasa judicial exigible de 242 €.

Este sistema de determinación de costas se aplica de forma prácticamente igual en casi todos los órdenes jurisdiccionales, tal y como se establece en los respectivos Códigos Procesales. Sólo existen pequeñas diferencias orientadas a disminuir el importe de las tasas en los órdenes laboral[32] y social.[33]

La recaudación de la tasa queda especialmente asegurada en la jurisdicción civil, donde la actividad de los tribunales queda supeditada al previo pago de la tarifa básica de la tasa.[34] Una excepción a esta regla es la tramitación de los juicios de consecuencias de separación matrimonial o de divorcio.

También es oportuno destacar que los entes públicos — Estado Federal y Estados Federados etc. — disfrutan de una exención subjetiva cuando litigan ante los Tribunales Ordinarios y los Tribunales de lo Tributario,[35] que les exime del pago de esta tasa, pero no de otros gastos devengados en el proceso, como más adelante veremos.

De lo expuesto se desprende que las tasas judiciales actúan en Alemania como ticket moderador del gasto, lo que nos parece positivo y perfectamente conciliable con los principios de justicia constitucional.[36] Además, los criterios de cuantificación de las tasas judiciales contienen incentivos económicos para la terminación convencional del litigio, lo que también merece nuestra aprobación.[37]

La doctrina no discute actualmente en Alemania sobre la supresión de las tasas.

4.2 Las costas del proceso y su imputación

Consideramos costas del proceso a la cantidad total que las partes litigantes tienen que pagar cuando demandan tutela judicial, y que está determinada por la suma de las siguientes magnitudes:

- Tasas judiciales
- Gastos de documentación
- Gastos de notificaciones
- Gastos de comparecencia de testigos[38]
- Gastos de intervención de peritos[39]

Otros gastos, como los derivados de la participación en el tribunal de jueces honorarios, no deben ser pagados por las partes, sino que se satisfacen con cargo al pre-

32. Mediante la aplicación de una tabla específica de cuantificación de las tasas (vid. los Anexos 1 y 2 del artículo 12 del Código Procesal Laboral (ArbGG).

33. En los procesos ante los tribunales de lo social no se exige el pago de ninguna tasa judicial, excepto en los casos en que el demandante sea una sociedad o entidad pública, en cuyo caso se exige, para cada instancia, una tasa gradual de 150 €, 225 € o 300 €, para la primera, segunda y tercera instancia respectivamente.

34. Vid. Artículo 65 de la Ley de Costas Judiciales (GKG).

35. Vid. Artículo 2 de la Ley de Costas Judiciales (GKG). Ello tiene relevancia, obviamente, en el estudio del grado de cobertura de los costes totales mediante las tasas judiciales.

36. Porque no consideramos que la exigencia del pago de tasas tenga efectos excluyentes para quienes demandan justicia y carecen de recursos económicos. Estos sujetos, como más adelante veremos, pueden disfrutar de ayudas para sufragar los gastos del proceso en determinadas circunstancias.

37. Las ventajas son evidentes: esos incentivos estimulan la reflexión sobre las probabilidades de éxito de las respectivas pretensiones y, con ello, se favorece notablemente la terminación convencional del mismo; obviamente, la terminación convencional disminuye los costes públicos y privados de forma significativa, y además refleja una mayor satisfacción de las partes con el resultado del proceso.

38. Las dietas de testigos y peritos están reguladas legalmente, en la Ley de Indemnización de Testigos y Peritos de 1.10.1969 (*Gesetz über die Entschädigung von Zeugen und Sachverständigen in der Fassung vom 1, Oktober 1969*), cuya última modificación tuvo lugar el 22.2.2002, zuletzt geändert am 22. Februar 2002.

39. Vid. nota anterior.

supuesto del tribunal.[40] Tampoco hay gastos de procurador, pues esa figura no existe en Alemania.[41]

El pago de las costas del proceso se impone, como regla general, a la parte que ha sido vencida en juicio, aunque hay especialidades en los distintos ámbitos jurisdiccionales que conviene destacar expresamente:

• En el proceso civil, la parte vencida en juicio debe soportar la condena en costas, que conlleva el pago de las tasas judiciales y, también, el pago de todos los gastos necesarios que hubiera soportado la parte contraria, entre los que se incluyen, lógicamente, los honorarios de su abogado,[42] cuantificados según las tablas de honorarios profesionales. En los supuestos en que ambas partes hubieran obtenido una victoria parcial el tribunal decide sobre el modo en que se deben imputar las costas. En la práctica, lo más normal es una distribución porcentual entre las partes, en función del éxito porcentual de cada una de sus pretensiones.

• En el proceso penal, el acusado debe soportar las costas del proceso en caso de ser condenado[43] (aunque, igual que sucede en otros países, es frecuente la insolvencia del condenado y el impago de dichas costas). En caso de que la condena fuera absolutoria, las costas del proceso, incluidos los gastos imprescindibles realizados por el acusado, son soportadas por el Estado.

• En el proceso administrativo y en el proceso tributario son de aplicación las mismas reglas vistas para el proceso civil. Esto quiere decir que, a diferencia de lo que sucede en otros países, la Administración carece de privilegios en la imposición de costas y por tanto es condenada a resarcir a la parte contraria en todos los procesos en que es vencida en juicio. Por tanto, aunque la Administración está exenta del pago de tasas judiciales, sí paga los restantes gastos que integran este capítulo de costas y, por supuesto, los honorarios de los abogados o asesores fiscales de la parte vencedora en juicio.

• En el proceso laboral, por el contrario, la imputación de costas es más restringida, pues sólo tiene lugar en determinadas circunstancias y, en dicho caso, con una limitación de la cuantía.[44]

• El proceso social carece normalmente de costas.[45]

4.3 Los costes de la justicia

Finalmente queda por hacer algunas consideraciones sobre los costes de la justicia, en donde se incluyen todos los costes ocasionados por la actividad judicial, cuyo cálculo tiene lugar por la diferencia entre los diversos gastos directamente asociados a dicha actividad, y los ingresos generados por la misma.

La determinación de estos costes es, sin duda, la más difícil de todas. De un lado porque no existe un criterio uniforme sobre lo que debe estar incluido y excluido

40. Estos jueces honorarios perciben dietas por su asistencia a los juicios. Las dietas son una compensación por la cantidad dejada de ingresar por el abandono de su actividad habitual, y tienen una limitación mínima de 4 € por hora, y máxima de 16 € por hora (según la Ley sobre indemnización de los jueces honorarios, *Gesetz über die Entschädigung der ehrenamtlichen Richter*, de 1.10.1969, cuya última modificación tuvo lugar el 22.2.2002 vom 1. Oktober 1969, zuletzt geändert am 22. Februar 2002). En la práctica, las cantidades percibidas por este concepto son normalmente inferiores a las que estos jueces honorarios obtendrían en el desarrollo de su actividad habitual.

41. Existe en España, donde tienen la función de representación ante los Tribunales, diferenciada formalmente de los abogados, a los que les corresponde la defensa y asistencia jurídica.

42. Vid. Artículos 91 y ss. del Código Procesal Civil (*Zivilprozessordnung*, ZPO).

43. Vid. Artículos 464 y ss. del Código Procesal Penal (*Strafprozessordnung*, StPO).

44. Vid. Artículos 12 y s. del Código Procesal Laboral (*Arbeitsgerichtsgesetz*, ArbGG).

45. Vid. Artículo 183 del Código Procesal Social (*Sozialgerichtsgesetz*, SGG). Para las excepciones a esta regla general, vid. el artículo 184 SGG, sobre tasas graduales para sociedades de derecho público y otras, y el artículo 192 SGG, sobre imputación de gastos en supuestos de temeridad.

de esta categoría, y, de otro lado, porque la Justicia en Alemania no lleva una contabilidad de tipo empresarial, sino una contabilidad pública de tipo tradicional que dificulta el conocimiento exacto de los ingresos y gastos generados en el desarrollo de su actividad.[46] Por ello, ante la imposibilidad de determinar con exactitud los costes de la justicia, realizaremos una estimación de esos costes basándonos en las cuentas presupuestarias del Ministerio de Justicia del Estado Federado Renania del Norte-Westfalia, lo que nos proporcionará unos resultados bastante aproximados a la realidad.

4.3.1 Gastos

Los gastos de personal son, sin duda, los más cuantiosos de los que integran los costes públicos de la Justicia. En el Presupuesto de Renania del Norte-Westfalia del año 2003, la relación existente entre el gasto de personal y el gasto total en las distintas jurisdicciones era la siguiente:

• En la jurisdicción ordinaria, el 62,0% del gasto se destinaba a gastos de personal.

• En la jurisdicción administrativa, el 83,7% del gasto era retribución de personal.

• Y, en la jurisdicción tributaria, el 81,4% del gasto total se destinaba a gastos de personal.

En la partida de gastos de personal se incluyen los sueldos y retribuciones totales de jueces y fiscales y los del resto de personal que trabaja en la Administración de Justicia (*personal no juzgador*).

Los jueces y fiscales reciben un salario fijado legalmente. La tabla salarial está dividida en doce tramos de diferentes cuantías, cuya aplicación se realiza en función de la distinta promoción profesional de los jueces.

La promoción profesional de jueces y fiscales tiene lugar cuando hay plazas disponibles. En ese momento, según el principio de "selección de los mejores", se reconoce el ascenso a quienes hayan obtenido la mejor valoración en los últimos años. Como regla general, esa valoración es realizada cada tres años por el Presidente del Tribunal, que enjuicia la aptitud y profesionalidad de cada uno de los jueces de su tribunal y realiza el correspondiente Informe. Cuanto mejor es la valoración a lo largo de los años, más posibilidades existen de lograr la promoción profesional y la correspondiente mejora salarial. Este sistema de promoción es valorado positivamente por los jueces, que lo consideran un buen incentivo para realizar bien el trabajo diario.

Para comprender mejor la importancia relativa del salario de los jueces y magistrados, puede resultar útil la siguiente comparación salarial:

— El sueldo mensual mínimo de un magistrado de primera categoría (R 1) es de 2.961,86 €, y el máximo puede llegar a ser de 4.827,78 €.

— El sueldo mensual de un magistrado del Tribunal Superior de lo Tributario de 41 años (R 2, escala 8) es de 4.531,75 €, que se corresponde con el sueldo de un Catedrático de Universidad y es, aproximadamente, el cuádruplo del sueldo de un administrativo medio (empleado BAT VII de 23 años: 1.188,76 €).

— El sueldo mensual de un magistrado del Tribunal Supremo (R 5) es de 6.529,83 €, lo que representa el 38% del sueldo de nuestro Presidente del Gobierno, el *Bundeskanzler* (B11: 10.353,56 € x 1 2/ 3 = 17.255,93 €).

Por lo que se refiere al sueldo del personal no juzgador, conviene diferenciar a su vez entre funcionarios y personal no funcionarial. Los primeros tienen un sueldo

46. La estructura presupuestaria de Renania del Norte-Westfalia permite conocer con exactitud los ingresos y gastos de cada una de las jurisdicciones, así como también los de Instituciones Penitenciaras y Centros de Formación Continua. En concreto, la división orgánica se estructura en: 1. Ministerio; 2. Tribunales Ordinarios y Fiscalía; 3. Tribunales Administrativos; 4. Tribunales Tributarios; 5. Tribunales Laborales; 6. Tribunales de lo Social; 7. Instituciones Penitenciarias; 8. Órganos de formación continua.

regulado por ley, que distingue dos categorías saláriales, A y B, divididas a su vez en 16 y 10 tramos, respectivamente.[47]

El sueldo de los empleados no funcionarios se rige por unas tarifas generales (*Bundesangestelltentarif*, BAT) que dependen de la actividad desarrollada. Finalmente, la retribución del resto de trabajadores se rige por lo establecido individualmente en cada contrato de trabajo.[48]

Por otro lado, en el capítulo de gastos hay que hacer mención a los llamados gastos corrientes y de inversión, donde se incluyen los gastos inmobiliarios (amortizaciones, gastos financieros, gastos de administración); alquileres de bienes muebles e inmuebles; gastos de oficina y comunicaciones; material inventariable (ordenadores, mobiliario); vehículos oficiales, formación de personal, material de aprendizaje, gastos de viaje, etc.

Para conocer con exactitud el gasto público en gastos corrientes sería necesario disponer de una contabilidad mercantil, pues los criterios contables seguidos hasta el momento impiden conocer los detalles de ese gasto y, consecuentemente, mejorar su eficiencia. Por ello, algunos Estados Federados han introducido algunos principios mercantiles en la contabilización de estos gastos, si bien se trata sólo de una experiencia piloto.[49]

4.3.2 Ingresos

Por lo que se refiere a los ingresos, los únicos que tienen carácter periódico son los derivados del cobro de tasas judiciales,[50] que constituyen un importante instrumento de financiación de los gastos judiciales. No obstante, la relación entre el volumen de ingresos por tasas judiciales y gastos en administración de justicia (lo que llamamos grado de cobertura de las tasas) está lejos de alcanzar la autofinanciación, pues se sitúa en torno al 55 por 100 en el mejor de los supuestos.

La recaudación de las tasas judiciales se realiza y contabiliza separadamente en cada tribunal, y el importe de lo recaudado varía en función de la jurisdicción considerada. Así, podemos decir que el grado de cobertura de las tasas está en torno a los siguientes porcentajes:[51]

- 55% en la jurisdicción ordinaria
- 18% en la jurisdicción tributaria
- 14% en la jurisdicción laboral
- 9% en la jurisdicción administrativa
- 6% en la jurisdicción social

Como se aprecia, existen argumentos para que algunos autores postulen un incremento de las tasas judiciales, especialmente en el ámbito civil, para que la mayor

47. Todos los funcionarios, personal juzgador y no juzgador, reciben además un complemento salarial determinado en función de sus circunstancias familiares y su nivel de promoción. Esas cantidades, tal y como establece el artículo 40 de la Ley Federal de Retribuciones Salariales (*Bundesbesoldungsgesetz*), son las siguientes:

	Tramo 1	Tramo 2
Grupo salarial A1 hasta A 8	95,96 €	182,17 €
Restantes grupos salariales	100,78 €	186,99 €

Tramo 1: Jueces y Funcionarios casados; Tramo 2: Jueces y Funcionarios casados con un hijo. Cuando tiene más de un hijo, el complemento salarial por circunstancias familiares es de 86,21 € para el segundo, y de 114,35€ para el tercero y siguientes.

48. Así, un administrativo percibiría un complemento básico de mensual que oscilaría entre 1.158,32 € y 1.854,43 €, según tuviera una edad superior a 21 ó 41 años respectivamente; un complemento de destino de 463,88 €.

49. Entre los Estados que participan de esa experiencia piloto se encuentra Renania del Norte-Westfalia.

50. Existen otros ingresos atípicos y extraordinarios, como por ejemplo los derivados de la explotación o enajenación de inmuebles.

51. Datos extraídos del plan presupuestario del Ministerio de Justicia de Renania del Norte–Westfalia para el año presupuestario 2003. Los datos no incluyen los ingresos y gastos correspondientes a las partidas de establecimientos penitenciarias, órganos de formación continua, previsión social — pensiones – y créditos genéricos. Una información más detallada puede verse en nuestro trabajo publicado en la obra colectiva *El Coste de la Justicia*, publicada en España por el Consejo General del Poder Judicial en abril de 2003.

parte del gasto de la actividad judicial sea soportado por los beneficiarios directos y no por la totalidad de los contribuyentes.[52]

5. El coste privado

Los costes privados de la justicia están integrados por diversos gastos que deben soportar directamente las partes por el hecho de haber sido parte en un proceso. El coste privado más importante es, sin duda, el pago de honorarios a las distintas personas que intervienen en el proceso a instancia de las partes (abogados, representantes, peritos, etc.). Junto a estos conceptos, de fácil evaluación económica, existen otros costes que no podemos tratar aquí, como es el coste de la oportunidad del tiempo y el dinero invertidos en el proceso, y los problemas personales que normalmente lleva asociados un proceso.

5.1 La representación procesal

Como decíamos, el coste privado más importante es la representación procesal. En Alemania, sin embargo, ese gasto es evitable en muchos supuestos, pues la representación procesal es voluntaria en diversas instancias y ello permite prescindir de abogado ante diversos tribunales,[53] tal y como se advierte en el siguiente cuadro:

Cuadro 14

REPRESENTACIÓN PROCESAL EN LAS DISTINTAS INSTANCIAS

	Jurisdicción Ordinaria[54]	**Jurisdicción Administrativa**[55]	**Jurisdicción Tributaria**[56]	**Jurisdicción Laboral**[57]	**Jurisdicción Social**
Tribunales Supremos	*Bundesgerichtshof* Abogado	*Bundesverwaltungsgericht* Abogado	*Bundesfinanzhof* Asesor fiscal Abogado Auditor	*Bundesarbeitsgericht* Abogado Otros	*Bundessozialgericht*[58] Abogado Otros
Tribunales Superiores	*Oberlandesgerichte* Abogado	*Oberverwaltungsgerichte* Abogado	*Finanzgerichte* Innecesaria	*Landesarbeitsgerichte* Abogado Otros	*Landessozialgerichte* Innecesaria
Tribunales Territoriales	*Landgerichte* Abogado	*Verwaltungsgerichte* Innecesaria		*Arbeitsgerichte* Innecesaria	*Sozialgerichte* Innecesaria
Juzgados	*Amtsgerichte* Innecesaria				

52. Vid., por todos, Hartmann *Gerichtskostengesetz Grundzüge*, número marginal 14.

53. En todo caso, lo más habitual es que las partes utilicen un representante procesal (asesor fiscal en los asuntos de naturaleza tributaria y abogado en el resto) Así se desprende de las estadísticas disponibles, que permiten constatar que el porcentaje de asuntos en que las partes actuaron ante los Juzgados de lo Civil representadas por un abogado en 2001 representó el 65,85%. En los procesos administrativos ante los Tribunales Territoriales, los casos en que el demandante compareció representado por abogado constituyeron aproximadamente un 76,5% del total. En el ámbito penal ante los Juzgados, el acusado compareció asistido por Abogado en 2001 en el 46,98% del total de procesos celebrados. In *den beim Finanzgericht Münster im Jahr 2000 erhobenen Klagen waren 82% der Kläger durch einen Steuerberater, Wirtschaftsprüfer oder Rechtsanwalt vertreten.*

54. Reglas especiales pueden verse en el artículo 78 del Código Procesal Civil (ZPO) y en el artículo 140 del Código Procesal Penal (StPO).

55. Reglas especiales pueden verse en el artículo 67 del Código Procesal Administrativo (VwGO).

El régimen de representación procesal vigente permite destacar las siguientes singularidades:

• La representación procesal en los tribunales inferiores de cada jurisdicción es siempre voluntaria, y ante los Tribunales Supremos siempre obligatoria.

• La representación procesal por abogado sólo se exige en la jurisdicción ordinaria (civil y penal); en las restantes, se admite también la representación por otro tipo de especialistas.[59]

• Las acciones colectivas sólo se admiten si existe un interés directo de las partes, una representación procesal expresa, y una clara intención de ser parte en el litigio.[60]

• En ningún caso se exige la intervención de un Procurador de los Tribunales, pues esa figura es desconocida en Alemania.

• Tampoco existe un cuerpo de Abogados del Estado.[61] Por ello, en los procesos administrativos, tributarios y sociales, los entes públicos asisten normalmente representados por sus propios funcionarios, lo que es posible siempre que tengan la condición de juristas.[62]

5.2 Honorarios profesionales

En lo que respecta a los honorarios profesionales, hay que señalar que la retribución de los abogados está regulada por una Ley Federal,[63] que establece los honorarios aplicables en las diversas actuaciones propias de su profesión (información, asesoramiento, representación, etc.).

La cuantía de estos honorarios se determina según establece el artículo 11 de la Regulación Federal de Honorarios de Abogados, que se aplica de forma similar a las tasas judiciales: primero se calcula una tarifa básica que se establece en función de la cuantía del litigio,[64] y, después, se aplica un coeficiente multiplicador a esa magnitud. El coeficiente multiplicador depende, en este caso, del número y naturaleza de actuaciones desarrolladas por el abogado. El resultado de esa operación determina los honorarios del abogado por su actividad profesional.

La tabla utilizada para determinar la tarifa básica de los honorarios es la siguiente:

56. Reglas especiales pueden verse en el artículo 62ª del Código Procesal Tributario (FGO), referidas a la posibilidad de comparecer representado por: Asesores fiscales, Apoderados tributarios, Abogados, Abogados establecidos en la Unión Europea, Auditores de cuentas, Contables jurados (*vereidigte Buchprüfer*).

57. En el ámbito laboral, la representación procesal puede ser asumida por representantes sindicales o patronales, aunque no sean juristas (reglas especiales pueden verse en el artículo 11 del Código Procesal Laboral).

58. Reglas especiales pueden verse en el artículo 166.2 del Código Procesal Social (SGG).

59. En relación con el ejercicio de la Asesoría Fiscal en Alemania, hay que señalar que se trata de una profesión reglada cuyas condiciones de ejercicio son muy rigurosas. Una descripción sucinta de dicho régimen puede verse en A. Grau Ruiz, "Aspectos críticos del régimen jurídico del asesor fiscal en el Derecho comparado", en la obra colectiva *El Ejercicio de las Funciones del Asesor Fiscal en el Ordenamiento Tributario*, Madrid, publicada por la Asociación Española de Asesores Fiscales, 1998.

60. Es decir, es posible que comparezcan en juicio todos los trabajadores de una fábrica, representados por un único abogado, en reclamación de mejoras salariales; pero no son posibles las acciones de clase, típicas del sistema americano, en que un abogado representa a un grupo difuso de interesados (p .ej., fumadores) y formula una demanda en representación de todo el colectivo genérico de afectados.

61. Se trata de un cuerpo de funcionarios del más alto nivel que tiene como función principal la defensa jurídica y el asesoramiento legal de los entes públicos.

62. Vid. Artículo 67.1 del Código Procesal Administrativo (VwGO); artículo 62a.1 del Código Procesal Tributario (FGO); y artículo 166.1 del Código Procesal Social (SGG). La Administración acude normalmente representada por el mismo funcionario que hubiera conocido el asunto, que obviamente tendrá mayor facilidad para discutir sobre el mismo y también para negociar una terminación convencional ante el tribunal. La Administración podría también contratar un abogado externo *ad hoc*, pero esa posibilidad es utilizada muy raramente (en concreto, en la jurisdicción administrativa tuvo lugar esa contratación en el 4,8% de los asuntos resueltos en 2001; en la jurisdicción tributaria, por el contrario, no hubo ningún caso en ese mismo año).

63. Regulación Federal de Honorarios de Abogados (*Bundesgebührenordnung für Rechtsanwälte*, BRAGO).

64. Vid. Artículo 7 BRAGO.

Cuadro 15

TABLA DE CUANTIFICACIÓN DE LA TARIFA BÁSICA DE LOS HONORARIOS PROFESIONALES DE LOS ABOGADOS

(según el anexo al artículo 11 de la BRAGO)

Cuantía del asunto hasta .... €	Cuantía de tasa .... €	Cuantía del asunto hasta .... €	Cuantía de tasa .... €
300	25	40.000	902
600	45	45.000	974
900	65	50.000	1.046
1.200	85	65.000	1.123
1.500	105	80.000	1.200
2.000	133	95.000	1.277
2.500	161	110.000	1.354
3.000	189	125.000	1.431
3.500	217	140.000	1.508
4.000	245	155.000	1.585
4.500	273	170.000	1.662
5.000	301	185.000	1.739
6.000	338	200.000	1.816
7.000	375	230.000	1.934
8.000	412	260.000	2.052
9.000	449	290.000	2.170
10.000	486	320.000	2.288
13.000	526	350.000	2.406
16.000	566	380.000	2.524
19.000	606	410.000	2.642
22.000	646	440.000	2.760
25.000	686	470.000	2.878
30.000	758	500.000	2.996
35.000	830		

La relación de coeficientes multiplicadores es demasiado exhaustiva para recogerla en este trabajo. A modo de ejemplo, podemos señalar que en los procesos civiles devengan honorarios íntegros las siguientes actuaciones:[65]

1. Información y representación procesal (honorarios procesales, *Prozessgebühr*)

65. Vid. Artículo 31 BRAGO. En los procesos administrativos y tributarios rigen las mismas reglas sobre honorarios que en el proceso civil, según establece el artículo 114 BRAGO. En los procesos ante la jurisdicción social, sin embargo, esas reglas sobre honorarios tienen carácter extraordinario, pues lo normal es que los honorarios se cuantifiquen en función del ámbito jurisdiccional ante el que se actúa y no de la cuantía del litigio: de 50 a 660 € en actuaciones ante los Tribunales Territoriales (*Sozialge-*

2. Comparecencia en juicio (honorarios de vista oral, *Verhandlungsgebühr*)

3. Representación en la fase probatoria (honorarios por la prueba, *Beweisgebühr*)

4. Participación en las negociaciones para lograr un acuerdo (honorarios de negociación, *Erörterungsgebühr*)

Ello quiere decir que el abogado que realizara tres de las cuatro actuaciones señaladas, aplicaría el coeficiente multiplicador 3 a la tarifa básica calculada en aplicación de lo dispuesto en la tabla de honorarios.

Así, trasladando esos criterios a un supuesto concreto, podemos calcular, por ejemplo, los honorarios por intervenir en un proceso civil de primera instancia cuya cuantía litigiosa fuera de 15.000 €. En esto supuesto, la tarifa básica sería de 566 €, a la que se le aplicaría un coeficiente multiplicador determinado por el número de actuaciones realizadas. Si el abogado hubiera participado en una prueba de testigos, los honorarios establecidos para los diversos conceptos se acumularían, y el abogado cobraría los correspondientes al proceso, los correspondientes a la comparecencia en juicio, y los correspondientes a la prueba, que supondría tres veces la cuantía básica de 566 €, esto es, 1.698 €, a lo que todavía habría que añadir los gastos generados y el IVA. Cuando el abogado participa en las conversaciones de transacción y, además, en la vista oral, se considera que hubo una única actuación a los efectos del cómputo de los honorarios.

En cuanto a la posibilidad de exigir unos honorarios distintos de los previstos en la normativa reguladora, cabe señalar lo siguiente:

• Los pactos sobre reducción de honorarios están permitidos sólo para las actividades extrajudiciales, por tanto está prohibido pactar una reducción de honorarios por las actuaciones procesales.[66]

• Por el contrario, sí está permitido exigir unos honorarios superiores a los previstos en dichas tarifas, pues se considera que ello forma parte de la libertad de contratación. Para su exigencia es necesario que exista un documento escrito en el que el cliente acepta expresamente el incremento de los honorarios.[67]

• Los pactos de *quota litis*, en virtud de los cuales se vinculan los honorarios al resultado del juicio, están expresamente prohibidos.

Por lo que respecta a los honorarios de los asesores fiscales y los auditores de cuentas, siguen los mismos criterios de cuantificación de honorarios cuando se trata de actuaciones desarrolladas en sede jurisdiccional.[68]

5.3 Ayudas para sufragar los gastos del proceso

Todo lo expuesto hasta el momento pone de manifiesto que la intervención en un proceso puede implicar un importante desembolso económico para las partes (pago de tasas judiciales, honorarios profesionales, gastos del proceso, etc.). Por ello, y para evitar que esta circunstancia pudiera suponer un obstáculo para acceder a la tutela judicial efectiva, existe en Alemania un régimen de ayudas económicas para sufragar los gastos del proceso a las personas con escasos recursos económicos. Estas ayudas son de cuantía suficiente para sufragar:

• Las tasas judiciales;

• Los honorarios mínimos de los abogados;

richt); de 60 a 780 € por actuaciones ante los Tribunales Superiores (*Landessozialgericht*); y de 90 a 1.300 € en los procesos ante el Tribunal Supremo (*Bundessozialgericht*).

66. Vid. Artículo 49b de la Ley Federal de Abogados (*Bundesrechtsanwaltsordnung*, BRAO); Artículo 3.5 BRAGO.

67. Vid. Artículo 3 BRAGO.

68. Vid. Artículo 45 de la Regulación de Honorarios de los Asesores Fiscales (*Steuerberatergebührenverordnung*, StbGebV).

• Otros gastos imprescindibles para el proceso.

En el supuesto en que el beneficiario de las ayudas ganara el juicio, no se haría efectiva dicha ayuda, pues la parte contraria sería normalmente condenada en costas y por tanto quedaría obligada a pagar todos los gastos procesales del vencedor en juicio. En caso de que el beneficiario de las ayudas perdiera el juicio, todos los gastos necesarios serían satisfechos por el Estado (a través de una caja especial — *Justizkasse* — habilitada a tal efecto en cada Estado Federado), excepto los gastos de la parte vencedora — honorarios de abogado y otro eventualmente soportados —, que deben ser pagados por el perdedor aunque carezca de recursos. El demandante de estas ayudas puede designar libremente a sus representantes procesales, pues la ayuda es económica y siempre por la misma cuantía (los honorarios legalmente establecidos) con independencia de quien sea la persona que asuma la defensa jurídica.[69]

Como es obvio, estas ayudas minoran el coste privado de la justicia, pero también deberían computarse entre los costes públicos del proceso, pues las ayudas se conceden con cargo al presupuesto del Ministerio de Justicia de cada Estado Federado.

5.4 *Ayudas para sufragar los gastos de asesoramiento*

Distinta de la anterior es la ayuda para gastos de asesoramiento, que se puede solicitar para cualquier tipo de asesoramiento jurídico de naturaleza extraprocesal.[70]

Las condiciones exigidas para disfrutar de esta ayuda son igual que las anteriores, si bien el procedimiento es mucho más sencillo y no se sustancia ante los tribunales. El asesoramiento sufragado por esta ley es el de naturaleza civil, penal, laboral, administrativo y social; sin embargo, queda expresamente excluido de este ámbito el asesoramiento tributario. Los demandantes de ayuda social tienen libertad para elegir a sus asesores jurídicos, si bien la remuneración es satisfecha por el Estado.[71]

5.5 *Oficinas de orientación jurídica*

Junto a las prestaciones sociales mencionadas anteriormente, conviene mencionar la existencia de un servicio jurídico de orientación prestado directamente por los tribunales. Se trata de las Oficinas de Orientación Jurídica (*Rechtsantragsstellen*).

En estos lugares no se presta asesoramiento jurídico material, pero se ayuda a los ciudadanos a resolver problemas formales relacionados con la actividad jurisdiccional. Esta ayuda tiene gran importancia porque buena parte de los procesos se desarrolla en Alemania sin representación procesal, por lo que la principal ayuda prestada por estas oficinas consiste en ayudar a las partes a redactar la demanda y formular mejor sus pretensiones. En todo caso, conviene insistir que la orientación jurídica prestada por estas oficinas es, exclusivamente, de naturaleza formal.

5.6 *Seguros de defensa jurídica*

Finalmente hay que mencionar los seguros de defensa jurídica. Como es sabido, se trata de un seguro de riesgo por el que

69. Las estadísticas ponen de manifiesto que el número de procesos tramitados con esta finalidad oscila en torno al 4,2% en la jurisdicción civil (y la pretensión fue estimada en la mayoría de los casos), y en torno al 0,1% en la jurisdicción administrativa.

70. Su regulación tiene lugar en la Ley sobre Asesoramiento Jurídico para Ciudadanos con Escasos Recursos (*Gesetz über Rechtsberatung und Vertretung von Bürgern mit geringem Einkommen*), comúnmente denominada Ley de Ayuda para Asesoramiento (*Beratungshilfegesetz*).

71. El número de ayudas de esta naturaleza concedidas en Renania del Norte-Westfalia durante 2001 fue de 98.819. Del total de ayudas concedidas, el 16,4% tuvo por objeto el puro asesoramiento jurídico, el 57,3% la representación extraprocesal en actuaciones de distinta naturaleza (reclamaciones extraprocesales, etc.), y el 2,8% la intervención en una negociación transaccional (datos extraídos de *Justiz in Zahlen 2002*, 11.1).

una compañía aseguradora se compromete a financiar los gastos de representación procesal a quienes pague la prima anual de riesgo. Los datos recabados, revelan la importancia de este tipo de seguros en Alemania.

Cuadro 16

DATOS SOBRE SEGUROS DE DEFENSA JURÍDICA SUMINISTRADOS POR LA ASOCIACIÓN COLECTIVA DEL SEGURO ALEMÁN (*Gesamtverband der Deutschen Versicherungswirtschaft*)

	n. de riesgos (en miles)	**ingresos en concepto de primas (en millones €)**	**n. de asuntos tramitados (en miles)**	**valor de las prestaciones de seguro (en millones €)**
1980	17.204	840	2.230	532
1985	20.562	1.209	2.710	829
1990	24.457	1.631	2.990	1.118
1995	29.437	2.216	3.534	1.776
2000	28.942	2.690	3.475	1.922
2001	29.010	2.707	3.469	1.966
Evolución 1990-2001	+ 68,6%	+ 222,3%	+ 55,6%	+ 269,5%

Los datos son suficientemente expresivos y no merecen mayor explicación. Quizás, lo más llamativo es que en el año 2001 se concertaron más de 29 millones de seguros de defensa jurídica, lo que supuso el pago de primas por un importe total de 2.707 millones €. En ese mismo año las prestaciones satisfechas por representación procesal supusieron un gasto para las compañías aseguradoras por importe de 1.966 millones €.

Aunque normalmente se asocia la proliferación de seguros de defensa jurídica con el incremento de la litigiosidad existente, lo cierto es que no existen datos objetivos que permitan contrastar esa afirmación.

6. Dilación

En los estudios sobre el coste de la Justicia es oportuno dedicar un capítulo a la dilación en el proceso, pues, en términos económicos, refleja una situación de desajuste entre la oferta y la demanda que denota una ineficiente asignación de recursos.[72]

Además de su importancia desde esta perspectiva económica, la dilación tiene una enorme trascendencia social y preocupa por ello a todo el mundo. Especialmente a los que tienen responsabilidad en la Administración de Justicia, porque supone una significativa pérdida de eficacia del sistema judicial. Y es que la tutela judicial, para ser efectiva, debe ser rápida.

Finalmente, la dilación deteriora la imagen pública de la Justicia y produce un rechazo a las instituciones judiciales, lo que ocasionalmente se materializa en la búsqueda de formas privadas de resolución de conflictos (autotutela). Y si bien es cierto que la autotutela tiene algunas manifestaciones positivas y respetuosas con los prin-

72. Cfr. S. Pastor Prieto, *¡Ah de la Justicia!...*, cit., p. 231.

cipios de justicia de un Estado de Derecho, como puede ser la utilización de Tribunales de Arbitraje, también tiene otras manifestaciones claramente negativas, como la aceptación de transacciones injustas, o la búsqueda de fórmulas indirectas de ajustar cuentas al margen de la ley.

6.1 La situación en Alemania

En cuanto a la dilación en Alemania, los datos obtenidos ponen de manifiesto que la duración de los procesos es muy desigual en los distintos ámbitos jurisdiccionales considerados.

Cuadro 17

DURACIÓN MEDIA DE LOS PROCESOS Y CUOTA RESIDUAL EN 2001

		Duración media de los procesos (meses)	**Cuota residual en %[73]**
Jurisdicción Civil[74]	Juzgados	4,3	41,3
	Tribunales Territoriales (primera instancia)	7,0	58,5
	Tribunales Territoriales (apelaciones)	5,6	46,2
	Tribunales Superiores (apelaciones)	8,8	73,6
	Tribunal Supremo (revisiones)	—[75]	107,4
Jurisdicción Penal[76]	Juzgados	4,0	35,5
	Tribunales Territoriales (primera instancia)	6,1	47,2
	Tribunales Territoriales (apelaciones)	3,9	32,9
	Tribunales Superiores (revisiones)	1,2	10,9
	Tribunal Supremo (revisiones)	—[77]	12,9
Jurisdicción Administrativa[78]	Tribunales Territoriales	18,8	124,3
	Tribunales Superiores (apelaciones)	8,4	62,6
	Tribunal Supremo (revisiones)	9,8	27,8
Jurisdicción Tributaria[79]	Tribunales Superiores	17,8	130,8
	Tribunal Supremo	13,0	95,2

73. La cuota residual es el cociente entre el número de asuntos pendientes multiplicado por cien, y el número de asuntos resueltos. Cuando es igual a 100, significa que se resuelven un número de asuntos igual al de nuevos asuntos ingresados; cuando es inferior a 100, significa que el número de asuntos resueltos es superior a de nuevos asuntos ingresados; cuando es superior a 100, el número de asuntos resueltos es inferior al de nuevos asuntos ingresados.

74. Los datos no incluyen los asuntos de familia. Datos extraídos de *Statistisches Bundesamt, Zivilgerichte 2001*, *Arbeitsunterlage* pp. 26, 50, 66, 88, 99.

La lectura de los datos recogidos en el cuadro pone de manifiesto que la duración media en la jurisdicción civil y penal es irreprochable (hasta 8,8 meses de máximo, según la instancia), mientras que la duración media de los procesos en la primera instancia administrativa y tributaria, en torno a los 18 meses, es demasiado alta.

También aparece en el cuadro una referencia a la cuota residual (*Restquote*), que determina la relación existente entre el número de asuntos pendientes y el número de asuntos resueltos en el mismo año, y permite conocer el tiempo necesario para poder terminar con todos los asuntos pendientes. Esa cuota es aceptable cuando está por debajo del 100%[80] (jurisdicción civil y penal), y denota la existencia de problemas de acumulación a medio plazo cuando es superior al 100% (primera instancia en la jurisdicción administrativa y tributaria).[81]

6.2 Medidas legales para evitar la dilación

El interés por acortar la duración media de los procesos ha llevado al legislador alemán a introducir algunas medidas específicas orientadas a la agilización de los procesos. Entre las principales medidas lega-

75. La duración media de los juicios de revisión concluidos en materia civil tramitados ante el *der vom Bundesgerichtshof* en el año 2001 no consta en la información estadística disponible.für Zivilsachen im Jahr 2001 durch Urteil beendeten Revisionen wird statistisch nicht ermittelt.

76. Datos extraídos de *Statistisches Bundesamt, Strafgerichte 2001, Arbeitsunterlage* pp. 28, 62, 82, 114.

77. La duración media de los juicios de revisión concluidos en materia penal ante el *der vom Bundesgerichtshof* en el año 2001 no consta en la información estadística disponible (aunque por otras fuentes se conoce que el 74,1% finalizó en un plazo inferior a 3 meses; el 22,8% finalizó en un plazo entre 3 y 6 meses; y el 3,1 restante en un plazo entre 6 y 9 meses).für Strafsachen im Jahr 2001 durch Urteil beendeten Revisionen wird statistisch nicht ermittelt. Es wird jedoch mitgeteilt, dass von den Urteilen 74'1 % bis 3 Monate, weitere 22,8 % 3 bis 6 Monate und die übrigen 3,1 % 6 bis 9 Monate nach Eingang beim BGH ergangen sind.

78. Datos extraídos de *Statistisches Bundesamt, Verwaltungsgerichte 2001, Arbeitsunterlage* pp. 17, 68.

79. Datos extraídos de *Statistisches Bundesamt, Rechtspflege Finanzgerichte 2001, Arbeitsunterlage* pp. 10, 26.

80. La cuota residual de 100% significa que los asuntos pendientes puedan — teóricamente — ser resueltos exactamente dentro de un año.

81. Diego: Ich schlage vor, auch den BFH wegzulassen. Was meinst Du? EEl cuadro referido a la evolución de asuntos de naturaleza tributaria pueden servir para complementar esta información (los cuadros referidos a otras jurisdicciones pueden consultarse en el trabajo originario, publicado en la obra *El Coste de la Justicia*, dirigida y coordinada por el Prof. Santos Pastor, y editada por el Consejo General del Poder Judicial en España en 2003):

ASUNTOS TRIBUTARIOS REGISTRADOS, RESUELTOS Y PENDIENTES EN LOS TRIBUNALES TERRITORIALES (*Finanzgerichte*)

	1992	1993	1994	1995	1996	1997	1998	1999	2000	2001	Evolución
Pendientes (inicio año)	95.293	90.650	83.827	76.796	72.967	71.519	88.940	93.065	96.767	95.753	+ 0,5%
Registrados	51.639	50.083	50.576	50.647	52.186	66.208	73.583	70.990	69.160	66.498	+ 28,8%
Asuntos a resolver	146.932	140.733	134.403	127.443	125.153	137.727	162.523	164.055	165.927	162.251	+ 10,4%
Resueltos	56.282	56.906	57.607	54.476	53.634	55.069	69.458	67.288	70.174	70.292	+ 24,9%
Duración media - total (meses)	23,1	22,4	21,2	20,9	19,5	16,9	15,7	16,7	17,0	17,8	- 22,5%
Pendientes (fin de año)	90.650	83.827	76.796	72.967	71.519	82.658	93.065	96.767	95.753	91.959	+ 1,4%
Cuota residual	161,1	147,3	133,3	133,9	133,3	150,1	134,0	143,8	136,5	130,8	- 18,8%

les que inciden directa o indirectamente en la terminación rápida de los litigios, cabe citar las siguientes:

• En primer lugar hay que subrayar, con carácter general, el antiformalismo que impera en el Derecho Procesal Alemán. Fruto de ello es la posibilidad de relacionarse con los tribunales mediante cualquier medio de comunicación posible: ya sea una simple carta, un fax o una tarjeta postal, o incluso un fax enviado sin firma desde el ordenador. En la actualidad, lo más frecuente es la utilización del fax para la presentación de la demanda y otros escritos, así como para la realización de citaciones también por fax.

• Otra medida muy simple que evita la acumulación de asuntos repetidos es la disposición legal que prevé la aplicación de oficio de los efectos de una decisión general a todos los supuestos particulares eventualmente afectados por la misma. En virtud de esta disposición, los particulares que tienen un conflicto cuya estimación depende de la sentencia que debe dictar el Tribunal Constitucional, el Tribunal de Justicia de las Comunidades Europeas, o el Tribunal Supremo Tributario,[82] no se ven obligados a formular una demanda ante los tribunales.

• Los conflictos civiles de escasa cuantía (de menos de 750 €) sólo se admiten a trámite en los casos en que previamente ha tenido lugar un acto extrajudicial de conciliación.[83] Esta medida entró en vigor el 1 de enero de 2000 y pretende que una buena parte de los mismos se resuelva sin intervención judicial.

• En los recursos de reclamación presentados ante la Administración Tributaria, el contribuyente puede pedir una audiencia oral para que le expliquen directamente los fundamentos fácticos y jurídicos de la decisión administrativa.[84] Dados los malentendidos que normalmente genera el intercambio de escritos, cabe imaginar que esta medida puede reducir significativamente la litigiosidad judicial.

• En los procesos administrativos y tributarios, el ponente puede invitar a las partes a una reunión conjunta para discutir todos los aspectos del asunto y, en su caso, llegar a una terminación convencional, sin sentencia, sobre la cuestión convertida. Estas reuniones carecen de formalidad, y suelen celebrarse en el domicilio de las partes (normalmente en la Delegación de Hacienda) o bien en la sede del Tribunal.

• En el proceso penal rigen los principios de legalidad y de oportunidad. Aunque el primero[85] constituye un límite sobre la posibilidad de celebrar acuerdos entre las partes, la práctica forense sí posibilita la realización de acuerdos entre el abogado defensor y el fiscal y juez. En ellos, una parte renuncia a determinados derechos procesales, o reconoce total o parcialmente su culpabilidad, o renuncia a la práctica de determinadas pruebas, etc. y la otra se compromete a pedir una condena menor. Las opiniones que suscita ese tipo de transacciones son evidentes. El Tribunal Supremo, por su parte, ha introducido algunas reglas sobre la práctica de este tipo de acuerdos en los procesos principales.[86]

• En los asuntos administrativos y tributarios se han reducido los supuestos en que el tribunal debe resolver en sesión plenaria, pues desde 1993 se encomienda a un

82. Vid. artículo 363 Ordenanza Tributaria Alemana (*Abgabenordnung*).

83. Vid. el artículo 15ª de la Ley de Introducción al Código Procesal Civil (*Einführungsgesetz zur Zivilprozessordnung*).

84. Esta medida entró en vigor en 1996. Vid artículo 364ª Ordenanza Tributaria Alemana (*Abgabenordnung*).

85. En el ámbito del principio de oportunidad algunos preceptos permiten expresamente los acuerdos entre el juez y fiscal y el acusado; vid., por ejemplo, el artículo 153a del Código Procesal Penal (sobre terminación condicional del proceso), o el artículo 265a (sobre reconocimiento de la libertad condicional).

86. Véase la Sentencia BGHSt 43, 195; con más detalles, vid. Meyer-Goßner, *Strafprozessordnung*, 46ª ed. (2003), "Introducción", 46a edición (2003), Einleitung, número marginal 119 y ss.

único magistrado la resolución del pleito en los asuntos que no revisten especial dificultad o no tienen especial relevancia.[87] La Sala también resuelve de forma unipersonal en otros supuestos, como son los siguientes:[88]

— En los pronunciamientos sobre el sobreseimiento de la causa, cuando el actor hubiera desistido.

— En los pronunciamientos sobre costas, cuando ya se hubiera resuelto el asunto por allanamiento del demandado.

— En los supuestos en que todas las partes comparecientes lo han solicitado expresamente (ponente consentido).

• La posibilidad de utilizar jueces de apoyo o suplentes no está prevista. Sólo los Tribunales Supremos pueden contar con el apoyo de colaboradores, a modo de los llamados *Letrados de la Corte*, que elaboran propuestas de sentencia pero carecen de voz y voto en el Tribunal.[89]

6.3 Medidas organizativas para evitar la dilación

En los últimos años se han producido algunas reformas en la organización del trabajo de los tribunales orientadas a mejorar su eficiencia. Esas reformas afectan fundamentalmente al personal no juzgador, y fueron propuestas por un grupo de asesores expertos contratados especialmente para ello.[90] Por el momento no se ha planteado la conveniencia de introducir la figura de Gerente o Administrador del Tribunal.

6.4 Dotación de medios para evitar la dilación

La dotación de nuevos medios técnicos e informáticos ha sido también decisiva en la mejora de la eficiencia de los tribunales.

La mayoría de los tribunales tiene desde hace años y para cada puesto de trabajo — de personal juzgador y no juzgador — una dotación técnica completa que comprende un ordenador conectado a la red, con bases de datos y un sistema de correo electrónico estanco[91] y externo; muchos puestos de trabajo de jueces tienen una conexión a *internet*. El Código Procesal Tributario y el Código Procesal Civil admiten expresamente la utilización de la video conferencia para la realización de los trámites de la vista oral, prueba pericial y declaración testifical.[92] Muchos Tribunales tienen su propia página de *internet*.

En los asuntos de índole administrativa, la comunicación entre los tribunales y el Ministerio de Justicia se desarrolla normalmente por correo electrónico. Las comunicaciones entre los tribunales y las partes. La comunicación telemática entre el tribunal y las partes (incluida la presentación de la demanda) son admitidas en la normativa procesal, aunque su implementación necesita en la mayoría de los estados de un desarrollo reglamentario.

6.5 Incentivos laborales para evitar la dilación

También existen incentivos laborales para motivar en el trabajo del personal juzgador y no juzgador, lo que puede considerarse otro elemento más en la lucha contra

87. Vid. artículo 6 del Código Procesal Tributario (*Finanzgerichtsordnung*). En sentido similar, artículo 6 del Código Procesal Administrativo (*Verwaltungsgerichtsordnung*). Sobre la pertinencia de aplicar este procedimiento simplificado decide la Sala en Pleno, y la resolución unipersonal se dicta en representación de toda la Sala.

88. Vid. Artículo 79.a del Código Procesal Tributario (*Finanzgerichtsordnung*).

89. Se trata de una actividad similar a la desarrollada por los Letrados del Tribunal Constitucional en España.

90. En una buena parte de los tribunales de Renania del Norte-Westfalia se han reorganizado las tareas del personal no juzgador para lograr la llamada "unidad de servicios". Ello ha supuesto una reducción importante en vías de comunicación y transporte y, con ello, una importante agilización de la tramitación y, supuestamente, una reducción de costes.

91. El correo electrónico estanco permite las comunicaciones internas entre todo el personal del Tribunal, pero está aislado del exterior por motivos de seguridad.

92. En los demás ámbitos jurisdiccionales no se ha producido todavía ese reconocimiento.

la dilación. Los incentivos son de tipo económico y su reconocimiento depende fundamentalmente del "informe de valoración profesional" (*Beurteilung*) que a tal efecto debe elaborar periódicamente el superior jerárquico.

En la práctica, la valoración y promoción profesional de los jueces está basada — entre otros parámetros — en el número de asuntos despachados y en la calidad del trabajo desarrollado. Aunque esta calidad siempre es difícil de evaluar, disponemos de un amplio catálogo de criterios que permite objetivar esa valoración.[93]

El número de asuntos despachados por cada juez está recogido en unas estadísticas que pueden consultar los interesados en todo momento. Esta información configura una especie de *ranking* que permite a cada juez conocer su situación individual, lo que constituye un estímulo para incrementar su actividad y mejorar su posición en dicha clasificación.

7. *Consideraciones finales*

Finalmente querríamos destacar otras ideas directamente relacionadas con la eficiencia de la Justicia que, sin embargo, no están respaldadas por datos estadísticos.

Sería muy importante para disminuir la litigiosidad que los interesados tuvieran más información sobre las probabilidades objetivas de lograr una sentencia estimatoria, pues ello reduciría probablemente el número de asuntos registrados. Es decir, si las partes conocieran mejor las decisiones de los tribunales en situaciones similares, es probable que sólo interpusieran demandas judiciales cuando tuvieran una expectativa alta de éxito. A tal efecto, es fundamental la formación y transparencia de los abogados y demás representantes procesales, pero también los tribunales deben hacer un esfuerzo y reflexionar sobre el mejor modo de difundir su actividad jurisdiccional.

También es fundamental para reducir la litigiosidad utilizar todos los medios de persuasión posibles para que los interesados comprendan el fundamento de los fallos judiciales. Ello exige incrementar el trato directo de los jueces con las partes, pues este contacto permite explicar con un lenguaje directo y sencillo los criterios de una decisión judicial.

Esos encuentros permiten también que las partes conozcan las ventajas del desistimiento o del allanamiento, y, en caso de sentencia, permiten dejar constancia de la solidez de su fundamento y de las escasas probabilidades de éxito de una eventual apelación.

Y, sobre todo, este acercamiento entre jueces e interesados tiene un efecto tremendamente positivo en la percepción ciudadana de la actividad judicial. Desde esta perspectiva, merecen una valoración muy positiva las reglas del proceso alemán, pues facilitan y en ocasiones exigen ese contacto directo con los litigantes, así como la celebración de encuentros informales orientados a lograr una terminación convencional del conflicto.[94]

Asimismo, consideramos afortunada la exigencia de exponer públicamente el fallo en el momento de finalizar la vista oral. Esa inmediatez tiene un efecto positivo sobre la convicción de los afectados, que aceptan de mejor grado el sentido del fallo y, consecuentemente, tienen una tendencia menor a presentar ulteriores recursos.

93. Esos criterios están recogidos por escrito – la redacción original de los aplicados en Renania del Norte-Westfalia se contiene en el *Justizministerialblat* NW 1972, p. 38 – y son distintos según se pretenda evaluar: a) la aptitud genérica; b) la aptitud profesional; c) la competencia social; y d) la capacidad de liderazgo.

94. Los datos estadísticos permite constatar que más de la mitad de los procesos terminaron en Alemania sin necesidad de sentencia, bien por desistimiento o por mutuo acuerdo de las partes.

CADERNOS DE DIREITO TRIBUTÁRIO

O SIGILO BANCÁRIO E FISCAL NO ORDENAMENTO JURÍDICO BRASILEIRO

JOSÉ AUGUSTO DELGADO

Ministro do STJ. Professor de Direito Público (Administrativo, Tributário e Processual Civil). Professor da UFRN (Aposentado). Ex-Professor da Universidade Católica de Pernambuco. Sócio Honorário da Academia Brasileira de Direito Tributário. Sócio Benemérito do Instituto Nacional de Direito Público. Conselheiro Consultivo do Conselho Nacional das Instituições de Mediação e Arbitragem. Integrante do Grupo Brasileiro da Sociedade Internacional do Direito Penal Militar e Direito Humanitário. Sócio Honorário do Instituto de Estudos Jurídicos

1. Breves notícias introdutórias. 2. Considerações preliminares. 3. O sigilo bancário no direito comparado. 4. O sigilo bancário e o direito à intimidade e à privacidade das pessoas. 5. Segurança jurídica e acesso indiscriminado de agentes do Poder Público às informações bancárias. 6. Casos de admissibilidade da quebra do sigilo bancário. 7. Sistema mais justo para a quebra do sigilo bancário. 8. Autoridade fiscal e faculdade incondicionada de quebrar o sigilo bancário. 9. Responsabilidade da autoridade administrativa que quebrar o sigilo bancário de forma inconsistente e indevida. 10. O sigilo bancário e o tratamento que lhe é dado por órgãos internacionais como a OCDE e outros. 11. Compatibilização do combate à criminalidade internacional com o respeito à segurança jurídica, a fim de evitar a fuga de investimentos do país.

1. Breves notícias introdutórias

O tema sigilo bancário e fiscal tem sido motivo de aprofundados pronunciamentos doutrinários.

A legislação a ele aplicada pelo nosso ordenamento jurídico é:

a) Lei Complementar 104, de 10.1.2001;

b) Lei Complementar 105, de 10.1.2002;

c) Decreto 3.724, de 10.1.2002;

d) Portaria SRF 580, de 12.6.2001;

e) Lei 4.729, de 14.7.1965.

As obras mais recentes que tratam do assunto, entre tantas outras, são:

a) *Sigilo Bancário e Fiscal*, Melissa Folmann, Juruá Editora.

b) "Sigilo das operações de instituições financeiras", Marco Aurelio Greco, Parecer in *Revista dos Advogados de São Paulo* 9, ano 5, jan.-jun. 2002.

c) "Sigilo das operações de instituições financeiras", Tércio Sampaio Ferraz Júnior, idem.

d) "Sigilo das operações de instituições financeiras", Jayme Vita Roso, idem.

e) *O Sigilo Bancário e o Devido Processo Legal*, Denise Lucena Cavalcante, monografia apresentada e aprovada no I Congresso de Direito Tributário, Recife/2001.

f) *Direitos Fundamentais do Contribuinte — Pesquisas Tributárias*, nova série 6, Ed. RT, coord. Ives Gandra da Silva Martins, coletânea com 34 trabalhos enfocando o tema.

g) *O Sigilo Bancário*, Rui Celso Reali Fragoso, texto no <http:\\www.jus.com.br>.

h) *O Sigilo Bancário e a Administração Tributária*, Oswaldo Othon de Pontes Saraiva Filho, *site* da AGU.

i) *Observações Sobre Norma Antielisão no Direito Comparado — Em especial no Reino Unido*, Luiz Dias-Martins Filho, texto colhido na Internet.

j) *Elisão Fiscal*, José Souto Maior Borges, Palestra proferida no Seminário Internacional sobre Elisão Fiscal — ESAF, trecho colhido na Internet.

l) Parecer do Vice-Procurador-Geral da República, Moacir Antônio Machado da Silva, no MS 21.729-4-STF, *site* da AGU.

m) Informações prestadas pela AGU, na ADIn 3.290, André Serrão Borges de Sampaio, *site* da AGU.

n) *A Quebra do Sigilo Bancário e o Fisco*, Oswaldo Othon de Pontes Saraiva Filho, *site* da AGU.

o) *A Administração Tributária Federal e o Sigilo Bancário*, Ailton Dutra Leal, *site* da AGU.

p) *Algumas Reflexões sobre o Actual Estado Fiscal*, José Casalta Nabais, *site* da AGU.

q) *Normas Gerais Antielisivas*, Ricardo Lobo Torres, texto colhido da Internet.

A constitucionalidade da legislação recente que institui o sistema de quebra de sigilo bancário em nossa ordem jurídica está sendo questionada no Supremo Tribunal Federal, por via da ***Ação Direta de Inconstitucionalidade (medida liminar) 2.397-7***, intentada pela Confederação Nacional da Indústria, Rel. Ministro Sepúlveda *Pertence*, com a pretensão seguinte:

Dispositivo legal questionado:

Lei Complementar 105, art. 3º, § 3º; art. 5º, *caput* e §§; art. 6º, e no inc. VI do § 3º, do art. 1º, a remissão ao art. 6º. Subsidiariamente, a declaração parcial da inconstitucionalidade do art. 6º, retirando-se a palavra "administrativa" e dando-se a interpretação conforme a CF da expressão "autoridade", como sendo sempre a autoridade judicial. Decreto 3.724, de 10.1.2001, que regulamenta o art. 6º da Lei Complementar 105; e a Lei complementar 104, art. 1º, na parte em que dá nova redação do art. 198, da Lei 5.172, de 25.10.1966, no tocante ao inc. II do § 1º e ao § 2º introduzidos neste artigo.

> ***Lei Complementar 105, de 10 de janeiro de 2001*** — *Dispõe sobre o sigilo das operações de instituições financeiras e dá outras providências.*
>
> (...).
>
> **Art. 3º.** Serão prestadas pelo Banco Central do Brasil, pela Comissão de Valores Mobiliários e pelas instituições financeiras as informações ordenadas pelo Poder Judiciário, preservado o seu caráter sigiloso mediante acesso restrito às partes, que delas não poderão servir-se para fins estranhos à lide.
>
> (...).
>
> § 3º. Além dos casos previstos neste artigo o Banco Central do Brasil e a Comissão de Valores Mobiliários fornecerão à Advocacia-Geral da União as informações e os documentos necessários à defesa da União nas ações em que seja parte.
>
> (...).
>
> **Art. 5º.** O Poder Executivo disciplinará, inclusive quanto à periodicidade e aos limites de valor, os critérios segundo os quais as instituições financeiras informarão à administração tributária da União, as operações financeiras efetuadas pelos usuários de seus serviços.

§ 1º. Consideram-se operações financeiras, para os efeitos deste artigo:

I — depósitos à vista e a prazo, inclusive em conta de poupança;

II — pagamentos efetuados em moeda corrente ou em cheques;

III — emissão de ordens de crédito ou documentos assemelhados;

IV — resgates em contas de depósitos à vista ou a prazo, inclusive de poupança;

V — contratos de mútuo;

VI — descontos de duplicatas, notas promissórias e outros títulos de crédito;

VII — aquisições e vendas de títulos de renda fixa ou variável;

VIII — aplicações em fundos de investimentos;

IX — aquisições de moeda estrangeira;

X — conversões de moeda estrangeira em moeda nacional;

XI — transferências de moeda e outros valores para o exterior;

XII — operações com ouro, ativo financeiro;

XIII — operações com cartão de crédito;

XIV — operações de arrendamento mercantil; e

XV — quaisquer outras operações de natureza semelhante que venham a ser autorizadas pelo Banco Central do Brasil, Comissão de Valores Mobiliários ou outro órgão competente.

§ 2º. As informações transferidas na forma do *caput* deste artigo restringir-se-ão a informes relacionados com a identificação dos titulares das operações e os montantes globais mensalmente movimentados, vedada a inserção de qualquer elemento que permita identificar a sua origem ou a natureza dos gastos a partir deles efetuados.

§ 3º. Não se incluem entre as informações de que trata este artigo as operações financeiras efetuadas pelas administrações direta e indireta da União, dos Estados, do Distrito Federal e dos Municípios.

§ 4º. Recebidas as informações de que trata este artigo, se detectados indícios de falhas, incorreções ou omissões, ou de cometimento de ilícito fiscal, a autoridade interessada poderá requisitar as informações e os documentos de que necessitar, bem como realizar fiscalização ou auditoria para a adequada apuração dos fatos.

§ 5º. As informações a que refere este artigo serão conservadas sob sigilo fiscal, na forma da legislação em vigor.

Art. 6º. As autoridades e os agentes fiscais tributários da União, dos Estados, do Distrito Federal e dos Municípios somente poderão examinar documentos, livros e registros de instituições financeiras, inclusive os referentes a contas de depósitos e aplicações financeiras, quando houver processo administrativo instaurado ou procedimento fiscal em curso e tais exames sejam considerados indispensáveis pela autoridade administrativa competente.

Parágrafo único. O resultado dos exames, as informações e os documentos a que se refere este artigo serão conservados em sigilo, observada a legislação tributária.

***Decreto 3.724, de 10 de janeiro de 2001** — Regulamenta o art. 6º da Lei Complementar 105, de 10 de janeiro de 2001, relativamente à requisição, acesso e uso, pela Secretaria da Receita Federal, de informações referentes a operações e serviços das instituições financeiras e das entidades a elas equiparadas.*

Art. 1º. Este Decreto dispõe, nos termos do art. 6º da Lei Complementar 105, de 10 de janeiro de 2001, sobre requisição, acesso e uso, pela Secretaria da Receita Federal e seus agentes, de informações referentes a operações e serviços das instituições financeiras e das entidades a elas equiparadas, em conformidade com o art. 1º, §§ 1º e 2º, da mencionada Lei, bem assim estabelece procedimentos para preservar o sigilo das informações obtidas.

Art. 2º. A Secretaria da Receita Federal, por intermédio de servidor ocupante do cargo de Auditor-Fiscal da Receita Federal, somente poderá examinar informações relativas a terceiros, constantes de documentos, livros e registros de instituições financeiras e de entidades a elas equiparadas, inclusive os referentes a contas de depósitos e de aplicações financeiras, quando houver procedimento de fiscalização em curso e tais exames forem considerados indispensáveis.

§ 1º. Entende-se por procedimento de fiscalização a modalidade de procedimento fiscal a que se referem os arts. 7º e ss. do Decreto 70.235, de 6 de março de 1972, que dispõe sobre o processo administrativo fiscal.

§ 2º. O procedimento de fiscalização somente terá início por força de ordem específica denominada Mandado de Procedimento Fiscal (MPF), instituído em ato da Secretaria da Receita Federal, ressalvado o disposto nos §§ 3º e 4º deste artigo.

§ 3º. Nos casos de flagrante constatação de contrabando, descaminho ou qualquer outra prática de infração à legislação tributária, em que a retardação do início do procedimento fiscal coloque em risco os interesses da Fazenda Nacional, pela possibilidade de subtração de prova, o Auditor-Fiscal da Receita Federal deverá iniciar imediatamente o procedimento fiscal, e, no prazo de cinco dias, contado de sua data de início, será expedido MPF especial, do qual será dada ciência ao sujeito passivo.

§ 4º. O MPF não será exigido nas hipóteses de procedimento de fiscalização:

I — realizado no curso do despacho aduaneiro;

II — interno, de revisão aduaneira;

III — de vigilância e repressão ao contrabando e descaminho, realizado em operação ostensiva;

IV — relativo ao tratamento automático das declarações (malhas fiscais).

§ 5º. Para fins deste artigo, o MPF deverá observar o que se segue:

I — a autoridade fiscal competente para expedir o MPF será ocupante do cargo de Coordenador-Geral, Superintendente, Delegado ou Inspetor, integrante da estrutura de cargos e funções da Secretaria da Receita Federal;

II — conterá, no mínimo, as seguintes informações:

a) a denominação do tributo ou da contribuição objeto do procedimento de fiscalização a ser executado, bem assim o período de apuração correspondente;

b) prazo para a realização do procedimento de fiscalização, prorrogável a juízo da autoridade que expediu o MPF;

c) nome e matrícula dos Auditores-Fiscais da Receita Federal responsáveis pela execução do MPF;

d) nome, número do telefone e endereço funcional do chefe imediato dos Auditores-Fiscais da Receita Federal, a que se refere a alínea anterior;

e) nome, matrícula e assinatura da autoridade que expediu o MPF;

f) código de acesso à Internet que permitirá ao sujeito passivo, objeto do procedimento de fiscalização, identificar o MPF.

§ 6º. Não se aplica o exame de que trata o *caput* ao procedimento de fiscalização referido no inc. IV do § 4º deste artigo.

Art. 3º. Os exames referidos no *caput* do artigo anterior somente serão considerados indispensáveis nas seguintes hipóteses:

I — subavaliação de valores de operação, inclusive de comércio exterior, de aquisição ou alienação de bens ou direitos, tendo por base os correspondentes valores de mercado;

II — obtenção de empréstimos de pessoas jurídicas não financeiras ou de pessoas físicas, quando o sujeito passivo deixar de comprovar o efetivo recebimento dos recursos;

III — prática de qualquer operação com pessoa física ou jurídica residente ou domiciliada em país enquadrado nas condições estabelecidas no art. 24 da Lei 9.430, de 27 de dezembro de 1996;

IV — omissão de rendimentos ou ganhos líquidos, decorrentes de aplicações financeiras de renda fixa ou variável;

V — realização de gastos ou investimentos em valor superior à renda disponível;

VI — remessa, a qualquer título, para o exterior, por intermédio de conta de não residente, de valores incompatíveis com as disponibilidades declaradas;

VII — previstas no art. 33 da Lei 9.430, de 1996;

VIII — pessoa jurídica enquadrada, no Cadastro Nacional da Pessoa Jurídica (CNPJ), nas seguintes situações cadastrais:

a) cancelada;

b) inapta, nos casos previstos no art. 81 da Lei 9.430, de 1996;

IX — pessoa física sem inscrição no Cadastro de Pessoas Físicas (CPF) ou com inscrição cancelada;

X — negativa, pelo titular de direito da conta, da titularidade de fato ou da responsabilidade pela movimentação financeira;

XI — presença de indício de que o titular de direito é interposta pessoa do titular de fato.

§ 1º. Não se aplica o disposto nos incs. I a VI, quando as diferenças apuradas não excedam a dez por cento dos valores de mercado ou declarados, conforme o caso.

§ 2º. Considera-se indício de interposição de pessoa, para os fins do inc. XI deste artigo, quando:

I — as informações disponíveis, relativas ao sujeito passivo, indicarem movimentação financeira superior a dez vezes a renda disponível declarada ou, na ausência de Declaração de Ajuste Anual do Imposto de Renda, o montante anual da movimentação for superior ao estabelecido no inc. II do § 3º do art. 42 da Lei 9.430, de 1996;

II — a ficha cadastral do sujeito passivo, na instituição financeira, ou equiparada, contenha:

a) informações falsas quanto a endereço, rendimentos ou patrimônio; ou

b) rendimento inferior a dez por cento do montante anual da movimentação.

Art. 4º. Poderão requisitar as informações referidas no *caput* do art. 2º as autoridades competentes para expedir o MPF.

§ 1º. A requisição referida neste artigo será formalizada mediante documento denominado Requisição de Informações sobre Movimentação Financeira (RMF) e será dirigida, conforme o caso, ao;

I — Presidente do Banco Central do Brasil, ou a seu preposto;

II — Presidente da Comissão de Valores Mobiliários, ou a seu preposto;

III — presidente de instituição financeira, ou entidade a ela equiparada, ou a seu preposto;

IV — gerente de agência.

§ 2º. A RMF será precedida de intimação ao sujeito passivo para apresentação de informações sobre movimentação financeira, necessárias à execução do MPF.

§ 3º. O sujeito passivo responde pela veracidade e integridade das informações prestadas, observada a legislação penal aplicável.

§ 4º. As informações prestadas pelo sujeito passivo poderão ser objeto de verificação nas instituições de que trata o art. 1º, inclusive por intermédio do Banco Central do Brasil ou da Comissão de Valores Mobiliários, bem assim de cotejo com outras informações disponíveis na Secretaria da Receita Federal.

§ 5º. A RMF será expedida com base em relatório circunstanciado, elaborado pelo Auditor-Fiscal da Receita Federal encarregado da execução do MPF ou por seu chefe imediato.

§ 6º. No relatório referido no parágrafo anterior, deverá constar a motivação da proposta de expedição da RMF, que demonstre, com precisão e clareza, tratar-se de situação enquadrada em hipótese de indispensabilidade prevista no artigo anterior, observado o princípio da razoabilidade.

§ 7º. Na RMF deverão constar, no mínimo, o seguinte:

I — nome ou razão social do sujeito passivo, endereço e número de inscrição no CPF ou no CNPJ;

II — número de identificação do MPF a que se vincular;

III — as informações requisitadas e o período a que se refere a requisição;

IV — nome, matrícula e assinatura da autoridade que a expediu;

V — nome, matrícula e endereço funcional dos Auditores-Fiscais da Receita Federal responsáveis pela execução do MPF;

VI — forma de apresentação das informações (em papel ou em meio magnético);

VII — prazo para entrega das informações, na forma da legislação aplicável;

VIII — endereço para entrega das informações;

IX — código de acesso à Internet que permitirá à instituição requisitada identificar a RMF.

§ 8º. A expedição da RMF presume indispensabilidade das informações requisitadas, nos termos deste Decreto.

Art. 5º. As informações requisitadas na forma do artigo anterior:

I — compreendem:

a) dados constantes da ficha cadastral do sujeito passivo;

b) valores, individualizados, dos débitos e créditos efetuados no período;

II — deverão:

a) ser apresentadas, no prazo estabelecido na RMF, à autoridade que a expediu ou aos Auditores-Fiscais da Receita Federal responsáveis pela execução do MPF correspondente;

b) subsidiar o procedimento de fiscalização em curso, observado o disposto no art. 42 da Lei 9.430, de 1996;

c) integrar o processo administrativo fiscal instaurado, quando interessarem à prova do lançamento de ofício.

§ 1º. Somente poderão ser solicitados, por cópia autêntica, os documentos relativos aos débitos e aos créditos, nos casos previstos nos incs. VII a XI do art. 3º.

§ 2º. As informações não utilizadas no processo administrativo fiscal deverão, nos termos de ato da Secretaria da Receita Federal, ser entregues ao sujeito passivo, destruídas ou inutilizadas.

§ 3º. Quem omitir, retardar injustificadamente ou prestar falsamente à Secretaria da Receita Federal as informações a que se refere este artigo ficará sujeito às sanções de que trata o art. 10, *caput*, da Lei Complementar 105, de 2001, sem prejuízo das penalidades cabíveis nos termos da legislação tributária ou disciplinar, conforme o caso.

Art. 6º. De conformidade com o disposto no art. 9º da Lei Complementar 105, de 2001, o Banco Central do Brasil e a Comissão de Valores Mobiliários, por seus respectivos Presidentes ou servidores que receberem delegação de competência para a finalidade específica, deverão comunicar, de ofício, à Secretaria da Receita Federal, no prazo máximo de quinze dias, as irregularidades e os ilícitos administrativos de que tenham conhecimento, ou indícios de sua prática, anexando os documentos pertinentes, sempre que tais fatos puderem configurar qualquer infração à legislação tributária federal.

Parágrafo único. A violação do disposto neste artigo constitui infração administrativo-disciplinar do dirigente ou servidor que a ela der causa, sem prejuízo da aplicação do disposto no art. 10, *caput*, da Lei Complementar 105, de 2001, e demais sanções civis e penais cabíveis.

Art. 7º. As informações, os resultados dos exames fiscais e os documentos obtidos em função do disposto neste Decreto serão mantidos sob sigilo fiscal, na forma da legislação pertinente.

§ 1º. A Secretaria da Receita Federal deverá manter controle de acesso ao processo administrativo fiscal, ficando sempre registrado o responsável pelo recebimento, nos casos de movimentação.

§ 2º. Na expedição e tramitação das informações deverá ser observado o seguinte:

I — as informações serão enviadas em dois envelopes lacrados:

a) um externo, que conterá apenas o nome ou a função do destinatário e seu endereço, sem qualquer anotação que indique o grau de sigilo do conteúdo;

b) um interno, no qual serão inscritos o nome e a função do destinatário, seu endereço, o número do MPF ou do processo administrativo fiscal e, claramente indicada, observação de que se trata de matéria sigilosa;

II — o envelope interno será lacrado e sua expedição será acompanhada de recibo;

III — o recibo destinado ao controle da custódia das informações conterá, necessariamente, indicações sobre o remetente, o destinatário e o número do MPF ou do processo administrativo fiscal.

§ 3º. Aos responsáveis pelo recebimento de documentos sigilosos incumbe:

I — verificar e registrar, se for o caso, indícios de qualquer violação ou irregularidade na correspondência recebida, dando ciência do fato ao destinatário, o qual informará ao remetente;

II — assinar e datar o respectivo recibo, se for o caso;

III — proceder ao registro do documento e ao controle de sua tramitação.

§ 4º. O envelope interno somente será aberto pelo destinatário ou por seu representante autorizado.

§ 5º. O destinatário do documento sigiloso comunicará ao remetente qualquer indício de violação, tais como rasuras, irregularidades de impressão ou de paginação.

§ 6º. Os documentos sigilosos serão guardados em condições especiais de segurança.

§ 7º. As informações enviadas por meio eletrônico serão obrigatoriamente criptografadas.

Art. 8º. O servidor que utilizar ou viabilizar a utilização de qualquer informação obtida nos termos deste Decreto, em finalidade ou hipótese diversa da prevista em lei, regulamento ou ato administrativo, será responsabilizado administrativamente por descumprimento do dever funcional de observar normas legais ou regulamentares, de que trata o art. 116, inc. III, da Lei 8.112, de 11 de dezembro de 1990, se o fato não configurar infração mais grave, sem prejuízo de sua responsabilização em ação regressiva própria e da responsabilidade penal cabível.

Art. 9º. O servidor que divulgar, revelar ou facilitar a divulgação ou revelação de qualquer informação de que trata este Decreto, constante de sistemas informatizados, arquivos de documentos ou autos de processos protegidos por h2h4 sigilo fiscal, com infração ao disposto no art. 198 da Lei 5.172, de 25 de outubro de 1966 (Código Tributário Nacional), ou no art. 116, inc. VIII, da Lei 8.112, de 1990, ficará sujeito à penalidade de demissão, prevista no art. 132, inc. IX, da citada Lei 8.112, sem prejuízo das sanções civis e penais cabíveis.

Art. 10. O servidor que permitir ou facilitar, mediante atribuição, fornecimento ou empréstimo de senha ou qualquer outra forma, o acesso de pessoas não autorizadas a sistemas de informações, banco de dados, arquivos ou a autos de processos que contenham informações mencionadas neste Decreto, será responsabilizado administrativamente, nos termos da legislação específica, sem prejuízo das sanções civis e penais cabíveis.

Parágrafo único. O disposto neste artigo também se aplica no caso de o servidor utilizar-se, indevidamente, do acesso restrito.

Art. 11. Configura infração do servidor aos deveres funcionais de exercer com zelo e dedicação as atribuições do cargo e de observar normas legais e regulamentares, nos termos do art. 116, incs. I e III, da Lei 8.112, de 1990, sem prejuízo da responsabilidade penal e civil cabível, na forma dos arts. 121 a 125 da daquela Lei, se o fato não configurar infração mais grave:

I — não proceder com o devido cuidado na guarda e utilização de sua senha ou emprestá-la a outro servidor, ainda que habilitado;

II — acessar imotivadamente sistemas informatizados da Secretaria da Receita Federal, arquivos de documentos ou autos de processos, que contenham informações protegidas por sigilo fiscal.

Art. 12. O sujeito passivo que se considerar prejudicado por uso indevido das informações requisitadas, nos termos deste Decreto, ou por abuso da autoridade requisitante, poderá dirigir representação ao Corregedor-Geral da Secretaria da Receita Federal, com vistas à apuração do fato e, se for o caso, à aplicação de penalidades cabíveis ao servidor responsável pela infração.

Art. 13. A Secretaria da Receita Federal editará instruções necessárias à execução do disposto neste Decreto.

Art. 14. Este Decreto entra em vigor na data de sua publicação.

Lei Complementar 104, de 10 de janeiro de 2001 *— Altera dispositivos da Lei 5.172, de 25 de outubro de 1966 — Código Tributário Nacional.*

Art. 1º. A Lei 5.172, de 25 de outubro de 1966 — Código Tributário Nacional, passa a vigorar com as seguintes alterações:

(...)

"Art. 198. Sem prejuízo do disposto na legislação criminal, é vedada a divulgação, por parte da Fazenda Pública ou de seus servidores, de informação obtida em razão do ofício sobre a situação econômica ou financeira do sujeito passivo ou de terceiros e sobre a natureza e o estado de seus negócios ou atividades.

"§ 1º. Excetuam-se do disposto neste artigo, além dos casos previstos no art. 199, os seguintes:

"I — requisição de autoridade judiciária no interesse da justiça; (AC)

"II — solicitações de autoridade administrativa no interesse da Administração Pública, desde que seja comprovada a instauração regular de processo administrativo, no órgão ou na entidade respectiva, com o objetivo de investigar o sujeito passivo a que se refere a informação, por prática de infração administrativa. (AC)

"§ 2º. O intercâmbio de informação sigilosa, no âmbito da Administração Pública, será realizado mediante processo regularmente instaurado, e a entrega será feita pessoalmente à autoridade solicitante, mediante recibo, que formalize a transferência e assegure a preservação do sigilo".

Fundamentação constitucional: art. 5º, *caput*, X, XII, XXXV, LIV, LV; art. 145, § 1º.

Há, ainda, no Supremo Tribunal Federal, duas outras ADIns com idêntica ou semelhante pretensão.

Na ***Ação Direta de Inconstitucionalidade (medida liminar) 2.390-0***, requerente o Partido Social Liberal, os dispositivos questionados são:

Art. 1º, § 4º; art. 5º; art. 6º e seu parágrafo único da Lei Complementar 105, de 10.1.2001 e contra a totalidade do Decreto 3.724, de 10.1.2001 (Regulamenta o art. 6º da Lei Complementar 105/2001).

Lei Complementar 105, de 10 de janeiro de 2001 *— Dispõe sobre o sigilo das operações de instituições financeiras e dá outras providências.*

Art. 1º. As instituições financeiras conservarão sigilo em suas operações ativas e passivas e serviços prestados.

§ 1º. São consideradas instituições financeiras, para os efeitos desta Lei Complementar:

I — os bancos de qualquer espécie;

II — distribuidoras de valores mobiliários;

III — corretoras de câmbio e de valores mobiliários;

IV — sociedades de crédito, financiamento e investimentos;

V — sociedades de crédito imobiliário;

VI — administradoras de cartões de crédito;

VII — sociedades de arrendamento mercantil;

VIII — administradoras de mercado de balcão organizado;

IX — cooperativas de crédito;

X — associações de poupança e empréstimo;

XI — bolsas de valores e de mercadorias c futuros;

XII — entidades de liquidação e compensação;

XIII — outras sociedades que, em razão da natureza de suas operações, assim venham a ser consideradas pelo Conselho Monetário Nacional.

§ 2º. As empresas de fomento comercial ou *factoring*, para os efeitos desta Lei Complementar, obedecerão às normas aplicáveis às instituições financeiras previstas no § 1º.

§ 3º. Não constitui violação do dever de sigilo:

I — a troca de informações entre instituições financeiras, para fins cadastrais, inclusive por intermédio de centrais de risco, observadas as normas baixadas pelo Conselho Monetário Nacional e pelo Banco Central do Brasil;

II — o fornecimento de informações constantes de cadastro de emitentes de cheques sem provisão de fundos e de devedores inadimplentes, a entidades de proteção ao crédito, observadas as normas baixadas pelo Conselho Monetário Nacional e pelo Banco Central do Brasil;

III — o fornecimento das informações de que trata o § 2º do art. 11 da Lei 9.311, de 24 de outubro de 1996;

IV — a comunicação, às autoridades competentes, da prática de ilícitos penais ou administrativos, abrangendo o fornecimento de informações sobre operações que envolvam recursos provenientes de qualquer prática criminosa;

V — a revelação de informações sigilosas com o consentimento expresso dos interessados;

VI — a prestação de informações nos termos e condições estabelecidos nos arts. 2º, 3º, 4º, 5º, 6º, 7º e 9º desta Lei Complementar.

§ 4º. A quebra de sigilo poderá ser decretada, quando necessária para apuração de ocorrência de qualquer ilícito, em qualquer fase do inquérito ou do processo judicial, e especialmente nos seguintes crimes:

I — de terrorismo;

II — de tráfico ilícito de substâncias entorpecentes ou drogas afins;

III — de contrabando ou tráfico de armas, munições ou material destinado a sua produção;

IV — de extorsão mediante seqüestro;

V — contra o sistema financeiro nacional;

VI — contra a Administração Pública;

VII — contra a ordem tributária e a previdência social;

VIII — lavagem de dinheiro ou ocultação de bens, direitos e valores;

IX — praticado por organização criminosa.

(...).

Art. 4º. O Banco Central do Brasil e a Comissão de Valores Mobiliários, nas áreas de suas atribuições, e as instituições financeiras fornecerão ao Poder Legislativo Federal as informações e os documentos sigilosos que, fundamentadamente, se fizerem necessários ao exercício de suas respectivas competências constitucionais e legais.

§ 1º. As comissões parlamentares de inquérito, no exercício de sua competência constitucional e legal de ampla investigação, obterão as informações e documentos sigilosos de que necessitarem, diretamente das instituições financeiras, ou por intermédio do Banco Central do Brasil ou da Comissão de Valores Mobiliários.

§ 2º. As solicitações de que trata este artigo deverão ser previamente aprovadas pelo Plenário da Câmara dos Deputados, do Senado Federal, ou do plenário de suas respectivas comissões parlamentares de inquérito.

Art. 5º. O Poder Executivo disciplinará, inclusive quanto à periodicidade e aos limites de valor, os critérios segundo os quais as instituições financeiras informarão à administração tributária da União, as operações financeiras efetuadas pelos usuários de seus serviços.

§ 1º. Consideram-se operações financeiras, para os efeitos deste artigo:

I — depósitos à vista e a prazo, inclusive em conta de poupança;

II — pagamentos efetuados em moeda corrente ou em cheques;

III — emissão de ordens de crédito ou documentos assemelhados;

IV — resgates em contas de depósitos à vista ou a prazo, inclusive de poupança;

V — contratos de mútuo;

VI — descontos de duplicatas, notas promissórias e outros títulos de crédito;

VII — aquisições e vendas de títulos de renda fixa ou variável;

VIII — aplicações em fundos de investimentos;

IX — aquisições de moeda estrangeira;

X — conversões de moeda estrangeira em moeda nacional;

XI — transferências de moeda e outros valores para o exterior;

XII — operações com ouro, ativo financeiro;

XIII — operações com cartão de crédito;

XIV — operações de arrendamento mercantil; e

XV — quaisquer outras operações de natureza semelhante que venham a ser autorizadas pelo Banco Central do Brasil, Comissão de Valores Mobiliários ou outro órgão competente.

§ 2º. As informações transferidas na forma do *caput* deste artigo restringir-se-ão a informes relacionados com a identificação dos titulares das operações e os montantes globais mensalmente movimentados, vedada a inserção de qualquer elemento que permita identificar a sua origem ou a natureza dos gastos a partir deles efetuados.

§ 3º. Não se incluem entre as informações de que trata este artigo as operações financeiras efetuadas pelas administrações direta e indireta da União, dos Estados, do Distrito Federal e dos Municípios.

§ 4º. Recebidas as informações de que trata este artigo, se detectados indícios de falhas, incorreções ou omissões, ou de cometimento de ilícito fiscal, a autoridade interessada poderá requisitar as informações e os documentos de que necessitar, bem como realizar fiscalização ou auditoria para a adequada apuração dos fatos.

§ 5º. As informações a que refere este artigo serão conservadas sob sigilo fiscal, na forma da legislação em vigor.

Art. 6º. As autoridades e os agentes fiscais tributários da União, dos Estados, do Distrito Federal e dos Municípios somente poderão examinar documentos, livros e registros de instituições financeiras, inclusive os referentes a contas de depósitos e aplicações financeiras, quando houver processo administrativo instaurado ou procedimento fiscal em curso e tais exames sejam considerados indispensáveis pela autoridade administrativa competente.

Parágrafo único. O resultado dos exames, as informações e os documentos a que se refere este artigo serão conservados em sigilo, observada a legislação tributária.

O fundamento constitucional é: art. 5º, X, XII e LIV.

A terceira é a ***Ação Direta de Inconstitucionalidade (medida liminar) 2.386-1***, requerida pela Confederação Nacional do Comércio — CNC (CF 103, IX).

Os dispositivos questionados são: arts. 5º e 6º, da Lei Complementar 105/2001, de 10.1.2001.

Lei Complementar 105, de 10 de janeiro de 2001 — *Dispõe sobre o sigilo das operações de instituições financeiras e dá outras providências.*

(...).

Art. 5º. O Poder Executivo disciplinará, inclusive quanto à periodicidade e aos limites de valor, os critérios segundo os quais as instituições financeiras informarão à administração tributária da União, as operações financeiras efetuadas pelos usuários de seus serviços.

§ 1º. Consideram-se operações financeiras, para os efeitos deste artigo:

I — depósitos à vista e a prazo, inclusive em conta de poupança;

II — pagamentos efetuados em moeda corrente ou em cheques;

III — emissão de ordens de crédito ou documentos assemelhados;

IV — resgates em contas de depósitos à vista ou a prazo, inclusive de poupança;

V — contratos de mútuo;

VI — descontos de duplicatas, notas promissórias e outros títulos de crédito;

VII — aquisições e vendas de títulos de renda fixa ou variável;

VIII — aplicações em fundos de investimentos;

IX — aquisições de moeda estrangeira;

X — conversões de moeda estrangeira em moeda nacional;

XI — transferências de moeda e outros valores para o exterior;

XII — operações com ouro, ativo financeiro;

XIII — operações com cartão de crédito;

XIV — operações de arrendamento mercantil; e

XV — quaisquer outras operações de natureza semelhante que venham a ser autorizadas pelo Banco Central do Brasil, Comissão de Valores Mobiliários ou outro órgão competente.

§ 2º. As informações transferidas na forma do *caput* deste artigo restringir-se-ão a informes relacionados com a identificação dos titulares das operações e os montantes globais mensalmente movimentados, vedada a inserção de qualquer elemento que permita identificar a sua origem ou a natureza dos gastos a partir deles efetuados.

§ 3º. Não se incluem entre as informações de que trata este artigo as operações financeiras efetuadas pelas administrações direta e indireta da União, dos Estados, do Distrito Federal e dos Municípios.

§ 4º. Recebidas as informações de que trata este artigo, se detectados indícios de falhas, incorreções ou omissões, ou de cometimento de ilícito fiscal, a autoridade interessada poderá requisitar as informações e os documentos de que necessitar, bem como realizar fiscalização ou auditoria para a adequada apuração dos fatos.

§ 5º. As informações a que refere este artigo serão conservadas sob sigilo fiscal, na forma da legislação em vigor.

Art. 6º. As autoridades e os agentes fiscais tributários da União, dos Estados, do Distrito Federal e dos Municípios somente poderão examinar documentos, livros e registros de instituições financeiras, inclusive os referentes a contas de depósitos e aplicações financeiras, quando houver processo administrativo instaurado ou procedimento fiscal em curso e tais exames sejam considerados indispensáveis pela autoridade administrativa competente.

Parágrafo único. O resultado dos exames, as informações e os documentos a que se refere este artigo serão conservados em sigilo, observada a legislação tributária.

Fundamentação constitucional: art. 5º, X.

As referidas ações aguardam julgamento. Não foi apreciada, ainda, a liminar.

Esse é o panorama parcial da temática *sigilo fiscal* no atual momento jurídico brasileiro.

2. *Considerações preliminares*

O ordenamento jurídico brasileiro submete-se, na época contemporânea, a um intenso processo de transformações, em decorrência dos novos impactos sociais, econômicos, financeiros, éticos e globalizantes que estão afetando as relações entre Estado e cidadão, cidadão e seu semelhante e deste com grupos institucionalizados oficiais ou não-oficiais. Esses fenômenos, quando bem dirigidos, procuram valer-se de regras dispostas no Direito e que sejam capazes de aprimorar a função estatal e de consagrar, de modo mais hierarquizante possível, os direitos fundamentais da cidadania.

Os que colaboram com as suas idéias e ações para que essas mudanças nas estruturas jurídicas do Estado tenham êxito, de modo especial as impostas nas funções administrativas e comportamentais, perseguem um único objetivo: o de que seja valorizado o cidadão e respeitado os seus direitos fundamentais.

A Carta Magna de 1988 apregoa, a partir do seu preâmbulo e com continuidade no exposto nos demais Títulos e Capítulos que a compõem, mensagens imperativas contendo propósitos de homenagem à instituição de um Estado Democrático, com finalidade primordial voltada para a proteção dos direitos sociais e individuais, tendo como centro maior a valorização da liberdade, da segurança, do bem-estar, do desenvolvimento, da igualdade, da justiça, tudo endereçado a que seja alcançado um estágio representativo de absoluta eficácia e efetividade da dignidade humana.[1]

A pretensão é de ser construída uma Democracia para o século XXI com preceitos que, ao serem aplicados, abram espaços para a execução de medidas concretas que resultem em oferecer ao cidadão, qualquer que seja a escala que ele pertença na grade social, segurança pública e jurídica, assistência à saúde, atendimento escolar, guarda da moralidade, liberdade, amplo emprego, respeito aos seus direitos fundamentais e outros valores que estão inseridos no contexto representativo da dignidade humana.

O entendimento manifestado repousa na concepção de que é impossível a convivência, com êxito, do Estado com o cidadão, quando as suas relações estão em constante tensão. O alcance dessa situação provoca insegurança, medo, temor, falta de confiança e incentiva a quebra dos princípios da ética e da moralidade.[2]

Envolvido por esse clima de indefinições institucionais acima apresentado, em-

1. O exame dos postulados informadores da Constituição Federal de 1988 revela que o Estado democrático por ela idealizado e pretendido materializar há de ter como fundamentos centrais o absoluto respeito aos ditames da soberania, da cidadania, da dignidade da pessoa humana, dos valores sociais do trabalho e da livre iniciativa e do pluralismo político. É o que está posto, de modo expresso, no art. 1º, da CF de 1988: "A República Federativa do Brasil, formada pela união indissolúvel dos Estados e Municípios e do Distrito Federal, constitui-se em Estado democrático de direito e tem como fundamentos: I — a soberania; II — a cidadania; III — a dignidade da pessoa humana; IV — os valores sociais do trabalho e da livre iniciativa; V — o pluralismo político".

2. No referente ao problema da tensão existente entre cidadão e Estado, escrevi, antes, o seguinte:

"1. O exame do panorama social da era contemporânea identifica a sociedade atravessando uma tensão pré-milênio.

"Esse estado emocional inédito está afetando as relações entre as pessoas e foi identificada, recentemente, em trabalho elaborado por Sérgio Villas Boas, sob o título 'Tensão pré-milênio', publicado no jornal *Gazeta Mercantil*, de 12 e 13 de junho de 1999, p. 2, Caderno Leitura de Fim de Semana. Extraio trecho de tal ensaio para meditação:

bora de modo muito resumido, examino as modificações introduzidas no ordenamento jurídico brasileiro que afetaram o sistema regulador das instituições financeiras com os seus clientes, com novas regras para o sigilo bancário e a possibilidade de sua quebra pela fiscalização tributária.

3. *O sigilo bancário no direito comparado*

Uma visão rápida do tratamento dado por alguns ordenamentos jurídicos estrangeiros para o sigilo bancário proporciona uma compreensão mais alargada dessa entidade jurídica, dos seus objetivos e dos efeitos produzidos por ele nas relações do titular da conta bancária com a instituição financeira e com a garantia da sua segurança no ambiente social.

"'O mundo está atravessando um período de tensão pré-milênio, com todos os desconfortos, irritabilidades, fadigas, tormentas, mau-humor e, acima de tudo, medo. Terrores geralmente infundados. Profecias e noticiários de TV formam um coro que reforça a nova TPM e produz uma repetição estafante: fome, miséria, guerras, assaltos, assassinatos hediondos, tráfico de drogas e de influências, corrupção; impunidade, protecionismos, sonegações (48% do que o governo arrecada vem do trabalho assalariado; calcula-se que US$ 825 bilhões circulam no país sem pagar impostos); precária sociabilização (taxa de desemprego em São Paulo superou 20% em maio), maior exigência por escolaridade, conhecimento e aparências, deflação (ambiente talvez pior para fazer funcionar o capitalismo do que o regime de inflação), instabilidade financeira, solidão.

"'O medo nunca escolheu seu objeto de terror, tampouco pode ser delimitado em fronteiras geográficas. Nos Estados Unidos, adolescentes armados exterminam colegas no pátio da escola e se suicidam em seguida; na Europa, grupos de extrema-direita atentam contra minorias étnicas, renutrindo o ideal da purificação pelo extermínio. A desinformação (ou seria desentendimento?) está levando as pessoas a viver um filme real permanente. É como se, a qualquer momento, um sujeito infectado por um vírus que corrói os ossos humanos arrancasse o cidadão de seu BMW adquirido por leasing e dirigisse a máquina roubada até um aeroporto, onde uma adolescente grávida, sob efeito de cocaína, acabara de seqüestrar um avião levando para a Flórida velhinhos aposentados, dispostos a realizar o sonho da casa de praia civilizada. Mas o avião seqüestrado pela viciada e pelo delinqüente, 'representantes das minorias', se esborracha no asfalto reverberante do aeroporto'.

"Não é positivo, portanto, a apresentação de um balanço que se faz da aplicação da democracia neste final de século, porque a realidade demonstra que a sua linhas tradicionais foram, aparentemente, seguidas.

"Urge, portanto, ser pensada uma forma de regime democrático que seja capaz de inverter esse quadro catastrófico para a humanidade. Para tanto, torna-se primordial que a Ciência Jurídica e a Ciência Política renovem os seus postulados e os seus propósitos voltando-se para a criação de novos degraus e de novos princípios, atentem para a força cogente e imperativa que eles devem ter, colocando o cidadão com todas as suas aspirações e necessidades como sendo o centro das preocupações" (trabalho intitulado *Democracia para o Século XXI*, aguardando publicação).

"2. Modelo de Democracia para o Século XXI.

"O fato do regime democrático adotado no Brasil, pela maioria dos anos, durante o século XX, não ter produzido resultados administrativos desejados e necessitados pela Nação, não deve servir de suporte para a defesa da volta ao autoritarismo ou de qualquer outra forma de regime.

"Há que se reconhecer que as dificuldades vividas pela Nação não podem ser tributadas, apenas, ao mau uso do regime democrático. Negativas, em grande escala, foram os modelos das eras de 1937 a 1946 e de 1964 a 1988, especialmente, para o campo das liberdades, dos direitos humanos e da valorização da dignidade do cidadão.

"Filio-me à corrente daqueles que pregam ser a Democracia, com todos os seus defeitos, um regime muito melhor do que a mais perfeita das ditaduras.

"A Democracia, mesmo ferida, ela homenageia, pelo menos, a esperança de um povo e simboliza o modelo de liberdade, de segurança e de desenvolvimento cultural e econômico pretendido pelo cidadão, diferente do que acontece com qualquer outro tipo de regime.

"Aperfeiçoar a atuação do regime Democrático para o século XXI não é tarefa das mais fáceis. Uma série de obstáculos devem ser enfrentados e regulados, sem se falar nas resistências que serão impostas por clones conservadores e privilegiados às mudanças.

"O certo é que algo precisa se feito e com ousadia. Necessário enfrentar os problemas e sugerir soluções com posições que se integrem no atuar do homem encarregado de pensar e de fazer ciência, o que deve ser exercido sem temor. Pelo contrário. Da exposição e publicidade das idéias surgem os modelos para a construção do futuro. Se os objetivos forem alcançados, contribuições essenciais serão dadas para se evitar a mais temida revolução que pode ser feita pelo ser humano, que é a da revolta interna e silenciosa contra as instituições, com força até de extinguir, caso se realize, a entidade tradicional do Estado".

a) Portugal

A doutrina tradicional considera que a tutela do segredo bancário no Direito português sempre se portou com um padrão protetor com características mais amplas do que o vigente na Suíça, até então considerado o país que mais oferecia proteção nesse campo de relacionamento financeiro.

Esse entendimento decorre da interpretação que os doutos manifestam sobre o Decreto-lei 2/1978, normativo que disciplinava o sigilo bancário em Portugal.

O objetivo dessa legislação portuguesa sobre sigilo bancário, conforme depreende-se da sua mensagem, era imprimir confiança no funcionamento das instituições de crédito, para que se afirmassem como veículos necessários para a captação da poupança. Essa idéia foi exposta por Alexandra Falque de Gouvêa, Professora Assistente da Faculdade de Direito de Lisboa e Assessora do Conselho para o Sistema Financeiro, no corpo do artigo de sua autoria "Perspectivas de reformulação da tutela do seguro bancário no Direito português", publicado na *Revista do Gabinete de Documentação e Direito Comparado*, da Procuradoria-Geral da República, Lisboa, 1990, pp. 9-22.

Destaco, do corpo do mencionado artigo, a observação feita pela autora (pp. 12 e 13), no sentido de que "A tutela do segredo bancário surgiu em Portugal conjunturalmente associada aos esforços de reanimação das instituições de crédito como fonte de captação da poupança. Por esse facto, foi-lhe dado um regime mais protector do que o próprio regime vigente na Suíça, campeã em matéria de protecção do segredo bancário".

A seguir, afirma a autora: "É testemunha de que esse reforço da confiança nas instituições de crédito foi de facto o objectivo do legislador ao aprovar o normativo que disciplina o sigilo bancário, a letra do Preâmbulo do Decreto-lei 2/1978, de 9 de janeiro, que contém o enquadramento legal da matéria, o qual reza o seguinte: 'Ponderando que a reconstrução do País implica o estabelecimento de um clima de confiança na banca que permita a captação e recuperação do dinheiro entesourado, vem o Governo revelando preocupações pela tutela do segredo bancário'. No mesmo sentido, a letra do Preâmbulo do Despacho Normativo 357/1979, de 20 de novembro: 'A importância do segredo bancário é bem conhecida para a estabilização, normalidade de funcionamento e transmissão de uma imagem de confiança por parte de qualquer sistema bancário'. Nesta medida, com a legislação então aprovada, o regime português na matéria afastou-se quer do sistema da *Common Law*, de responsabilidade (exclusivamente) civil do banqueiro por violação do dever de discrição bancária, quer da generalidade dos sistemas europeus, que integram a matéria no regime geral do sigilo profissional (equiparando o banqueiro ao confidente necessário), aproximando-se mais dos sistemas praticados na Suíça e no Líbano (todavia, enquanto no Líbano há uma total imunidade das instituições de crédito às requisições da autoridade judiciária, na Suíça o princípio é o da cooperação com a função judiciária no tocante à matéria penal)".

A autora conclui esse tópico do seu artigo, afirmando: "Pela razão apontada de ser essencialmente o interesse público e colectivo o motivo determinante da aprovação do Decreto-lei 2/1978, o regime português gizado nessa altura começou por ser ainda mais hermético do que o próprio regime vigente na Suíça, na medida em que o dever de cooperação com as autoridades judiciárias cessa inclusivamente nas matérias sujeitas a segredo bancário, segundo o entendimento generalizado dos Tribunais e doutrina.[3] Paradoxalmente, a disciplina ju-

3. A respeito desse aspecto, o de cessar o dever de colaboração com as autoridades judiciárias quando envolver matérias sujeitas a segredo bancário, a autora, a fazer essa afirmação, assinala, em nota de rodapé, as seguintes obras que refletem igual entendimento: Alberto Luiz, "O segredo bancário em Portugal", *Revista da Ordem dos Advogados*, ano

rídica não encontrou, de início, reflexo na materialidade dos factos, tendo-se assistido a múltiplas e impunes violações do segredo bancário".

Arnoldo Wald, analisando o sigilo bancário no ordenamento jurídico de Portugal, registra: "O Código Civil português, no seu art. 80, dispõe que: 'Todos devem guardar reserva quanto à intimidade da vida privada de outrem. A extensão da reserva será definida conforme a natureza do caso e as condições das pessoas'. O art. 33 da Constituição portuguesa de 1976 estabelece que: '1. A todos é reconhecido o direito à identidade pessoal, ao bom nome e reputação e à reserva da intimidade da vida privada e familiar. 2. A lei estabelecerá garantias efectivas contra a utilização abusiva, ou contrária à dignidade humana, de informações relativas às pessoas e famílias'.

"Tanto no âmbito constitucional quanto na legislação civil é garantido o direito à privacidade e à vida íntima, que fundamentam o sigilo bancário. Já o Decreto-lei 2/1978, de 9.1.1978, prevê, expressamente, o dever de segredo dos titulares dos órgãos dos bancos e aos seus trabalhadores."[4]

b) Alemanha

Carlos Alberto Hagstron, em artigo intitulado "O sigilo bancário e o Poder Público", publicado na *RDM* 79/37, registra que "Na Alemanha não há regra específica nem definição legal para o segredo bancário, mas sua existência é observada, reconhecida pelo Direito Privado e pelo Direito Público, admitida em diversas leis, aceita pela doutrina e pela jurisprudência", sofrendo, contudo, "limitações decorrentes de interesses de ordem pública e social, quando pode haver a quebra do sigilo", conforme, aliás, lembra Sérgio Carlos Covello na sua obra *O Sigilo Bancário* (Leud, 1991, p. 34).

A lei bancária alemã, de 19.7.1961, em seu art. 9º, determina que há obrigação de ser preservado o "direito à privacidade para aqueles que exercem uma função federal de vigilância", por "seus colaboradores" e pelos "controladores dos depósitos" (Arnoldo Wald, em artigo "Sigilo bancário e os direitos fundamentais", publicado nos *Cadernos de Direito Tributário e Finanças Públicas* 22/24, Ed. RT, jan.-mar. 1998).

O citado autor esclarece, ainda, que na Alemanha, a fonte do sigilo bancário está no direito à personalidade.

c) Itália, França, Suíça

Luiz Fernando de Bellinetti, em artigo denominado "Limitações legais ao sigilo bancário" (*Revista de Direito do Consumidor* 18/141-161, Ed. RT, abr.-jun. 1996), ao analisar o sigilo bancário no direito comparado, comenta o tratamento que lhe é dado pela Alemanha, Itália, França, Suíça e Portugal.

Em face de, nos itens acima, já ter sido enfocado o tema na Alemanha e em Portugal, destacaremos, apenas, do trabalho do autor, as observações feitas sobre o sigilo bancário nos ordenamentos jurídicos da Itália, França e Suíça.

A respeito, transcrevo o que escreveu o autor:

"4.12 *Itália*[5]

"Assim como na Alemanha, na Itália também não há norma específica discipli-

41º, 1981, pp. 451 e ss.; Anselmo da Costa Freitas, "O sigilo bancário", *Boletim da Ordem dos Advogados* 19/4 e ss., out. 1983; Maria Eduarda Azevedo, "O segredo bancário", *Ciência e Técnica Fiscal*, 346-348, out.-dez. 1987, pp. 73 e ss.; José António Pereira da Silva, "Regime jurídico do sigilo bancário", mai. 1988 (trabalho não publicado); Jorge Patrício Paul, "O sigilo bancário — Sua extensão e limites no Direito português", *Revista da Banca* 12/71 e ss., out.-dez. 1989.

4. Em artigo publicado sob o título "Sigilo bancário e os direitos fundamentais", *Cadernos de Direito Tributário e Finanças Públicas* 22/24.

5. Arnoldo Wald ("Sigilo bancário...", cit., p. 24), assinala que "Na Itália, o sigilo bancário decorre da garantia dos direitos à liberdade individual, que

nando o sigilo bancário, embora seja ele reconhecido pela doutrina e pela jurisprudência, utilizando-se dispositivos variados do sistema para superditá-lo.

"No entanto, também na Itália não é ele absoluto, cedendo ante interesse de ordem pública, nos caos previstos em lei.

"Como afirma Giacomo Molle, 'L'obbligo della banca al segreto non è senza limit ed essendo esse, come si è detto, diretto alla tutela del cliente e quindi di un interesse privato, non vi sono limiti ad esso da parte del legislatore. Prescindendo dai casi nei quali la rivelzione sai imposta dalla legge un dovere di comunicazione puó sorgere nei confronti della autoritá giudiziaria, del fisco e di terzi' (*La Banca nell'Ordinamento Giuridico Italiano*, Milano, Dott. A Giuffrè Editore, 1980, p. 158).

"4.13 *França*

"Também na França o sigilo bancário é protegido pelo ordenamento jurídico, embora inexistente uma norma específica, fundando-se a proteção num conjunto de regras de ordem penal, civil e comercial.

"Da mesma forma, admite-se a quebra do sigilo em face de interesses de ordem pública.[6]

"4.14 *Suíça*

"País onde os bancos e a sua alardeada discrição são instituições nacionais, há previsão legal específica para a proteção do sigilo.

"No entanto, também lá o segredo não é, como alguns supõem, absoluto.

"Conforme aduz Hagstrom, 'Não pode ser invocado, em geral, perante a justiça penal. Na justiça civil, o juiz tem poder discricionário para decidir sobre a matéria, havendo algumas variações de conformidade com as legislações cantonais. Em procedimentos de taxação e recursos o segredo é preservado, perante o Fisco; é afastado, contudo, no procedimento contencioso (penal fiscal). Algumas outras exceções ao dever de segredo são contempladas expressamente em textos legais'."

Quanto ao direito suíço, acrescente-se que Arnoldo Wald, no artigo já citado, observa que "a justificativa para o sigilo bancário está no direito da personalidade. A lei de 1934 prevê pena de multa ou de prisão, para o funcionário da instituição que violar o segredo bancário, mesmo que inexista dano para aquele que viu revelada informações sobre sua vida financeira".

A seguir, Arnoldo Wald compara o direito da Suíça, com o do Líbano, afirmando: "A Suíça, assim como o Líbano, para a maior segurança e reforço da preservação do sigilo bancário, utiliza a conta numerada, ficando desconhecido o nome do cliente. A legislação libanesa prevê quatro hipóteses de derrogação do sigilo: 'a) o consentimento do cliente, seus herdeiros ou legatários; b) no litígio entre o cliente e o banco; c) na falência e d) no enriquecimento ilícito'".

d) Inglaterra e EEUU

O sigilo bancário no direito inglês e no sistema norte-americano mereceu de Arnoldo Wald, no trabalho já citado (pp. 24 e 25), a análise que transcrevo:

"No direito inglês não há nenhuma norma escrita que estabelece sanção à violação do segredo bancário, mas qualquer pessoa que queria trabalhar em uma instituição financeira deve assinar um formulário especial pelo qual se compromete a manter sigilo sobre as movimentações ban-

permite a 'exclusão do conhecimento por parte de terceiros de tudo que se refere à própria pessoa', a denominada *riservatezza*. Este entendimento decorre da norma constitucional que institui a inviolabilidade dos direitos da personalidade e da Convenção Européia dos Direitos do Homem de 1950, que garante a toda pessoa 'o direito ao respeito de sua vida privada e familiar, de seu domicílio e de sua correspondência'. O segredo nas movimentações financeiras, no entendimento doutrinário italiano, visa a proteger, além dos interesses do cliente, o desenvolvimento da atividade bancária, como algo inerente à estrutura e função creditícia".

6. O autor citado manda, no particular, conferir Carlos Alberto Hagstrom, "O sigilo bancário...", cit., p. 38, bem como Sérgio Covello, *O Sigilo Bancário*, cit., pp. 26-27.

cárias. O dever de segredo na atuação do banco é interpretado rigorosamente pelos tribunais ingleses.

"No sistema jurídico norte-americano, depois de discrepâncias nas legislações estaduais e após a lei federal que restringiu o âmbito da obrigatoriedade do sigilo bancário, foi aprovada a *Right to Financial Privacy Act*, que dispõe que a prestação de informações por parte da instituição financeira somente pode ser dada em processos administrativos ou judiciais, quando os dados forem relevantes para solucionar o litígio. Com essa lei a quebra do sigilo bancário ganhou um caráter excepcional, somente podendo ocorrer desde que respeitado o devido processo legal. Assim o direito americano buscou conciliar a defesa ao direito de privacidade, o atendimento aos interesses públicos quanto às informações financeiras e a existência do contraditório".

e) Régis de Oliveira, quando Deputado Federal, em Parecer apresentado à Comissão de Constituição e Justiça da Câmara dos Deputados, com referência a Projeto de Emenda Constitucional apresentado pelo Exmo. Sr. Presidente da República, objetivando alterar o § 1º do art. 145 da CF, observou que o sigilo bancário, no direito comparado, é posto da forma seguinte:

"13. Direito comparado. Na Alemanha não há regra específica, nem definição legal para o segredo bancário, mas sua existência é reconhecida, bem como aceita pela doutrina e jurisprudência. Decorre de direito costumeiro, somente podendo ser quebrado por expressa disposição legal (J. Barmann, "Le secret bancaire en Allemagne Fédérale", in *Rapport*, pp. 15 e ss.). Na Bélgica há proibição, somente sendo viável a derrogação do segredo pela Justiça Penal e pelo Fisco, que somente tem acesso às informações bancárias diante do processo pendente (Herion, "Le secret bancaire en Belgique", III *Rapport*, pp. 51-75). Na Itália, os documentos somente podem ser examinados pelos juízes. Não há acesso por parte das autoridades administrativas (idem, p. 129). Na Holanda, da mesma forma, o sigilo apenas cede ante ordem da autoridade judicial ou penal (Muller, idem, pp. 99-117). Na França, a violação do segredo ocorre ante órgãos do Poder Público que alegam interesses superiores aos dos particulares, não se admitindo a quebra diante de normas administrativas (Gavalda Stouflet, idem, pp. 77-97).

f) Voltando a analisar o sigilo bancário em Portugal, pode-se afirmar que o sistema apresentava-se rigoroso e não aceitava a quebra, como se vê de decisão do Supremo Tribunal de Justiça, em *Scientia Jurídica*, t. XXIV, ns. 166-168, de 1980 (Parecer publicado na *RDM* 99/98 e ss.).

Com o sentido de demonstrar como o sigilo bancário era tratado no ordenamento jurídico de Portugal, cito, na íntegra, um acórdão da Secção Criminal do Tribunal de Relação de Évora, cujo texto colhi da Internet <http://www.tre.pt/jurisp/321-96.html>:

PROC. 321/1996

ACÓRDÃO

Acordam na Secção Criminal do Tribunal da Relação de Évora:

1. No Tribunal Judicial da Comarca de Portimão correm termos uns autos de inquérito, registrados sob o n. 3.571/94, que tiveram origem numa queixa apresentada por "M..., Lda." contra a sociedade "E..., Lda.", nos quais se procede à investigação de factos susceptíveis de integrar a prática de um crime de emissão de cheque sem provisão.

Está em causa o cheque 3681861637, sacado sobre a Caixa Geral de Depósitos, emitido em 1 de julho de 1994, no valor de 820.661$00.

No decurso do inquérito, o Ministério Público solicitou àquela instituição bancária o fornecimento de determinada documentação bancária, o que esta se negou fazer, alegando que a revelação da pretendida documentação contende com o disposto na legislação sobre segredo bancário.

A requerimento do Digno Magistrado do Ministério Público, o MM Juiz de Instrução suscitou a intervenção deste Tribunal da relação a fim de dispensar os serviços da Caixa Geral de Depósitos do segredo bancário quanto à documentação bancária solicitada, a saber: cópia da ficha de assinaturas e extracto da conta da Agência de S..., com o..., sobre a qual foi sacado o cheque em causa, respeitante aos meses de maio, junho e julho de 1994.

Nesta relação, o Exmo. Procurador da República emitiu douto parecer no sentido de a referida instituição bancária ser dispensada do cumprimento do dever do segredo bancário em ordem à prestação dos elementos pretendidos para a efectivação do inquérito.

Colhidos os vistos legais, cumpre agora decidir.

2. A Caixa Geral de Depósitos, através do ofício fotocopiado a fls. 5 dos autos, recusou-se a fornecer os documentos pedidos pelo Ministério Público para instrução de um processo de inquérito, com fundamento no sigilo bancário.

Compreendendo o inquérito o conjunto de diligências que visam investigar a existência de um crime, determinar os seus agentes e a responsabilidade deles e descobrir e recolher as provas em ordem à decisão sobre a acusação (cfr. art. 262º, 1, do Código de Processo Penal), a consulta dos pretendidos documentos — extracto da conta e ficha de assinaturas — é, sem margem para dúvidas, de grande importância para a instrução do processo e recolha de indícios probatórios tendentes à eventual dedução de acusação, pois sem ela desde logo muito dificilmente se poderá concluir pela identificação da pessoa que assinou o cheque.

O dever de sigilo bancário traduz uma obrigação de facto negativo (*de non facere*) e encontra-se disciplinado no Decreto-lei 298/1992, de 31 de dezembro, que aprovou o Regime Geral das Instituições de Crédito e Sociedades Financeiras. O art. 78º de tal diploma, consagrando o dever de segredo profissional, dispõe no seu n. 1 que "os membros dos órgãos de administração ou de fiscalização das instituições de crédito, os seus empregados, mandatários, comitidos e outras pessoas que lhes prestem serviços a título permanente ou ocasional não podem revelar ou utilizar informações sobre factos ou elementos respeitantes à vida da instituição ou às relações desta com os seus clientes cujo conhecimento lhes advenha exclusivamente do exercício das suas funções ou da prestação dos seus serviços", explicitando-se no seu n. 2 que "estão, designadamente, sujeitos a segredo os nomes dos clientes, as contas de depósito e seus movimentos e outras operações bancárias".

O dever de segredo profissional não é, porém, um dever absoluto, isto é, não prevalece sempre sobre qualquer outro dever que com ele entre em conflito. Sofre, com efeito, as excepções previstas no art. 79º do mesmo Decreto-lei 298/1992, onde se estabelece, além do mais, que os factos e elementos cobertos pelo dever de segredo podem ser revelados nos termos previstos na lei penal e de processo penal — cfr. alínea d) do n. 2.

No art. 84º do mesmo diploma legal prescreve-se que "a violação do dever de segredo é punível nos termos do Código Penal" e, efectivamente, o Código Penal vigente — revisto pelo Decreto-lei 48/1995 de 15 de março — prevê e pune como crimes quer a violação de segredo profissional quer o seu aproveitamento indevido — cfr. arts. 195º e 196º.

Ao contrário da versão do Código Penal anterior à referida revisão — em que se estatuía no art. 185º que a violação do segredo profissional não seria punível se ocorresse "no cumprimento de um dever jurídico sensivelmente superior ou visasse um interesse público ou privado legítimo, quando, considerados os interesses em conflito e os deveres de informação que, segundo as circunstâncias, se impõem ao agente, se pudesse considerar meio adequado para alcançar aquele fim" —, não contém o Código Penal actual, relativamente ao crime de violação do segredo profissional, qualquer causa específica de exclusão da ilicitude, pelo que há que atentar nas causas gerais de exclusão da ilicitude.

Ao abordar o conflito de deveres, dispõe o art. 36º, 1 do Código Penal que "não é ilícito o facto de quem, em caso de conflito no cumprimento de deveres jurídicos ou de ordens legítimas da autoridade, satisfizer dever ou ordem de valor igual ou superior ao do dever ou ordem que sacrificar". Não será, pois, ilícita a violação do segredo profissional se, perante um conflito de deveres, o agente satisfizer o dever de valor igual ou superior ao do dever que sacrifica.

No Código de Processo Penal generalizou-se a possibilidade de quebra do segredo profissional.

Assim, as pessoas indicadas no n. 1 do sobredito art. 78º podem recusar-se a depor sobre factos objecto de segredo profissional, mas se a autoridade judiciária, concluindo embora pela legitimidade da recusa, não prescindir desse depoimento, pode requerer ao tribunal que o ordene. E o tribunal deverá ordenar a prestação do depoimento com quebra do segredo profissional sempre que entender que esta se mostra justificada face às normas e princípios aplicáveis da lei penal, nomeadamente ao princípio da prevalência do interesse preponderante — cfr. art. 135º, ns. 1, 2 e 3 do Código de Processo Penal.

A possibilidade de apreensão pela autoridade judiciária de títulos, valores, quantias ou outros objectos depositados em bancos ou outras instituições de crédito, relacionados com um crime e que possam ser de grande interesse para a descoberta da verdade ou para a prova, bem como a possibilidade de exame pelo juiz de correspondência e documentação bancárias, estão previstas no art. 181º, ns. 1 e 2 do Código de Processo Penal. As pessoas obrigadas ao dever de segredo profissional podem recusar apresentar aqueles documentos ou objectos em seu poder, se invocarem, por escrito, segredo profissional, caso em que o conflito de interesses e deveres assim surgido será dirimido pelo tribunal, nos termos idênticos aos previstos para a recusa de depoimento — cfr. arts. 182º, n. 2 e 135º, ambos do citado Código.

Enquanto o dever de segredo profissional é geralmente estabelecido a favor da integridade e liberdade das pessoas a quem aproveita, tendo-se inserido a sua regulamentação no Título VI do atrás mencionado Regime Geral das Instituições de Crédito e Sociedades Financeiras, no qual se "prevê um conjunto de regras de conduta que devem guiar a actuação das instituições de crédito, seus administradores e empregados nas relações com os clientes", visando proteger "de forma eficaz a posição do 'consumidor' de serviços financeiros" (cfr. Preâmbulo do Decreto-lei 298/1992) ou estabelecer "um clima de confiança na banca que permita a captação e recuperação do dinheiro entesourado" (como se dizia no relatório do Decreto-lei 2/1978, de 9 de janeiro, revogado pelo n. 1 do art. 5º do citado Decreto-lei 298/1992), no processo de inquérito a que procede o Ministério Público está em causa a realização de diligências de prova que permitam investigar um crime de emissão de cheque sem provisão sob a égide do princípio da verdade material e incriminar o respectivo agente.

O interesse que está em jogo com a pretensão do Ministério Público na obtenção da documentação bancária é o da boa administração da justiça penal e esse interesse é, no caso em apreço, sensivelmente superior ao interesse da manutenção do segredo bancário, o que eqüivale a dizer que este deve ceder perante aquele.

Em suma, no caso concreto, ponderados os interesses em conflito, entendemos que a quebra do dever de sigilo bancário se justifica nos termos do art. 36º do Código Penal, pelo que deve ser dada procedência à pretensão do Ministério Público e, conseqüentemente, ao abrigo do disposto nos arts. 182º, n. 2 e 135º, ns. 2 e 3, ambos do Código de Processo Penal, dispensar-se a Caixa Geral de Depósitos do cumprimento do dever de sigilo bancário a fim de poder satisfazer tal pretensão.

3. Por todo o exposto, determina-se que, com quebra do dever de sigilo ban-

cário, a Caixa Geral de Depósitos forneça ao Digno Magistrado do Ministério Público, com destino ao processo de inquérito 3.571/94, a documentação bancária que este lhe havia solicitado.

Não é devida taxa de justiça.

Texto processado e integralmente revisto pelo Relator.

Desembargador Relator, Rui Maurício.

g) Substancioso estudo do sigilo bancário no direito comparado foi feito por André Serrão Borges de Sampaio, Consultor da União, nas informações que prestou ao Advogado-Geral da União, com referência à ADIn 2.397. Transcrevo o inteiro teor do seu pronunciamento:

51

6. O Tratamento do Sigilo Bancário no Direito Comparado

Em verdade, o direito comparado entende imponível o sigilo bancário às autoridades tributárias. Com efeito, leciona Alfredo Echeverría Herrera, *verbis*:

"El sigilo bancario constituye un régimen limitado exclusivamente al ámbito de las relaciones entre la institución bancaria y sus clientes, e impone la obligación de confidencialidad de la institución sobre las informaciones que aquellos le proporcionan.

"En todas las legislaciones bancarias el sigilo es relativo, es decir, el derecho del ciudadano al secreto y la correlativa obligación para el banco de no revelar a terceros las informaciones recibidas en el ejercicio de su actividad, ceden cuando existe norma legal expresa o causa justificada.

"El límite legal al sigilo está constituido por la obligación del banco de entregar informaciones, y se fundamenta en motivos superiores de orden público o general, siendo lícito, entonces, que el Estado establezca límites legales al secreto bancario para auxiliar, por ejemplo, las actuaciones de la Justicia en el plano jurisdiccional y las del Estado en el ámbito del ejercicio de su potestad impositiva.

"Es un principio irrebatible en la vida del derecho que ni la autonomía de las personas ni los instrumentos del área económica y financiera pueden servir, en un momento dado, como elementos jurídicamente idóneos para lesionar el interés público. En consecuencia, se puede afirmar que las limitaciones al sigilo bancario son salvaguardias necesarias al bien común en los cánones del Estado moderno. Estos límites deben ser materias reservadas a la ley, por ser de carácter excepcional, en sentido estricto.

"En este orden de ideas, necesariamente, debe concluirse que existen legítimos y superiores intereses en diversas áreas de la sociedad que se vinculan al bien común, y que deben ser tutelados por el Estado, como lo es, por ejemplo, la necesidad de detectar y reprimir la evasión de los impuestos, los cuales transcienden al eventual interés genérico que pueda tener el mismo Estado en la manutención del sigilo bancario. En efecto, desde el punto de vista de la juridicidad y de la ética no se puede sostener que el secreto bancario pueda servir como instrumento para proteger la comisión de actos 52 como el recién mencionado, que son constitutivos muchas veces de ilícitos penales bajo la forma de delitos tributarios o fraudes fiscales, con resultados, además, de perjuicio patrimonial al Estado y daño al interés general de la sociedad.

"El sistema bancario, frente a la existencia en la sociedad de un interés general, preponderante y superior, está naturalmente llamado a colaborar en la verificación y represión de la evasión tributaria.

"En este marco se inscribe la tendencia de la mayoría de las legislaciones modernas, en cuanto a dotar al Estado de facultades para intervenir en la actividad económica de los ciudadanos, en procura de la correcta determinación de los tributos cuando se configura en el desarrollo de estas actividades un hecho gravado establecido en la ley.

"Ya la Constitución de Weimar, en 1919, proclamó que es lícito al Estado intervenir para condicionar el ejercicio de los derechos a determinados fines sociales. El bien común y la justicia social comenzaron desde entonces a servir de frontera a los derechos y libertades individuales.

"Cabe destacar que la OCDE (*Organisation for Economic Co-operation and Development*) en un documento elaborado en el año 1999, sobre las prácticas de los países en el acceso a la información bancaria para fines tributarios, advierte que se puede abusar de la confidencialidad 'para ocultar actividades ilegales y evadir impuestos' y agrega en el resumen ejecutivo del documento, que 'ni la criminalización del fraude tributario ni el tratamiento de la evasión de impuestos bajo las leyes tributarias de los países miembros de la OCDE son homogéneos', pero que 'sin embargo, los gobiernos de la mayoría de los países miembros de la OCDE han tomado la visión de que en este contexto, las autoridades tributarias no deben ser tratadas como simples terceros sino que se les debe otorgar un acceso privilegiado a la información bancaria con fines tributarios'.

"Se agrega en este estudio que una medida de esta naturaleza 'no pone en peligro la confidencialidad de la información bancaria puesto que las autoridades tributarias están sujetas a estrictos controles sobre cómo utilizan la información de los contribuyentes y todos los gobiernos han implementado reglas para proteger la confidencialidad de la información tributaria' (*El Sigilo Bancario: Acceso a la Información Bancaria para Fines Tributarios*)."

Em verdade, seu texto elenca 30 países integrantes da OCDE (a saber, Alemanha, Austrália, Áustria, Bélgica, Canadá, República Checa, Dinamarca, Finlândia, França, Grécia, Hungria, Islândia, Irlanda, Itália, Japão, Coréia, Luxemburgo, México, Países Baixos, Nova Zelândia, Noruega, Polônia, Portugal, Espanha, Suécia, Turquia, Suíça, Reino Unido, Estados Unidos, República Eslovaca) dos quais, em 1999, apenas três (Portugal, República Eslovaca e Luxemburgo) não facultavam o acesso, por parte de autoridades tributárias, a informações relativas pessoas suspeitas de fraude tributária.

Desses três países, hoje remanescem apenas dois. Com efeito, Portugal deixou de integrar esse grupo constrangedoramente minoritário ao aprovar, em 29.12.2000, a Lei 30-G.

Nesse Diploma, lê-se:

Lei da Reforma de Tributação do Rendimento (Portugal)

Art. 63. 0-B

Acesso a informações e documentos bancários

1 — A administração tributária tem o poder de aceder directamente aos documentos bancários, nas situações de recusa da sua exibição ou de autorização para a sua consulta:

a) Quando se trate de documentos de suporte de registos contabilísticos dos sujeitos passivos de IRS e IRC que se encontrem sujeitos à contabilidade organizada;

b) Quando o contribuinte usufrua de benefícios fiscais ou de regimes fiscais privilegiados, havendo necessidade de controlar os respectivos pressupostos e apenas para esse efeito.

2 — A administração tributária tem o poder de aceder a todos os documentos bancários, excepto as informações prestadas para justificar o recurso ao crédito, nas situações de recusa de exibição daqueles documentos ou de autorização para a sua consulta:

a) Quando se verificar a impossibilidade de comprovação e quantificação directa e exacta da matéria tributável, nos termos do artigo da Lei Geral Tributária, e, em geral quando estejam verificados os pressupostos para o recurso a uma avaliação indirecta;

b) Quando os rendimentos declarados em sede de IRS se afastarem significativamente, para menos, sem razão justificada, dos padrões de rendimento que razoavelmente possam permitir as manifestações de riqueza evidenciadas pelo sujeito passivo, nos termos do art. 89º-A da Lei Geral Tributária;

c) Quando existam indícios da prática de crime doloso em matéria tributária, designadamente nos casos de utilização de facturas falsas, e, em geral, nas situações em que existam factos concretamente identificados gravemente indiciadores da falta de veracidade do declarado;

d) Quando seja necessário, para fins fiscais, comprovar a aplicação de subsídios públicos de qualquer natureza.

3 — As decisões da administração tributária referidas nos números anteriores devem ser fundamentadas com expressa menção dos motivos concretos que as justificam, pressupõem a audição prévia do contribuinte e são da competência do director-geral dos Impostos ou do director-geral das Alfândegas e dos Impostos Especiais sobre o Consumo, ou seus substitutos legais, sem possibilidade de delegação.

4 — Os actos praticados ao abrigo da competência definida no número anterior são susceptíveis de recurso judicial, o qual terá efeito suspensivo nas situações previstas no n. 2.

5 — Nos casos de deferimento do recurso previsto no número anterior, os elementos de prova entretanto obtidos não podem ser utilizados para qualquer efeito em desfavor do contribuinte.

6 — As entidades que se encontrem numa relação de domínio com o contribuinte ficam sujeitas aos regimes de acesso à informação bancária referidos nos ns. 1 e 2.

7 — O acesso da administração tributária a informação bancária relevante relativa a familiares ou terceiros que se encontrem numa relação especial com o contribuinte depende de autorização judicial expressa, após audição do visado, obedecendo aos requisitos previstos no n. 3.

8 — O regime previsto nos números anteriores não prejudica a legislação aplicável aos casos de investigação por infracção penal e só pode ter por objecto operações e movimentos bancários realizados após a sua entrada em vigor, sem prejuízo do regime vigente para as situações anteriores.

9 — Os actos praticados ao abrigo da competência prevista no n. 1 devem ser objecto de comunicação ao Defensor do Contribuinte.

10 — Para os efeitos desta lei, considera-se documento bancário qualquer documento ou registo, independentemente do respectivo suporte, em que se titulem, comprovem ou registem operações praticadas por instituicões de crédito ou sociedades financeiras no âmbito da respectiva actividade, incluindo os referentes a operações realizadas mediante utilização de cartões de crédito (cópia anexa).

Parece evidente, destarte, que todo o mundo civilizado abandonou a possibilidade de opor-se à *administração tributária* o *sigilo bancário*.

4. *O sigilo bancário e o direito à intimidade e à privacidade das pessoas*

A análise do sigilo bancário em face do direito à intimidade e à privacidade, exige, inicialmente, que seja enfrentada a questão referente ao seu conceito.

Os doutrinadores não têm assumido posição uniforme quanto aos aspectos conceituais dessa entidade jurídica.

Sérgio Carlos Covello, autor da obra *O Sigilo Bancário*, cit., p. 69, entende que sigilo bancário é "a obrigação que têm os Bancos de não revelar, salvo justa causa, as informações que venham a obter em virtude de sua atividade profissional".

Luiz Fernando Bellinetti, no artigo intitulado "Limitações legais ao sigilo bancário" (*Revista do Direito do Consumidor* 18/144, São Paulo, Ed. RT, 1996), defende posição no sentido de que sigilo bancário é o "dever jurídico que têm as instituições de crédito e as organizações auxiliares e seus empregados de não revelar, salvo justa causa, as informações que venham a obter em virtude da atividade bancária a que se dedicam".

Para Arnoldo Wald ("O sigilo bancário no Projeto de Lei Complementar 70", *Cadernos de Direito Tributário e Finanças Públicas* 1/196-209, Ed. RT) o "sigilo bancário se enquadra no conceito mais amplo do segredo profissional, que tem merecido uma proteção mais ampla, ensejando sua violação caracterização como crime (art. 154 do Código Penal)".

Eivany A. Silva, tratando do tema em "Considerações a respeito do sigilo de dados" (artigo publicado na *Revista Dialética de Direito Tributário* 61/41-42, Dialética), afirma que "o sigilo bancário é espécie do gênero 'sigilo de dados', constituindo em um direito fundamental, protegido constitucionalmente, inserto que está no rol dos direitos e garantias individuais, ou seja, em 'cláusulas pétreas' da Carta Magna, não podendo, portanto, ser modificado nem mesmo por Emenda à Constituição e, portanto, muito menos, por legislação de hierarquia inferior".

Conforme examinado, há divergências na fixação do conceito. Essas divergências, embora importantes para as posições doutrinárias a serem assumidas sobre o alcance do sigilo bancário, não geram, contudo, influências de maior intensidade no relacionamento entre a instituição financeira e os seus depositantes. Isso porque o que merece ser considerado é a natureza jurídica do sigilo bancário, isto é, a que categoria de direito pertence e como, por quem e quando a sua quebra pode ser determinada.

Em face do exposto, necessário é que se faça o alinhamento das teorias que procuram fundamentar o sigilo bancário.

A doutrina, em épocas diversas, examinou as seguintes teorias:

Teoria Contratualista. O sigilo bancário, de acordo com essa teoria, decorre da relação contratual que, voluntariamente, é formada entre o banco e o cliente, por via da qual, mesmo sem cláusula expressa, a instituição financeira assume a obrigação de guardar segredo das movimentações de dinheiro que nela são feitas. Essa responsabilidade assumida pelo banco inspira-se, segundo os adeptos da teoria em destaque, nos usos, nos costumes e na boa-fé, sempre aplicáveis na interpretação dos contratos comerciais.[7]

Teoria do Direito à Privacidade. Os adeptos dessa corrente afirmam que o sigilo bancário integra o campo do direito à privacidade que faz parte dos direitos da personalidade.

Teoria Consuetudinária. Segundo os seguidores dessa linha de pensar, o sigilo bancário decorre dos compromissos tácitos assumidos entre instituições financeiras e seus clientes, no sentido de não serem levados ao conhecimento de terceiros os valores transacionados. O uso reiterado dessa prática, apoiada no elemento confiança, passou a representar costume adotado nesse tipo de negócio jurídico.

Teoria da Boa-Fé. A adoção dessa teoria conduz o intérprete a entender que o sigilo bancário, por sua própria natureza, está vinculado ao caráter fiduciário da atividade bancária, fundando-se, portanto, na boa-fé ou dever de lisura que tanto marca o tipo de negócio jurídico firmado.

Teoria do Sigilo Profissional. Essa teoria concebe o sigilo bancário como sendo uma espécie do sigilo profissional. Há, portanto, um dever ético do banco em respeitar o sigilo bancário, em decorrência da profissão exercida.

Teoria do Direito à Intimidade dos Bancos. Os integrantes dessa forma de pensar sustentam que a instituição financeira tem legítimo interesse de afastar do conhecimento de terceiros a movimentação financeira dos seus clientes e, conseqüentemente, dos fatos com ela relacionados.

7. Arnoldo Wald, em "Sigilo bancário...", cit., pp. 15-18, manifesta entendimento de que "no campo normativo do direito brasileiro, esta teoria encontra respaldo nos arts. 130 e 131 do Código Comercial, que prevê a interpretação dos contratos segundo os usos, os costumes e a boa-fé".

Teoria da Complexidade do Vínculo. Essa teoria é explicada por Arnoldo Wald, no trabalho já citado, da forma seguinte: "A doutrina moderna abandonou a noção da relação jurídica contratual, defendendo a complexidade do vínculo. Além dos direitos e das obrigações principais, existem deveres secundários para ambos os contratantes que decorrem da regra geral da boa-fé, denominada na doutrina italiana de *correteza* e na legislação alemã de *Treu und Glauben*. Exige que a atuação de uma parte não cause danos à esfera jurídica da outra. Dentro desta idéia, defende-se que o segredo bancário é um dever acessório na relação jurídica. Mesmo que não nasça o contrato entre as partes, a boa-fé objetiva impede que a instituição financeira prejudique os interesses do cidadão".

Estabelecidos os pressupostos doutrinários acima, examino, agora, se o sigilo bancário diz respeito à intimidade e à privacidade das pessoas.

A Constituição Federal, em seu art. 5º, incs. X e XII, afirma:

> Art. 5º. Todos são iguais perante a lei, sem distinção de qualquer natureza, garantindo-se aos brasileiros e aos estrangeiros residentes no País a inviolabilidade do direito à vida, à liberdade, à igualdade, à segurança e à propriedade, nos termos seguintes:
>
> (...).
>
> X — são invioláveis a intimidade, a vida privada, a honra e a imagem das pessoas, assegurado o direito a indenização pelo dano material ou moral decorrente de sua violação;
>
> (...).
>
> XII — é inviolável o sigilo da correspondência e das comunicações telegráficas, de dados e das comunicações telefônicas, salvo, no último caso, por ordem judicial, nas hipóteses e na forma que a lei estabelecer para fins de investigação criminal ou instrução processual penal (...).

Essas garantias constitucionais protegem o cidadão de qualquer investida de terceiros em sua intimidade, em sua vida privada e no sigilo de seus dados.

Na expressão *terceiros* está incluído o Estado e, conseqüentemente, seus agentes políticos e administrativos.

A doutrina tem se manifestado, de modo quase unânime, no sentido de que o sigilo bancário é uma garantia constitucional que protege a privacidade das pessoas no campo econômico e financeiro. A sua significação é de resguardar a movimentação da conta bancária e das aplicações financeiras do cidadão, para que, de nenhum modo, os atos privados praticados possam ser tornados públicos.

Esse posicionamento é o adotado pelos autores que passo a citar:

Arnoldo Wald ("O sigilo bancário e os direitos fundamentais", artigo publicado nos *Cadernos de Direito Tributário e Finanças Públicas* 22/15-21, Ed. RT): "O sigilo bancário é o meio para resguardar a privacidade no campo econômico, pois veda a publicidade sobre a movimentação da conta corrente bancária e das aplicações financeiras".

Eivany A. Silva ("Considerações a respeito do sigilo de dados", artigo publicado na *Revista Dialética de Direito Tributário* 61/27, São Paulo, Dialética): "A maioria dos ordenamentos jurídicos, como o brasileiro, tratam o sigilo bancário como direito fundamental do contribuinte à privacidade, ou seja, à resistência à comunicação de dados que representem desdobramento da personalidade da pessoa, direito a oposição e à negação de comunicação".

Ives Gandra da Silva Martins ("Sigilo bancário", trabalho publicado na *Revista Dialética de Direito Tributário* 1/24 e 25, Dialética):

"Pelos incs. X e XII do art. 5º tem o contribuinte o direito de preservação de sua intimidade, de sua privacidade e de que terceiros que detenham informações pessoais suas sejam obrigados a guardá-las.

"Não pode, pois, a fiscalização exigir de terceiros informações que apenas pode obter do próprio contribuinte.

"Em determinadas hipóteses, todavia, o interesse público há de prevalecer sobre o interesse individual, mas caberá a um outro poder definir se tais hipóteses efetivamente ocorrem, com o que poderá, o Poder Judiciário, autorizar, se convencido estiver o magistrado de que a hipótese é de gravidade e de lesão ao interesse público, a quebra do direito ao sigilo bancário.

"Estou convencido ser esta a melhor conformação jurídica da questão, idealizada pelos constituintes, defendida pela doutrina e consagrada na jurisprudência, corrente exegética esta a que me filio desde os meus primeiros escritos sobre a matéria."

Roberto Quiroga Mosquera (*Tributação no Mercado Financeiro e de Capitais*, obra publicada pela Dialética, São Paulo, 1998, pp. 70-71):

"Do exposto até aqui, é evidente que o direito ao sigilo bancário representa uma espécie de direito à privacidade.

"É incontroverso que os dados e informações de natureza bancária dizem respeito à intimidade e à vida privada dos cidadãos. Dados que dizem respeito ao valor em dinheiro depositado em contas correntes bancárias, tipos e características de aplicações financeiras, ganhos e prejuízos auferidos ou incorridos em operações bursáteis etc., são, sem sombra de dúvida, elementos particulares e pessoais de qualquer indivíduo.

"Utilizando outra voz: informações que tocam no aspecto financeiro do ser humano representam direito íntimo e personalíssimo, devendo ser mantidas em sigilo por aqueles que eventualmente as detenham, em razão de sua atividade profissional. Parece-nos que tal conclusão é de uma clareza inconteste.

"Não tem sido outra a posição da doutrina mais abalizada do País e da jurisprudência dominante."

O autor referido, a seguir, faz a observação seguinte:

"Carlos Alberto Hagstrom ("Sigilo bancário: novas questões", *RDM* 105/43-44, São Paulo, Malheiros Editores, 1997) expõe que, apesar de existirem diversas teorias que procuram fundamentar juridicamente o sigilo bancário, modernamente, a explicação para o fundamento do referido instituto sofreu uma radical alteração. Diversas constituições modernas, esclarece o mencionado autor, ampliaram e explicitaram o elenco de direitos e garantias individuais, passando a garantir o direito à privacidade e à intimidade. A Constituição brasileira não trilha caminho diferente. Assegurou referidos direitos de forma expressa e sem restrições. O tema do sigilo bancário figura, agora, em nível constitucional. Tem *status* de norma superior no qual se reconhece o direito à intimidade como norma de caráter genérico, em que estão contemplados múltiplos aspectos da vida privada, em especial os de ordem econômico-financeira que compõem o que Hagstrom denominou a intimidade-econômica ou intimidade patrimonial".

Luís Fernando Bellinetti ("Limitações legais ao sigilo bancário", artigo publicado na *Revista de Direito do Consumidor* 18/141-151):

"Como já dissemos anteriormente, em certas hipóteses o fundamento para o segredo bancário seria a privacidade. No entanto, nesses casos o que se protege é a privacidade e o não propriamente o sigilo.

"Entendemos que uma coisa é garantir-se a privacidade da pessoa, com fundamento em norma constitucional; outra é garantir-se o segredo de informações bancárias de uma pessoa, com base na legislação supramencionada.

"Sempre que a revelação de informações bancárias puder violar a privacidade da pessoa, parece-nos que mais do que garantia ao sigilo bancário (com fundamento legal), tem a pessoa garantia à sua privacidade (com fundamento constitucional).

"No entanto, se a revelação da informação não invadir a esfera da intimidade da pessoa, sua garantia é meramente legal, do sigilo bancário."

Carlos Mário Velloso (citado por Misabel Derzi, em *Direito Tributário Aplicado*, obra publicada pela Del Rey, Belo Horizonte/MG, pp. 278 e 279):

"O sigilo bancário decorre do direito à privacidade inerente à personalidade das pessoas, consagrado na Constituição Federal em seu art. 5º, X, e protege tanto interesses privados como finalidades de ordem pública, a saber, o sistema de crédito.

"O sigilo bancário não é um princípio absoluto.

"As exceções ao sigilo bancário estão previstas na Lei 4.595/1964, que continua em vigor.

"O Poder Judiciário pode requisitar, relativamente a pessoas e instituições, informações que implicam quebra de sigilo (Lei 4.595/1964, art. 38, § 1º); entretanto, mesmo havendo inquérito policial instaurado, deverá proceder com cautela, prudência e moderação inerentes à magistratura."

Luciana Fregodolli ("O direito à intimidade", excerto da dissertação que apresentou sob o título "O direito à intimidade e a prova ilícita", publicado pelos *Cadernos de Direito Constitucional e Ciência Política* 19/233, Ed. RT):

"O sigilo bancário protege interesses privados. É ele espécie de direito à privacidade, inerente à personalidade das pessoas e que a Constituição Federal consagra no art. 5º, X, além de atender a uma finalidade de ordem pública, qual seja, a de proteção do sistema de crédito.

"O direito à privacidade abrange atualmente o de impedir que terceiros, inclusive o Estado e o Fisco, tenham acesso a informações sobre o que se denominou área de manifestação existencial do ser humano."

Celso Ribeiro Bastos. O pensamento de Celso Ribeiro Bastos foi exposto por Roberto Quiroga Mosquera, na obra já referida, p. 71, do modo seguinte:

"Celso Bastos é do mesmo pensar. Após tecer considerações introdutórias acerca do sigilo bancário e expor pensamentos de diversos autores nacionais e alienígenas, conclui o constitucionalista brasileiro no sentido de que 'todas as despesas ordinárias feitas pelo cidadão comum em sua vida cotidiana devem ser consideradas parte de sua vida privada, familiar ou doméstica e, portanto, protegidas contra interferências a despeito de qualquer pretexto. Desde as condutas mais corriqueiras como as compras efetuadas em um supermercado para manutenção da família, quanto aquelas outras moralmente reprováveis, como presentes ou jóias compradas e dadas a quem presta ao homem serviços de natureza extraconjugal, tudo está abarcado pelo manto da proteção à vida privada, familiar ou doméstica (...)'. E, mais adiante, arremata: 'Hoje praticamente a vida do homem pode ser escrita a partir de seu talão de cheques, e nas sociedades mais avançadas pelos cartões de crédito, e magnéticos. Permitir-se que o sigilo bancário venha a ser rompido por qualquer forma não extraordinária para salvaguarda de interesse de porte, no mínimo, idêntico, é expor a segurança individual a um constante e absurdo temor perante as possibilidades de controle direto ou pelo vazamento de alguma informação'."

Há, contudo, corrente contrária. Examino os seus fundamentos.

André Serrão Borges de Sampaio, Consultor da União, nas informações prestadas ao Advogado-Geral da União sobre a ADIn 2.397, cita trechos de doutrina e jurisprudência estrangeiras defendendo o entendimento de que o sigilo bancário não tem conotação de direito de privacidade. Eis o que escreveu o parecerista citado:

"O jurista português, J. L. Saldanha Sanches, coteja primorosamente o sigilo bancário com a proteção da intimidade, para concluir que não há que se falar em 'direito ao sigilo bancário' como concretização do direito à intimidade. Nas suas palavras:

"'Ora em que esfera podemos nós incluir o segredo bancário, enquanto instituto que concretiza certos valores do ordenamento jurídico. Como expressão de interesses juridicamente tutelados?

"'Será o segredo bancário um prolongamento do direito à intimidade da esfera pessoal e familiar de uma qualquer pessoa singular (uma vez que em relação às pessoas coletivas a questão não pode mesmo ser colocada)? Ou dirá antes respeito àquela faixa mais larga que resguarda a privacidade de qualquer cidadão e que só pode por isso sofrer qualquer intromissão, se surgirem razões válidas para que tal direito seja restringido?

"'Ao afirmar-se que, na perspectiva dos clientes dos bancos, o segredo bancário é um 'direito com a reserva da sua vida privada', temos uma primeira resposta para esta questão.

"'Mas falta distinguir entre intimidade e reserva da vida privada e entre clientes individuais e profissionais de um banco. Não estamos perante o mesmo tipo de tutela quando um particular espera que o banco não divulgue a qualquer interessado o volume da sua conta bancária (porque pura e simplesmente quer manter sob reserva a sua vida particular) ou quando um comerciante confia no banco para que este não revele quem são os seus clientes, fornecedores ou qual é o seu grau de endividamento.

"'No caso da pessoa singular está apenas em causa um conjunto de valores de natureza moral; esta não está, em princípio, preocupada com possíveis prejuízos econômicos ligados a qualquer divulgação. Apenas se opõe, por razões do seu foro pessoal e que não carecem de fundamentação, que esta tenha lugar.

"'Enquanto que o comerciante pode ser seriamente prejudicado, em termos concorrenciais, com a revelação da lista dos seus clientes ou com a sua situação financeira.

"'O dever de reserva que cabe ao banqueiro está desta forma ao serviço do interesse comercial das empresas suas clientes — que pelo simples facto de o serem ou por necessitarem de obter crédito lhe dão informações com um forte valor comercial ou da pessoa singular que deseja manter a privacidade da sua situação patrimonial.

"'Ou, em alternativa, ao serviço da manutenção da privacidade que qualquer um pode desejar, ainda que a possível violação desta apenas lhe possa acarretar danos não-patrimoniais.

"'E por isso o segredo bancário não pode constituir a expressão do imperativo constitucional da proteção da intimidade. Até porque o acesso a essa esfera está vedado aos próprios bancos.

"'Não nos parece aceitável que um banco, como condição para a concessão de crédito a uma pessoa singular ou para estabelecer com ela qualquer relação contratual, possa exigir desta informação de tipo estritamente pessoal ou a sujeição a exames médicos que, atingindo a sua esfera íntima, afectam a sua dignidade. Aqui está em causa a ilicitude da pergunta, por pressupor o acesso à esfera inviolável (e indisponível) da intimidade.

"'A informação que o banco pode obter para a defesa dos seus interesses legítimos não pode ir além da esfera patrimonial do seu cliente: rendimentos, bens possuídos, perspectivas profissionais.

"'(...).

"'Podemos pois concluir que o segredo bancário não é, não pode ser, uma concretização do princípio constitucional do direito à intimidade.

"'Este princípio tem como função consagrar uma zona de reserva pessoal para factos, opções e circunstâncias, que só de forma indirecta e de todo secundária, podem ter aspectos ou reflexos de natureza patrimonial' (J. L. Saldanha Sanches, "Segredo bancário e tributação do lucro real", in J. L. Saldanha Sanches, *Estudos de Direito Contabilístico e Fiscal*, Coimbra, Coimbra Ed., 2000, pp. 105-108)."

Em diversos países, há a clara percepção que não há que se confundir direito à intimidade com sigilo bancário, indicando que a quebra do sigilo pela administração tributária não constitui violação ao direito. Ao contrário, a existência de um "estado fiscal" implica na necessidade de consagrar à administração tributária tal faculdade, o que se harmoniza com diversos princípios e outros direitos fundamentais constantes da Carta de 1988.

O caso espanhol é exemplar neste sentido, ao não visualizar a violação do direito à intimidade em relação à quebra do sigilo bancário. Portanto, "el Tribunal Constitucional español se ha pronunciado por la negativa de que 'el conocimiento de las cuentas bancarias por la Administración pueda invadir el ámbito constitucionalmente garantizado de la intimidad de los individuos, porque tales extractos no constituyen *per se* una biografía personal en números y en sí no tiene relevancia para la intimidad personal y familiar del contribuyente, ya que se trata de dados no secretos y confiados a una entidad' (Laura Rodríguez Campos, *Derechos del Contribuyente en la República Argentina, al Amparo de la Convención Interamericana de Derechos Humanos*, <http://www.iefpa.org.ar/criterios_digital/articulos/derechos.htm.>, visitado em 5.1.2001)".

Ao analisar a jurisprudência da Corte Constitucional espanhola quanto ao tema, também ressalta Saldanha Sanches:

"Na apreciação da constitucionalidade da lei que permitia o controlo administrativo das contas bancárias o Tribunal Constitucional espanhol realizou uma distinção entre intimidade pessoal e familiar e a 'intimidade económica' onde a proteção constitucional é menos intensa.

"E procura fazer uma distinção entre a violação da intimidade como conseqüência de uma análise das contas bancárias — colocando a hipótese de uma recusa de cooperação por parte do contribuinte se tal eventualidade se verificar — e a violação directa da intimidade: uma vez que esta não pode resultar de uma mera análise de movimentos bancários" (J. L. Saldanha Sanches, "A situação actual do sigilo bancário: a singularidade do regime português", in J. L. Saldanha Sanches, *Estudos...*, cit., 2000, p. 91).

Outro comentarista, ao analisar a situação do sistema espanhol quanto ao sigilo bancário e o direito à intimidade, fez questão de ressaltar:

"Según el TC, frente a la Hacienda pública no existe el derecho a la intimidad del art. 18 CE. Ya la LO de 5 de mayo del 82 vacía prácticamente de contenido constitucional el derecho a la intimidad, en cuanto el ámbito de ésta queda deferido a la ley ordinaria (a.2º) y en cuanto que la esfera protegida frente a las Administraciones se reduce a poco o nada al no reputarse intromisiones ilegítimas las actuaciones autorizadas o acordadas por la Autoridad competente de acuerdo con la Ley (art. 8º, 1).

"La LGT y el RI limitan la esfera de la intimidad, en las relaciones con la Hacienda, hasta el extremo de que solamente existe un refugio, limitado, en el ámbito del secreto profesional, en los casos de información sobre terceros, y siempre que no se trate de datos con 'trascendencia económica o tributaria'. El TC no ha encontrado, hasta el momento, ni un solo supuesto de dato o información económica con trascendencia tributaria que limite la acción inquisitiva de la Administración tributaria por razón de intimidad. Bien puede decirse, por tanto, que frente a la Administración tributaria, en cuanto se trata del ejercicio de su función de búsqueda de datos 'con trascendencia tributaria', 'el derecho a la intimidad personal y familiar' (art. 18, 1 CE) no existe.

"La biblia del tribunal, a estos efectos, está constituida por la S. 110/84, reiterada en numerosas ocasiones, ampliada en el Auto 642/86, y reafirmada, por ejemplo, en la S. 26 abril 90, tantas veces citada (FJ 10º). Según esa doctrina, la distribución justa de la carga fiscal prevalece sobre el derecho a la intimidad; parte del art. 8, 1 de la LO, según el cual frente a la Ley (ordinaria) no hay intimidad protegida, siempre que haya en dicha ley 'imperativos de interés público' (...); ni siquiera se habla del predominio, frente a la intimidad, de intereses u objetivos constitucionalmente protegidos. Sólo admite que la actuación administrativa es arbitraria cuando 'no parezca justificada por la finalidad de la inspección', es decir, cuando se trate de datos o informaciones que carezcan de 'trascendencia tributaria'; pero éste, obviamente, no es sin límite derivado del derecho a la intimidad, sino de la interdicción de arbitrariedad o desviación de poder de la Administración, de la necesidad de ajuste de toda Administración al ámbito de su competencia, que tanto vale para datos íntimos como para otros que no lo sean. Según la S. 110/84, no hay esfera de intimidad protegida frente a una Administración tributaria amparada en una norma que elimina la intimidad como límite" (Jaime García Añoveros, "Una nueva Ley General Tributaria. Problemas constitucionales", in P. Kirchhof *et al. Garantías Constitucionales del Contribuyente*, Valencia, Tirant lo Blanch, 1999, pp. 109-110).

Diante de tudo quanto foi exposto, tendo-se o cuidado de registrar posicionamento de diferentes autores nacionais e estrangeiros, há ambiente preparado para ser respondido o primeiro questionamento, desdobrado em três partes, formulado para o III Colóquio Internacional de Direito Tributário, promoção do Centro de Extensão Universitária. Eis a primeira parte do seu teor:

O sigilo bancário diz respeito à intimidade e privacidade das pessoas?

A resposta é, optando por convencimento influenciado pelas idéias da corrente predominante, positiva.

O nosso entendimento é no sentido de que o direito à intimidade integra os direitos da personalidade e visa proteger o direito à inviolabilidade do domicílio, da correspondência, das comunicações de quaisquer espécies, dos dados pessoais computadorizados, do sigilo bancário. O mesmo acontece com o direito à privacidade.

A expansão da proteção do direito à intimidade e à privacidade é uma conseqüência da evolução da era contemporânea nos setores tecnológicos e da instabilidade que passa as instituições estatais, especialmente, a encarregada de arrecadar tributos. Há o reconhecimento de que desenvolve-se um processo de aguda corrosão na proteção à intimidade que, ao ser violada, provoca a publicização das condutas mais íntimas do cidadão.

A concepção do sigilo bancário no âmbito do direito à intimidade e à privacidade garante ao homem o mínimo capaz para que lhe seja assegurada a sua condição humana, como apregoa a Conferência Nórdica sobre o Direito à Intimidade, realizada em Estocolmo, na data de maio de 1967, ao fazer inserir, no documento que publicou, a seguinte definição: "O direito à intimidade é o direito do homem de viver em forma independente a sua vida, com um mínimo de ingerência alheia".

5. Segurança jurídica e acesso indiscriminado de agentes do Poder Público às informações bancárias

A segunda pergunta apresentada pelos organizadores do colóquio está assim posta:

A segurança das relações jurídicas através do sistema financeiro pode ser afetada pelo acesso indiscriminado de agentes do Poder Público às informações bancárias?

O acesso indiscriminado de agentes do Poder Público às informações bancárias, se realizado, caracteriza um atentado de suma gravidade aos direitos do cidadão. É um ataque aos princípios sustentadores do sistema democrático adotado pelo Constituinte de 1988, especialmente, quando afirma que a República Federativa do Brasil tem como objetivo fundamental o respeito à dignidade humana e à cidadania.

No ordenamento jurídico brasileiro, ao meu pensar, não há lugar para brotar qualquer interpretação que conclua pela possibilidade de qualquer agente do Poder Público acessar de modo generalizado e sem motivação informações bancárias do cidadão, mesmo com autorização judicial.

Esclareço, desde logo, que não comungo com o pensamento de determinada corrente no sentido de ser absoluto o direito ao sigilo bancário. Tenho-o como relativo, porém, vinculado aos princípios da razoabilidade, da moralidade, da legalidade e da motivação explícita e detalhada, sob pena de ser impossível a sua quebra.

O acesso indiscriminado do agente fiscal às informações bancárias do cidadão gera uma quebra da segurança das relações jurídicas por um terceiro passar a ter, sem causa justificadora, conhecimento da vida íntima de alguém, submetendo-o, a partir daí, a um regime de submissão. Por outro lado, ninguém poderá garantir, nem o próprio Estado, que o agente público utilize os dados que chegaram ao seu conhecimento para outros intentos que não o exclusivamente fiscal.

Lembra Arnoldo Wald que "O segredo na atividade bancária envolve, concomitantemente, interesses privados e coletivos, que podem ser analisados sob três ângulos: o interesse do cliente na sua relação com a instituição financeira; o interesse do banco em atuar com discrição para ganhar a confiança da população e captar recursos e o interesse social na existência de um bom e eficiente sistema bancário. Por estarem ligadas ao desenvolvimento da economia e aos interesses da comunidade, as relações que envolvem as instituições financeiras não recebem o mesmo tratamento jurídico despendido a outras relações comerciais. Inviável a aplicação exclusiva das regras de direito privado, as quais têm como princípio norteador a autonomia da vontade, pois esta encontra limites nas normas cogentes próprias do direito do bancário e na intervenção do Estado".[8]

A segurança jurídica desse tipo de relação envolve, também, a manutenção do segredo das movimentações financeiras do contribuinte.

Imprimir-se a mais ampla segurança nas relações do sistema financeiro é fortalecê-lo. O Estado tem o dever de zelar por esse estado de segurança, não permitindo, conseqüentemente, que o sigilo bancário seja quebrado pelo acesso indiscriminado de agentes do Poder Público, por esse comportamento afetar a confiabilidade no sistema.

É de todo inconveniente permitir a possibilidade de um atuar do agente fiscal sem controle na quebra do sigilo bancário, por afetar diretamente a segurança da relação jurídica firmada entre a instituição financeira e o seu cliente, em face deste sentir-se atingido pela ação fiscal que passa a tomar conhecimento de sua intimidade financeira e de fatos de sua vida privada, sem o respaldo do Poder Judiciário.

A segurança jurídica nesse tipo de relação deve assegurar impossibilidade de abuso de poder por parte do Fisco, em face da necessidade de ser resguardada a garantia de que, em um Estado de Direito, não pode ser concebido que conceda-se a uma parte, mesmo que seja o Estado, o domínio absoluto de apanhar as provas que irá utilizar, em caso de litígio, contra alguém.

O acesso indiscriminado de agentes do Poder Público às informações bancárias do contribuinte, além de afetar a segurança jurídica da relação em questão, promove um desequilíbrio entre o cidadão-contribuinte e o Fisco, por caracterizar coação que coloca aquele em posição de inferioridade.

A valorização da segurança jurídica da relação existente entre instituição financeira e contribuinte pelo Fisco, não quebrando o seu sigilo fiscal sem autorização judicial, constitui causa de aplicação de Justiça fiscal. O seguimento de seus princípios valoriza o regime democrático do qual ela faz parte.

6. Casos de admissibilidade da quebra do sigilo bancário

Os casos de admissibilidade da quebra do sigilo bancário estão, na atualidade,

8. Arnoldo Wald, idem, p. 15.

descritos no nosso ordenamento jurídico positivo.

A Lei Complementar 105, de 10.1.2001, após determinar, no art. 1º, de que "as instituições financeiras conservarão sigilo em suas operações ativas e passivas e serviços prestados", dispõe no § 3º do mesmo artigo que:

§ 3º. Não constitui violação do dever de sigilo:

I — a troca de informações entre instituições financeiras, para fins cadastrais, inclusive por intermédio de centrais de risco, observadas as normas baixadas pelo Conselho Monetário Nacional e pelo Banco Central do Brasil;

II — o fornecimento de informações constantes de cadastro de emitentes de cheques sem provisão de fundos e de devedores inadimplentes, a entidades de proteção ao crédito, observadas as normas baixadas pelo Conselho Monetário Nacional e pelo Banco Central do Brasil;

III — o fornecimento das informações de que trata o § 2º do art. 11 da Lei 9.311, de 24 de outubro de 1996;

IV — a comunicação, às autoridades competentes, da prática de ilícitos penais ou administrativos, abrangendo o fornecimento de informações sobre operações que envolvam recursos provenientes de qualquer prática criminosa;

V — a revelação de informações sigilosas com o consentimento expresso dos interessados;

VI — a prestação de informações nos termos e condições estabelecidos nos arts. 2º, 3º, 4º, 5º, 6º, 7º e 9º desta Lei Complementar.

§ 4º. A quebra de sigilo poderá ser decretada, quando necessária para apuração de ocorrência de qualquer ilícito, em qualquer fase do inquérito ou do processo judicial, e especialmente nos seguintes crimes:

I — de terrorismo;

II — de tráfico ilícito de substâncias entorpecentes ou drogas afins;

III — de contrabando ou tráfico de armas, munições ou material destinado a sua produção;

IV — de extorsão mediante seqüestro;

V — contra o sistema financeiro nacional;

VI — contra a Administração Pública;

VII — contra a ordem tributária e a previdência social;

VIII — lavagem de dinheiro ou ocultação de bens, direitos e valores;

IX — praticado por organização criminosa.

Como visto, a Lei Complementar enumera inúmeras situações que, independentemente de autorização judicial, o sigilo bancário é quebrado.

A dificuldade que se apresenta é a de conciliar os casos de quebra de sigilo bancário que a Lei Complementar 105 autoriza com a garantia do direito à privacidade e à intimidade.

Os de maior relevância são:

• não constituir violação do dever de sigilo bancário a troca de informações entre instituições financeiras, para fins cadastrais, inclusive por intermédio de centrais de risco, o que possibilita o conhecimento da vida financeira privada do cidadão por várias pessoas sem desempenho de autoridade na instituição, independentemente de ser justificada, com antecedência, a causa desse atuar;

• o de serem fornecidos dados relativos a fornecimentos de informações cadastrais de emitentes de cheques sem provisão de fundos, a entidades privadas de proteção ao crédito, sem qualquer avaliação por qualquer autoridade da causa determinante do fato;

• a quebra do sigilo bancário na fase do inquérito, por inexistir nessa ocasião qualquer contraditório e respeito ao princípio do devido processo legal.

Quanto às demais situações constantes na Lei Complementar que autorizam a quebra do sigilo bancário, não obstante algumas serem absolutamente necessárias, há de serem vistas em compatibilidade com as garantias constitucionais, conforme já assinalado.

O Colendo Supremo Tribunal emitirá pronunciamento, como guarda e intérprete maior da Carta Magna, em ADIn já intentada sobre a constitucionalidade ou não dos dispositivos supramencionados.

Em campo doutrinário, as posições apresentadas valorizam-se, quando confrontadas com as respostas oferecidas aos questionamentos formulados, por acenarem para a necessidade do controle do Poder Judiciário para a quebra do sigilo bancário.

7. Sistema mais justo para a quebra do sigilo bancário

Os organizadores do III Colóquio Internacional de Direito Tributário submetem, também, para análise a questão do teor seguinte: "Um sistema, em que o Poder Judiciário torna-se árbitro dos pedidos da Administração Pública para quebra do sigilo, é o mais justo?".

Em um Estado que, por imposição de sua própria Constituição, está comprometido com a guarda e aplicação efetiva de princípios democráticos, especialmente o de respeitar os direitos e garantias fundamentais da cidadania, não há campo para que seja outorgado ao Poder Executivo, por via da atuação de agentes públicos fiscais, o acesso, sem o controle do Poder Judiciário, às informações bancárias do contribuinte.

O sigilo bancário, por ser um direito fundamental que exige ser respeitado, pela supremacia constitucional que o protege, deve submeter a possibilidade de sua quebra para fins tributários ao Poder Judiciário, pela ausência de interesse direto nos resultados da ação fiscalizadora, que é o recolhimento do tributo, e pelas garantias de independência, prudência e qualificação jurídica que revestem esse Poder.

A atuação da fiscalização tributária não pode ser exercida fora dos limites da legalidade imposta a partir da Carta Magna e demais imposições legais a ela subordinadas.

Não se desconhece que, no atual estado fiscal, os tributos constituem os meios financeiros determinantes para o atendimento dos compromissos da Administração Pública com as obrigações oriundas em decorrência de sua atividade no campo educacional, social, de segurança pública interna e externa, da saúde, da manutenção dos Poderes, ou seja, para manter funcionando a máquina estatal.

Por não entremostrar-se, na época contemporânea, qualquer outra alternativa viável para transformar o estado fiscal em um estado produtivo, os tributos passam a representar um dever da cidadania, conforme assinala José Casalta Nabais, Professor da Faculdade de Direito da Universidade de Coimbra, em artigo intitulado "Algumas reflexões sobre o actual estado fiscal": "Por isso, os impostos hão-de constituir um preço aceitável, ou seja, um preço limitado. Um preço que, estou certo, muitas das sociedades, que nos antecederam, gostariam de ter pago e algumas das actuais não enjeitariam suportar. Por isso, bem podemos afirmar, como já o fizemos noutro lugar, que no actual estado fiscal, para o qual não se vislumbra qualquer alternativa viável, pelo menos nos tempos mais próximos, os impostos constituem um indeclinável dever de cidadania, cujo cumprimento a todos nos deve honrar".

A atuação do Poder Judiciário para liberar o bloqueio fortalece a confiança do cidadão no procedimento da fiscalização e consagra a idéia ínsita em qualquer regime democrático de que a atuação do Estado tem limites.

Na espécie, os limites impostos são os decorrentes da quebra do sigilo ser necessário, em face da possível ilicitude cometida pelo cidadão, porém, sem ser violado os direitos do cidadão de gozar da sua privacidade e da sua intimidade.

A denominada cidadania fiscal há de ser considerada de modo conjuntural com os reflexos dos direitos fundamentais assegurados ao contribuinte, prestigiando, contudo, a responsabilidade que tem o Estado de promover a arrecadação dos tributos.

Cedo espaço para registrar que a cidadania fiscal deve configurar uma espécie de relação jurídica em que todos suportem a concretização de um Estado em que "todos tenham a qualidade de destinatário do dever fundamental de pagar impostos na medida da respectiva capacidade contributiva", porém, que seja um "Estado fiscal suportável, isto é, um Estado cujo sistema fiscal se encontre balizado por estritos limites jurídico-constitucionais".[9]

A administração tributária, por melhor que seja a sua estrutura e os seus propósitos, não está emocionalmente preparada para conceber e aplicar os princípios que sustentam a cidadania fiscal. Isso ocorre, primeiramente, por o Fisco ter como missão exclusiva exercer a função de arrecadar tributos. É a sua meta essencial, por ser atribuição que na organização administrativa estatal está obrigado a desempenhar. Não lha cabe administrar o tributo arrecadado, limitando-se, unicamente, a envidar esforços para o cumprimento das metas impostas para imprimir aumento na arrecadação tributária. O sucesso da administração tributária é medido pelo maior volume de recursos fiscais atraídos para os cofres do Governo, nunca pelo respeito que exerça para com os direitos fundamentais do contribuinte. É uma questão de cultura administrativa, de distribuição de funções no sistema estatal, difícil de ser mudado só por sugestões doutrinárias. Necessita de vontade política.

Por outro lado, a fiscalização tributária não consegue afastar as pressões exercidas sobre ela por determinados segmentos da organização estatal que defendem uma atuação mais agressiva para a cobrança dos tributos, tudo em decorrência dos efeitos produzidos pela conduta ilícita marcante da sonegação fiscal.

Esses fatores contribuem para que a fiscalização tributária atue parcialmente para avaliar a necessidade objetiva da quebra do sigilo bancário do cidadão. Por melhor que seja o seu desempenho, nunca ganhará a confiança do contribuinte.

A atribuição da quebra do sigilo bancário, em um regime democrático onde predomina o respeito maior aos direitos fundamentais da cidadania, deve ser exercido pelo Poder Judiciário, não só porque seus membros atuais estão revestidos da garantia da vitaliciedade, inamovibilidade e irredutibilidade de vencimentos, bem como, porque exercem suas funções com independência absoluta em relação ao Poder interessado na cobrança do tributo e, conseqüentemente, no resultado a ser obtido pela ação fiscal.

Esse sistema misto, onde o Fisco faz a solicitação motivada para a quebra do sigilo bancário ao Poder Judiciário e este, após analisá-la com objetividade e cautela, defere ou indefere, impõe segurança e confiabilidade na atuação fiscal e sublima o respeito à dignidade do contribuinte, em outras palavras, da cidadania fiscal, isto é, de uma "cidadania de liberdade, que o estado fiscal pressupõe, para não ser postergada impõe um sistema fiscal balizado por estritos limites jurídico-constitucionais. Limites esses que integram a chamada constituição fiscal e que podemos reconduzir, para não nos alongarmos nesse aspecto, a duas idéias: uma idéia de segurança, que tem o seu tradicional e principal suporte no princípio da legalidade fiscal, e uma idéia de justiça ou equidade, que tem a ver com a medida dos impostos e assenta no princípio da capacidade contributiva".[10]

Em conclusão, a adoção de um sistema, para a quebra do sigilo bancário, em que o Poder Judiciário seja o árbitro dos

9. José Casalta Nabais (Professor da Faculdade de Direito da Universidade de Coimbra), "Algumas reflexões sobre o actual estado fiscal", no *site* <http://agu.gov.br>.

10. Idem, p. 15.

pedidos da Administração Pública, não é somente mais justo, mas, consegue impor maior credibilidade à atuação fiscal e presta homenagem, com intensa potencialidade, aos princípios democráticos consistentes na guarda da segurança jurídica, do respeito aos direitos fundamentais do cidadão, nesse rol incluídos os à privacidade e à intimidade. Além disso, torna mais respeitável a relação entre Fisco e contribuinte, valorizando, portanto, a opção do Estado pelo regime democrático.

8. Autoridade fiscal e faculdade incondicionada de quebrar o sigilo bancário

Essa indagação consubstancia a preocupação de serem estabelecidos controles para a atuação do agente público fiscal. Centra-se a preocupação em imprimir, nas relações jurídicas tributárias de quaisquer espécies, o primado da legalidade, aprimorando-se o atuar vinculado.

Não concilia-se com os postulados da democracia a adoção de um sistema de fiscalização tributária que outorgue faculdade incondicionada ao fiscal tributário de invadir a intimidade e a privacidade das pessoas, sob o falso argumento jurídico de que busca encontrar provas de sonegação fiscal.

Depreende-se do exposto que a autoridade fiscal não deve ter faculdade incondicionada de quebrar o sigilo sempre que entender necessário. Isso porque, a prática de atos administrativos por agentes públicos, de modo incondicional, revela grave violação ao princípio da legalidade, onde predomina a vontade da lei e não o discricionarismo de quem o pratica.

No trato do sigilo bancário, o atuar sem limites da fiscalização assume características de maior gravidade porque há violação aos princípios fundamentais já expostos e que são prestigiados pela Carta Magna, especialmente, por bater de frente, de modo integral e absoluto, com o direito à intimidade e à privacidade. O atuar deve vincular-se, rigidamente, ao princípio da legalidade, especialmente, como posto na Carta Magna, sem a possibilidade de ser aberto qualquer canal para uso da conveniência ou da oportunidade.

É de ser lembrado, no trato do assunto, a lição de José Casalta Nabais, no trabaho já citado, p. 27, no sentido de que: "É certo que, independentemente da concepção a que se adira relativamente ao segredo bancário, não temos a menor dúvida de que o acesso da administração fiscal à informação bancária, seja directo, sem necessidade de prévia decisão judicial, seja indirecto, depois portanto de prévia decisão judicial, há-de ter sempre uma natureza claramente excepcional. Na verdade, constitua o segredo bancário uma manifestação do direito fundamental à reserva da intimidade da vida privada, constante do art. 26º, 2, da Constituição portuguesa, ou suporte um outro direito fundamental, um direito à reserva da vida privada análogo àquele, a sua afectação terá sempre caráter excepcional".

A autoridade fiscal não possui a necessária isenção e competência institucional para averiguar o grau dessa excepcionalidade, de modo que possa impor confiança ao cidadão investido na condição de contribuinte, porém, com direitos a serem assegurados por força do regime democrático adotado.

O certo é que na relação jurídica tributária deve ser buscado o justo equilíbrio pregado pelo Estado de Direito onde o cidadão deve ter a sua dignidade respeitada, sem, contudo, afastar-se a necessidade do Estado arrecadar tributos, de forma cogente e imperativa bem como de serem permitidas condições de atuação que resultem no combate à sonegação fiscal.

9. Responsabilidade da autoridade administrativa que quebrar o sigilo bancário de forma inconsistente e indevida

É inerente ao regime democrático que a autoridade administrativa pública está obrigada a exercer as suas atribuições com rigorosa obediência aos princípios da legalidade, moralidade, publicidade, impessoalidade e eficiência, entre outros.

A Carta Magna consagra, expressamente, no art. 37, a obediência do agente público a esse tipo de comportamento.

A autoridade administrativa que quebrar, de modo inconsistente e indevido, o sigilo bancário do cidadão pratica ato com capacidade de provocar os seguintes efeitos: a) de invadir o direito à privacidade e à intimidade de alguém; b) de provocar-lhe danos morais e materiais, dependendo da repercussão provocada pelo seu atuar.

Constatada a efetivação real de danos morais e materiais, a responsabilidade do Estado pode ser acionada, conforme permite o art. 37, § 6º, da Constituição Federal. Solidificada a culpa ou dolo do agente público e consagrada a materialização do ilícito praticado, com o conseqüente ressarcimento patrimonial, o Estado deverá, usando o direito de regresso, investir contra o agente que agiu culposa ou dolosamente.

Não resume-se, apenas, ao campo da responsabilidade civil a atuação da autoridade quando, ilegalmente, quebra o sigilo bancário de qualquer cidadão.

O art. 10 da Lei Complementar 105, de 10.1.2001, determina que "A quebra de sigilo, fora das hipóteses autorizadas nesta Lei Complementar, constitui crime e sujeita os responsáveis à pena de reclusão, de um a quatro anos, e multa, aplicando-se, no que couber, o Código Penal, sem prejuízo de outras sanções cabíveis". A seguir, no seu parágrafo único, explicita que "Incorre nas mesmas penas quem omitir, retardar injustificadamente ou prestar falsamente as informações requeridas nos termos desta Lei Complementar".

O art. 11 da mesma Lei Complementar expressa que "O servidor público que utilizar ou viabilizar a utilização de qualquer informação obtida em decorrência da quebra de sigilo de que trata esta Lei Complementar responde pessoal e diretamente pelos danos decorrentes, sem prejuízo da responsabilidade objetiva da entidade pública, quando comprovado que o servidor agiu de acordo com a orientação oficial".

10. O sigilo bancário e o tratamento que lhe é dado por órgãos internacionais como a OCDE e outros

Rui Celso Reali Fragoso, Presidente do Instituto dos Advogados de São Paulo, em artigo intitulado "O sigilo bancário", veiculado pela Internet <http: //www.jus.com.br>, registra que, atualmente, temos três sistemas legais, no mundo, cuidando do sigilo bancário. O primeiro é o anglo-saxão, "em que o sigilo não encontra amparo legal"; o segundo é o dos países da Europa continental — "que o contempla em vários diplomas legais"; o terceiro é o da "Suíça e do Líbano, que o reforçam".

Analisando esses três sistemas, o autor citado observa:

"Há aparente contradição no sistema inglês e norte-americano, pois se de um lado nestes países se eleva a garantia das liberdades individuais, de outro se despreza o sigilo bancário. É que se ocorre conflito entre a apuração de fatos (fator social) e a privacidade das pessoas(fator individual), prevalece a primeira. Mais ainda: o relacionamento de clientes e bancos, longe de estabelecê-lo, serve como fonte de informação em favor de terceiros; a indiscrição injustificada, porém, é objeto de sanção. E na Inglaterra os poderes públicos não intervêm no funcionamento dos estabelecimentos privados de crédito, o que debilita a investigação.

"Nos países da Europa continental a legislação contempla o sigilo bancário como conseqüência do profissional, e comporta derrogações na esfera penal e em alguns casos na civil, mas comina sanções criminais no caso de violação do sigilo (Código Penal francês, art. 378, Código Penal italiano, art. 622).

"A sistemática fortalecida é aquela utilizada na Suíça, decorrente da crise ocorrida em 1931 com o fechamento do Banco de Genebra, que ensejou a edição de lei estabelecendo severas punições de natureza civil e criminal. Tanto a legislação suíça como a libanesa esta surgida em 1956, permitem derrogações em certas hipóteses. A existência das contas numeradas comprova a importância do sigilo nestes países.

"É certo não ser absoluto o segredo, nem sua quebra em determinadas situações significa abuso de poder. Aliás, nenhum direito é absoluto."

A doutrina tem, ultimamente, tomado conhecimento sobre as transformações que têm passado, em vários ordenamentos jurídicos, a questão do sigilo bancário.

Zenóbio Simões de Melo, Advogado no Paraná, em artigo sob o titulo "Quebra do sigilo bancário" (Internet, <http://jus.com.br>), informa que o jornal *O Estado de São Paulo*, de 21.6.2000, publicou a notícia seguinte: "Numa das mais importantes decisões adotadas durante o Conselho Europeu que marca o fim da Presidência portuguesa da União Européia (EU), seus 15 países aprovaram ontem o pacote de harmonização fiscal. No ponto mais polêmico, o pacote deverá acabar com o sigilo bancário até 2010 (...) foi uma negociação de 12 anos (...) Áustria e Luxemburgo não aceitavam o princípio de acabar com o sigilo bancário. A justificativa austríaca é que este é um princípio que faz parte da Constituição do país há 200 anos. Para aceitar o acordo, o país exigiu a manutenção do sigilo nos bancos austríacos para quem resida no país".

Registro a íntegra da notícia:

"Pacote de harmonização fiscal é aprovado por membros da EU. Decisão prevê quebra do sigilo bancário nos países do bloco econômico.

"Jair Rattner, especial para o *Estado*.

"Santa Maria da Feira, Portugal — Numa das mais importantes decisões adotadas durante o Conselho Europeu que marca o fim da Presidência portuguesa da União Européia (UE), seus 15 países aprovaram ontem o pacote de harmonização fiscal. No ponto mais polêmico, o pacote deverá acabar com o sigilo bancário até 2010.

"'Foi uma negociação de 12 anos. Agora temos um documento que vai estabelecer os princípios e as orientações para as futuras diretivas nessa área', afirmou o Primeiro-Ministro português, Antonio Guterres, que ocupa a Presidência rotativa da UE (no fim do mês, ela será transferida para a França).

"O acordo abrange três áreas: um código de conduta, que prevê o desmantelamento dos 66 paraísos fiscais existentes ou dependentes da UE; a tributação de *royalties*; e o pagamento de impostos sobre rendimentos das poupanças de cidadãos europeus residentes em outros países, dentre os 15 que fazem parte do bloco econômico europeu.

"O grande problema eram as poupanças. Áustria e Luxemburgo não aceitavam o princípio de acabar com o sigilo bancário. A justificativa austríaca é que este é um princípio que faz parte da Constituição do país há 200 anos. Para aceitar o acordo, o país exigiu a manutenção do sigilo nos bancos austríacos para quem resida no país. 'Essa questão não é importante só para a Europa, porque abre caminho para a criação de mecanismos de transparência global no mundo financeiro que são essenciais para a globalização da economia', avaliou Guterres.

"O prazo para a introdução das mudanças vai até o fim de 2010. Até o fim deste ano, as negociações vão ser sobre a definição do conteúdo das diretivas (as normas da UE).

"Em 2002, a UE discutirá com outros países esses conteúdos, para fazer acordos que deverão ser aprovados até o fim do ano por unanimidade.

"A partir de 2003, será iniciado um período de sete anos de transição para a troca de informações sobre os investimentos de cidadãos de outros países europeus. Nesse período, alguns países poderão optar por cobrar impostos de 20% a 25% sobre os rendimentos dos investimentos de residentes no exterior."

No capítulo onde foi analisado o sigilo bancário no direito comparado há registros, também, a respeito do tratamento que órgãos internacionais como o OCDE[11] e outros vem dando ao sigilo bancário, conforme estudo que foi apresentado pelo autor ali citado.

Heleno Torres, em sua recente obra *Direito Tributário Internacional — Planejamento Tributário e Operações Transnacionais*, Ed. RT, p. 147, analisando o posicionamento da OCDE referente a política de determinados países que adotam tributação favorecida e os efeitos dos regimes fiscais prejudiciais, registra que:

"A OCDE resolveu entrar na luta para minorar as práticas fiscalmente danosas, insistindo sobre a necessidade de aumentar as trocas de informações entre os Estados, além de redigir uma lista de país com tributação favorecida e fazer algumas recomendações em âmbito nacional e convencional a partir do seu importante Relatório: *Harmful Tax Competition: An Emerging Global Issue*.

"Mesmo reconhecendo os aspectos positivos do ambiente global vigente, no qual os sistemas tributários operam, os países-membros da OCDE concluíram que eles precisavam agir para restringir a competição tributária danosa, coletivamente e individualmente, opondo-se à expansão de regimes de impostos preferenciais danosos, particularmente nos setores financeiros e atividades de serviço, que podem causar distorções no comércio e desníveis nos padrões de investimento, sendo uma ameaça para os sistemas tributários domésticos e para a estrutura global de tributação internacional."

Mais adiante, pp. 152-153, Heleno Torres afirma que:

"Entre as recomendações definidas nesse Relatório, com aplicação dirigida aos países-membros da instituição, as mais importantes são as seguintes:

"• para contrastar a competição fiscal prejudicial, os países devem revisar as suas leis, regulamentos e práticas sobre sigilo bancário, para remover empecilhos de acesso a tais informações, por autoridades fiscais.

"• intensificar o uso de trocas de informações, principalmente sobre as transações com países de tributação favorecida;

"(...)."

A conclusão que pode ser firmada, após análise dos pronunciamentos internacionais acima explicitados, é que existe uma corrente, a nível internacional, que defende uma maior abertura para a quebra do sigilo bancário, quando for necessário para apurar ilícitos tributários.

Essa, portanto, é a resposta que apresento para a indagação: "Qual o tratamento proposto por órgãos internacionais como

11. OCDE (Organização de Cooperação e Desenvolvimento Econômico), criado em 1961, para substituir a OECE (Comitê Fiscal da Organização Européia de Cooperação Econômica). Um dos documentos mais importantes da OCDE é o resultante da sua Convenção Modelo relativa a impostos sobre a renda e o capital. Essa Convenção está sistematizada em sete capítulos, assim explicitados por Alberto Xavier (*Direito Tributário Internacional do Brasil*): "A Convenção Modelo da OCDE (tal como a das Nações Unidas) encontra-se sistematizada em sete capítulos. Os capítulos I e II regulam os requisitos para a aplicação do tratado. O capítulo III — de longe o mais importante — contém as regras de distribuição de competência no que concerne aos impostos sobre o rendimento, classificado este por tipos ou classes, à semelhança do que sucede nos sistemas de tributação cedular. O capítulo IV ocupa-se das regras de distribuição de competência no que respeita aos impostos sobre o capital. O capítulo V determina as conseqüências das regras dos capítulos III e IV, facultando aos Estados a escolha entre os métodos da isenção e da imputação. O capítulo VI contém disposições adicionais sobre não discriminação, procedimento amigável, troca de informações e privilégios de funcionários diplomáticas e consulares e regras sobre extensão do tratado a partes do território. Enfim, o capítulo VII contém disposições finais sobre entrada em vigor e cessação do acordo".

o OCDE e outros, com relação ao sigilo bancário?".

11. Compatibilização do combate à criminalidade internacional com o respeito à segurança jurídica, a fim de evitar a fuga de investimentos do país

Há de se reconhecer não ser fácil desenvolver-se um sistema jurídico que contenha regras que facilitem o combate à criminalidade internacional e ao mesmo tempo prestigie os direitos fundamentais do cidadão, especialmente, a sua segurança jurídica.

As Convenções internacionais, conforme demonstrado, estão preocupadas com esses aspectos, sem deixar de lado os fenômenos causados pela globalização.

Não deve ser esquecido que o tema envolve aspectos diversos, a começar pelos determinantes da soberania dos Estados, das forças em expansão das organizações internacionais e da pregação para que os direitos fundamentais do cidadão sejam respeitados com maior intensidade.

A solução, ao meu pensar, pode ser encontrada no fortalecimento do Direito Comunitário. Os Estados, por via de organismos internacionais, firmariam tratados para a adoção de um Código Processual Penal Internacional, com efeitos vinculantes por parte das Nações, onde seriam adotadas regras investigatórias e apuratórias dos ilícitos internacionais, alargando os conceitos de indícios e presunções, sem deixar, contudo, de prestigiar a afetividade dos direitos e garantias fundamentais do cidadão.

Todas as Nações, no início deste século, envidam esforços para diminuir a crise da segurança jurídica. São vários os fatores determinantes, todos tendo como causa comum o crescimento da delinqüência em decorrência de políticas econômicas e sociais adotadas por determinados Governos que contribuem para aumentar o percentual de pessoas pobres.

A preocupação atual, para o combate ao crime internacional, é alcançar nível de uniformização dos sistemas adotados para a quebra do sigilo bancário. De início, deve ser defendida a postura de que nenhuma lesão ou ameaça a direito deve ser excluída da apreciação do Poder Judiciário. Nessa perspectiva, ganha suma importância a criação do Tribunal Penal Internacional, em virtude de, pela sua atuação, não perdurar a diversidade de sistemas legais a respeito do assunto, a saber: a) o anglo-saxão, onde o sigilo não encontra amparo legal; b) o dos países da Europa continental, que o contempla em vários diplomas escritos; e c) o da Suíça e do Líbano, que o reforçam.[12]

A criação do Tribunal Penal Internacional envolve uma reconceituação de soberania.

Sobre o tema, Celso D. de Albuquerque Mello, em *Direito Internacional da Integração* (Renovar, p. 13), faz a seguinte observação:

"Poder-se-ia fazer um pequeno reparo a Chaumont que a 'independência nacional' é um conceito juridicamente indeterminado e que ela pode ter diferentes graus. Tanto que podemos escrever 'soberania *versus* cooperação internacional', apesar de reconhecermos que esta posição pode ser considerada como radical, vez que não há uma total incompatibilidade entre as duas. Entretanto, não se pode deixar de constatar que, de certo modo, a cooperação internacional se encontra consagrada na Carta da ONU no art. 1º que trata dos 'Propósitos das Nações Unidas' e nos 'Princípios' estabelecidos na Carta da OEA (Capítulo II). O mesmo ocorre na resolução da Assembléia Geral da ONU de 1970, que aprova a 'Declaração relativa aos Princípios do Direito Internacional relativas às Relações Amigáveis e à Cooperação entre os Estados conforme a Carta das Nações Unidas', bem como na Carta de Direitos e

12. Conforme anota Rui Celso Rali Fragoso, "O sigilo bancário", *site* <http;//www.jus.com.br>.

Deveres Econômicos, aprovada pela mesma Assembléia Geral em 1974".

O crescimento do crime internacional, em decorrência dos fenômenos globalizantes, determina o surgimento de um dever jurídico dos Estados firmarem pactos de cooperação entre si para que enfrentem as organizações voltadas para a criminalidade. Esse dever jurídico globalizado tem suas raízes na moral internacional que, conforme assinala Celso Albuquerque Mello (ob. cit., p. 13), sempre consagrou o princípio da solidariedade, ou ainda, do auxílio mútuo.

É o mais importante desafio neste início de século fazer com que surja uma legislação internacional que compatibilize o combate à criminalidade internacional sem violar a segurança jurídica, com finalidade exclusiva de evitar a fuga de investimentos do País.

Tenha-se, contudo, em consideração que a globalização do crime, embora seja uma grande ameaça aos valores tradicionais que sustentam a cidadania, especialmente a segurança jurídica, não deve prejudicar o desenvolvimento econômico de qualquer Nação.

Não faço coro ao assinalado por Eric Hobsbawm, em sua obra *Era dos Extremos. O Breve Século XX — 1914-1991* (trad. Marcos Santarrita, São Paulo, Cia. das Letras, 1995, p. 24), no sentido de que "Talvez a característica mais impressionante do fim do século XX seja a tensão entre esse processo de globalização cada vez mais acelerado e a incapacidade conjunta das instituições públicas e do comportamento coletivo dos seres humanos de se acomodarem a ele".

Penso que não há essa acomodação e que as instituições públicas, especialmente as submetidas ao controle da Ciência Jurídica, não estão incapacitadas de encontrar caminhos que solucionem o problema existente.

É por demais positivo, entre outros acontecimentos, o fato da conscientização de que há de ser encontrada uma forma de combate à criminalidade internacional que não afaste a garantia da segurança jurídica. Esta é uma necessidade para impor paz à Nação e, conseqüentemente, criar ambiente para que novos investimentos necessários ao desenvolvimento do seu processo econômico aconteçam, sem se falar na manutenção dos já existentes.

O Parlamento Europeu aprovou, ultimamente, uma Resolução sobre a criação do Tribunal Penal Internacional, sob a consideração de que é necessário criá-lo de forma permanente, para complementar os sistemas judiciais nacionais e por fim a impunidade de que gozam os responsáveis por genocídio, crimes contra a humanidade e crimes de guerra.

A abertura para essa posição denota a formação de uma consciência internacional para combater a criminalidade internacional, qualquer que seja os seus aspectos, contribuindo para fortalecer a segurança jurídica interna de cada País.

A Resolução do Parlamento Europeu sobre o Tribunal Penal Internacional é do teor seguinte:

> Vistas sus anteriores resoluciones sobre un Tribunal Penal Internacional,
>
> A. Considerando que es necesario crear un Tribunal Penal Internacional permanente que complemente los sistemas judiciales nacionales y ponga fin a la impunidad de que gozan los responsables de genocidio, crímenes contra la humanidad y crímenes de guerra,
>
> B. Considerando que la Comisión de Derechos Humanos de las Naciones Unidas está respaldando decididamente la creación de ese Tribunal,
>
> C. Considerando que la fase preparatoria de la creación del Tribunal Penal Internacional finalizó con la última sesión del Comité Preparatorio de las Naciones Unidas, que tuvo lugar del 16 de marzo al 3 de abril de 1998,
>
> D. Felicitándose por la creciente participación de Estados en el proceso de negociaciones y esperando que un número aún mayor de Estados procedentes de

todas las regiones se encuentre plenamente representado en la Conferencia Diplomática de Roma,

E. Considerando que del 15 de junio al 17 de julio de 1998 se celebra en Roma la Conferencia Diplomática de Plenipotenciarios para la constitución de un Tribunal Penal Internacional,

F. Considerando que los Estados miembros y la delegación de la Comisión Europea, que participan en la Conferencia Diplomática de Roma, pueden desempeñar un papel crucial a la hora de garantizar el éxito de la conclusión de esta Conferencia Diplomática, y acogiendo positivamente la mayor convergencia de las posturas de los Estados miembros de la UE,

G. Congratulándose por la oferta del Gobierno de los Países Bajos de servir de sede del Tribunal Penal Internacional permanente,

1. Insta a la Conferencia Diplomática de Roma a aprovechar la oportunidad histórica de concluir un texto de Estatuto para un Tribunal Penal Internacional independiente, justo y eficaz;

2. Insta a los representantes de los Estados miembros, del Consejo y de la Comisión a garantizar activamente el éxito de los resultados, a saber, un auténtico Tribunal Penal Internacional, en lugar de limitarse a un acuerdo de compromiso sobre principios esenciales en sus esfuerzos por conciliar las posturas de Estados reticentes;

3. Destaca que, para constituir un complemento eficaz de los sistemas judiciales nacionales, el Estatuto del Tribunal Penal Internacional permanente objeto de la Conferencia de Roma deberá establecer:

a. un Fiscal independiente con competencias para investigar e instruir sumarios por propia iniciativa en situaciones en las que se hayan cometido los delitos sometidos a la jurisdicción del Tribunal,

b. la jurisdicción inherente y universal del Tribunal en materia de genocidio, crímenes contra la humanidad, crímenes de guerra y agresión, sin que se requiera ningún consentimiento del Estado,

c. una buena relación de trabajo con los Tribunales Internacionales ya establecidos en La Haya,

d. una relación constructiva con las Naciones Unidas, y en particular con el Consejo de Seguridad, basada en el pleno reconocimiento de sus respectivas funciones y competencias,

e. la obligación de los Estados firmantes de acatar y hacer cumplir sin demora las órdenes y decisiones del Tribunal,

f. los mayores niveles de respeto de los derechos de los acusados y de los sospechosos y de protección de los intereses de las víctimas y de los testigos,

g. la garantía de una financiación a largo plazo, necesaria para asegurar la autonomía e independencia del Tribunal frente a cualquier presión exterior;

4. Destaca, además, que la jurisdicción del Tribunal sobre los delitos de genocidio, los crímenes contra la humanidad y los crímenes de guerra deben considerarse con la misma calificación penal con independencia de que se hayan cometido en conflictos armados internacionales o en conflictos internos;

5. Insta al Consejo y a los Estados miembros a garantizar la universalidad y la transparencia de las negociaciones y la participación continuada de la comunidad jurídica y la sociedad civil internacionales;

Encarga a su Presidente que transmita la presente resolución al Consejo, a la Comisión, a los Gobiernos de los Estados miembros, al Secretario General de las Naciones Unidas, al Presidente de la Asamblea General de las Naciones Unidas y al Presidente de la Conferencia Diplomática de las Naciones Unidas para la constitución de un Tribunal Penal Internacional.

A Resolução supracitada demonstra que cresce a conscientização da necessidade de ser criado um Tribunal Penal Internacional, com força cogente, obrigatória de suas decisões no âmbito interno dos Países que participarem do pacto de sua constituição.

A doutrina internacional revela que a comunidade internacional somente agora vem se preocupando em criar uma "estructura internacional para determinar las responsabilidades individuales emergentes de violación de ciertos derechos básicos del ser humano. Los mecanismos de responsabilidad estatal creados desde los 60 se dirigen a la mayor protección del ser humano y la erradicación de las prácticas de violación sistemática de los derechos humanos, por vía de la condena al Estado que ordena o que tolera los abusos por lo cual se estructuraron entorno al Estado como sujeto responsable. Como ha señalado la Corte Internacional de Derechos Humanos, el procedimiento ante ella no es un procedimiento penal; lo que se busca determinar es el nivel de cumplimiento por parte de un Estado de sus obligaciones de derecho internacional. Sin desconocer la importancia de determinar la responsabilidad del Estado para que éste tenga un incentivo para erradicar esas práctica de sus fronteras, es pertinente destacar que las violaciones más grave son, en última instancia, cometidas por individuos" (Francisco Cox, Encargado del TPI, HDH, em artigo intitulado "El IIDH ante la Creación de un Tribunal Penal Internacional", no *site* <http://www.iidh.ed.cr/cpi/tpintro.html>).

A criação de um Tribunal Penal Internacional atuaria permanentemente e teria competência subsidiária em relação à outorgada aos Tribunais Nacionais, limitando-se a atuar, apenas, nos crimes internacionais previamente definidos como sendo do interesse da comunidade global.

Merece registro, no âmbito do assunto tratado, que na Conferência Regional sobre o Tribunal Penal Internacional realizada em 18 e 19.2.1998, na cidade de Guatemala, Guatemala, um dos temas tratados foi o relativo à harmonização das incriminações, quando os seguintes aspectos foram discutidos: "Branqueamento, corrupção, fraude fiscal, participação em associações criminosas: um olhar à luz dos direitos nacionais e do direito internacional. Perspectivas. Quais os comportamentos a incriminar? Criar uma nova incriminação da fraude fiscal? Uma tentativa de harmonização: o *Corpus Juris* contendo disposições penais para proteção dos interesses financeiros da União Européia. As negociações no seio do Conselho da Europa e da OCDE referentes à luta contra a corrupção etc.". O referido painel foi presidido por Benoît Dejemeppe, procurador do Rei em Bruxelas e contou com a presença de Tereza Beleza, Professora de Direito Penal na Faculdade de Direito de Lisboa, como moderadora.

Há, como visto, um largo campo de análise para desenvolver, com possibilidade do surgimento de sugestões que levem a Ciência Jurídica a alcançar, com a atuação estatal, uma competência internacional que possa combater o crime internacional e ao mesmo tempo proporcione segurança jurídica na ordem interna, ganhando, assim, o sistema jurídico confiança dos investidores.

Em conclusão: a forma de compatibilizar o combate à criminalidade internacional sem violar a segurança jurídica necessária a evitar a fuga de investimentos do país está na criação do Tribunal Penal Internacional com competência definida para processar e julgar delitos globalizantes e cujas decisões tenham força imperativa no âmbito interno das Nações participantes do pacto para o seu nascimento.

CADERNOS DE DIREITO TRIBUTÁRIO

CONTRIBUIÇÕES SOCIAIS DE SEGURIDADE SOCIAL. ALGUNS ASPECTOS DE SEU REGIME JURÍDICO

WAGNER BALERA

Livre-Docente em Direito pela PUC/SP. Professor desta mesma Universidade

I — Introdução. II — Necessidade de planejamento. III — O julgado do STF e seu regime jurídico. IV — Medida judicial pertinente. V — O sigilo de dados.

I — Introdução

A constituição de 1988, no capítulo que cuida da Seguridade Social, definiu como fontes de custeio as contribuições sociais e as receitas orçamentárias. Além dessas fontes, outras poderão vir a ser criadas por lei complementar.

Dentre as contribuições já definidas encontram-se a que incide sobre a folha de salários, a ser paga pelos trabalhadores e pelos empregadores; a que incidir sobre o faturamento e a que ser cobrada sobre o lucro das empresas.

Além delas, haver a contribuições sobre a receita de concursos de prognósticos.

II — Necessidade de planejamento

Fábio Comparato, no seu livro *Muda Brasil! Uma Constituição para o Desenvolvimento Democrático*[1] salienta que o Estado deveria ter, em sua estrutura, um órgão nacional de planejamento, sem o qual não se pode falar em metas para cada um dos setores de atuação governamental.

Sem planejamento não há seguridade social.

Pretendo tecer, aqui, rápidas considerações sobre as contribuições sociais. Ademais, quero dizer alguma coisa relacionada com o sigilo de dados, tema que também integra o painel de que participarei neste Seminário Internacional.

As contribuições sociais são tributos cuja hipótese de incidência se relaciona, de modo indireto e mediato, com a atividade estatal que essas exações financiam.

Ao definir as diversas bases de financiamento da seguridade social, o constituinte assim dispôs:

> Art. 195. A seguridade social será financiada por toda a sociedade, de forma direta e indireta, nos termos da lei, mediante recursos provenientes dos orçamentos da União, dos Estados, do Distrito Federal e dos Municípios, e das seguintes contribuições sociais:

1. Fábio Konder Comparato, *Muda Brasil! Uma Constituição para o Desenvolvimento Democrático*, São Paulo, Brasiliense, 1986, p. 25.

I — do empregador, da empresa e da entidade a ela equiparada na forma da lei, incidentes sobre:

a) a folha de salários e demais rendimentos do trabalho pagos ou creditados, a qualquer título, à pessoa física que lhe preste serviço, mesmo sem vínculo empregatício;

b) a receita ou o faturamento;

c) o lucro;

II — do trabalhador e dos demais segurados da previdência social, não incidindo contribuição sobre aposentadoria e pensão concedidas pelo regime geral de previdência de que trata o art. 201;

III — sobre a receita de concursos de prognósticos.

Podem coalescer em nossa ordem jurídica dois tributos incidentes sobre o mesmo fato: o exercício de atividade agroindustrial.

É o que ocorria no âmbito do direito anterior quando as agroindústrias pagavam duas contribuições sociais incidentes sobre o que se poderia considerar, impropriamente, a parte agrícola e sobre a parte industrial.

Quando comentei o art. 195 da CF vigente, em trabalho escrito antes da promulgação das normas relativas à contribuição, não examinei esse aspecto. Entendi, como ainda entendo, certo caminho que me parecia natural — o caminho rumo à perfeição — para a regra de tributação: o caminho da equidade no custeio (art. 194, parágrafo único, V, da Constituição) não admite tal dualidade e, por conseguinte, cabia ao legislador corrigi-la.[2]

Pode-se dizer que o arcabouço legal das contribuições sociais adquire melhor feição, no particular, nos dias atuais.

Na tradição do nosso Direito Constitucional Positivo, desde 1934, recaía exclusivamente sobre a folha de pagamento de salários a contribuição previdenciária. Assim tanto o trabalhador como o empregador contribuiriam para o sistema previdenciário com base no salário do primeiro.

Esse modo de financiamento — que, aliás, advém do modelo inicial de seguro social engendrado por Bismarck para a Alemanha há mais de 100 anos — mereceu críticas, nomeadamente no âmbito da OIT, por configurar grave empecilho ao progresso econômico.[3]

Deveras, o avanço tecnológico transforma, por completo, a estrutura das empresas. Grande número de trabalhadores é substituído pelas máquinas, ainda que haja intensivo emprego de mão-de-obra em certos setores. De todo modo, ao onerar apenas a folha salarial, a contribuição sobrecarrega o custo da produção das empresas, retirando-lhes a competitividade.[4]

Conseqüentemente, as contribuições das empresas onde ocorre utilização intensiva de mão de obra representam carga mais elevada quando comparadas com as incidentes sobre aquelas que produzem mais empregando menos.

O constituinte, ao pôr remédio a essa situação assaz crítica, tratou de diversificar desde logo as bases de financiamento do sistema, instituindo as contribuições sobre o faturamento e sobre o lucro.

Ocorre que tal esquema, para mostrar-se eficiente, deveria buscar harmonia com o sistema tributário nacional, no qual já encontrava previsão específica de tributos incidentes sobre o faturamento e sobre o lucro.

Quando único sistema de tributação disciplinasse a vida fiscal do universo de contribuintes, melhor estaria sendo mensurada a capacidade econômica de cada qual.

Como teremos em vista, aqui, predominante e quase exclusivamente, a contribuição sobre a folha, cumpre considerar certo aspecto que, nada tendo que ver com

2. Cf. o meu *A Seguridade Social na Constituição de 1988*, São Paulo, Ed. RT, 1989, p. 57.

3. Cf. *A Seguridade Social na Perspectiva do Ano 2000*, trad. Celso Barroso Leite, Genebra, OIT, LTr, 1995.

4. Cf. o meu *A Seguridade Social...*, cit., p. 54.

a tributação, é de fundamental importância para a fixação do traço distintivo entre as contribuições e as demais espécies tributárias.

O esquema de financiamento dos programas sociais pretende vincular — tributo e o contribuinte — ao sistema de proteção social que o Estado aciona em favor da comunidade.

Como pano de fundo desse vínculo, sutilmente estabelecido pela legislação, podemos identificar o vetusto contrato de seguro, inspirador do modo bismarckiano de financiamento dos programas de tipo previdenciário.

A relação sinistro/prêmio, inerente ao contrato de seguro, estabelece que, quanto maior o risco de sinistro, tanto maior deve ser o prêmio vertido pelo tomador do seguro.

Eis a razão da diferença entre os tributos destinados a custear a seguridade social e as demais receitas tributárias.

Pode-se, mesmo, dizer que, no sistema vigente, as contribuições para a seguridade social possuem regime jurídico distinto dos demais tributos.

A fonte de financiamento do sistema de seguridade social se identifica plenamente, com determinada espécie de tributo: a contribuição. Gomes de Sousa, ao lavrar o art. 95 do Projeto do atual Código Tributário deixara assentado, que: "Art. 95. *São contribuições ou tributos que não sejam especificamente impostos ou taxas*".[5]

É — a contribuição — o tributo vinculado (Geraldo Ataliba) cuja hipótese de incidência consiste numa atuação estatal, a ser desenvolvida pela seguridade social, indireta e mediatamente referida ao obrigado.

A atuação estatal, porque consubstanciada em serviço público genericamente posto à disposição da comunidade, não possui referibilidade direta com os contribuintes.

A afinidade conceitual entre contribuições e taxas permitiu ao professor Geraldo Ataliba classificá-las como tributos vinculados.[6]

Esclareça-se que, segundo as sábias lições do Chefe da Escola Paulista de Direito Tributário, nas contribuições, ao contrário do que sucede com as taxas, a referibilidade entre a atuação estatal e o contribuinte se estabelece de maneira indireta.

Com efeito, mediante o pagamento do tributo em questão, o contribuinte — assim como a coletividade em geral — está sendo substituído pelo Poder Público na específica tarefa de proporcionar proteção jurídica (identificada como seguridade social) a quem carecer dela.

Temos, aqui, o empregador, integrante de certo círculo especial de contribuintes que provocam especial despesa para o Estado.

A atividade do empregador gera contingências sociais (por circunstâncias de extrema complexidade, que desbordam da esfera jurídica de explicação do fenômeno) que deflagram a atividade estatal de seguridade, pela qual são prestados aos trabalhadores benefícios e serviços sociais. Essas utilidades específicas devem ser custeadas, também de modo especial, pelos empregadores, como determina a Constituição.

Bem acentua Rubens Gomes de Sousa, com apoio na citada classificação dos tributos elaborada por Ataliba, que a vinculação existente entre a atuação do Estado e o contribuinte se estabelece indiretamente.

Acrescente-se, para logo, que a especificação da despesa não se aplica ao caso da contribuição. Só nas taxas o sujeito passivo custeia, na sua exata medida, a atividade estatal que provoca. No regime jurí-

5. Rubens Gomes de Sousa, "A Previdência Social e os Municípios", *RDP* 24/236. Explica o autor que o artigo transcrito teve essa redação no primeiro Anteprojeto, de 1953, do que viria a ser o Código Tributário Nacional.

6. Geraldo Ataliba, *Hipótese de Incidência Tributária*, 3ª ed., pp. 113 e ss.

dico da contribuição, ainda que aproveitando de modo especial a certo grupo de contribuintes, a especial vantagem que significa para as empresas em geral, a existência dos diversos programas de seguridade social — saúde, previdência social e assistência social — posto à disposição de cada trabalhador e de seus dependentes é mensurada de modo global, conquanto haja rigorosa estruturação atuarial das receitas aptas a custearem as despesas estatais.

Identificando o cruzamento de relações jurídicas que se verifica com o fenômeno em estudo, Gomes de Sousa ensina "(...) o Poder Público, por seus órgãos delegados, interpõe-se entre as duas partes interessadas (empregador e empregado), substituindo-se respectivamente a uma e a outra como sujeito ativo de exigir a prestação e como sujeito passivo da obrigação de prestar o benefício".[7]

De feito, existem duas relações jurídicas que, em obediência ao preceito garantidor da seguridade, se formam na vida social.

A primeira, destinada a constituir o fundo de Seguridade Social, é, quanto à empresa, de natureza tributária.

A empresa, sujeito passivo da obrigação fiscal, verte contribuição para a formação do Fundo de Seguridade Social. Nessa relação, o Poder Público figura como sujeito ativo, credor do tributo devido pela empresa.

Na segunda relação, de cunho protetor, incumbe ao Poder Público, na qualidade de sujeito passivo (devedor), proporcionar prestações (benefícios e serviços) ao obreiro atingido pelas contingências sociais (doença, invalidez, acidente do trabalho etc.).

Por outras palavras, como Rubens Gomes de Sousa acentua, com simplicidade, "*é um tributo cobrado de uns em benefício direto de outros*".[8]

7. Rubens Gomes de Sousa, "Natureza tributária da contribuição para o FGTS", *RDP* 17/317.

8. Idem.

Naturalmente, a proteção social não é responsabilidade exclusiva das empresas.

Toda a sociedade, como acentua o art. 195, *caput*, da Constituição, participará do financiamento do sistema de seguridade social. Participação que opera de modo direto (vale dizer, mediante contribuições sociais) e de modo indireto (isto é, através de transferência de recursos orçamentários por parte das pessoas políticas constitucionais, a União, os Estados, o Distrito Federal e os Municípios).

Assim, como membro integrante da coletividade, a empresa contribui, de maneira específica, por ter especial vantagem. Vantagem que, cumpre sublinhar, não se confunde com as conseqüências benéficas que a coletividade aufere.

Disso bem se apercebeu Geraldo Ataliba quando afirmou: "Impõe-se, destarte, reconhecer a necessidade — constitucionalmente postulada — de que haja, ainda que indiretamente (embora clara e objetiva), correlação entre beneficiários da ação do Estado e as pessoas chamadas a contribuir; ou seja: correlação entre os efeitos ou causas da ação estatal custeada pela 'contribuição' e seus contribuintes (sujeitos passivos)".[9]

Quanto maior proteção o Poder Público oferece aos obreiros e aos seus dependentes, tanto mais os mesmos se dedicam — com tranqüilidade — às atividades produtivas. Há um nexo entre produção e proteção!

Indiscutível, pois, a vantagem indireta, que advém para a empresa da existência dos planos de proteção social, que não se restringe ao campo da seguridade.

Na verdade, também a empresa se acha submetida aos ditames da justiça social (art. 170, da CF) e, por conseguinte, a solidariedade que se cria — entre a empresa e os beneficiários da proteção social — acaba por influir no ritmo da produção e no desenvolvimento do País.

9. Geraldo Ataliba. *Hipótese*..., cit., 5ª ed.

Todo o exposto se resume, afinal, em que assim, o sistema constitucional tributário como o sistema brasileiro de seguridade social estão engastados em contexto bastante diferente daquele que vigorava nos termos do ordenamento jurídico pretérito.

Qual a função da Lei 8.212, de julho de 1991, no ordenamento jurídico brasileiro?

Trata-se do Diploma que cumpre, em boa parte, a função de lei de tributação no terreno da seguridade social.

Deveria ser, também, a lei instituidora do *Plano de Custeio* da seguridade social, definindo, nessa qualidade, os termos em que seriam cobradas todas as contribuições sociais.

Enquanto categoria específica do direito fiscal, pode dispor sobre as contribuições destinadas ao financiamento da seguridade social, espécies de tributos que ocupam definido lugar no sistema tributário.

Cabe a essa lei estabelecer a hipótese de incidência, a base de cálculo e a alíquota do tributo; cuidar dos deveres instrumentais inerentes à obrigação tributária e fixar prazos de decadência e prescrição das contribuições sociais e de certos aspectos relativos ao lançamento fiscal.

Não pode, porém, dispor sobre matérias que se encontram sob reserva de lei complementar, ainda que essa espécie normativa não seja, de ordinário, requisito para que se exerça a competência impositiva.

É certo, no entanto, que foram postas sob reserva de lei complementar as outras fontes que, nos termos do § 4º do art. 195, da Constituição, venham a ser instituídas a fim de que resulte garantida a manutenção ou expansão da seguridade social.

De notar, ainda, a singular posição que ocupa, no quadro das fontes de custeio, a contribuição social incidente sobre o faturamento das empresas.

Já existia, no sistema tributário anterior, a contribuição sobre o faturamento.

Tributo que, conforme a jurisprudência preponderante, inclusive da Suprema Corte, se achava revestido da natureza de contribuição social.

Esse tributo foi mantido no sistema normativo da Constituição de 1988.

Tributo que fora instituído, no sistema constitucional anterior, durante a vigência da Constituição de 1967, emendada em 1969, mediante a edição de duas Leis Complementares.

São elas as Leis Complementares 7 e 8, as duas de 1970. Deveras, assim dispôs o art. 239, da Superlei:

> Art. 239. A arrecadação decorrente das contribuições para o Programa de Integração Social, criado pela Lei Complementar 7, de 7 de setembro de 1970, e para o Programa de Formação do Patrimônio do Servidor Público, criado pela Lei Complementar 8, de 3 de dezembro de 1970, passa, a partir da promulgação desta Constituição, a financiar, nos termos que a lei dispuser, o programa do seguro-desemprego e o abono de que trata o § 3º deste artigo.

As normas que disciplinam as contribuições sobre o faturamento resultaram, destarte, revestidas do estatuto constitucional das leis complementares. Nem a Lei Complementar 7, de 1970, nem a Lei Complementar 70, de 1991, podem ser objeto de modificação — e disso cuidaria nova norma que ampliasse o conceito de faturamento — pela via menos eminente da legislação ordinária.

Não poderia a Lei 8.212, de julho de 1991, mera lei ordinária, ou alterações posteriores desse diploma legal, explicitar novos requisitos, redefinir a hipótese de incidência, a base de cálculo e a alíquota das duas contribuições sociais sobre o faturamento até aqui referidas.

Com efeito. Somente mediante lei complementar, situada em igual posição hierárquica defronte das Leis 7, 8 e 70, o legislador federal estaria apto a promover modificações no conceito normativo de faturamento.

Os três diplomas definem o que se deve entender por faturamento e cumprem, no particular, a função constitucionalmente reservada à lei complementar.

Advirto, para logo, que não me parece convincente o argumento de quem sustenta que a Lei Complementar 11, de 1971, teria sido recepcionada nessa posição hierárquica no quadro das fontes do direito.

Entendo que a edição de lei complementar a respeito da contribuição sobre o faturamento só é cabível, em hipóteses restritíssimas.

E assim vejo a hipótese do art. 195, I, em cotejo com o art. 239, ambos da Constituição de 1988.

Parece-me que o legislador operou com excesso de cautela formal. Poderia editar lei ordinária e preferiu trilhar o procedimento mais rigoroso da lei complementar.

De fato, a segunda contribuição sobre o faturamento (Lei Complementar 70, de 1991) poderia surgir no bojo da lei ordinária, desde que não pretendesse alterar o teor da primeira contribuição sobre o faturamento.

Mas, com a consagração do instituto, inclusive mediante a exegese vinculante do Supremo Tribunal Federal, que sobre a mesma lei proferiu a primeira declaração de constitucionalidade,[10] a formal modificação do preceituário albergado na lei complementar só pode se dar por intermédio daquela mesma espécie legislativa.

Ocorre que a contribuição do empregador rural, por exemplo, voltava ao lugar comum da folha de salários, podendo destarte ser instituída e modificada segundo os termos da lei ordinária que é o Plano de Custeio.

Aqui nos situamos diante da exigência fundamental que dá suporte a todo o arcabouço contributivo da seguridade social!

Sem a formal e necessária apresentação do texto do Plano de Custeio, é vedado à autoridade executiva intentar modificações nas normas que regem o financiamento da seguridade social.

A Lei 8.212, em seu art. 96 determina:

> Art. 96. O Poder Executivo enviará ao Congresso Nacional, anualmente, acompanhando a Proposta Orçamentária da Seguridade Social, projeções atuariais relativas à Seguridade Social, abrangendo um horizonte temporal de, no mínimo, 20 (vinte) anos, considerando hipóteses alternativas quanto às variáveis demográficas, econômicas e institucionais relevantes.

Projeções atuariais cuja elaboração integra, obvia e naturalmente, o Plano de Custeio.

Em que consiste o Plano de Custeio?

Rio Nogueira, ao definir o Plano de Custeio, reporta-se ao art. 18 da Lei 6.439, de 1977, para lembrar que o conceito dessa peça equivale ao da nota técnica, a que faz referência a legislação da previdência privada.

E, a nota técnica nada mais é que o documento que deve conter, conforme estatui a Resolução 1/1978, expedida pelo Conselho de Previdência Complementar: "referência expressa sobre os regimes financeiros em que tenham sido avaliados os custos dos benefícios".

Enfim, o Plano de Custeio existe para a atender a duas precípuas finalidades: a planificação econômica do regime e a busca do equilíbrio técnico-financeiro.

É o que esclarecia a respectiva definição, estampada no art. 273 do antigo Regulamento da Lei Orgânica da Previdência Social (Lei 3.807/1960), estampado no Decreto 72.771, de 1973, quando grafava:

> Art. 273. *O Plano de Custeio consistirá em um conteúdo de normas e previsões de despesas e receitas estabelecidas com base em avaliações atuariais e destinadas à planificação econômica do regime e seu conseqüente equilíbrio técnico-financeiro.*

Somente com a edição do Plano de Custeio, baseado em precisas informações

10. Ação Declaratória de Constitucionalidade 1-1/610-DF.

atuariais, único elemento apto a garantir, em cumprimento ao comando constitucional, a preservação do equilíbrio financeiro e atuarial do sistema brasileiro de proteção social (art. 201, da Constituição) e a exata observância da regra da contrapartida, expressa no § 5º do art. 195, da Lei Magna.

Eis a razão da cita de Comparato, que lancei na primeira parte deste trabalho. Sem planejamento; sem plano de custeio, nenhuma contribuição social ingressa validamente no ordenamento jurídico pátrio.

Tudo isso resultou ignorado pelo processo legislativo da Lei 8.212, de 1991 e suas alterações posteriores.

Em dezembro de 1992, ao editar a Lei 8.540, e em abril de 1994, ao expedir a Lei 8.870, o legislador não teve em vista quaisquer projeções atuariais que justificassem aquelas iniciativas, como comanda a Lei Suprema e como determina a Lei 8.212, em cujo texto pretenderam introduzir modificações. À evidência tais normas não poderiam, desassociadas do plano de custeio, alterar o sistema da Lei 8.212, de julho de 1991.

Donde que não posso considerá-los como validamente ingressos na ordem jurídica pátria.

É decorrência elementar da isonomia e, também, qualidade inerente ao tributo contribuição que a igual teor de cobertura conferido pela seguridade social deva corresponder igual repartição dos encargos previdenciários entre os contribuintes que, de modo direto, são chamados a financiar o sistema de proteção.

Ao optar pelo modo direto de financiamento do sistema, o constituinte só poderia ter escolhido, dentre as espécies tributárias vinculadas, a contribuição. Se e somente se o modelo brasileiro de proteção ainda se inspirasse no esquema tradicional do seguro social seria admissível a cobrança de taxas dos beneficiários diretos do sistema.

Fica, pois, reduzido o universo possível dos contribuintes. Somente aqueles que gravitam em torno do sistema de seguridade social podem ser chamados a integrar o que denominamos, alhures, de "corrente de solidariedade que o Direito torna compulsória".[11]

Nenhuma pessoa natural ou jurídica (a não ser, é claro, aqueles que nada têm e, por conseguinte, são apenas tão-somente beneficiários do sistema) pode deixar de integrar o catálogo de contribuintes da seguridade social brasileira.

A vantagem diferencial proporcionada ao empregador decorre, como se tem dito aqui, da existência de um sistema de seguridade social que protege a todo os trabalhadores e respectivos dependentes.

Mas quem é o empregador?

Na Carta Magna de 1988 são indistintamente utilizadas tanto a expressão *empresa* como o termo *empregador*.

Qualquer pessoa, natural ou jurídica, que toma e remunera serviços dos trabalhadores.

São inconfundíveis os diversos vínculos jurídicos que relacionam o empregador com o Poder Público na área da seguridade social.

Num desses vínculos deve estar situado o empregador como segurado.

Em três outros vínculos o empregador está qualificado como integrante de uma das categorias da produção.

Estamos diante do patrão, que, desde a remota figura do Direito Privado — a *locatio operis* — até os mais modernos contratos coletivos de trabalho, remunera trabalhadores e, em razão desse fato, é chamado compulsoriamente a contribuir para a proteção social a eles devida.

A vantagem especial que o empresário retira do fato de contar seu colaborador com a cobertura da proteção social ressalta à evidência: o trabalhador sente seguridade

11. Cf. o meu *A Seguridade Social...*, cit., p. 52 e, no mesmo livro, o Capítulo 2, que explica a distinção entre o seguro social e a seguridade social, implícita neste estudo.

e desenvolve seus misteres de maneira mais eficiente.

Se for exato que o meio necessário para um fim participa da natureza desse fim, vale a pena perscrutar em que medida as demais contribuições do empregador se coadunam, por serem sociais, com os fins da seguridade social.

Parece, a nós, que o constituinte quer estabelecer certos nexos entre as categorias da produção.

De algum modo, o constituinte estabelece certo liame entre proteção social e produção empresarial.

Por agora, cumpre rematar sublinhando o que já se disse antes: a relação de pertinência lógica seja com a vantagem especial de que o mesmo desfruta em termos de proteção social, seja com vistas à especial despesa que é provocada pela respectiva atividade.

Por forçoso consectário da diretriz da eqüidade na participação do custeio e, ainda, como nota distintiva do tipo tributário (contribuição) escolhido pelo constituinte, cumpre haver discriminação entre contribuintes em função da diversidade de custos (conforme o respectivo grau de risco) que o sistema de seguridade social suportará a fim de dar cobertura aos trabalhadores que prestam serviços a certas classes de empregadores.

Eis aí a prova de fogo a que devem ser submetidas as contribuições sociais.

O elemento essencial para que tal prova se verifique é, insisto de novo, o Plano de Custeio.

Dimensionando, a partir da totalidade estimada do dispêndio da seguridade social, a receita integral a ser estabelecida, o Plano fixará o custo atuarial dos serviços e a parcela a ser vertida por toda a sociedade, seja através das dotações orçamentárias (financiamento indireto) seja por intermédio das contribuições sociais (financiamento direto).

Com fundamento na eqüidade no custeio, cada empregador é investido do direito subjetivo público de exigir que, pelo Plano de Custeio, fique definida qual é a cotaparte que lhe cabe verter em favor do bem estar coletivo.

Essa espécie tributária, cuja técnica comporta a fixação de certos liames entre o agir do Estado e o contribuinte, é apta a estabelecer, na justa medida, os termos fiscais da cooperação social[12] em prol da seguridade.

Com efeito, se o Plano de Custeio estima o valor das contribuições sociais que financiarão o Plano de Proteção em determinado período e se tal Plano deve ser revisto a cada ano, as regras que vinculavam o empregador até então só podem ser modificadas — tanto para majorar como para reduzir certa fonte financeira — quando a projeção atuarial que fundamenta e integra o Plano de Custeio é revista e, a seu tempo, submetida à apreciação do Poder Legislativo.

Todas essas considerações preliminares servem para justificar a impossibilidade lógica de aplicação retroativa da lei que institui contribuição social e já me permitem afirmar que qualquer modificação da contribuição sobre o faturamento deve ser efetuada por intermédio de lei complementar e só terá vigência mediante a edição do novo Plano de Custeio.

Conquanto a primeira conclusão não tenha sido adotada pelo Poder Judiciário, de modo expresso, é de ser mantida em retentiva se e para futuros embates o mesmo problema venha a suscitar.

III — O julgado do STF e seu regime jurídico

Em sede de ação direta de inconstitucionalidade, de que tratam os autos 1103-1/600, o Supremo Tribunal Federal julgou

12. A "cooperação social", esclarece A. de Sampaio Dória, exige que o Estado atue nos serviços que beneficiem a todos e que os indivíduos, ou por inépcia, ou por falta de recursos ou, ainda, por ausência de iniciativa, não realizam (*Direito Constitucional*, v. I/151, São Paulo, Max Limonad).

inconstitucional o § 2º do art. 25 da Lei 8.870, de 1994.

Como se sabe, a Lei 8.870, de 15 de abril de 1994, havia alterado o art. 22 da Lei 8.212/1991 e, também, estabelecido novo regime jurídico aplicável à subespécie contribuição do empregador rural pessoa jurídica.

Vigente aquela regra, o empregador passaria a contribuir sobre a receita bruta proveniente da comercialização de sua produção, deixando de pagar a contribuição incidente sobre a folha salarial.

O julgado do Pretório Excelso resolveu considerar inconstitucional o tratamento diferenciado deferido ao empregador rural que deveria, sempre, contribuir como os demais empregadores.

A contribuição agroindustrial, quanto à parte agrícola, deveria incidir sobre a folha de salários e não sobre a produção (faturamento). E a essa incidência o empregador esteve sujeito desde sempre, posto que a declaração de inconstitucionalidade da lei que modificou o regime contributório configuraria repristinação implícita da legislação anteriormente incidente.

Conferindo ao julgado tal interpretação, o Instituto Nacional do Seguro Social expediu norma interna, estampada na Ordem de Serviço INSS/DAF 159, de 21.5.1997.

A partir do julgamento proferido pelo Supremo Tribunal Federal, o órgão previdenciário entendeu que as empresas devem recolher a diferença entre o tributo sobre a produção e a contribuição sobre a folha.

É que, segundo a interpretação da Autarquia, a lei que modificou norma anterior foi retirada da ordem jurídica mediante a sanção de anulabilidade, vale dizer, tal regra desapareceu sem deixar qualquer vestígio e, no mundo normativo, segue existindo o preceituário que, antes, regulava o assunto.

Eis o que sintetiza o Parecer CJ/MPAS 815, de 25 de fevereiro de 1997, aprovado pelo Ministro de Estado da Previdência e Assistência Social e, enquanto tal, vinculativo para a autarquia previdenciária:

> (...) a lei que supostamente houvera sido revogada pela lei inconstitucional permanece em vigor.[13]

Assim estaria definido o regime jurídico que ordena o resultado da ação de inconstitucionalidade. Quando declarado inconstitucional determinado preceito, a ordem jurídica se modifica a tal ponto de retroceder a tempo normativo anterior.

Se a questão pode ser encarada desse modo; se prevalece tal entendimento, o que admito apenas para argumentar, estaria sendo posto por terra todo o delicadíssimo mecanismo da certeza e segurança jurídicas que os séculos pacientemente construíram.

Quem quer que tenha pagado o devido tal qual lhe fora comandado pela lei então vigente que, aliás, gozava de presunção de constitucionalidade seria, de pronto, lançado na zona de sombra das incertezas.

No mundo fenomênico, com base no direito anterior, houve concretos efeitos decorrentes da aplicação do diploma legal tornado nulo pelo STF.

Tal a percepção clara do eminente Professor Titular da Universidade Federal do Paraná Clémerson Clève: "As situações jurídicas consolidadas ou criadas sob a égide da lei ilegítima não são, por isso mesmo, automaticamente desconstituídas (...)".[14]

Assim como, já se disse no tópico anterior, o Estado deve planejar suas finanças, também ao contribuinte é dado esse direito.

Cabe ao Estado planejar a receita previdenciária no Plano de Custeio, cujos de-

13. O Parecer foi lavrado pelo Procurador Paulo José Leite Farias e se acha estampado na *Revista de Previdência Social* 198/496-501.

14. Clémerson Merlin Clève, "Declaração de inconstitucionalidade de dispositivo normativo em sede de juízo abstrato e efeitos sobre os atos singulares praticados sob sua égide", *Caderno de Direito Constitucional e Ciência Política* 19/295, Ed. RT.

monstrativos atuariais, econômicos e demográficos serão submetidos à apreciação do Poder Legislativo.

Incumbe ao contribuinte idôneo planejar os encargos fiscais que irá suportar, a fim de adequar os custos de suas atividades aos dispêndios a que deve fazer face.

Esse duplo ritmo só é possível mediante o suporte do princípio da segurança jurídica, verdadeira pedra angular do Estado de Direito.

No âmbito tributário, acentua Alberto Xavier, a segurança jurídica se identifica com a confiança na lei fiscal, traduzindo-se: "praticamente, na possibilidade dada ao contribuinte de conhecer e computar os seus encargos tributários com base exclusivamente na lei".[15]

A certeza e segurança jurídica seriam abaladas se todas as relações de custeio constituídas sob a égide de lei declarada inconstitucional fossem, a um só tempo, nulificadas, bem depois de terem encerrado o seu ciclo vital.

É como se fosse possível que fatos acontecidos em tempos pretéritos, cujos efeitos já de todo se produziram, tivessem reinterpretada sua configuração concreta, em conformidade com um novo direito, ou melhor, com um velho direito que, segundo o critério temporal de ocorrência do fato, sobre os mesmos não poderia incidir.

Trata-se, evidentemente, da atribuição de efeitos retroativos a uma norma que não vigorava quando da ocorrência dos fatos que, como não poderia deixar de ser, estiveram sob a regência do direito então aplicável.

Tenho para mim que, declarada inconstitucional a Lei 8.870, a mesma sai de cena. Mas não pode subir à ribalta a lei anterior, pois as relações jurídicas constituídas sob a vigência da norma declarada inconstitucional já cumpriram o respectivo ciclo vital.

Pontes de Miranda, com a clareza de estilo que ornava o seu privilegiado talento, asseverou: "A Lei do presente é que governa o nascer e o extinguir-se das relações jurídicas. Não se compreenderia que fosse a lei de hoje reger o nascimento e a extinção resultantes de fatos anteriores".[16]

Entendo, por conseguinte, que a exigibilidade retroativa de eventuais diferenças apuradas quanto ao regime jurídico anterior ofende o princípio da segurança jurídica e não se conforma com a estrutura do ordenamento jurídico pátrio.

Ademais, a exigência de diferenças, vista a questão sob outro prisma, não encontra nenhum respaldo, assim o legal como o jurisprudencial.

Quanto ao último dos aspectos, examinando atentamente o longo teor do acórdão lavrado nos autos da citada ação direta de inconstitucionalidade não li, em nenhum dos votos proferidos pelos integrantes do Maximário Excelso, qualquer referência ao que se poderia denominar, de modo impróprio, a retroativa incidência do preceito estampado na Lei 8.212, de 1991.

O Relator inicial, Ministro Neri da Silveira, não abordou o assunto, eis que nem mesmo acatou a tese da inconstitucionalidade da lei. O Relator da tese vitoriosa, Ministro Maurício Corrêa, tampouco se deteve nesse pormenor.

A Lei 8.212, como é óbvio, não regulou a questão.

O que nos leva ao estalão normativo inferior.

Mera norma interna é o ato que, erigindo-se em regra interpretativa de direito, resolveu imprimir força retroativa, melhor dizendo, repristinatória ao preceito da Lei 8.212, de 1991.

15. Alberto Xavier, *Os Princípios da Legalidade e da Tipicidade da Tributação*, São Paulo, Ed. RT, p. 46.

16. Francisco Cavalcanti Pontes de Miranda, *Comentários à Constituição de 1967*, t. V, São Paulo, Ed. RT, p. 74.

Qual a função constitucional dos regulamentos?

Entendo que os decretos e regulamentos (atos normativos expedidos pelo Presidente da República, nos termos do art. 84 da Carta Magna), só podem ser editados para a fiel execução das leis.

Estão situados no quadro normativo constitucional mas não lhes cabe, no sistema jurídico brasileiro, função inaugural, diferentemente do que ocorre em outras ordens jurídicas.

Essas espécies normativas são meras fontes complementares do direito brasileiro.

Ao situar-lhes os limites, o art. 99 do Código Tributário esclarece:

> Art. 99. O conteúdo e o alcance dos decretos restringem-se aos das leis em função das quais sejam expedidos, determinados com observância das regras de interpretação estabelecidas nesta Lei.

Cabe ao decreto regulamentar definir o modo pelo qual a autoridade administrativa irá executar (*fielmente*, nos termos da Constituição) a lei. Nesse sentido, pode servir como critério de interpretação, a ser invocado pelos administrados em seu favor, em circunstâncias concretas. Embora não obrigue o administrado, vincula a autoridade pública que o expediu e, nessa medida, sua importância não pode ser descurada.

Posicionados em nível inferior aos Decretos estão os atos normativos dos Ministros de Estado, que no malfadado jargão administrativo brasileiro são denominados Portarias.

E, na esfera do Instituto Nacional do Seguro Social, titular da capacidade tributária ativa da contribuição social incidente sobre a folha de salários, é possível a edição de Ordens de Serviço cuja natureza jurídica é, sem dúvida, regulamentar, mas cuja aplicabilidade se restringe ao âmbito interno da Repartição Pública.

Bem as definiu o Código Tributário Nacional como normas complementares da legislação o que significa dizer que não lhes é dado inovar na ordem jurídica pátria.

No entanto, erigindo-se em intérprete do julgado do Supremo Tribunal Federal, o INSS resolveu, na citada Ordem de Serviço, conferir a absurda e descabida eficácia retroativa ao preceito da Lei de Custeio, exigindo contribuições sociais sobre a folha salarial relativas aos cinco anos anteriores à data do julgamento.

Força concluir que tal normativo interno não pode ter sua validade aceita como boa por estar em total desconformidade com o regime jurídico das contribuições e com o fundamento maior da legalidade.

IV — Medida judicial pertinente

Entendo que quem quer que tenha efetuado o recolhimento de contribuições sociais com base no novo regime jurídico e, eventualmente, recolhido diferenças relativas ao período anterior, pode buscar no Judiciário amparo para que a legalidade da tributação, garantia constitucional, seja observada pela Administração Pública.

E que, conseqüentemente, nenhum tributo seja cobrado com base em regra interpretativa de direito expedida por órgão da administração pública que não é investido de poder para impor obrigação tributária aos administrados.

Entendo que a ação cabível é a repetição do indébito fiscal.

O direito à restituição, derivado da relação tributária, busca como ela o seu fundamento na *legalidade*, erigida na Lei Magna em princípio (art. 5º, II,) e limitação (art. 150, I) da atividade fiscal do Estado.

É, o direito à restituição, objeto de disciplina nas normas gerais de direito tributário cujo foco ejetor, com esteio no art. 146, III, da Superlei vigente, deve ser a lei complementar.

Aliás, também na disciplina constitucional anterior, as normas gerais deveriam ser estatuídas mediante lei complementar, em obediência ao disposto no art. 18, § 1º, da Carta Magna pretérita.

Eis como se encaixam na ordem jurídica os preceitos que cuidam do tema no Código Tributário Nacional.

Trata-se dos arts. 165 e ss. do CTN que, como normas gerais, cuidam do pagamento indevido de tributos por parte do contribuinte.

Assim como ninguém é obrigado a fazer ou deixar de fazer alguma coisa senão em virtude de lei, ninguém pode beneficiar-se do cumprimento de obrigação que não tenha sido cumprida nos termos e condições estabelecidas em lei.

A justiça, no âmbito da obrigação tributária, consiste na exigência do tributo devido nos termos da lei e na restituição do indevido, vale dizer daquilo que, de lei, não poderia ser exigido do contribuinte e que não deve permanecer em mãos do Fisco.

Houve, no exemplo em estudo, um ato intermediário que definiu não poder ser exigida do sujeito passivo da obrigação fiscal o tributo tal como delineado — em seus diferentes aspectos da hipótese de incidência — na norma estampada no art. 25 da Lei 8.870.

Esse ato intermediário, considero como tal a já referida declaração de inconstitucionalidade de lei proclamada em ação direta proferida pela Suprema Corte.

Destarte, anotou com percuciência o eminente Ricardo Lobo Torres, transformou em *ilegal* o pagamento até então *legal*.[17]

O prazo para que o interessado requeira a restituição é fixado pelo art. 168 do Código Tributário: cinco anos.

Trata-se de prazo decadencial, uma vez que se cuida do direito subjetivo público à devolução do indevido.

V — O sigilo de dados

A CPMF incide sobre lançamentos bancários efetivados nas contas e demais operações desenvolvidas pelo contribuinte.

17. Ricardo Lobo Torres, *Restituição dos Tributos*, Rio de Janeiro, Forense, 1983, p. 167.

Para mim, tais negócios podem ser examinados pela autoridade fiscal, uma vez que constituem o próprio campo de incidência.

Aliás, conforme o volume da movimentação financeira apresentada pelas contas do sujeito passivo da obrigação tributária, o mesmo pode ser identificado como sendo daqueles que não cumprem com exatidão os deveres fiscais.

Os dados bancários deixam de ser sigilosos quando apresentam indícios de ilicitude manifesta. Isso ocorre tanto com a lavagem de dinheiro quanto com a corrupção.

Mas, também para que os princípios do Estado de Direito sejam integralmente respeitados é necessário o devido processo administrativo de apuração dos eventuais comportamentos ilícitos.

Dispõe o preceito estampado no art. 11, da Lei 9.311, de 1996, com a redação dada pela Lei 10.174, de 9 de janeiro de 2001, o seguinte:

> Art. 11. (...).
>
> § 3º. A Secretaria da Receita Federal resguardará, na forma da legislação aplicável à matéria, o sigilo das informações prestadas, facultada sua utilização para instaurar procedimento administrativo tendente a verificar a existência de crédito tributário relativo a impostos e contribuições e para lançamento, no âmbito do procedimento fiscal, do crédito tributário porventura existente, observado o disposto no art. 42 da Lei 9.430, de 27 de dezembro de 1996, e alterações posteriores.

A fim de dar cumprimento a tal preceito, a Secretaria da Receita Federal expediu a Instrução Normativa SRF 42, de 2 de maio de 2001, que cuida, dentre outras situações, das hipóteses de contribuição não recolhida em decorrência de decisão judicial.

E, para regular a matéria, a Instrução Normativa avança em assunto relativo ao devido processo administrativo que também se subordina às exigências da legalidade.

Assim dispõe a tal regra da Secretaria da Receita Federal:

> Art. 16. O valor correspondente à CPMF não retido e não recolhido pelas instituições especificadas na Lei 9.311, de 1996, por força de liminar em mandado de segurança ou em ação cautelar, de tutela antecipada em ação de outra natureza, ou de decisão de mérito, posteriormente revogadas, deverá ser retido e recolhido pelas referidas instituições, na forma estabelecida nos artigos subseqüentes.
>
> Art. 17. As instituições responsáveis pela retenção e pelo recolhimento da CPMF deverão:
>
> I — apurar e registrar os valores devidos no período de vigência da decisão judicial impeditiva da retenção e do recolhimento da contribuição;
>
> II — efetuar o débito em conta de seus clientes, a menos que haja expressa manifestação em contrário, no trigésimo dia subseqüente ao da ciência da revogação da medida judicial pela instituição responsável, ocorrida a partir de 1º de setembro de 2000;
>
> III — recolher ao Tesouro Nacional, até o terceiro dia útil da semana subseqüente à do débito em conta, o valor da contribuição;
>
> IV — encaminhar à Secretaria da Receita Federal, relativamente aos contribuintes que se manifestaram em sentido contrário à retenção, bem assim àqueles que, beneficiados por medida judicial revogada, tenham encerrado suas contas antes da data referida no inciso II, relação contendo as seguintes informações:
>
> a) número de inscrição do contribuinte no CPF ou no CNPJ;
>
> b) valor total das operações que serviram de base de cálculo da contribuição, por período de apuração, e o valor da contribuição devida, por data de vencimento.

Esse clausulado vai muito além do propósito legal.

Sob o pretexto de impor deveres instrumentais ao agente de arrecadação, a instrução da Receita Federal estabelece uma modalidade específica de lançamento, aplicável ao tributo em comento.

Modalidade que acaba pondo a nu o sigilo bancário que não é dado à instituição financeira, detentora dos dados, violar.

Também neste exemplo o decreto regulamentar exorbitou dos limites em que, no bem estruturado quadro das fontes do direito tributário, que cabe operar.

De nenhum modo podem os decretos regulamentares inovar na ordem jurídica, estabelecendo exigências que não foram fixados pelo legislador.

Muito menos o podem as instruções internas.

Instruções internas não são veículos aptos para a introdução de qualquer inovação na ordem jurídica.

Revelando certo modo de interpretação das normas, formulado pela autoridade que as expede, podem acabar criando novas hipóteses quando e se se afastam da moldura normativa genérica.

É até possível, embora pouco provável, que instruções ampliem o direito, o que violaria a estrita legalidade do agir administrativo.

O Estado de Direito erige a legalidade como princípio basilar de toda a atividade administrativa.

Tendo sido as fontes formais do direito, no sistema jurídico brasileiro, enumeradas pela Constituição Federal, somente elas podem fundamentar o agir administrativo.[18]

A Constituição arrola as fontes do direito em geral e do direito tributário em particular, designando-lhes nomes próprios. Temos, então, a designação lei, significando a complementar, a ordinária e a delegada; a medida provisória; o decreto legisla-

18. Sobre as fontes do direito brasileiro, com especial referência ao Direito Tributário, v. o meu "Fontes do Direito Tributário", *Revista do Advogado* 32/41 e ss., set. 1990.

tivo e a resolução do Senado da República (art. 59, da Lei Magna).

Por outro lado, em se tratando de normas a serem aplicadas pela Administração Pública, a Constituição admite que as mesmas sejam objeto de regulamentação, conferindo ao Executivo competência para, com o propósito de garantir a fiel execução das leis, dispor a respeito.

Por expresso permissivo constitucional, só o Presidente da República (art. 84, IV) e os Ministros de Estado (art. 87, II) estão autorizados a disciplinar tais matérias.

A referência à faculdade regulamentar, como já ficou exposto, é feita pela Lei das Leis.

No entanto, o direito brasileiro admite a existência de outros atos administrativos aos quais a lei, segundo bem lançada expressão do Código Tributário Nacional (art. 100), atribui eficácia normativa.

Encontrando esteio em leis, em regulamentos ou em instruções, tais atos normativos podem ser encartados na pirâmide normativa, no estádio denominado pelo CTN: *legislação complementar*.

É certo que, cada norma, não se justapõe às demais nem no plano infraconstitucional nem no terreno infralegal, com isso passando a integrar a estrutura escalonada da ordem jurídica, se não estiver plenamente ajustada ao preceito normativo que lhe dá fundamento de validade.

Pode-se insistir, por conseguinte, que todas as normas são limitadas pela e na legalidade. Esta última será aferida, em cada caso, pelo confronto da norma em exame com a moldura que lhe confere um específico lugar na estrutura escalonada da ordem jurídica.

Teremos então, na legislação complementar como que o primeiro instrumento por meio do qual opera o Executivo em aplicação fiel das leis, regulamentos e instruções.

Vamos nos cingir, neste ponto à locução *instrução*.

Antigamente, o Chefe do Poder Executivo expedia decretos, instruções e regulamentos.[19]

Adotando mais apurada terminologia, a Constituição de 16 de julho de 1934 passou a estabelecer distinções que, salvo no hiato autoritário em que vigorou a Constituição do Estado Novo, até hoje figuram nos Estatutos Fundamentais que se seguiram àquela Magna Carta, entre ato normativo exarado pelo Presidente da República, denominado *decreto* ou *regulamento* e as normas expedidas pelos Ministros de Estado em matérias relativas às respectivas esferas de competência, reservando para estas últimas a designação de *instruções*.[20] São estas últimas as menores expressões do poder regulamentar.

Advertia Carlos Maximiliano, quando discorria sobre o poder regulamentar, que este é, em nosso direito, limitado. E escrevia o notável exegeta:

"Dai se deduzem, quanto ao poder regulamentar, várias restrições:

"a) não cria direitos nem obrigações não estabelecidas implícita ou explicitamente em lei.

"b) não amplia, restringe ou modifica direito, nem obrigações. Apenas desenvolve e completa em particularidade as regras estabelecidas pelo Congresso."[21]

19. Na Constituição Política do Império, de março de 1824, essa atribuição é expressa no art. 102, 12, nos seguintes termos: "Art. 102. O Imperador é o Chefe do Poder Executivo, e o exercita pelos seus Ministros de Estado. Suas principais atribuições são: (...). 12) Expedir os decretos, instruções e regulamentos adequados à boa execução das leis". Por seu turno, a Constituição da República, de 24.2.1891, no art. 48, inc. I, assim se redigia: "Art. 48. Compete privativamente ao Presidente da República: I — sancionar, promulgar e fazer publicar as leis e resoluções do Congresso; expedir decretos, instruções e regulamentos para sua fiel execução".

20. São de citar, respectivamente, os arts. 56, 1º e 60, *b*, da CF/1934; 74, *a*, da CF/1937; 87, I, e 91, II, da CF/1946; 81, III e 85, II, da CF/1967, na redação da Emenda 1, de 1969.

21. Carlos Maximiliano, *Comentários à Constituição Brasileira*, pp. 542-543.

A maior parte da doutrina, ao se debruçar sobre o tema das fontes do direito, faz referência à conhecida imagem de Hans Kelsen, onde é desenhada a ordem jurídica como estrutura escalonada em cujo ápice se encontra a Constituição, tendo esta por suporte de validade a norma fundamental hipotética.[22]

Cada ordenamento jurídico pode situar novos degraus à estrutura, a fim de incluir diversos instrumentos que, conquanto dotados de menor expressividade, e menor eficácia, servem como redutores da discrição administrativa.

A respectiva utilização como fundamento de decisões administrativas é vedada porque só atuam, como bem notou Hely Lopes Meirelles "no âmbito interno das repartições e só alcançam os servidores hierarquizados à chefia que os 'expediu'".

Em suma, as normas internas apenas se destinam a dispor a respeito da forma pela qual será posto em ato o expediente administrativo para que o serviço público atue em conformidade com a sua missão institucional e legal.

Convém insistir em que, enquanto destinatários comuns das normas legais, assim o Poder Público como o particular, no Estado de Direito, estão sujeitos a exercer seus direitos sempre segundo as formas, os modos e as medidas que lhes são ditadas pelo ordenamento jurídico.

Ergo, o âmbito de incidência da Instrução Normativa em comento é restrito ao pessoal subordinado ao Secretário da Receita Federal. Esses servidores estão obrigados a cumprir todos os teores da ordem.

22. Hans Kelsen, *Teoria Pura do Direito*, trad. João Baptista Machado, Coimbra, Armênio Amado Ed., 1974, pp. 309 e ss.

CADERNOS DE DIREITO TRIBUTÁRIO

PRINCÍPIOS DE DIREITO ADMINISTRATIVO TRIBUTÁRIO

AURÉLIO PITANGA SEIXAS FILHO

Professor Titular de Direito Financeiro e Tributário da Universidade Federal Fluminense.
Professor nos Cursos de Doutorado da Universidade Gama Filho
e Mestrado da Universidade Cândido Mendes

Características da função administrativo-fiscal. Dever jurídico de exigir o pagamento do tributo. Potestade administrativa. Princípios que regem a função do Fisco: Princípio da legalidade objetiva — Imparcialidade; Princípio da legalidade objetiva — Oficialidade — Dever de inspeção; Princípio da verdade material. Verdade material — Informalidade. O dever de provar e a verdade formal. Dever de comprovação. Dever de regulamentar. Constituição do crédito tributário. Controle da legalidade do lançamento tributário: Autocontrole por dever de ofício. Direito de petição.

Características da função administrativo-fiscal

Cabe ao Fisco, órgão da administração fazendária, a função de arrecadar os tributos que a legislação tenha instituído, orientar os contribuintes como proceder corretamente para cumprirem os seus deveres legais tributários (dever de regulamentar), bem como todos os atos de administração tributária necessários para cumprir, também, os seus próprios deveres legais.

A autoridade fiscal, como todos os agentes administrativos, tem o seu campo de ação perfeitamente delimitado pela lei, não podendo agir fora dos parâmetros fixados pelo legislador, porquanto a sua função própria é a de *aplicar a lei*, isto é a de compelir as pessoas a cumprirem as leis.

Assim como as pessoas são inteiramente livres para agir desde que não exista uma lei determinando um comportamento diferente, a autoridade administrativa não pode agir ao seu livre-arbítrio, somente podendo se *comportar* conforme o ordenamento predeterminado pelo legislador.

A constituição e as leis fundamentais distribuem encargos, deveres ou funções para os órgãos da administração pública que devem se desincumbir deles a tempo e modo.

A saúde da população é atribuição de órgãos da administração que têm o dever legal (função) de tomar as providências preventivas e curativas necessárias para mantê-la.

Os órgãos administrativos, na medida em que tenham uma função determinada pelo legislador, com atribuições e deveres bem definidos, *em prol do interesse da coletividade*, não têm uma livre disponibilidade de sua atuação, restringindo-se a sua atuação ao modelo legal.

Dever jurídico de exigir o pagamento do tributo

Quando as pessoas estão sujeitas ao cumprimento de um *dever legal*, o órgão administrativo com atribuição sobre essa matéria tem o correspectivo *dever legal* de exigir o seu cumprimento. O fisco tem o dever legal de exigir que o contribuinte pague o tributo devido, podendo, para o exercício dessa função, utilizar poderes que são derivados ou delegados da própria norma jurídica.

Potestade administrativa

Este atributo do exercício da função da autoridade administrativa de poder exigir um determinado comportamento da pessoa em cumprimento a um dever legal é denominado pelos doutos italianos e espanhóis de *potestade*, que segundo Massimo Severo Giannini: "A potestade pública é sempre predeterminada pela norma, sendo indisponível, intransmissível e irrenunciável, podendo, entretanto, não ser exercitável ou ter o seu exercício delegado ou suspenso, enfim, é imprescritível, mas o seu exercício pode estar sujeito a decadência".[1]

Também no direito espanhol: "a potestade é sempre uma derivação de um status legal, pelo qual resulta inescusável uma norma prévia que, além de configurá-la, a atribua em concreto. Como conseqüência desta origem legal e não de negócios, os poderes são inalienáveis, intransmissíveis e irrenunciáveis, justamente porque são indisponíveis pelo sujeito enquanto criação do direito objetivo supra-ordenado ao mesmo. O titular da potestade pode exercê-la ou não, porém, não pode transferi-la; a própria lei pode, como máximo, permitir sua delegação de exercício".[2]

A potestade ou dever-poder que a autoridade fiscal tem de exigir das pessoas o cumprimento dos seus deveres tributários, é uma função atribuída pelo ordenamento jurídico para ser exercida *por dever de ofício*[3] e que não pode ser confundida como uma ação de defesa de direito subjetivo ou de uma simples faculdade, já que "a relação tributária" funciona de forma diferente das obrigações de Direito Privado,[4] porque o seu regramento é todo de Direito Público,[5] especialmente com regência do Direito Administrativo e particularidades do próprio Direito Tributário, sendo a sua principal característica a indisponibilidade sobre o cumprimento dos deveres jurídico-tributários impostos diretamente pela lei.

O princípio da indisponibilidade dos deveres legais atribuídos à autoridade administrativa é uma conseqüência direta da extrema relevância que emana do princípio maior que é a supremacia do interesse público sobre o do particular, que, segundo abalizada doutrina brasileira, todo o sistema de Direito Administrativo se constrói sobre estes dois princípios.[6]

1. *Diritto Amministrativo*, I, Milão, Giuffrè, 1970, p. 506.

2. Eduardo García de Enterría e Tomás Ramón Fernandez, *Curso de Direito Administrativo*, São Paulo, Ed. RT, 1991, p. 379.

3. O Estado, uma vez constituído, realiza os seus fins através de três funções em que se reparte a sua atividade: legislação, administração e jurisdição. A função legislativa liga-se aos fenômenos de formação do direito, enquanto as outras duas, administrativa e jurisdicional se prendem à fase de sua realização. *Legislar* (editar o direito positivo), *administrar* (aplicar a lei de ofício) e *julgar* (aplicar a lei contenciosamente), são três fases da atividade estatal, que se completam e que a esgotam em extensão (Miguel Seabra Fagundes, *O Controle dos Atos Administrativos pelo Poder Judiciário*, Rio de Janeiro, Forense, 1957, p. 17).

4. Aurélio Pitanga Seixas Filho, "A natureza jurídica da relação tributária", *RDT* 73/93-103, Malheiros Editores, 1999.

5. Gian Antonio Michelli afirmou que "uma análise minuciosa e articulada do fenômeno já obrigou a examinar posição subjetiva ativa da entidade impositora, não propriamente em termos de direito de crédito, mas sim de potestade de imposição" (*Curso de Direito Tributário*, São Paulo, Ed. RT, 1978, p. 121).

6. Celso Antônio Bandeira de Mello, *Curso de Direito Administrativo*, São Paulo, Malheiros Editores, 1997, p. 28.

Princípios que regem a função do Fisco

Princípio da legalidade objetiva — Imparcialidade

Todas as autoridades administrativas, inclusive as fiscais, possuem uma atribuição legal, uma função, dentro da qual têm o dever de agir ou funcionar, sem que possam livremente dispor, ou possuam a faculdade de dispor dos interesses coletivos (públicos), cuja supremacia sobre os interesses individuais ou particulares deve sempre ser preservada.

O cumprimento da função atribuída por lei ao órgão fiscal é, conseqüentemente, um imperativo que não tem semelhança, ou guarda alguma compatibilidade com a faculdade ou o interesse de agir que os particulares possuem, em decorrência do livre-arbítrio ou disponibilidade de que são titulares sobre os seus próprios direitos subjetivos.[7]

A autoridade fiscal não tem qualquer faculdade ou direito subjetivo de agir,[8] nem tem algum interesse próprio ou particular com o exercício de sua função legal, como é a lição de García de Enterría e Ramón Fernandez: "É, enfim, importante notar que as potestades administrativas pertencem em sua imensa maioria (talvez todas, salvo as puramente organizatórias) à chamada potestade-função, isto é, aquelas potestades que devem ser exercidas em interesse alheio ao próprio e egoísta do titular. Concretamente, as potestades administrativas devem exercer-se em função do interesse público, que não é o interesse próprio do aparelho administrativo, senão o interesse da comunidade da qual a administração é, como repetimos, uma mera organização serviçal (...) a administração pública serve com objetividade os interesses gerais (...), o que comporta duas conseqüências, que vêm a frisar um novo afastamento da figura técnica da potestade com respeito àquela do direito subjetivo (...)".[9]

Na Itália, Maffezzoni, em ensaio publicado em 1952,[10] já havia enfatizado que o poder de imposição atribuído pelo ordenamento à autoridade fiscal de resguardar o interesse público em geral e de, em particular, determinar o valor do tributo ou reconhecer a não incidência do imposto em casos específicos, bem como autuar e multar o contribuinte omisso e/ou sonegador, dentro do esquema de *potere* ou *potestà* é incompatível com o esquema de direito subjetivo.

A Fazenda Pública arrecada tributos em obediência a um imperativo legal, não porque possua interesse subjetivo a defender. Ao aplicar a lei impositiva a administração fazendária somente tem *o interesse objetivo* de exercer a sua função constitucional, não possuindo motivo ou conveniência além do que está objetivamente prescrito nas regras jurídicas pertinentes.[11]

Usando nomenclatura própria o Professor Onofre Alves Batista Júnior afirma que:

"Assim, o exercício do *Poder de Polícia Fiscal* encontra a sua razão de ser na própria busca da *correta tributação*, eficaz, isonômica, justa, adequada. Por isso, a imposição de limitações busca favorecer o *in-*

7. Aurélio Pitanga Seixas Filho, *Princípios Fundamentais do Direito Administrativo Tributário — A Função Fiscal*, Rio de Janeiro, Forense, 2002, p. 10.

8. "Por outro lado, tenho insistido também em que a autoridade pública — e não só a autoridade administrativa, mas também o Poder Judiciário e o Poder Legislativo — não é titular de *direitos*, mas sim do dever de prover a realização de interesses alheios. Para tanto, confere-lhe o ordenamento jurídico determinados *poderes*. A função pública, assim, é antes expressão de um dever-poder do que de um poder-dever" (Eros Roberto Grau, *Direito, Conceitos e Normas Jurídicas*, São Paulo, Ed. RT, 1988, p. 179).

9. Ob. cit., p. 381.

10. "Osservazioni a un Progetto di Riforma del Contezioso Tributário in Matéria di Imposte Dirette", in *Rivista di Diritto Finanziario e Scienza delle Finanze*, 1952, v. XI, Parte I, p. 150.

11. Aurélio Pitanga Seixas Filho, "Regime jurídico dos recursos administrativos fiscais e seus efeitos", *Revista de Processo*, jan.-mar. 1982, São Paulo, Ed. RT, p. 54.

teresse público de suficiente, adequada e justa tributação.

"Enquanto o *Poder Tributário* busca, em primeira vista, a própria tributação, o *Poder de Polícia Fiscal* visa assegurar essa justa tributação. No exercício de um 'institui-se' tributos; no do outro, impõe-se deveres para assegurar a tributação. O segundo existe para favorecer e garantir o exercício do primeiro, entretanto, eles são nitidamente distintos."[12]

A atuação do órgão fiscal na cobrança dos tributos a seu encargo, portanto, não envolve qualquer interesse próprio das autoridades fiscais, nem é o exercício de um direito subjetivo, não sendo, também, a administração fazendária, parte credora de uma relação jurídica obrigacional.

A função administrativa tributária que deve ser exercida pela autoridade fiscal exige a obediência ao princípio da legalidade objetiva, em que o tributo será tornado líquido, certo e exigido dentro da mais estrita legalidade, agindo o Fisco com integral *imparcialidade*.

Imparcialidade é um atributo da função administrativa cujo exercício leva a que o interesse coletivo sempre tenha supremacia sobre o interesse particular do cidadão contribuinte, discriminação esta, entretanto, entre interesse público e privado, que constará sempre de norma legal, razão pela qual, ao aplicar a lei desinteressadamente, a autoridade administrativa estará agindo imparcialmente sem conflitar com interesses subjetivos dos destinatários da norma legal.

Princípio da legalidade objetiva — Oficialidade — Dever de inspeção

O fisco, no exercício de sua função administrativa de inspecionar, não só a ocorrência do fato gerador, como o descumprimento da legislação tributária, tem a sua ação impulsionada pelos deveres legais a cumprir, pois, afinal, administrar é aplicar a lei de ofício.

Por *dever de ofício*, deverá investigar periodicamente o cumprimento pelos contribuintes dos seus deveres tributários, revisar as suas declarações, inspecionar a contabilidade, produzir o documento líquido e certo (lançamento tributário) necessário para exigir o pagamento do tributo e da eventual penalidade, enfim, numa investigação submetida ao *regime inquisitorial* deverá fiscalizar para obter certeza sobre a correção do comportamento das pessoas submetidas à legislação tributária.

O dever imposto pela lei à autoridade fiscal de controlar o correto pagamento do tributo e de exigir o seu pagamento, quando for o caso, exige que a autoridade administrativa tenha um comportamento *ativo*, no sentido de tomar as iniciativas apropriadas para determinar o valor do tributo, sem para isto ficar dependendo da disposição de colaborar do contribuinte, não sendo pertinente durante a *ação fiscal* ser invocado o princípio do contraditório, já que o contribuinte não tem ônus ou interesse de provar algo, porém o dever legal de declarar ou informar as condições em que ocorreu o fato gerador.

Enrico Allorio lembra o *caráter inquisitório* do processo tributário à semelhança do processo administrativo e do processo penal com respeito à pesquisa da prova, o que marca a disparidade de inspiração e natureza em relação ao processo civil que é dirigido pelo princípio da disposição da parte, enquanto a autoridade fiscal tem a faculdade de indagar, inspecionar, controlar, de requisitar informações ou dados, usando os poderes de polícia tributária investigativa.[13]

Também Alberto Xavier entende que a natureza do procedimento fiscal para efetivar o lançamento tributário é *marcadamente inquisitorial* em razão de caber à autoridade fiscal dirigir a investigação dos

12. *O Poder de Polícia Fiscal*, Belo Horizonte, Mandamentos, 2001, p. 184.

13. *Diritto Processuale Tributário*, Turim, UTET, 1962, p. 320.

fatos tributários, com obediência ao princípio da verdade material, afetando, desta forma, os meios de obtenção das provas necessárias para o pagamento do tributo.[14]

Princípio da verdade material

A autoridade fiscal para exercer a sua competência legal de exigir o pagamento do tributo, que lhe foi destinado pela norma constitucional, tem de agir, por impulso próprio (procedimento inquisitorial — dever de ofício), para conferir se a declaração fornecida pelo contribuinte é verdadeira, ou para obter (caso as informações não estejam conformes à realidade dos fatos, por omissão própria ou imprópria, como falsidade material ou ideológica, ou até mesmo, por simples erro ou equívoco), a verdadeira conduta sujeita à tributação com o uso dos deveres-poderes (potestades) colocados à sua disposição (do Fisco) pelo legislador tributário.

Verdade material — Informalidade

A dinâmica da administração pública não está sujeita a formalidades rígidas ou a obediência a formas sacramentais, pois a natureza da ação administrativa (atos de potestade — atos de império), exige que a aplicação da lei se faça da forma mais expedita possível.

Contrariamente à dinâmica de aplicação das leis pelas autoridades jurisdicionais, onde vigora o princípio da verdade formal, em que as formas dos atos, prazos e a sistematização dos procedimentos são rigorosamente previstos e obedecidos, nos procedimentos administrativos em geral, as formas dos atos e os prazos previstos anteriormente (pois, afinal, não se pode prescindir de alguma sistematização para se ordenar o comportamento da administração pública), podem ser, eventualmente, desobedecidos, para dar cumprimento ao princípio maior da verdade material.

O dever de inspecionar dirigido pela discricionariedade da autoridade fiscal não pode ficar amarrado por formalismos, sob pena de não se descobrir corretamente a verdade dos fatos, ou de ficar cerceado o direito de defesa do contribuinte.

O dever de provar e a verdade formal

Como está sendo demonstrado, o regime jurídico da função administrativa (fiscal) não guarda compatibilidade com o regime jurídico da função jurisdicional, especialmente com a maneira de se demonstrar a verdade dos fatos praticados pelo contribuinte.

A autoridade fiscal, ao desenvolver o dever de inspecionar a verdade dos fatos praticados pelo contribuinte, não está cumprindo um dever de provar no sentido jurisdicional (litigioso) de formar o convencimento do juiz, nem está se desincumbindo de qualquer "ônus de prova", pois não tem interesse próprio a defender, está, isto sim, agindo por dever de ofício para formar seu próprio convencimento quanto aos fatos que devem ser considerados para determinação do valor do tributo.

Preleciona Alberto Xavier que no procedimento de investigação para a descoberta da verdade material, como num processo inquisitório, a autoridade fiscal tem meios instrutórios vastíssimos para formar sua convicção, que não está limitada à existência de regras legais norteadoras dos meios de prova, nem sendo pertinente o problema da repartição do ônus da prova, sendo, em conseqüência, uma livre convicção.[15]

Também no mesmo sentido é a lição de Rui Barbosa Nogueira, originada do direito germânico, quando afirma que a autoridade fiscal, ao contrário do juiz, não está vinculada aos elementos indicados ou fornecidos pelas partes, devendo operar sobre

14. *Do Lançamento no Direito Tributário Brasileiro*, São Paulo, Resenha Tributária, 1977, pp. 107-108.

15. Ob. cit., pp. 109-115.

a base de suas próprias constatações e das conseqüências decorrentes destas, tendo em vista a distinta natureza jurídica do procedimento de lançamento, da natureza jurídica do procedimento de instrução probatória, pois se visa a entregar o quanto possível à autoridade lançadora, não só a escolha dos meios de determinação, como também o emprego desses meios, já que a participação do particular na atividade de lançamento não é elemento caracterizador da sua natureza jurídica, nem faz parte de sua essência.[16]

Dever de comprovação

A liberdade investigatória que possui a autoridade fiscal para descobrir a verdade dos fatos mais próxima da realidade (verdade material), sem que rígidas formalidades condicionem o seu convencimento, não significa que no procedimento administrativo fiscal não se tenha de coletar os meios de prova que sedimentaram a livre convicção do titular do órgão fiscal.

A apreensão ou percepção dos fatos relevantes para a tributação pela autoridade é feita através de documentos, declarações, registros contábeis e indícios outros, meios de prova estes que devem servir para certificar que o ato administrativo foi produzido dentro do que exigem as normas legais.

Se o ato administrativo é resultante de um livre convencimento da autoridade, firmado unilateralmente, o cidadão ou contribuinte sujeito às conseqüências jurídicas desse ato tem o direito de questionar a sua conformidade com a lei de regência, motivo pelo qual não se pode prescindir da apropriada comprovação dos dados apurados pela autoridade competente, pois não só a autoridade superior que deva examinar o ato recorrido, como, também, o juiz, devem formar seu próprio convencimento, cada qual com as regras jurídicas próprias, com apoio nos documentos juntados no procedimento administrativo.

Dever de regulamentar

O cumprimento do dever tributário pelo contribuinte se resultar num pagamento insuficiente do tributo quer por erro na consideração da matéria de fato, quer por equivocada avaliação da regra jurídica aplicável ao caso, exige, no mínimo, o pagamento adicional do que faltou, mais os encargos legais moratórios, e, dependendo da qualificação do erro cometido, pode haver a penalização com elevadas multas.

Por dever de ofício, então, as autoridades devem emitir atos genéricos e abstratos no sentido de orientar os contribuintes como devem ser cumpridas as leis tributárias, bem como responder especificamente às consultas formuladas por eles.

Tendo em vista que os impostos no decorrer do tempo são alterados por inúmeras leis das várias hierarquias, cabe ao chefe do poder executivo, em primeiro lugar, emitir uma *Consolidação* da legislação do imposto, e em seguida um ato complementar de regulamentação.

O Regulamento da lei, portanto, é um dever-poder concedido às autoridades administrativas que na medida em que têm a potestade de aplicar a lei, têm, também, o dever de esclarecer como elas devem ser cumpridas pelos seus destinatários.

O contribuinte que pagar o tributo conforme a orientação oficial emitida pela autoridade competente seja através de uma resposta específica a uma consulta, seja em obediência a um ato normativo — regulamento, instrução, portaria etc. — estará cumprindo corretamente o seu dever tributário, nada mais podendo ser-lhe exigido a título de retificação da orientação, cujo efeito somente poderá ser produzido para o futuro.

Não pode ser admitido que a Administração Pública no exercício de seu dever-poder de orientar como a leis devem ser cumpridas pelos seus destinatários ve-

16. *Teoria do Lançamento Tributário*, São Paulo, Resenha Tributária, 1973, pp. 61 e 169.

nha exigir a correção retroativa de um comportamento que obedeceu às regras oficiais ao seu tempo, por entender que a orientação anterior não fora a mais correta ou adequada.

Não tem cabimento, portanto, o dispositivo previsto no parágrafo único do art. 100 do Código Tributário Nacional que autoriza a exigência do pagamento de complementação de imposto, cujo valor não foi pago anteriormente, por obediência a "normas complementares das leis, dos tratados e das convenções internacionais e dos decretos" em razão de mudança de critério jurídico da autoridade competente, excluindo, somente, a exigência de penalidades, juros de mora e correção monetária.

Constituição do crédito tributário

Assim como os deveres jurídicos devem ser, *ordinariamente*, obedecidos *espontaneamente* pelos destinatários das normas jurídicas, os contribuintes também devem pagar a sua dívida tributária sem serem, necessariamente, coagidos pela autoridade fiscal.

Com base na orientação oficial da autoridade fazendária competente e dentro dos prazos fixados na legislação tributária o contribuinte deverá fazer a valoração jurídica do fato gerador que praticou, liquidar o valor do imposto e recolhê-lo nos locais autorizados.

Para efeito de controle do desempenho correto dos seus deveres tributários, a legislação tributária normalmente exige que o contribuinte formalize em um documento uma confissão que praticou o fato gerador do tributo, faça a valoração jurídica dessa matéria fática (acertamento), (que produzirá certeza jurídica, quer com seu próprio critério jurídico, quer adotando critério jurídico oficial da autoridade fiscal), para finalizar com a liquidação do valor do imposto que deverá recolher.

A confissão produzida pelo contribuinte, por se tratar exclusivamente de matéria fática, poderá ser sempre retificada dentro do prazo prescricional de cinco anos (arts. 165, I e 168 do CTN), desde que obedecidos os procedimentos adequados.

Caso o contribuinte deixe de pagar o imposto objeto do seu auto-acertamento e liquidação, o Fisco, armado desse documento dotado de certeza jurídica e liquidez, poderá encaminhá-lo para a cobrança executiva.

Dependendo da técnica de arrecadação, a cobrança do tributo poderá depender de um prévio acertamento jurídico e liquidação da responsabilidade da própria autoridade fiscal, a partir de seu conhecimento da matéria fática confessada pelo contribuinte. É a modalidade de ato administrativo denominado de lançamento por declaração no art. 147 do Código Tributário Nacional.

Nesta modalidade de lançamento, a exigibilidade de pagamento do tributo dependerá de ser o contribuinte notificado e intimado a pagar no prazo determinado pela autoridade administrativa, a partir do qual terá início a mora.

A outra modalidade de lançamento é resultante do exercício do dever de inspeção e investigação da autoridade fiscal em que é certificado um fato gerador não confessado pelo contribuinte, ou complementar ao já declarado, e liquidado o valor do débito após a valoração jurídica de responsabilidade da autoridade administrativa.

Crédito tributário é a nomenclatura adotada pelo Código Tributário Nacional para o valor da dívida tributária tornada líquida após a autoridade fiscal acertar (valorar) juridicamente o fato gerador, constituindo, dessa forma, um documento hábil para a cobrança administrativa ou judicial do tributo, por ser dotado de certeza jurídica e liquidez.

O que caracteriza, essencialmente, o lançamento tributário, é ser a dívida tributária liquidada após ser adotado, expressamente, um critério jurídico pela própria autoridade administrativa, certeza jurídica esta, que não poderá mais ser modificada após a notificação do contribuinte, salvo recurso administrativo proposto por este.

A imutabilidade do acertamento tributário da responsabilidade da autoridade fiscal, que concede uma eficácia preclusiva ao lançamento tributário, é uma conseqüência da garantia que os contribuintes devem ter em relação à certeza jurídica emanada dos atos administrativos, sejam eles genéricos e abstratos como os regulamentos e instruções normativos, sejam concretos e específicos como o lançamento tributário e a resposta às consultas fiscais.

A constituição do crédito tributário pelo lançamento nada mais significa que a formalização, pela autoridade fiscal, em um documento representativo da dívida tributária, antes já existente após a ocorrência do fato gerador, porém, ainda ilíquida e incerta. Em hipótese alguma o lançamento tributário poderá ser um ato jurídico constitutivo de direitos e deveres por não ser ele um acertamento jurídico declaratório de uma vontade (negócio jurídico), porém sua característica é a de um acertamento jurídico declaratório de uma verdade, sendo assim, retificável, na forma e prazo previstos em lei.

Se o lançamento tributário vai ser resultante de um procedimento administrativo ou de um ato simples dependerá de uma decisão da autoridade competente, já que o Código Tributário Nacional não especificou quais os atos administrativos comporiam o procedimento administrativo que resultariam no lançamento tributário, sendo certo que num ato administrativo composto o contribuinte somente deverá ser notificado após a ratificação pela segunda autoridade competente.

A cobrança coativa de uma dívida patrimonial exige, sempre, a existência de um título jurídico líquido e certo, que no direito privado (das obrigações) será formado e firmado pelo próprio devedor ou pelo juiz em uma sentença formalizada em processo jurisdicional.

Em direito tributário a cobrança executiva será alicerçada no documento (acertamento) produzido pelo contribuinte, ou no lançamento tributário, que por definição, como ato administrativo, é produzido unilateralmente (inquisitorialmente) pela autoridade fiscal, razão pela qual a sua eficácia executiva dependerá, preliminarmente, de ser proporcionado direito de defesa ao contribuinte, o que não deve ser confundido com contraditório.

Controle da legalidade do lançamento tributário

Autocontrole por dever de ofício

Como a administração pública funciona hierarquicamente, o primeiro controle a que pode ser submetido o lançamento tributário deve ser feito antes de sua notificação, que somente poderia ser emitida após expressa autorização da chefia do órgão fiscalizador, depois de um exame atento e minucioso da proposta de lançamento, sujeita, então, à retificação dos erros e defeitos por acaso verificados. Desta forma estaria configurado um ato administrativo composto.

Direito de petição

De acordo com o art. 5º, inc. XXXIV, letra *a*, da Constituição Federal de 1988, o direito de petição aos poderes públicos em defesa de direitos ou contra ilegalidade ou abuso de poder é assegurado a todos, independentemente do pagamento de taxas.

Intimado a pagar o crédito tributário o contribuinte tem um direito constitucional de peticionar à administração fiscal impugnando o lançamento tributário e requerendo a demonstração de sua legalidade.

O lançamento tributário somente produz os seus efeitos próprios a partir da intimação do contribuinte que deverá ser notificado das razões de fato ou de direito que motivaram a sua emissão, descrevendo-as de uma forma que possibilite o direito de defesa pelo contribuinte sem a necessidade de pedir auxílio de um especialista ou perito.

Com a motivação do lançamento tributário o contribuinte estará em condições de exercer convenientemente o seu direito de defesa, formulando os quesitos apropriados a obter da administração fiscal a devida justificação do seu ato. A inexistência da motivação ou sua insuficiência poderão invalidar o ato administrativo por vício formal, como cerceamento do direito de defesa.

Com a petição impugnando o lançamento tributário tem a autoridade fiscal o dever de reexaminar os motivos que a levaram a constituir o crédito tributário para o efeito de corrigir eventuais erros e defeitos na sua elaboração, dever este que deve ser exercido de ofício, independentemente da reclamação e das razões do contribuinte.

O regime jurídico que deve regular os recursos oferecidos ao exame da administração fiscal, como não poderia deixar de ser é o de direito administrativo, com as particularidades do direito tributário, como já exposto anteriormente.

Entretanto, tanto no procedimento administrativo fiscal federal,[17] como nos de diversos Estados,[18] o regime de apreciação dos recursos oferecidos pelo contribuinte é considerado contencioso, litigioso ou contraditório.

A função própria da autoridade judicial regida pelo direito processual: aplicar a lei para dirimir litígios foi entronizada na legislação tributária brasileira por influência de dois projetos de legislação regulando o ***processo tributário***.

O primeiro projeto de autoria de Rubens Gomes de Sousa teve a seguinte fundamentação doutrinária para a fase litigiosa ou contenciosa do processo tributário:

"A iniciativa da fase contenciosa do processo pertence ao contribuinte — ao contrário da fase oficiosa que, como vimos, pertence exclusivamente ao fisco.

"A segunda atitude possível ao contribuinte é a de inconformidade com a pretensão jurídica formulada pelo fisco através do lançamento; e neste caso o processo fiscal poderá desenvolver-se através da fase contenciosa."[19]

O segundo projeto de Processo Tributário é da lavra de Gilberto de Ulhôa Canto, em que o art. 20 do Capítulo I — Do início do processo contencioso — tinha a seguinte redação: "20. O Processo contencioso se inicia pela contestação, defesa ou oposição do sujeito passivo, apresentada tempestivamente, contra auto de infração".[20]

Ainda da lavra de Gilberto de Ulhôa Canto, coadjuvado por Gustavo Miguez de Mello e Geraldo Ataliba, foi elaborado um anteprojeto de lei para criação de um Contencioso Administrativo Fiscal da União, com apoio nos arts. 153, § 4º, 203 e 204, inseridos na Emenda Constituição 1, de 1969, pela Emenda 7, de 13 de abril de 1977, outorgada pelo Presidente da República.

Na Exposição de Motivos dos juristas mencionados acima, e encaminhada ao Ministro da Fazenda, merecem ser reproduzidos os seguintes tópicos:

"Conceito de Contencioso Administrativo Fiscal: Por contencioso administrativo se entende, em sentido objetivo, um sistema de solução de litígios entre administração e administrado, sob forma processual (...).

"A divergência ensejadora do litígio, da contenda, do dissídio, sempre se fundará em diversa interpretação da norma jurí-

17. A impugnação da exigência instaura a fase litigiosa do procedimento. Art. 14 do Decreto Federal 70.235, de 6.3.1972.

18. Título III — Do Processo Contencioso, Capítulo I — Do Litígio, art. 237: considera-se instaurado o litígio tributário, para os efeitos legais, com a apresentação, pelo contribuinte, de impugnação à nota de lançamento ou auto de infração. Decreto-lei 5, de 15.3.1975, do Estado do Rio de Janeiro.

19. "Idéias gerais para uma concepção unitária e orgânica do processo fiscal", no livro *Justiça e Processo Fiscal*, Rio de Janeiro, edição do Instituto Brasileiro de Direito Financeiro, 1954, p. 17, publicado, também, na *Revista de Direito Administrativo* 34.

20. *O Processo Tributário*, Rio de Janeiro, FGV, 1964, p. 99.

dica aplicável ou na diferente apreciação ou qualificação jurídica dos fatos relevantes para os efeitos de aplicação da norma (...).

"Sejam quais forem as características definidoras do sistema de decisão, é importante que se assegure um mínimo de estilos processuais que ensejem adequado contraditório, que os julgadores tenham independência funcional e atuem conscientes do cunho dogmático do direito positivo e façam justiça formal, promovendo, nessa atuação, o interesse público primário (...).

"No Brasil, desde há muitos anos, há um contencioso fiscal da União formado basicamente pelos Conselhos de Contribuintes, órgãos colegiados de composição paritária que decidem em recurso as controvérsias sobre tributos federais."[21]

Ora, desde 1891 vigora no Brasil o princípio da unidade de jurisdição, em que cabe ao Poder Judiciário a função exclusiva de dirimir ou solucionar, terminativamente, entre as partes interessadas, todo e qualquer litígio, contenda ou controvérsia de interesse, sendo que a apreciação de litígio entre o contribuinte e o fisco, sob forma processual, para ser obtida uma justiça formal definitiva, através de julgadores imparciais, com independência funcional, e, principalmente, conhecedores das particularidades do direito tributário, é uma pretensão já atingida pela Justiça Federal.

Portanto, não há mais razão alguma que justifique a existência de um simulacro de ***contencioso fiscal***, regido por regras características de uma justiça formal, em detrimento dos princípios que regem a função administrativa e fiscal, seja na fase oficiosa ou inquisitorial, seja na fase de revisão da legalidade do ato administrativo por reclamação ou recurso oferecido pelo contribuinte.

Tendo em vista que não existe uma controvérsia de interesse entre o fisco e o contribuinte, já que a relação tributária entre ambos é decorrente de expressa previsão legal, a divergência entre ambos, só pode versar sobre a correta interpretação da lei, ou sobre a fidedignidade da representação do fato gerador, não havendo, portanto, interesses conflitantes ou colidentes, sendo dever, conseqüentemente, tanto da autoridade fiscal, como do contribuinte, perseguir a verdade material para o seu enquadramento, objetivo e desinteressado, na lei tributária.

Assim, na medida em que a grande quantidade de recursos fiscais não comporte um exame hierárquico de revisão do ato administrativo de lançamento tributário, forma natural do controle de sua legalidade, o desvio do reexame para uma autoridade administrativa fora da hierarquia, não justifica uma apropriação de regras processuais dirigidas para a obtenção de uma verdade formal em detrimento da verdade material que é o escopo normal que deve ser perseguido por toda autoridade administrativa.

21. Publicado no *Caderno Especial* 147, de agosto de 1978, do Sindicato dos Bancos do Estado do Rio de Janeiro, pp. 3 e 5.

CADERNOS DE DIREITO TRIBUTÁRIO

SIGILO BANCÁRIO E INTERPRETAÇÃO ECONÔMICA NO PROCESSO ADMINISTRATIVO

JOHNSON NOGUEIRA

Professor de Direito Tributário da UFBA. Diretor da Faculdade de Direito da UFBA

1. Introdução. 2. O sigilo bancário: 2.1 Significado e tratamento legislativo; 2.2 Quebra. 3. A interpretação econômica: 3.1 Origem; 3.2 Diversas acepções; 3.3 Comentários críticos. 4. A cláusula legal antielisiva. 5. Processo e procedimento. 6. Procedimento para a quebra do sigilo bancário. 7. Procedimento para aplicação da norma antielisiva.

1. Introdução

O tema que a Comissão Organizadora do I Congresso de Direito Tributário designou-me, para minha honra e contentamento, é bastante complexo e extenso, podendo mesmo constituir três grandes temas distintos.

Para gerar a necessária conexão entre os assuntos, vamos tentar correlacionar o sigilo bancário e interpretação econômica com o processo administrativo, ou melhor, com o *procedimento administrativo*.

O sigilo bancário para ser quebrado deve observar uma necessária procedimentalização.

Já a interpretação econômica é uma teoria hermenêutica que pretende construir um método de interpretação jurídica especial para o Direito Tributário. Nesse sentido, sua utilização não se restringe ao processo administrativo, mas a toda a atividade administrativa procedimental, processual e à atividade jurisdicional. Todavia, a manifestação da interpretação econômica do Direito Tributário por meio das chamadas "cláusulas legais antielisivas" (normas antielisivas) pode exigir uma procedimentalização específica para a sua aplicação pelo Fisco, como dá a entender o parágrafo único do art. 116 do Código Tributário Nacional, que foi acrescentado pela Lei Complementar 104, de 10.1.2001.

2. O sigilo bancário

2.1 Significado e tratamento legislativo

O sigilo bancário diz respeito ao dever jurídico das instituições financeiras e seus empregados de manter discrição a respeito de todos os negócios dos seus clientes, notadamente seus dados cadastrais e os dados de suas contas-correntes, empréstimos e aplicações financeiras.[1]

1. No *Dicionário Jurídico da Academia Brasileira de Letras Jurídicas*, organizado por J. M. Othon Sidou, o sigilo bancário é definido como o

A respeito do sigilo bancário, ainda se discute se tal dever tem natureza de segredo profissional. O conceito elaborado por Covello[2] radica o dever de discrição na atividade profissional da instituição financeira. Para Tércio Ferraz, apoiando-se em Baleeiro, não se trata de sigilo profissional que, segundo Aliomar, não alcança a profissão de banqueiro.[3] Para este último autor, os banqueiros "não estão adstritos às mesmas regras éticas e jurídicas de sigilo. Em princípio só devem aceitar e ser procurados para negócios lícitos e confessáveis. Diversa é a situação do advogado, do médico e do padre, cujo dever profissional lhes não tranca os ouvidos a todos os desvios de procedimento ético ou jurídico, às vezes conhecidos somente da consciência dos confidentes".[4]

Parece-nos que esta discussão é despicienda, certo é que o parágrafo único do art. 197 do Código Tributário Nacional excepciona do dever de informar ao Fisco os fatos sob o pálio do dever de "observar segredo em razão de cargo, ofício, função, ministério, *atividade* ou profissão" (grifei). O dever de sigilo bancário adstringe-se aos bancos, por sua atividade.

A origem do segredo bancário vem de longe e é inerente ao negócio ou atividade. Estando a economia bancária alicerçada na confiança, o sigilo bancário é considerado, "a título justo, como um dos pilares do crédito e a garantia de uma economia sã", segundo J. Barmann.[5]

O sigilo bancário assentar-se-ia em três colunas, configurando ao mesmo tempo:

- "um direito individual do cliente, que não quer divulgar fatos comerciais, financeiros ou familiares, reconhecidos como uma projeção de sua personalidade (direito à privacidade e à intimidade);
- "dever profissional (banqueiro) à discrição e, ao mesmo tempo, um direito à reserva quanto aos nomes dos clientes, segredo comercial que integra o seu fundo de comércio;
- "garantia de interesse público, em favor do sistema bancário e de crédito, assim como de segurança do Estado ou da sociedade."[6]

Sem o dever de guardar sigilo bancário, o sistema financeiro desmorona-se.[7] Há dois interesses políticos convergentes, o da proteção da intimidade dos correntistas e o da proteção ao próprio sistema econômico, de que o sistema financeiro é um subsistema.

Discute-se, ainda, se o sigilo bancário fundamenta-se no inc. X ou no inc. XII do art. 5º da Constituição Federal.[8]

"comportamento ético exigido de todas as instituições financeiras, no sentido de preservarem de terceiros, salvo motivo legal, os dados de que disponham relativos a seus clientes" (Rio de Janeiro, Forense Universitária, 1990, p. 521). Para Arnoldo Wald, o sigilo bancário "consiste na obrigação de discrição imposta aos bancos e aos seus funcionários, em todos os negócios dos seus clientes, abrangendo o presente e o passado, os cadastros, a abertura e o fechamento das contas e sua movimentação" (in *Carta Mensal*, v. 40, pp. 44 e 45).

2. Sérgio Carlos Covello, *O Sigilo Bancário*, São Paulo, Ed. Universitária de Direito, 1991, p. 69.

3. *Cadernos de Direito Tributário e Finanças Públicas* 1/149 e 150, São Paulo, Ed. RT, 1992.

4. Aliomar Baleeiro, *Direito Tributário Brasileiro*, 11ª ed. atualizada por Misabel Derzi, Rio de Janeiro, Forense, p. 993.

5. *Apud* Carlos Hagstrom, Parecer DEJUR 453/88, do BACEN, p. 16.

6. Nota 5 de Misabel Derzi em *Direito Tributário Brasileiro*, de Aliomar Baleeiro, 11ª ed., cit., p. 996.

7. Na monografia *Le Secret Profissionnel*, Tobert Henrion registra: "(...) il n'est guère douteux que, dans l'état de nos habitudes sociales, le public attend à le voir conserver par le banquier et que, dans la plupart des cas, commerçants ou particuliers préféraient renoncer au concours des banques (...) s'ils n'avaient la certitude que la discrétion coutumière sera observée en ce qui concerne les comptes" (*apud* Celso Bastos, *Estudos e Pareceres — Direito Público*, São Paulo, Ed. RT, 1997, p. 59).

8. Art. 5º: "X — são invioláveis a intimidade, a vida privada, a honra e a imagem das pessoas, assegurando o direito a indenização pelo dano material ou moral decorrente de sua violação. (...) XII — é inviolável o sigilo da correspondência e das comunicações telegráficas, de dados e das comunicações telefônicas, salvo, no último caso, por ordem judicial, nas hipóteses e na forma que a lei estabelecer para

Para o Fisco Federal, o sigilo bancário não está compreendido no sigilo de dados. Para outros, o sigilo bancário é espécie do gênero sigilo de dados.[9] Há ainda aqueles que não aceitam o sigilo bancário para as pessoas jurídicas com fundamento no inc. X do art. 5º da CF, uma vez que o direito à intimidade, como direito da personalidade, não abrangeria as pessoas jurídicas, mas tão-somente as pessoas físicas.

A jurisprudência do Supremo Tribunal Federal inclina-se para ver no sigilo bancário um direito pertinente à intimidade e à privacidade das pessoas.

Na concessão da medida liminar no MS 23.669-DF, o Ministro Celso de Mello assim se expressou na ementa:

> *O direito ao sigilo bancário — que também não tem caráter absoluto — constitui expressão da garantia da intimidade.*
>
> — O sigilo bancário ***reflete*** expressiva *projeção* da garantia fundamental da ***intimidade*** das pessoas, ***não se expondo***, em conseqüência, ***enquanto valor constitucional que é***, a intervenções de terceiros ou a intrusões do Poder Público desvestidas de causa provável ou destituídas de base jurídica idônea.[10]

Não parece correto excluir as pessoas jurídicas do direito à privacidade e, por conseqüência, ao sigilo bancário. Semelhante preconceito ocorreu em relação ao direito à indenização por dano moral, hoje superado pela doutrina e jurisprudência.

Como leciona Elimar Szaniawski, a predicação de uma personalidade às pessoas coletivas pela ordem jurídica faz com que automaticamente devam ser reconhecidos e tutelados os atributos e prolongamentos desta personalidade.[11]

Não há uma precisão conceitual e univocidade terminológica nas expressões *vida privada*, *intimidade* e *privacidade*. O Código Civil francês cunhou a expressão *intimidade da vida privada*, no seu art. 9º, com a redação dada pela Lei 70.643, de 11.7.1970. O Código Civil português também utiliza a mesma locução (art. 80).

Para René Ariel Dotti, "a *vida privada* abrange todos os aspectos que por qualquer razão não gostaríamos de ver cair no domínio público; é tudo aquilo que não deve ser objeto do direito à informação nem da curiosidade da sociedade moderna que, para tanto, conta com aparelhos altamente sofisticados".[12]

Por isso mesmo, a rigor técnico, *o direito à vida privada* é gênero que compreende o *direito à intimidade* e o *direito ao segredo*. A vida privada é a esfera que agasalha, em escala decrescente, outros direitos relativos à pessoa, na medida que a intimidade se vai restringindo.

A doutrina alemã refere-se a três círculos concêntricos de direitos de resguardo da personalidade, como se fossem esferas centradas no mesmo eixo.

A primeira, de maior abrangência, é a esfera privada (*Privatsphäre*). Corresponde ao *diritto alla privatezza*, ao *diritto al rispetto della vita privata*, dos italianos, e à *sphere of privacy* dos norte-americanos.

A segunda esfera (*Intimsphäre*) protege os valores pertinentes ao âmbito da intimidade. É a esfera confidencial, a que têm acesso apenas as pessoas que desenvolvam uma relação pessoal e mais intensa. Neste sentido, a *intimidade* é um conceito menos abrangente que a *vida privada*.

A terceira esfera (*Geheimsphäre*) é circunscrita aos segredos da pessoa, corresponde a *sphere of secrecy*, dos norte-americanos, e à *segretezza*, dos italianos.[13]

fins de investigação criminal ou instrução processual penal".

9. Cons. Ives Gandra da Silva Martins, "Sigilo bancário", *RDDT* 1/20.

10. *Informativo STF* 18, de 27.4.2000, MS 23.669-9-DF (medida liminar publicada no *DJU* 17.4.2000).

11. "Considerações sobre o direito à intimidade das pessoas jurídicas", *RT* 657/27.

12. *Proteção da Vida Privada e Liberdade de Informação*, São Paulo, Ed. RT, 1990, p. 68.

13. Cons. Gilberto Haddad Jabur, *Liberdade de Pensamento e Direito à Vida Privada*, São Paulo, Ed. RT, 2000, pp. 256-257.

A pessoa jurídica necessita de certos atributos para desenvolver suas atividades e alcançar suas finalidades com êxito, tais como o bom nome, a imagem, a honra objetiva e a própria intimidade, que lhe projetam, no meio social em que atuam, o respeito, o prestígio e a credibilidade. Daí, concluir Gilberto Haddad Jabur que, se as pessoas jurídicas, criadas pelo Direito para a consecução de fins desejados pelo homem, não são passíveis de desequilíbrio emocional ou abalo de espírito, "é também correto dizer que não apenas essa incolumidade da psique, sob o ponto de vista biológico (repercussão biopsíquica), autoriza o reconhecimento e consagração pelo direito posto da possibilidade de lesão dos bens incorpóreos das pessoas jurídicas. Essa parece a *mens legis* extraída dos incs. V e X do fundamental art. 5º da Constituição Federal".[14]

Para Alexandre de Moraes, as informações fiscais e bancárias, sejam as constantes das instituições financeiras, sejam as constantes em órgãos da Administração Pública ou congêneres, "constituem parte da vida privada da pessoa física ou *jurídica*" (grifei).[15]

O sigilo bancário teve, no Direito brasileiro, um passo marcante de sua caminhada legislativa com a edição da Lei 4.595/1964, cujo art. 38, *caput*, determinava que as instituições financeiras "conservarão sigilo em suas operações ativas e passivas e serviços prestados", mas deverão fornecer dados de seus clientes, revestidos do sigilo bancário, ao Poder Judiciário, às Comissões Parlamentares de Inquérito e ao Fisco, quando houver, neste último caso, processo instaurado.[16]

Logo após, a Lei 5.172/1966, que veio a ser denominada Código Tributário Nacional, no seu art. 197, II, previu a quebra do sigilo bancário mediante intimação escrita ao Fisco.

Ambas as leis são recepcionadas com estatura de lei complementar pela Constituição Federal.[17]

Com o advento da Constituição Federal de 1988, entendeu-se que a quebra do sigilo bancário só pode ser autorizada ao Fisco por decisão judicial, não sendo recepcionadas as disposições de lei que possibilitavam à Administração Tributária intimar os bancos para lhe fornecerem dados das contas-correntes bancárias e semelhantes.

Tanto assim é que o Supremo Tribunal Federal entende que a Lei 8.625/1993, no que diz respeito ao seu art. 26,[18] não autoriza o Ministério Público a quebrar o sigilo bancário sem a autorização judicial, mormente se não envolver o uso de verbas públicas.[19]

14. Ob. cit., p. 279.

15. *Direito Constitucional*, 7ª ed. rev. comp. e atual., São Paulo, Atlas, 2000, p. 83.

16. José Carlos Dias, "Sigilo bancário — Quebra — Requisições da Receita Federal e do Ministério Público", *Revista Brasileira de Ciências Criminais* 11/240.

17. A Lei 5.172/1966 (Código Tributário Nacional), consoante a jurisprudência do STF e a doutrina, foi recepcionada como lei complementar sob a Constituição anterior e continuou recepcionada pela Constituição vigente (art. 146). A Lei 4.595/1964, em razão do art. 192 da vigente Carta Magna, passou a ter estatura de lei complementar, segundo o ensinamento de Celso Bastos: "O presente artigo estipula que o sistema financeiro nacional será regulado por lei complementar. Na verdade já existe o referido sistema disciplinado pela Lei 4.595/1994, que passa a vigorar com força de lei complementar. Não é que a referida lei se converta em norma dessa categoria. O que acontece é que, não podendo a matéria atinente ao sistema financeiro ser disciplinado senão por lei complementar, a normatividade anterior, nada obstante não constar dessa natureza, só pode ser modificada por preceito dessa categoria legislativa. Daí a sua eficácia ser de lei complementar e poder falar-se, em conseqüência, que a Lei 4.595/1994 tem força de lei complementar" (*Comentários à Constituição do Brasil*, 7º v., São Paulo, Saraiva, 1991, p. 358).

18. "Art. 26. No exercício de suas funções, o Ministério Público poderá: (...) II — requisitar informações e documentos a entidades privadas, para instaurar procedimentos ou processo em que oficie; (...) § 2º. O membro do Ministério Público será responsável pelo uso indevido das informações e documentos que requisitar, inclusive nas hipóteses legais de sigilo".

19. RE 21.530-1-CE, Rel. Ministro Carlos Velloso, *DJ* 28.5.1999.

Com idêntica disposição, a Lei 7.492/1986, no seu art. 29, parágrafo único, estatui que "O sigilo dos serviços e operações financeiras não pode ser invocado como óbice ao atendimento da requisição prevista no *caput* deste artigo".

Observe-se que o art. 11 da Lei 9.311, de 24.10.1996, que institui a CPMF, notadamente o seu § 2º, não autoriza a quebra do sigilo bancário. As instituições financeiras, na condição de *agente de retenção* e *recolhimento de tributo*, são titulares de obrigação acessória de informar as retenções, certo que o contribuinte é o titular da conta (art. 4º, I). Esta conclusão foi corroborada pelo art. 1º, § 3º, III, da Lei Complementar 105/2001.

Finalmente, a recente Lei Complementar 105, de 10.1.2001, reafirma o dever do sigilo bancário das instituições financeiras, mas cria hipóteses de quebra do aludido sigilo, sem autorização judicial, revogando expressamente o art. 38 da Lei 4.595, de 31.12.1964.

2.2 *Quebra*

A Lei Complementar 105/2001, no seu art. 5º, prevê a obrigação das instituições financeiras informar as operações efetuadas pelos usuários de seus serviços ao Fisco Federal. Estas informações restringir-se-ão a informes relacionados com a identificação dos títulos das operações e o total mensal movimentado, proibida a inserção de qualquer elemento que permita identificar a sua origem ou a natureza dos gastos. Se a autoridade fiscal detectar indícios de falhas ou omissões, ou de cometimento de infração fiscal, poderá requisitar as informações e os documentos de que necessitar.

Temos conhecimento de três ações declaratórias de inconstitucionalidade impugnando a quebra do sigilo bancário por requisição de autoridade fiscal.[20]

Caso não haja mudança de posição, o STF deverá acolher a tese da inconstitucionalidade da quebra do sigilo fiscal por requisição administrativa. Segundo declara Alexandre de Moraes, a "interpretação da maioria do Supremo Tribunal Federal considerando o sigilo bancário direito individual coloca-o na condição de 'cláusula pétrea' (CF, art. 60, § 4º, IV), impedindo dessa forma a aprovação de emenda constitucional tendente a aboli-lo ou mesmo modificá-lo estruturalmente".[21]

Apesar das cautelas tomadas com o Decreto 3.724, de 10.1.2001, dificilmente a Corte Suprema aceitará a quebra do sigilo bancário independentemente de solicitação judicial, mormente não se tratando de situação que envolva prestação de contas de verbas públicas.

Os motivos relevantes de ordem pública suficientes para arrostar o direito à intimidade e ao sigilo de dados, relativizando estas garantias constitucionais, só podem ser ponderados pela magistratura imparcial, jamais pelo Ministério Público ou, ainda mais gravemente, pelas autoridades fiscais.

3. *A interpretação econômica*

3.1 *Origem*

A doutrina da interpretação econômica surgiu na Alemanha, por obra e empenho de Enno Becker como uma reação ao entendimento generalizado de que o Direito Tributário era um mal necessário e, por isso mesmo, deveria ser interpretado restritivamente sob forte impulso do formalismo do Direito Privado.[22] Por ser quase contemporânea ao nascimento do novel ramo jurídico, distando apenas nove anos da data

20. ADIn 2.386-1, ADIn 2.390-0 e ADIn 2.397-7, requeridas pela Confederação Nacional do Comércio, pelo PSL — Partido Social Liberal e pela Confederação Nacional da Indústria, respectivamente.

21. Ob. cit., p. 90.

22. José Eduardo Monteiro de Barros, "Interpretação Econômica em Direito Tributário", in *Interpretação no Direito Tributário*, São Paulo, EDUC/Saraiva, 1975, p. 172.

tida como marco do Direito Tributário (1910), e por seu deliberado intento de combater o formalismo privativista na interpretação do direito tributário, surgiu a interpretação econômica na Alemanha com visível halo de autonomia em relação ao Direito Privado.

Ao participar da elaboração do Código Tributário alemão, a RAO de 1919, Enno Becker projetou suas idéias a respeito da interpretação econômica das leis tributárias no direito positivo de modo inequívoco. O § 4º da RAO de 1919 assim estatuía: "A interpretação das leis tributárias deve ter em vista o seu objetivo, seu significado econômico e o desenvolvimento das relações".

Ainda o § 5º deste Estatuto rezava que "O débito tributário não pode ser objeto de evasão ou redução, mediante o abuso de formas jurídicas de direito privado".

Até a reforma tributária operada pela RAO de 1919, a interpretação feita pelos juízes era a inspirada nos critérios tradicionais da rigidez da lei tributária. Segundo Ezio Vanoni, o escopo da RAO era afirmar, de maneira indiscutível, a necessidade de se considerar, na integração da letra da lei, o objetivo do preceito, seu alcance econômico e as suas relações com o desenvolvimento das situações da vida prática. O próprio Enno Becker afirmou que a norma proposta "visa tão-somente impor ao juiz, com a máxima evidência, o dever de desenvolver completamente o pensamento jurídico contido no direito tributário, e, assim fazendo, levar em conta os fins das leis tributárias e o seu alcance econômico, assim como as formas de que se revistam, no momento, as situações da vida prática".[23]

Apesar dos excessos de algumas decisões judiciais, sobremodo nos primórdios da interpretação econômica, quando a incontrolável desordem monetária grassava a Alemanha, o § 4º da RAO foi visto pela doutrina alemã como um dispositivo que contribuiu particularmente para o desenvolvimento do Direito Tributário, mas excluindo a possibilidade de o trabalho interpretativo substituir a tarefa legislativa de formulação das normas tributárias.[24]

3.2 Diversas acepções

Embora a denominação mais corrente para cunhar esta teoria seja *interpretação econômica*, outras denominações são referidas, tais como *consideração econômica das leis tributárias*, *interpretação em função do resultado* e *interpretação funcional*. Esta última denominação, embora possa ser acolhida em uma das variantes conceituais da interpretação econômica e, segundo Sampaio Dória, acarrete conseqüências práticas semelhantes à interpretação econômica, apóia-se em fundamentos doutrinários diferentes.[25]

A doutrina da *interpretação funcional* surgiu na Itália, obra da famosa "Scuola" de Pavia, capitaneada por Benvenuto Griziotti, o qual chegou a criticar a teoria germânica da *interpretação econômica*. Essa teoria hermenêutica de Griziotti é de difícil absorção, a ponto de o grande A. D. Giannini confessar não compreendê-la.[26]

Em suas origens, a interpretação econômica pretendeu ser um método hermenêutico específico do Direito Tributário, mas de aplicação geral, como um *princípio geral dominante* do Direito Tributário. Todavia, por suas diversidades conceituais, chegando a confundir-se com a interpretação teleológica ou mesmo com o método histórico-evolutivo, projeta-se a interpretação econômica aos demais ramos jurídicos, tomando o caráter da generalidade de um método aplicável aos fatos e relações jurídicos em geral.

23. Ezio Vanoni, *Natureza e Interpretação das Leis Tributárias*, trad. Rubens Gomes de Souza, Rio de Janeiro, Ed. Financeiras, p. 202.

24. Ezio Vanoni, ob. cit., p. 208.

25. Antonio Roberto Sampaio Dória, *Elisão e Evasão Fiscal*, São Paulo, Ed. Lael, 1971, p. 57.

26. Para mais informações sobre a interpretação funcional, consulte nosso *A Interpretação Econômica no Direito Tributário*, São Paulo, Resenha Tributária, 1982, pp. 8 a 11.

Assim, não se pode elaborar um conceito unívoco da interpretação econômica. No levantamento da doutrina nacional e estrangeira sobre o tema, captamos oito variantes conceituais, calcadas em diversidades de fundamentos ou de extensão.

Portanto, não há um conceito unívoco da interpretação econômica. Contudo, para se dar um sentido uniforme à teoria da interpretação econômica, há de se considerar tal doutrina como uma reação à interpretação jurídica nos moldes tradicionais de relegar ao intérprete o papel de mero exegeta do sentido da lei e de não levar em conta o próprio fato na busca do seu sentido. Daí a pretensão de construir-se um novo método interpretativo.

Após estas considerações, passemos a identificar as oito variantes conceituais da interpretação econômica:

1ª. *Busca da substância econômica, desprezando-se a forma jurídica*. Esta é a variante conceitual mais comum e a que está ligada à formulação original da teoria da interpretação econômica. Partem os defensores desta variante do caráter econômico do fato gerador e, por conseguinte, do conteúdo nimiamente econômico das leis tributárias. Assim, ao descrever os fatos geradores (hipóteses de incidência), a lei tributária utiliza-se de conceitos e formas jurídicas que devem ser considerados *brevitatis causa*, pois se trata de mera menção ao conteúdo econômico subjacente, o qual deve ser buscado em sua substância. Em outra maneira de dizer, afirmam os seguidores desta corrente que deve ser buscada a *intentio facti* em contraposição à *intentio juris*.[27]

2ª. *Utilização de conceitos próprios do Direito Tributário, em decorrência de sua autonomia*. Fundada na autonomia estrutural do Direito Tributário em relação aos outros ramos, notadamente os do Direito Privado, pretende esta corrente que os conceitos de Direito Privado não devam ser acolhidos no Direito Tributário, o qual utiliza-se de conceitos próprios, ou — quando menos — que os conceitos civilistas sejam recebidos com efeitos específicos determinados pela lei tributária. Assim, haveria uma diversidade de conceitos, devendo o intérprete da lei tributária abandonar as noções privatistas para perquirir o significado de institutos e conceitos, sob a ótica da elaboração do Direito Tributário.[28]

3ª. *Busca de identidade de efeitos econômicos*. Segundo esta variante, os fatos, embora diversos, deveriam ter o mesmo tratamento tributário, em razão da identidade de seus efeitos econômicos. Esta variante é, certamente, a noção mais criticada e combatida da interpretação econômica, aninhando-se dentro desta corrente a Teoria dos tipos (*Typisierungstheorie*), a teoria também germânica do *ersatz* (fato gerador substitutivo) e a que defende a aplicação analógica latente da interpretação econômica.[29]

4ª. *Combate ao abuso de formas do Direito Privado*. Segundo esta concepção, a interpretação econômica seria utilizada e justificada, quando o contribuinte estrutura seus negócios sob uma forma atípica ou abusiva tão-só para obter uma vantagem fiscal (evasão), vantagem esta que não seria obtida caso o contribuinte tivesse seguido o caminho jurídico-privado correto. Todavia, não se deve confundir a situação de utilização de forma atípica ou abusiva com a hipótese em que o contribuinte se vê dian-

27. V. Amílcar de Araújo Falcão, *Introdução ao Direito Tributário*, Rio de Janeiro, Ed. Rio, 1976, p. 83.

28. Cons. Amílcar de Araújo Falcão, *Introdução...*, cit., p. 28; Rubens Gomes de Souza, *Compêndio de Legislação Tributária*, ed. póstuma, São Paulo, Resenha Tributária, 1975, pp. 63 e 64.

29. Cons. Rubens Gomes de Souza, *Compêndio...*, cit., pp. 79 e 80 (letras B e D). Cons. Aliomar Baleeiro, *Direito Tributário Brasileiro*, 8ª ed., Rio de Janeiro, Forense, 1976, pp. 395 e 396. Cons. Ruy Barbosa Nogueira, *Da Interpretação e da Aplicação das Leis Tributárias*, 2ª ed., São Paulo, Bushatsky, 1974, pp. 89 e 90. Cons. Dino Jarach, "Hermenêutica do Direito Tributário", in *Interpretação...*, cit., pp. 88 e 89. Cons. Antônio J. Franco de Campos, *Interpretação, Hermenêutica e Exegese no Direito Tributário*, São Paulo, Bushatsky, 1977, p. 172.

te de várias formas opcionais, oferecidas pelo Direito Privado, e ele escolha a menos onerosa. Esta variante foi prestigiada pelo direito positivo alemão (*Steueranpassungsgesetz*, item 1, § 6º): "A obrigação tributária não poderá ser evitada ou diminuída por meio de abuso, quer das formas, quer das possibilidades de adaptações do Direito Civil".[30]

5ª. *Introdução da teoria do abuso de direito no Direito Tributário*. Na verdade, esta variante não decorre do pensamento de autor favorável à interpretação econômica, mas é uma conceituação e justificação para combatê-la. Para Alfredo Augusto Becker, "Aqueles que negam a liceidade da evasão fiscal e, na sua ocorrência, recomendam a abstração da estrutura jurídica (a realidade jurídica) e a aceitação apenas da realidade econômica, introduzem, empiricamente, no Direito Tributário, a Teoria do abuso do Direito e todas as confusões e erros jurídicos que ela costuma gerar".[31]

6ª. *Mera interpretação teleológica*. O Magistrado da Corte Fiscal da República Federal da Alemanha (BFH), Heinrich Beisse diz ser a consideração econômica uma modalidade do método teleológico que se tornou característica do Direito Tributário (material). Fernando Antônio Albino de Oliveira declara ser a designação interpretação econômica errada, razão por que usa a expressão "interpretação teleológica" do direito tributário. Liz Coli Cabral Nogueira, em sua já citada monografia, conclui que "a chamada interpretação segundo a realidade econômica" nada mais é que um método de interpretação *jurídica* de caráter teleológico.[32]

7ª. *Valoração dos fatos*. Esta corrente não está claramente definida. Para alguns, a consideração econômica nada mais é do que fazer uma valoração dos fatos, da realidade econômica. O Dr. Wilhelm Hartz traz em sua monografia *A Interpretação das Leis Tributárias* (*Die Auslegung von Steuergesetzen*), cujo índice foi traduzido pelo Professor Ruy Barbosa Nogueira, um item intitulado "A consideração econômica como princípio de valoração". Lembra Antônio J. Franco de Campos que para Jarach a doutrina da consideração econômica impõe uma forma de interpretação que seria a "valoração política de uma realidade econômica".[33]

8ª. *Interpretação do fato*. É bem mais recente esta concepção da interpretação econômica como interpretação do fato, ao lado e/ou por oposição à interpretação da lei tributária. O II Curso de Especialização em Direito Tributário, promovido pela Pontifícia Universidade Católica de São Paulo, no segundo semestre de 1971, chegou à conclusão de que: "A chamada interpretação econômica é aplicável à qualificação jurídica dos fatos e não à interpretação da lei". O Professor José Eduardo Monteiro de Barros, no já referido Curso de Especialização, expondo sobre "Interpretação Econômica em Direito Tributário", afirmou: "Com a interpretação econômica, na verdade, não se está interpretando primeiro a norma jurídica, para adaptá-la a uma situação de fato, mas se está adaptando, explicitando a própria relação jurídica, para, depois, se procurar a norma mais próxima. Há uma diferença de enfoque, com relação à interpretação econômica. Interpretar é buscar o sentido, o alcance e o conteúdo de uma norma jurídica. Isso é interpretação, interpretação tradicional.

30. Ruy Barbosa Nogueira, *Da Interpretação...*, cit., pp. 64 a 68. Amílcar de Araújo Falcão, *Fato Gerador da Obrigação Tributária*, Rio de Janeiro, Ed. Financeiras, 1964, p. 43.

31. *Teoria Geral do Direito Tributário*, 2ª ed., Saraiva, 1972, p. 126. V. também Bilac Pinto, *Estudos de Direito Público*, Rio de Janeiro, Forense, 1953, p. 80.

32. Heinrich Beisse, "Interpretação", in *Estudos Tributário...*, p. 40. Fernando Antônio Albino de Oliveira, "A chamada 'interpretação econômica' no Direito Tributário", *RDT* 18/405. Liz Coli Cabral Nogueira, "A consideração econômica no Direito Tributário", in *Estudos Tributários...*, p. 381, 3ª conclusão.

33. Wilhelm Hartz, "A interpretação das leis tributárias", in *Estudos Tributário...*, p. 61. Antônio J. Franco de Campos, *Interpretação...*, cit., p. 103. Dino Jarach, *Interpretação ...*, cit., pp. 99 e 100.

No caso da interpretação econômica, não se interpretará economicamente a lei, a norma jurídica; o que se interpretará é a operação celebrada pelas partes e buscar — depois de descoberto o conteúdo, a realidade econômica daquela relação jurídica — o dispositivo legal mais próximo regulador daquela operação, sempre tendo em vista o princípio da legalidade em matéria tributária".

Mais adiante arremata: "Na verdade, a interpretação econômica não significa, propriamente, interpretação da norma jurídica. Na nossa opinião, o que se fará é mais uma qualificação do fato que a explicitação da norma".[34]

A concepção da interpretação econômica como interpretação do fato, ao lado e subseqüente da interpretação da norma (lei tributária) foi prestigiada pela Lei de Adaptação Fiscal (StAnpG) de 1934, cujo § 1º, inc. 2º dizia: "Para isso devem-se considerar a concepção popular, o objetivo e a significação econômica das leis tributárias, e o desenvolvimento das relações".

E o inc. 3º acrescenta: "O mesmo vale para apreciação das situações de fato".

O nosso Código Tributário Nacional também está impregnado de idêntica orientação, pois, ao lado das normas a respeito da interpretação e integração da legislação tributária (arts. 107 a 112), estatui norma sobre a interpretação do fato gerador (art. 118).[35-36]

Atualmente, quando se fala em interpretação econômica é nítida a referência à 1ª variante conceitual (para aqueles que pretendem um método específico do Direito Tributário de caráter geral,[37] haja ou não abuso de formas ou intuito de economia de tributo) ou à 4ª variante (para os que consideram a interpretação econômica um método específico do Direito Tributário de aplicação especial, manejável apenas quando o intérprete identifica o uso abusivo de formas jurídicas com o intuito de economia de tributo).

3.3 Comentários críticos

A interpretação econômica tentou superar a babel metodológica da Hermenêutica Jurídica, postulando criar um método específico para o Direito Tributário, ora de aplicação geral, ora de aplicação restrita às situações de elisão abusiva. No entanto, suas oito variantes conceituais demonstram que tal doutrina apenas criou a sua "babelzinha" particular.

O seu objetivo foi combater as elisões injustificadas, injustas, que tinham perfeito abrigo na interpretação tradicional, que é voltada para desvendar o sentido da lei, sem preocupação com o sentido (sobretudo econômico) do fato jurídico. Daí a busca de um método novo, que se voltasse para a valoração do fato e da lei.

Como o modelo interpretativo tradicional é exclusivamente centrado na lei (já que se interpretam normas gerais, as leis) e exige uma postura neutral, não valorativa, do intérprete, a doutrina da interpretação econômica sacudiu este esqueleto mumificado, para mostrar que a interpretação deve voltar-se para a valoração dos fatos, mas não enfrentou as deficiências ontológicas e epistemológicas que estão por trás da interpretação tradicional, conceptualista e normativista.

Na verdade, o fenômeno jurídico é um só em qualquer ramo do direito e não se resume a normas. Como todo objeto cultu-

34. Cons. José Eduardo Monteiro de Barros, "Interpretação Econômica em Direito Tributário", in *Interpretação...*, cit., pp. 77, 99, 100, 177 e 183.

35. Cons. Heinrich Beisse, ob. cit., p. 42. Cons. Liz Coli Cabral Nogueira, ob. cit., p. 381 (4ª conclusão).

36. Trecho extraído do nosso *A Interpretação Econômica no Direito Tributário*, pp. 19 a 24.

37. Para Dino Jarach, deve ser repelida a interpretação econômica apenas para combater o abuso de formas jurídicas com o fito de evadir o tributo, concluindo que tal restrição equivaleria ressuscitar o preconceito do *in dubio pro fisco* (*Curso Superior de Derecho Tributário*, Buenos Aires, Liceo Professional CIMA, 1969, p. 299).

ral, o direito tem um substrato fático e um sentido normativo e valorativo. A lei é apenas a fonte onde vamos buscar este sentido do caso interpretado, da relação jurídica e, pois, do fato jurídico. Mas não é a única fonte do direito: é sua principal fonte normativa.

Se o fenômeno jurídico é um só em qualquer ramo do Direito, é contraditório pretenderem-se métodos hermenêuticos específicos de determinados ramos jurídicos.

Em vez de se criarem métodos específicos, o correto seria realizar a crítica ontológica[38] e epistemológica[39] da interpretação tradicional, para se resgatar o caráter cultural do direito que o normativismo não logrou alcançar no afã de reduzir o direito a normas e de esconder o caráter valorativo do direito e de sua interpretação.

Faltou aos elaboradores da teoria da interpretação econômica uma consciência filosófica, para empreender a crítica da hermenêutica tradicional, de índole normativista, rumo a uma hermenêutica existencial e valorativa.

Não há uma interpretação econômica; há a interpretação jurídica, que leva à compreensão do fato da conduta por intermédio das leis e demais fontes do ordenamento jurídico. O método que nos leve adequadamente à compreensão do fenômeno jurídico, possibilitando-nos conhecê-lo e qualificá-lo segundo as categorias jurídicas, é o método próprio para conhecermos o fenômeno jurídico. Os chamados métodos literal, exegético, dogmático, teleológico, histórico-evolutivo etc., nada mais são que elementos do método jurídico. Como se dá a compreensão[40] do fenômeno jurídico constitui o desafio de construir e descrever o método hermenêutico do direito, o qual tem de deixar de ver o direito *parcelariamente*, mas em sua integração fática, valorativa e normativa. Daí que o método jurídico não pode ter desenho exclusivamente lógico-formal, nem tão-somente empírico-sociológico, nem tampouco apenas axiológico. Há de ser um método empírico-dialético[41] que instrumentalize o sujeito cog-

38. Para utilizar a expressão de Sartre, *saber atual*, pode-se dizer, sem medo de errar, que, no estágio atual da Filosofia do Direito e da Teoria Geral do Direito, o direito é um objeto cultural, descartando-se as teorias normativistas e jusnaturalistas, mas sem renunciar ao seu aspecto valorativo. Vale a pena lembrar Miguel Reale: "Analisando o fenômeno jurídico sob esse prisma, verifica-se que a maioria dos juristas ainda se mantém fiel ao espírito da passada centúria, pois, em geral, o direito é para eles norma e nada mais do que norma, numa atitude claramente contraposta à de certos sociólogos do direito, que só vêem o 'jus' em termos de eficácia ou de efetividade, para não falar na posição daqueles jusfilósofos que, infensos aos problemas que cercam as atividades forenses, preferem pairar no mundo dos valores ideais, ou se quedam contemplativos perante arquétipos lógicos" (*Teoria Tridimensional do Direito*, São Paulo, Saraiva, 1968, p. 24).

39. "O problema do método é, pois, um problema de natureza epistemológica. O método é, pois, um pressuposto de que se há de achar armado o cientista quando parte para a investigação do aspecto da realidade que cabe à sua ciência termatizar e dominar" (A. L. Machado Neto, *Teoria da Ciência Jurídica*, São Paulo, Saraiva, 1975, p. 168).

40. Dilthey fez a necessária separação: *a natureza se explica e a cultura se compreende*, gerando a devida revisão metodológica das ciências da cultura. Heidegger define a interpretação como um *desenvolvimento do compreender*: "Ao desenvolvimento do compreender chamamos de *interpretação*. Nela o compreender se apropria, compreendendo o compreendido. Na interpretação não se transforma o compreender em outra coisa, permanecendo o mesmo. A interpretação se funde existencialmente no compreender, ao invés de surgir este daquela. A interpretação não é o tomar conhecimento do compreendido, mas o desenvolvimento das possibilidades projetadas no compreender" (*El Ser y el Tiempo*, Fundo de Cultura Económica, 1951, p. 172, *apud* Carlos da Rocha Guimarães, "Interpretação literal das isenções", in *Proposições Tributárias*, São Paulo, Resenha Tributária, 1975, p. 47).

41. Deve-se a Cossio esta denominação ao método para se chegar ao ato gnosiológico da compreensão, que assim é descrito por Machado Neto: "O caminho — *m e t h o d o s* — para essa captação compreensiva dos bens culturais é um caminho circular de ida e volta do *substrato* ao *sentido* e daí novamente ao *substrato* e outra vez ao *sentido*, até que o espírito — que é o veículo que empreende essa peregrinação — esteja suficientemente capacitado sobre o modo peculiar como tal *sentido valioso* se encarna nesse suporte mundanal ou *egológico*. Nesse ponto, o espírito interrompe sua peregrinação, nada

noscente participativo a lograr a compreensão do fenômeno jurídico. Mas essa compreensão não se faz de modo arbitrário, conceitualmente livre. Trata-se de compreensão decorrente de uma valoração conceitualmente estruturada pelas pautas do discurso normativo (a moldura de possibilidades de Kelsen), aclaradas pela Semiótica e pelo manejo dos valores jurídicos (e não individuais) cristalizados nos princípios e dos instrumentos da técnica jurídica, testados pela argumentação convincente, capaz de elevar o produto da atividade hermenêutica a foros da verdade jurídica, por sua fundamentação. E fundamentação faz-se pela demonstração da recorrência às fontes do direito e pelo convencimento da argumentação.

A 1ª variante (método de aplicação geral) e a 4ª variante (método de aplicação especial para combater elisões abusivas) não levam necessariamente à analogia, mas a uma interpretação "compreensiva", estimativa, que supera a interpretação tradicional asséptica aos valores.

A 2ª variante buscou uma direção diversa, partindo da mesma idéia básica de que a interpretação econômica deve buscar a substância econômica com o desprezo das formas jurídicas, isto é, privilegiar a *intentio facti* em relação à *intentio juris*. Tanto como a 1ª variante, esta segunda postulou a interpretação econômica como método geral do Direito Tributário. Mas em vez de buscar a substância econômica, voltando-se para os fatos (e subvertendo a idéia hermenêutica de que se interpretam *leis* e *não os fatos*), a 2ª variante conceitual escolheu mudar os conceitos e formas jurídicas de apreensão dos fatos, recriando-as, adaptando-as, por meio de conceitos próprios que captassem adequadamente a realidade econômica dos fatos jurídicos tributários. Esta escolha desemboca na defesa da autonomia estrutural do Direito Tributário, sobretudo em face das normas do Direito Privado.

A 3ª variante conceitual, a forma mais radical da interpretação econômica, ao lado da interpretação funcional, revela o uso de uma valoração desestruturada, que salta o "canal conceitual" dado pela recorrência à fonte normativa, desbordando para a insegurança analógica.

A 4ª variante possui uma característica que a afasta das demais: reduzir a interpretação a um método excepcional no âmbito do próprio Direito Tributário. Com efeito, segundo esta variante, a interpretação econômica só deve ser utilizada quando presente um comportamento abusivo do contribuinte com o intuito de evadir tributo. Por outro lado, esta corrente introduz a apreciação valorativa na tarefa de interpretação, porquanto saber quando há um comportamento abusivo importa fazer valoração. Parece-nos que esta posição foi uma acomodação da teoria da interpretação econômica diante do arsenal de críticas oposto contra ela. Por isso mesmo, esta variante restritiva do uso da interpretação econômica é dominante hoje em dia.[42]

A 5ª variante é uma caricaturização da 4ª variante, para criticá-la sob uma ótica positivista, como o faz Alfredo Augusto Becker.[43]

A 6ª variante, ao reduzir a interpretação econômica ao "método" teleológico nega a existência dessa interpretação espe-

impedindo, entretanto, que, se volte a empreendê-la mais tarde, mais se aprofunde a compreensão, com o que o conhecimento dos objetos culturais forma um todo simples (como o dos objetos ideais) e aberto (como os objetos naturais). Simples, porque se nos apresenta como todo não decomponível em partes separadas — a menos que tais partes possam aparecer como outros tantos objetos culturais, como a cabeça de uma estátua, uma melodia destacável de uma sinfonia, esse aspecto metodológico da obra de Carlos Cossio que aqui estamos destacando de sua inteira filosofia jurídica, ou algo por esse estilo" (*Ciência Jurídica*, São Paulo, Saraiva, 1975, p. 177).

42. Professam-na, entre outros, Amílcar de Araújo Falcão, *Fato Gerador* p. 71, e Marcel Wurlod, *Forme Juridique et Réalité Économique dans l'Application des Lois Fiscales*, Lausanne, F. Rouge & Cie., 1947, p. 122.

43. *Teoria Geral do Direito Tributário*, São Paulo, Saraiva, 1972, pp. 126 e ss.

cial do Direito Tributário, pois o método teleológico pretende-se um método geral para todos os ramos jurídicos. Esta corrente desnuda o caráter valorativo da tarefa interpretativa, uma vez que valorar é eleger fins, mas tenta reduzir a valoração a mero exercício lógico, ainda sob o vezo positivista de descartar o axiológico no conhecimento do direito.

Nas 7ª e 8ª variantes, observa-se uma verdadeira revolução copernicana, deslocando-se o foco da interpretação das leis para os fatos:

"As duas últimas variantes podem ser condensadas em uma só corrente, à medida que deslocam da lei para o fato o eixo da tarefa interpretativa. Na verdade, a 7ª variante é uma explicação imprecisa, que se estrutura melhor na concepção da interpretação econômica como interpretação do fato. Esta intuição, desenvolvida pelos tributaristas, de que o objeto da interpretação são os fatos, pode ser entendida como uma necessidade de revisão da Hermenêutica Jurídica, mormente agora que a Filosofia Jurídica, a partir da investigação ontológica do direito, põe em questão o tema do objeto da interpretação, antes de se embrenhar pelo problema metodológico. É bem de ver que os primeiros desbravadores da doutrina da interpretação econômica não se aperceberam deste novo enfoque interpretativo posto pela consideração econômica. Já no seu *Direito Tributário Brasileiro*, Amílcar de Araújo Falcão referia-se à interpretação econômica como um método a ser aplicado a cada caso concreto, e, em *Introdução ao Direito Tributário*, afirma a respeito da interpretação econômica o seguinte: 'O que ocorre é, simplesmente, uma técnica especial, como também acontece nas demais disciplinas jurídicas, quanto ao modo de considerar os fenômenos, fatos ou situações para a tributação, de pesquisar-lhes o conteúdo, a essência'".[44]

Todavia a falta de aprofundamento crítico e filosófico a respeito da ontologia do direito, para melhor enfrentar o problema da metodologia do conhecimento do direito, fez com que os defensores da interpretação econômica ficassem em brumas e diversificassem suas direções, sem que encontrassem o caminho correto e coerente, alicerçado em sólida Teoria Geral do Direito. Assim é que a falta de uma posição sobre a ontologia do direito, radicando-o entre os fatos culturais, levou alguns tributaristas a supor existir uma interpretação da norma e uma interpretação do fato, tal como se tratasse de dois processos gnoseológicos diferentes. O aclaramento que a teoria dos objetos nos oferece atualmente já nos permite verificar que não se pode apreender a natureza de um objeto cultural, ou conhecê-lo, cindindo o seu sentido de seu substrato.[45]

Observa-se que o Código Tributário Nacional refere-se à interpretação do fato gerador no seu art. 118, embora ainda de modo solerte, pela utilização da expressão "definição legal do fato gerador",[46] ao lado das normas sobre a interpretação e integração da legislação tributária (arts. 107 a 112).

A hermenêutica tradicional, ptolomaica, só se dedica à interpretação das leis, das normas jurídicas gerais. Interpretam-se leis, desvendando seu sentido, seu significado (interpretação do texto legal).

Em posição intermediária, mais ainda aferrados à idéia de que se interpretam leis, há os autores que concedem haver uma in-

44. *Direito Tributário Brasileiro*, Rio de Janeiro, Ed. Financeiras, 1960, p. 167. *Introdução ao Direito Tributário*, Rio de Janeiro, Ed. Rio, 1976, p. 82. Albert Hensel, em seu *Diritto Tributário*, Milão, Giuffré, 1956, p. 69, diz: "'Metodi' di interpretazione, validi in modo generale, non ne esistono e non sono contenuti neppure nel § 9º. Ogni fattispecie esige un'arte speciale di applicazione del diritto".

45. Vejam-se, por exemplo, as afirmações de Dino Jarach em "Hermenêutica no Direito Tributário", cit., p. 84.

46. "Art. 118. A definição legal do fato gerador é interpretada abstraindo-se: I — da validade jurídica dos atos efetivamente praticados pelos contribuintes, responsáveis ou terceiros, bem como da natureza do seu objeto e dos seus efeitos; II — dos efeitos dos fatos efetivamente ocorridos".

terpretação do fato, do ato jurídico, distinta e ao lado da interpretação da lei:

"Não basta, porém, a interpretação do conceito de ato ou negócio jurídico consagrado na lei. É ainda necessário interpretar o ato ou negócio jurídico concreto submetido à apreciação do órgão de aplicação do Direito e que respeita à premissa menor do raciocínio subsuntivo.

"A *interpretação* a que nos referimos não respeita já à norma jurídica, mas ao *ato concreto*, interpretação essa que consiste na determinação do verdadeiro significado e alcance da declaração de vontade, que é a essência do ato jurídico. A interpretação dos atos jurídicos é tarefa similar à interpretação das leis, restringindo-se por ter por objeto preceitos individuais e concretos e não preceitos gerais e abstratos."[47]

A interpretação jurídica não se volta exclusivamente para as leis, porque não se objetiva conhecer a lei, mas o fato com a qualificação jurídica adequada, razoável. Também é inaceitável cindir o processo hermenêutico em dois: 1º) interpreta-se a lei; 2º) depois, interpreta-se o fato jurídico, ato ou negócio.

O objetivo da interpretação é conhecer, qualificar juridicamente o fato nas diversas possibilidades de ser do fenômeno jurídico, o que se alcança com a formulação da norma individual que vai regê-lo, que vai compreendê-lo como fenômeno jurídico. Para se chegar a tal resultado ou produto interpretativo, há todo um complexo caminho hermenêutico a seguir, no manejo do método empírico-dialético.

4. A cláusula legal antielisiva

Em razão de ainda predominar a visão da interpretação tradicional, a introdução da chamada interpretação econômica tem sido feita por decisão legislativa (e não por convencimento doutrinário), por meio das cláusulas legais antielisivas específicas ou gerais.

As normas sobre interpretação e integração sempre foram combatidas, pois não se legisla sobre teoria, sobre o pensamento científico ou filosófico. A lei não dá legitimidade científica a uma teoria hermenêutica. O que lhe dá legitimidade (vigência científica) é sua resistência aos testes argumentativos. Mas a lei pode tolher o pensamento científico ou filosófico por algum tempo, de modo arbitrário. Em se tratando de normas sobre interpretação *lato sensu*, abrangendo a integração, pode-se dizer que tais normas têm efeito de orientar, circunscrever ou limitar a atividade valorativa do intérprete, mas não o poder de impor método hermenêutico, pois este só pode ser o que leva à compreensão do caso, a partir das possibilidades oferecidas pela moldura normativa, enfim pela recorrência às fontes do direito. Método hermenêutico não se decreta.[48]

Mesmo sem haver norma antielisiva, o Fisco e o Judiciário têm enfrentado o uso abusivo das formas jurídicas para evadir, retardar ou diminuir o tributo. E as decisões em processo fiscal ou judicial têm ousado desqualificar negócios ou redes de atos e negócios, para fazer prevalecer a compreensão que dê o sentido razoável à conduta do contribuinte, seja em razão de simulação ou de elisão artificial, abusiva.

A norma antielisiva estimula a interpretação, como deve ser, valorativa, existencial, mas a sua ausência não impede que

47. Alberto Xavier, *Tipicidade da Tributação, Simulação e Norma Antielisiva*, São Paulo, Dialética, 2001, p. 36.

48. Para Ricardo Lobo Torres, "as normas de interpretação e integração possuem profunda conotação ideológica. Procuram cristalizar certas orientações doutrinárias radicais ou determinadas posições políticas, quase sempre autoritárias". Mais adiante, afirma que tais normas de superdireito "necessitam elas próprias de interpretação" e que são "ambíguas, contraditórias e insuficientes, trazendo mais perplexidade ao intérprete do que orientação para resolver os casos concretos" (*Curso de Direito Financeiro e Tributário*, Rio de Janeiro, 6ª ed., Renovar, 1999, p. 128). Para outros autores, tais "normas" seriam meras diretivas, *standards* interpretativos, negando-lhes o caráter de verdadeira norma jurídica.

o intérprete chegue ao mesmo resultado para repelir, desqualificar ou requalificar, atos e negócios jurídicos, com o fim de alvejar a capacidade contributiva simulada ou contornada.[49] O limite é a criação de tributo por meio de analogia, resguardando-se a legalidade e a tipicidade tributárias.

Como já foi visto, cláusulas gerais ou especiais antielisivas constituem meras diretrizes, genéricas e tópicas, que não dão a *receita interpretativa* para o caso concreto, para distinguir as elisões aceitáveis das repelíveis. *Só hermenêutica valorativa, existencial, pode dar a solução caso a caso.*

Cumpre aqui enfrentar a indagação: O parágrafo único do art. 116 do CTN introduziu uma norma geral antielisiva?

A rigor, no plano teórico, não se deve confundir as hipóteses de simulação com elisão. Na simulação há um logro prejudicial. Na elisão há apenas um contorno, um drible do tipo legal tributário.

Neste sentido, a norma introduzida não é, a rigor, uma cláusula antielisiva. Basta cotejar o parágrafo único do art. 116 com o § 41 (2) e § 42 do Código Tributário alemão:

> § 41. Negócios Jurídicos Ineficazes
>
> (1) (...)
>
> (2) São irrelevantes para os fins da tributação os negócios e atos simulados. Se por meio de um negócio simulado se encobre outro negócio, leva-se em conta para fins da tributação o negócio encoberto.
>
> § 42. Abuso de Formas Jurídicas
>
> A lei tributária não pode ser fraudada através do abuso de formas jurídicas. Sempre que ocorrer abuso, a pretensão do imposto surgirá, como se para os fenômenos econômicos tivesse sido adotada a forma jurídica adequada.[50]

A Lei Geral Tributária, de Portugal, segue o mesmo estilo, com o art. 38 dispondo sobre uma cláusula geral antielisiva e o art. 39 disciplinando a simulação. Vale a pena registrar que o inc. 2 do art. 39 faz depender a tributação do negócio jurídico real, constante de documento autêntico, de decisão judicial que declare sua nulidade.[51]

A LGT espanhola segue idêntico esquema, substituindo o abuso de formas jurídicas pela *fraude a la Ley*.[52] A modifica-

49. V. o famoso voto de Aliomar Baleeiro no RMS 16.050-PE, *DJ* 17.8.1966, que viu em determinado seguro dotal ora "uma fraude requintada, intelectualizada, sutil", ora uma simulação para obter uma dedução do IR. Este caso é semelhante ao *Knetsch vs. United States*, julgado pela Suprema Corte (v. César A. Guimarães Pereira, *Elisão Tributária e Função Administrativa*, São Paulo, Dialética, 2001, p. 125). No nosso livro *A Interpretação no Direito Tributário*, comentamos o acórdão que julgou o RE 79.460 (*RDA* 130/57 a 65), em que se discutia não só a qualificação do negócio, como sua atribuição aos sócios ou à sociedade em liquidação (pp. 114 a 118). Recentemente, os tribunais regionais federais estão apreciando os casos de *leasing* operacional que se descaracterizariam em venda a prestação. Dentre os acórdãos favoráveis à aplicação da interpretação econômica, há o relatado pelo Juiz Olindo Menezes na AC 01291711, Proc. 1993.01.29171-1-MG, do TRF-1ª R., 3ª Turma (*DJ* 20.3.1998, p. 164) e o relatado pelo Juiz Paim Falcão na AMS 90.04.15652-6-PR, do TRF-4ª R., 1ª Turma (*DJ* 3.8.1994, p. 41.161). Em sentido negativo de interpretação econômica, mantendo a caracterização de *leasing*, há os acórdãos relatados pela então Juíza Eliana Calmon (AC 01099780, Proc. 1993.01.09978-0-MG, TRF-1ª R., 4ª Turma, *DJ* 3.6.1993) e pelo Juiz Leite Soares (AC 01050664, Proc. 1991.01.05066-4-MG, TRF-1ª R., 4ª Turma, *DJ* 24.5.1993, p. 19.542).

50. *Novo Código Tributário Alemão*, Rio de Janeiro, Forense/IBDT, 1978, p. 17.

51. "Art. 38. (...). 2. São ineficazes os atos ou negócios jurídicos quando se demonstra que foram realizados com o único e principal objetivo de redução ou eliminação dos impostos que seriam devidos em virtude de atos ou negócios jurídicos de resultado econômico equivalente, caso em que a tributação recai sobre estes últimos. Art. 39. (...). 1. Em caso de simulação de negócio jurídico, a tributação recai sobre o negócio jurídico real e não sobre o negócio jurídico simulado. 2. Sem prejuízo dos poderes de correção da matéria tributável legalmente atribuídos à Administração Tributária, a tributação do negócio jurídico real constante de documento autêntico depende de decisão judicial que declare a sua nulidade". "Art. 36. (...). 4. A qualificação do negócio jurídico efetuado pelas partes, mesmo em documento autêntico, não vincula a Administração Tributária".

52. Art. 24. "1. Para evitar el fraude a la Ley se entenderá que no existe extensión del hecho im-

ção de 1995 da LGT (*Ley General Tributária*) dedica quatro artigos (23, 24, 25 e 28.2) à problemática dos negócios anômalos: negócios simulados, negócios fiduciários, em fraude à lei ou indiretos.

O exame dos modelos de normas gerais antielisivas revela que o legislador não confunde a norma anti-simulação com a norma antielisiva.

Por isso, não se pode considerar que a Lei Complementar 104/2001 introduziu uma norma antielisiva em sentido próprio. Ficou no combate à simulação tão-somente.

5. *Processo e procedimento*

Toda atividade administrativa é procedimental por exigência do Estado de Direito e do princípio da legalidade objetiva. Daí porque Adolf Merkl já afirmara na primeira parte do século passado que, no fundo, toda administração é procedimento administrativo e os atos administrativos apresentam-se como meros produtos do procedimento administrativo.[53]

Procedimento é a série de atos concatenados e ordenados que visam produzir determinado ato, que é o fim do procedimento.

De regra a atividade administrativa é somente procedimental, oficiosa. Excepcionalmente pode surgir o processo administrativo, quando ato da Administração Pública é impugnado pelo administrado perante órgão administrativo titular de competência judicante. Aí se manifesta a processualidade na atividade administrativa, hipótese em que, além de procedimento, existe processo. A atividade processual é provocada pelo administrado interessado, que postula perante o órgão administrativo judicante a reforma ou nulidade do ato impugnado.

Hoje já se desfez o preconceito contra a existência do processo administrativo, como espécie do gênero processo. Em 1981, apresentamos uma tese (*Do Processo Administrativo Fiscal*) no 6º Congresso Nacional de Administração Tributária, defendendo a possibilidade da processualidade administrativa, que veio a ser consagrada pela Constituição Cidadã de 1988. Há os procedimentos de ofício e os procedimentos dos processos administrativos.

Graças a Oskar Von Bülow, fez-se a distinção estrutural entre processo e procedimento. Processo é relação jurídica formal, instrumental, envolvendo o órgão julgador imparcial como sujeito passivo da relação processual.

Desse modo, só há processo administrativo se houver esta relação formal envolvendo o administrado e o órgão administrativo produtor do ato impugnado e outro órgão administrativo inerte e imparcial, com competência julgadora.

O processo administrativo fiscal surge quando o ato de exigência do Fisco é impugnado pelo administrado. Pode escolher a via administrativa, postulando perante órgão administrativo de competência judicante, ou escolher a via judicial (processo judicial). Tal como no processo judicial, a posição do administrado impugnante é de autor que ataca o ato impugnado (e não de defesa como se generalizou acriticamente).

A processualidade administrativa não é a regra na atividade da Administração Pública. Requer provocação do interessado contra ato administrativo gerado em procedimento sem processualidade.

ponible cuando se graven hechos, actos o negocios jurídicos realizados con el *propósito de eludir el pago del tributo* amparándose en el texto de normas dictadas con distinta finalidad, siempre que produzcan un resultado equivalente al derivado del hecho imponible. El fraude de Ley tributaria deberá ser declarado en *expediente especial* en el que se dé audiencia al interesado. Los hechos, actos o negocios jurídicos ejecutados en fraude de Ley tributaria no impedirán la *aplicación de la norma tributaria eludida* ni darán lugar al nacimiento de las ventajas fiscales que se pretendía obtener mediante ellos. 3. En las liquidaciones que se realicen como resultado del expediente especial de fraude de Ley se aplicará la norma tributaria eludida y se liquidarán los *intereses de demora* que correspondan, sin que a estos solos efectos proceda la imposición de sanciones".

53. *Teoría General del Derecho Administrativo*, México, Ed. Nacional, 1980, p. 279.

O procedimento administrativo oficioso é de regra unilateral e não contencioso, podendo haver colaboração do administrado.

Exigir o contraditório em toda a atividade administrativa é um *non-sense*; é o seu engessamento.

Sempre que possível, sem prejuízo do interesse do bom funcionamento da ação administrativa, pode a lei atribuir, excepcionalmente, caráter bilateral, dialético e contraditório ao procedimento, ainda sem processualidade. Neste caso, não existirá a relação processual e, conseqüentemente, órgão judicante imparcial e inerte.

Já o processo administrativo necessariamente tem de ter caráter contencioso e bilateral.

6. Procedimento para a quebra do sigilo bancário

Como em qualquer atuar administrativo, a quebra do sigilo bancário exige forma procedimental. Tal procedimento está previsto no Decreto 3.724, de 10.1.2001, nos termos do art. 6º da Lei Complementar 105, de 10.1.2001.

Trata-se de procedimento oficioso, no qual não se aplica a garantia do *devido processo legal*, já que não existe relação processual de que o procedimento seria sua exteriorização. Processo administrativo haverá quando o administrado impugnar o procedimento ou o lançamento dele decorrente. Havendo processo, vem à baila a aplicação dos princípios da cláusula do devido processo legal.

Poderia tal procedimento referir-se a fatos anteriores à vigência da lei complementar e seu regulamento, datados do mesmo dia?

A regra do art. 144, § 1º, do CTN parece autorizar resposta positiva à questão.

7. Procedimento para aplicação da norma antielisiva

A princípio, a aplicação da cláusula legal antielisiva do parágrafo único do art. 116 dá-se na atividade do lançamento tributário, que não é revestida de processualidade.

A rigor, este procedimento já está previsto no CTN e nas leis ordinárias instituidoras de cada tributo, sob a forma de procedimento de ofício, unilateral e não contencioso.

Teoricamente é possível dar caráter contraditório e bilateral ao procedimento, mesmo não se revestindo de caráter processual, caso em que não existirá a relação processual, de regra pela falta de postulação a órgão judicante imparcial e inerte. Tal procedimento, se teoricamente possível, certamente "engessará" a atuação do Fisco e não pode prejudicar a possibilidade de contencioso necessário, em razão de gerar *processo* e exigir órgão judicante imparcial. O direito ao processo administrativo é inafastável, mas só poderá ser exercido após a aplicação da lei de ofício, isto é, da efetuação do lançamento tributário pelo Fisco.

A desconsideração ou desqualificação de atos simulados sempre se fez no procedimento de lançamento de ofício. Do mesmo modo, a desconsideração de elisões abusivas são aplicadas ao procedimento de lançamento de ofício.

Mas nada impede que o legislador determine um procedimento específico para a desconsideração de atos ou negócios jurídicos praticados com a finalidade de dissimular a ocorrência do fato gerador do tributo.

É o que parece ter ocorrido no caso. O Projeto de Lei Complementar dizia: "observados os procedimentos estabelecidos em lei". A lei aprovada estatui: "observados os procedimentos a serem estabelecidos em lei ordinária".

Parece evidente que se determina ao legislador ordinário (federal, estadual, distrital ou municipal) estabelecer procedimento específico para a desconsideração dos atos ou negócios simulados, ficando a aplicação dos novos (?) poderes do Fisco dependente de lei ordinária de cada entidade federativa que determine o procedimento específico para a velha atividade de lançar de ofício.

O que pode ser considerado novidadesco é a definição de ineficácia no ato de desconsideração, pondo-se a termo a discussão sobre a necessidade civilista de se pleitear a nulidade do ato simulado previamente.

Reitere-se, aqui, a possibilidade de se utilizar o poder de desconsiderar em relação a atos anteriores à Lei Complementar 104/2001, com supedâneo no § 1º do art. 144 do Código Tributário Nacional.

CADERNOS DE DIREITO TRIBUTÁRIO

PIS/COFINS — VARIAÇÃO CAMBIAL POSITIVA DE PASSIVOS — NÃO-INCIDÊNCIA

WALDIR LUIZ BRAGA
Mestre em Direito do Estado pela Pontifícia Universidade Católica de São Paulo — PUC/SP

e

GUILHERME PEREIRA DAS NEVES
Advogado em São Paulo

Introdução. Nossos comentários. Conclusão.

Introdução

É fato notório que uma considerável parcela das empresas brasileiras contabilizam expressivos passivos atrelados a moedas estrangeiras, notadamente os *dólares americanos*.

A partir da vigência da Lei 9.718/1998 (fevereiro de 1999), as variações cambiais *ativas* (derivadas tanto de ativos quanto de passivos) passaram a ser incluídas na base de cálculo do PIS e da COFINS.[1]

Nem mesmo o advento da Lei 10.637/2002, que veio a instituir a dita cobrança não-cumulativa do PIS, modificou tal panorama. Com efeito, em conformidade com a sistemática de apuração própria das referidas contribuições, a variação ativa (receita) acresce a base de cálculo de ambas contribuições, enquanto que a variação *negativa*, ao contrário, *não* pode ser abatida da mesma base.[2]

Alie-se tal fato a um cenário cambial bastante revolto, como a incansável oscilação da taxa de câmbio a que assistimos na atualidade, e teremos efeitos desastrosos para a apuração do PIS/COFINS, *que passam a alcançar receitas inexistentes*. Esta situação pode ser melhor visualizada a partir da adoção do seguinte exemplo:

Diante da variação ocorrida neste período, admitamos que um determinado con-

1. Para efeito do presente estudo não abordaremos a questão da inconstitucionalidade das disposições contidas na Lei 9.718/1998, quanto à incidência do PIS e da COFINS sobre receitas alheias ao faturamento.

2. No caso específico do PIS não-cumulativo, isto ocorre porque a lei veda o direito a crédito em relação a quaisquer gastos contraídos com pessoas situadas no exterior.

tribuinte contraiu, em 31.6.2002, um empréstimo de pessoa jurídica estrangeira no montante de US$ 10.000.000,00 cujo vencimento se deu em 31.1.2002.

O registro da obrigação contraída levará em consideração a cotação de 30.6.2002 (R$ 2,82), de maneira que, nesta data, o passivo do contribuinte hipotético será de R$ 28.200.000,00.

Levando-se em conta que, mensalmente, o valor do passivo precisa ser reajustado, teremos a contabilização das seguintes receitas e despesas, sendo as receitas apontadas em negrito:

jul. 2002	ago. 2002	set. 2002	out. 2002
R$ 6.600.000,00	**R$ 4.700.000,00**	R$ 7.400.000,00	**R$ 1.200.000,00**

nov. 2002	dez. 2002	jan. 2003
R$ 300.000,00	**R$ 1.100.000,00**	**R$ 300.000,00**

A partir das informações acima contidas, verifica-se que, de acordo com as regras de tributação do PIS e da COFINS atualmente vigentes, o nosso contribuinte hipotético teve que oferecer à tributação das referidas contribuições o valor total de *R$ 7.300.000,00*, somatória das receitas reconhecidas nos meses de agosto, outubro, dezembro de 2002 e janeiro de 2003.

Considerando, porém, que na data de *vencimento da obrigação* a cotação do dólar foi de R$ 3,52, chegamos à conclusão que tal contribuinte, efetivamente, *apurou uma perda cambial da ordem de R$ 7.000.000,00* (sete milhões de reais).

Assim, temos que a receita de R$ 7.300.000,00 ***não foi efetivamente realizada****!*

Como se vê, durante o período que margeia o mero reconhecimento contábil da dívida em moeda estrangeira e o seu respectivo vencimento, a flutuação do dólar dá origem a vários lançamentos de receita (que servirão de base de cálculo para PIS/COFINS), mesmo que o resultado final seja de *perda* (e não de ganho) cambial.

Em suma, como as despesas não podem ser excluídas da base de cálculo de tais contribuições, a tributação termina por incidir sobre o valor total das receitas, ainda que a variação do dólar verificada entre a contratação e a liquidação da operação resulte numa *perda cambial.*

Conhecendo o mal funcionamento desta sistemática de apuração, *somado à aflitiva instabilidade do mercado de câmbio na atualidade*, trataremos aqui, fundamentalmente, da questão ainda pouco debatida quanto à tributação das variações cambiais pelas contribuições ao PIS e a COFINS.

Vejamos!

Nossos comentários

Como dissemos, em razão da sistemática de apuração do PIS/COFINS, que veda a exclusão de *despesas* da base de cálculo dessas contribuições, elimina-se qualquer possibilidade de reverter os efeitos da tributação de um ganho cambial não realizado.

A variação ativa (frente ao dólar), verificada entre a contratação e o vencimento da dívida, acaba sofrendo incidência tributária mesmo que da operação resulte uma *perda cambial*. Tal fato, a nosso ver, desrespeita flagrantemente o Princípio da Capacidade Contributiva.

Embora o Princípio da Capacidade Contributiva esteja presente de forma expressa na Constituição Federal (art. 145, § 1º), sendo vetor de toda e qualquer exação tributária, tem havido certa incredulidade na sua força constritiva do poder de tributar.

Isto se deve à pouquíssima ressonância deste preceito constitucional perante os nossos tribunais. Não que eles sejam avessos ao princípio informador da Capacidade Contributiva. Mas, ocorre que persiste, ainda, na doutrina, uma grande dificuldade de encontrar critérios puramente objetivos para aferir a sua aplicabilidade concreta.

Não obstante, para superar essa dificuldade, referido princípio deve ser analisado sob dois aspectos distintos.

Um deles diz respeito especificamente à *dosagem da carga fiscal*, ou seja, em que medida o tributo atende a suas finalidades e, ao contrário, caminha para a injustiça fiscal (o *confisco*).

Sem dúvida alguma, a avaliação dessa dosimetria comporta alto grau de subjetividade, daí a enorme dissonância sobre o tema.

Outro aspecto, por sua vez, apresenta-se inegavelmente concreto e evidente, estando ao alcance de qualquer intérprete do direito. E essa face do Princípio da Capacidade Contributiva tem aceitação unânime da doutrina e da jurisprudência. Trata-se da Capacidade Contributiva como *pressuposto lógico* da tributação. Em outras palavras, para haver exação deve existir, necessariamente, uma extensão econômica (pecuniária) intrínseca ao fato sobre o qual recai o tributo.

Nesse ponto, a doutrina está repleta de hipóteses em que a criação de tributo seria totalmente descabida, por faltar a esses fatos um conteúdo monetário. É o caso, por exemplo, de impostos sobre calvice, cor de pele, idade, altura, peso, dentre muitos outros.

Vê-se, claramente que essas hipóteses não se referem ao ***quanto*** devido, mas, sim, a impossibilidade de se exigir um quinhão tributário de fatos desprovidos de expressão econômica.

Essa dualidade foi bem apreendida nas palavras de Alberto Xavier, *in verbis*: "Pode o legislador escolher livremente as manifestações de riqueza que repute relevantes para efeitos tributários, bem como delimitá-las por uma ou outra forma mas sempre deverá proceder a essa escolha de entre as situações da vida reveladoras de capacidade contributiva e sempre a estas se há-de referir na definição de critérios de medida do tributo".[3]

Assim, além de orientar a quantificação da carga fiscal, o Princípio da Capacidade Contributiva também estabelece que somente servirão de base de cálculo fatos que exprimem riqueza.

Este imperativo, que coloca a Capacidade Contributiva como pressuposto imprescindível da tributação, portanto, jamais poderá ser descuidado pelo legislador e/ou aplicador do direito. Tanto mais porque se apresenta de forma perfeitamente clara e reconhecível.

Desta forma, resta saber se a "receita" de variação cambial (de passivo ainda não liquidado) é reveladora de alguma capacidade contributiva, ou seja, se nela há substrato econômico que legitime a tributação pelo PIS/COFINS.

A essa questão devemos responder negativamente. Vejamos o porquê.

A diminuição do passivo (em virtude da taxa cambial) provoca o reconhecimento contábil de receitas. Porém, essas receitas são meramente escriturais, ao menos enquanto não vencida a dívida.

É apenas no vencimento do passivo que pode ser verificado o efetivo resultado da correção pelo dólar. Haverá, tão-somente nesta oportunidade, como avaliar se ocorreu perda ou ganho cambial. Antes disso, podem surgir, alternadamente, receitas e despesas decorrentes da mesma dívida, conforme oscilar a moeda estrangeira.

3. Alberto Xavier, *Manual de Direito Fiscal*, v. I, p. 108, *apud* Regina Helena Costa, *Princípio da Capacidade Contributiva*, Malheiros Editores, p. 27.

Em sendo assim, se é só no vencimento do passivo que passa a existir uma receita (ou despesa) efetiva, qualquer incidência de PIS/COFINS anterior a este momento representará tributação sobre ganhos fictícios, irreais, existentes apenas "em potência".

Em idêntico sentido, não faltam manifestações dos mais elevados juristas nacionais, como Regina Helena Costa: "Desse modo, a capacidade contributiva a ser considerada na hipótese de incidência não pode ser aparente, sob pena de ter-se uma capacidade econômica vazia. Neste ponto impende abordarmos uma questão há muito atual, que é a da inflação. É do conhecimento de todos que esta provoca o crescimento nominal do capital, acarretando uma riqueza numérica, falsa. A tributação desta significaria ignorar a efetividade da capacidade contributiva".[4]

Igualmente, também no estrangeiro, a matéria foi tratada com profundidade. O jurista italiano Emílio Giardina chega às idênticas conclusões acerca da impossibilidade de tributar um mero acréscimo nominal da moeda, porquanto este representa tão-somente um ganho escritural, não revelador de capacidade contributiva, nos seguintes termos:

"Os incrementos nominais e aparentes do valor do capital são devidos a variações nos níveis de preços. Quando se verifica uma desvalorização monetária ou muda a unidade de medida de força econômica individual, mas esta permanece invariada, o poder de dispor dos bens, a capacidade de economizar e consumir — e, portanto, a aptidão a concorrer aos encargos públicos — não aumentam, muda somente o metro para medir este poder, esta capacidade, esta aptidão. Isto posto, os incrementos de valor do capital — devidos à desvalorização da moeda — não deveriam fazer surgir nenhuma pretensão de imposição.

"(...)

"Podendo os incrementos de valor ser somente nominais, se se aplica o imposto independentemente da realização do ganho, corre-se o risco de onerar *uma capacidade contributiva ilusória, destinada a desaparecer no curso de tempo*"[5] (g.n.).

No plano infraconstitucional, o atendimento do Princípio da Capacidade Contributiva se vê projetado nas linhas da necessária aquisição da *receita* pelo contribuinte, como *ingresso definitivo em seu patrimônio*.

Nesse particular, oportunos os ensinamentos do mestre Aliomar Baleeiro que dá o significado da palavra *receita*, a saber: "(...) é a entrada que, integrando-se no patrimônio público sem quaisquer reservas, condições ou correspondência no passivo, vem acrescer o seu vulto, como elemento novo e positivo".[6]

No mesmo sentido, cabe destacar, os ensinamentos do prof. Marco Aurelio Greco, a saber:

"Variação cambial atinge a representação formal do objeto, o número de unidades monetárias que o representam em data presente, de modo a assegurar a sua identidade substancial.

"Tal como a correção monetária, a variação cambial nada acresce ao objeto, sendo mera expressão formal da mesma entidade substancial.

"(...) receita é ingresso novo gerado pela atividade empresarial. Receita financeira é ingresso (= obtenção de patrimônio novo) em razão de uma operação ou aplicação de caráter financeiro (sem aqui proceder a maiores especificações). Substancialmente, é algo que se acresce ao patrimônio anteriormente existente, que foi aplicado numa operação financeira.

"Por isso, a meu ver, não se pode confundir um patrimônio novo com a realiza-

4. Regina Helena Costa, *Princípio da Capacidade Contributiva*, cit., p. 84.

5. Emílio Giardina, *Le Basi Teoriche del Principio della Capacità Contributiva*, p. 337, *apud* Regina Helena Costa, *Princípio...*, ob. cit., p. 84.

6. *Uma introdução à Ciência das Finanças*, 14ª ed., Forense, p. 116.

ção de um crédito ou pagamento de uma dívida anterior, vale dizer, com a realização de um patrimônio antigo."[7]

Mais à frente, nesse mesmo parecer, Greco recusa a tributação sobre a variação cambial positiva, inclusive na própria liquidação da obrigação:

"A primeira hipótese abrangida pela Consulta é, por exemplo, a de uma dívida em moeda estrangeira contraída em janeiro e quitada em março, sendo que, entre a data do seu surgimento e a data de sua liquidação houve uma retração no valor da moeda estrangeira. Uma dívida inicialmente contabilizada, pelo regime de competência, por um certo número de Reais foi, ou será, liquidada por um menor número de Reais. Nesta situação, a diferença em Reais corresponderá, contabilmente, a um 'ganho de variação cambial'.

"A situação relatada não se enquadra na hipótese de incidência das contribuições ao PIS e COFINS. De fato, a Constituição Federal só admite a tributação do faturamento, o que não é o caso; ou da 'receita' (sem adentrar no debate da EC — 20/1998). Mas, neste ponto é importante sublinhar que 'receita' supõe um ingresso efetivo de recursos. Tanto é assim que o próprio § 1º do art. 3º da Lei estabelece que só é considerada integrante da receita bruta a receita 'auferida'.

"No caso relatado, não é 'auferida' nenhuma receita. Ao revés, a variação cambial, no caso, é uma vicissitude da dívida e não de um ingresso: há uma liquidação de dívida mediante a entrega de um menor número de unidades monetárias, mas sempre mantida sua dimensão substancial. Dispende-se menos, não se aufere mais.

"(...)

"Nem se diga que o dispositivo comentado esclarece que haveria a exigência, pois é irrelevante 'a classificação contábil adotada para as receitas' e que, no caso, haveria, contabilmente, uma 'receita de variação cambial'. Nesse ponto, é pertinente observar que a contabilidade é mero retrato da realidade, visando assegurar sua certeza e exatidão mas nada pode lhe acrescer ou retirar. Um fato contábil não eqüivale a um fato gerador. Eles podem, ou não, coincidir. No caso, o elemento decisivo é que há 'auferimento de receita' não há ingresso novo; há redução nominal (não substancial) de uma dívida. Há um dispêndio menor.

"O dispositivo legal (art. 3º), quando determina a inclusão na base de cálculo das contribuições, qualquer que seja a classificação contábil adotada, tem o sentido de, partindo do pressuposto de que se trate de verdadeira receita e efetivamente auferida, a sua forma de contabilização não pode implicar exclusão da incidência. Ou seja, é dispositivo que consagra o critério substancial de tributar o que seja verdadeira receita auferida, deixando o aspecto contábil (embora relevante para vários aspectos) em segundo plano quando se trata de apurar a ocorrência da receita.

"Vale dizer, se for receita auferida, a contabilização é irrelevante. *Se for fato gerador*, a contabilização não poderá inibir seus efeitos. No caso, porém, *não há fato gerador* (auferir receita).

"A lei não está contemplando o sentido inverso, qual seja o de que tudo o que contabilmente tiver um efeito 'positivo' deve ser oferecido à tributação de PIS e COFINS. Nem poderia fazê-lo, pois a lei de incidência está jungida pela amplitude da respectiva norma de competência, que só autoriza a cobrança em relação a faturamento ou receita.

"Por todas as razões expostas, concluo que, na hipótese da Consulta, a diferença de variação cambial não configura efetiva receita auferida nem faturamento, não estando portanto, sujeita às contribuições do PIS e da COFINS."[8]

7. "COFINS na Lei 9.718/1998 — Variações cambiais e regime de alíquota acrescida", *RDDT* 50/143 a 145.

8. Ob. cit., pp. 145-146.

Embora essas contribuições sociais incidam sobre receitas, é válido lançar mão do conceito jurídico de disponibilidade (econômica ou jurídica) sobre os valores tributáveis, adotado pelo CTN para o imposto de renda, para interpretar sua natureza.

Em termos mais diretos, respeita a capacidade contributiva o tributo que recai sobre uma base econômica que esteja *disponível* para o seu beneficiário. Ninguém melhor do que Rubens Gomes de Sousa para nos dar a precisa noção do que vem a ser disponibilidade, seja ela jurídica ou econômica: "21. Para finalizar esta parte da exposição, quero relembrar mais dois aspectos complementares. O primeiro é um escalonamento do que se entende, no art. 43, *caput*, por aquisição da disponibilidade 'econômica ou jurídica'. Como disse nos trabalhos citados no item 12, na linguagem de todos os autores que trataram do assunto, 'disponibilidade econômica' corresponde a 'rendimento (ou provento) realizado', isto é, dinheiro em caixa. E 'disponibilidade jurídica' corresponde a 'rendimento (ou provento) adquirido', isto é, ao qual o beneficiário tem título jurídico que lhe permite obter a respectiva realização em dinheiro (p. ex., o juro ou o dividendo creditados). Assim, a disponibilidade 'econômica' inclui a 'jurídica'; a recíproca não é verdadeira, mas, pelo art. 43, qualquer das duas hipóteses basta para configurar o fato gerador do imposto".[9]

A despeito da referência constante à disponibilidade de *renda*, o conceito de disponibilidade, seja ele relativo à renda ou a *quaisquer outros rendimentos*, permanece integralmente válido para receitas de variação cambial.

Extrai-se do excerto supracitado, que a disponibilidade econômica se confunde com a disponibilidade da moeda ou de outro título que a represente. A disponibilidade jurídica, por sua vez, está relacionada com o *direito* à "percepção" da moeda.

Direito à percepção implica na possibilidade de exigir a moeda (rendimento). E, para que se possa efetuar esta exigência, todos os requisitos necessários ao recebimento da receita devem estar cumpridos.

Por exemplo, a disponibilidade jurídica da receita de prestação de serviços ou de venda de mercadorias depende, necessariamente, da prestação do serviço ou da entrega das mercadorias, respectivamente. Faltando uma destas condições, não se pode exigir do outro a contraprestação da receita; *portanto não há disponibilidade jurídica nestes casos.*

Resumindo, para que se possa cogitar da disponibilidade jurídica, devem ter sido percorridas todas as etapas necessárias à obtenção do rendimento, como nas palavras de Bulhões Pedreira:

"Disponibilidade econômica é poder de dispor efetivo e atual de quem tem a posse direta da renda.

"(...)

"*Disponibilidade jurídica* é a presumida por força de lei que define como fato gerador do imposto a aquisição virtual e não efetiva, do poder de dispor de renda. *A disponibilidade é virtual, quando já ocorreram todas as condições necessárias para que se torne efetiva.*"[10]

Esse mesmo entendimento, de que enquanto pendente do implemento de certas condições a disponibilidade jurídica não ocorre, conta com inúmeros precedentes do Conselho de Contribuintes e da Câmara Superior de Recursos Fiscais. Ilustrativamente, transcrevemos o seguinte julgado da CSRF:

> *Depósitos judiciais. Correção monetária.*
>
> Enquanto subordinada *a disponibilidade da moeda* ao êxito da ação, somente caberá o reconhecimento *das variações*

9. Rubens Gomes Sousa, *Pareceres 1 — Imposto de Renda*, ed. póstuma, Ed. Resenha Tributária, p. 70.

10. José Luiz Bulhões Pedreira, *Imposto de Renda — Pessoa Jurídica*, v. I, pp. 110 e ss.

monetárias da conta depósitos judiciais, no lucro operacional, quando implementada esta condição (Acórdão CSRF/01-02.102).[11]

O próprio Fisco reconheceu, através do Parecer Normativo CST 11/1976, que não há disponibilidade econômica da renda se ela não for, também, jurídica: "Devemos lembrar que a ocorrência da disponibilidade financeira não presume a competência da receita que a originou ao exercício do seu recebimento (...). As receitas variáveis que dependem de evento futuro, por sua natureza aleatória, deverão ser contabilizadas no período-base de sua *disponibilidade jurídica*. Outra maneira de se proceder não seria viável, tendo em vista a impossibilidade de, previamente, serem determinados ou fixados seus valores e por não se encontrarem juridicamente disponíveis em tal momento" (itens 3 e 4.1, g.n.).

Trazendo essas considerações para análise de situações concretas, podemos concluir que, antes de vencido o passivo, *não há que se falar em disponibilidade econômica ou jurídica* das receitas de variação cambial.

No primeiro caso, como a dívida ainda não venceu, não aparece qualquer disponibilidade de moeda (econômica). Aliás, esta, se ocorrer, o será sob a forma de menor desembolso, e não sob ingresso de divisas (porque se trata de pagamento de dívida).

No segundo caso, para afirmar a disponibilidade jurídica sobre o ganho cambial é preciso que as etapas necessárias ao seu surgimento estejam definitivamente percorridas. Todavia, esse ganho em potencial somente será definido quando ocorrer o vencimento da obrigação por um valor menor do que o registrado originariamente.

Com efeito, enquanto não vencido o passivo, existe apenas uma *expectativa* de que, ao final, a liquidação do débito se dê por um valor menor. Há, portanto, mera expectativa de disponibilidade jurídica, ou seja, tão-somente a possibilidade de que se concretize o direito de pagar a dívida por um montante diminuído em relação ao original.

O Superior Tribunal de Justiça, *ao tratar acerca da disponibilidade da receita de variação cambial sobre passivos*, decidiu em idêntico sentido aos argumentos aqui expostos. Não obstante, a referida decisão verse sobre Imposto de Renda, ela é perfeitamente aplicável ao PIS/COFINS, pois, como dissemos, lhe são comuns o conceito de *disponibilidade* para efeito de tributação:

> *Tributário. Imposto de Renda. Variações cambiais consideradas como renda antes do pagamento da obrigação. Momento da disponibilidade econômica. Incidência do tributo.*
>
> O Imposto de Renda só incide sobre ganhos decorrentes de variações cambiais quando realizado o pagamento das obrigações financeiras relativas àquelas variações, porque é a partir daí que serão incluídos na receita e na apuração do lucro real obtido. Recurso desprovido (STJ, REsp 320.455-RJ, Rel. Garcia Vieira).

Oportuno destacar trecho do voto do relator desse acórdão do E. STJ:

> Partindo de tais pressupostos, sem a necessidade de maiores digressões, de ordem doutrinária, afigura-se-me escorreita a decisão ora objurgada, *portanto, é certo que a disponibilidade econômica ou jurídica da renda só ocorre quando houver real acréscimo patrimonial, não cabendo a tributação sobre mera expectativa de ganho futuro e em potencial* (g.n.).

O Relator do citado acórdão, faz referência à decisão proferida pelo TRF da 2ª Região, no mesmo processo, sendo ainda, mais explícito o entendimento do Desembargador Guilherme Couto de Castro. Abaixo, segue transcritas a Ementa e parte do voto desse desembargador:

> *Tributário. Conceito de renda. Variação cambial.*
>
> *Inexiste disponibilidade econômica ou jurídica da renda, em virtude da apre-*

11. Ac. 101-92603, 1ª CC, Rel. Celso Alves Feitosa.

sentação de balanço que, refletindo a realidade do momento, expressa a menor quantidade de moeda nacional necessária ao pagamento de débito ainda não vencido. Inexiste a disponibilidade, inviável afirmar a ocorrência do fato gerador do Imposto de Renda, existe mera expectativa. Sentença reformada (TRF-2ª R., Processo 98.02.16900-5, Rel. Guilherme Couto de Castro).

VOTO

(...)

Ao encerrar o balanço, a pessoa jurídica tomou como base certa cotação em dólar, naquele momento existente, mas isto não significa que tenha acontecido disponibilidade econômica ou jurídica de renda (art. 43 do CTN).

É verdade que o regime de competência é critério legalmente adotado para aferir o resultado, ou seja, *é nestas circunscrições que se afere a existência de acréscimo patrimonial,* ***mas mero critério contábil, necessário, não traduz renda, ausente a disponibilidade econômica ou jurídica, minimamente.*** Ou será que não há sentido nas expressões, "disponibilidade econômica", ou "disponibilidade jurídica"? (g.n.).

Cumpre-nos ressaltar, ainda, que o TRF-2ª R., nos autos do agravo 2002.02.01.007288-7,[12] tratou exatamente da matéria aqui abordada, afastando a incidência do PIS e da COFINS sobre as "receitas" decorrentes da oscilação do câmbio, enquanto não liquidada a respectiva operação. Transcrevemos, abaixo, trecho deste valioso precedente:

Decido: *Merece amparo a pretensão.*

A hipótese vertente, em síntese, cinge-se à discussão sobre a incidência, ou não do PIS e da COFINS sobre a variação cambial ocorrida durante a vigência de operação de empréstimo em moeda estrangeira.

A agravante efetuou operação de empréstimo em moeda norte-americana, em 13.12.1996, pelo prazo de 8 (oito) anos, que, com as constantes variações cambiais, encontra-se hoje em um patamar muito superior ao pactuado.

A forte valorização do Dólar em relação ao Real, com subsequentes períodos de desvalorização, ensejou o surgimento de "receitas fictícias" que foram tributadas a título de PIS e COFINS.

Destarte, o que se verifica é que tais "receitas" são meramente escriturais, consubstanciando-se em reduções nos valores das despesas financeiras vinculadas às obrigações em dólares que, neste diapasão, nada mais são que verdadeiras expectativas de receita a serem concretizadas, ou não, quando da liquidação da operação originária.

(...)

Como se pode inferir, a empresa foi obrigada a pagar tais contribuições tanto na desvalorização do dólar quanto na sua valorização, em uma operação de empréstimo que nem mesmo se findou.

O conceito de receita, embora fundamentalmente embasado no ingresso, deste se diferencia, pois o ingresso corresponde à entrada de dinheiro que ulteriormente será restituído.

(...)

Ora, sendo a variação cambial em operação de empréstimo em moeda americana, cujo termo não tenha sido implementado, um mero ingresso ou uma expectativa de receita, situação na qual a receita não existe de imediato, não se pode apurá-la em regime algum, seja no de caixa, no qual somente se reconhece o resultado no momento do efetivo recebimento do dinheiro, seja no de competência, no qual os resultados são reconhecidos no momento da operação.

Assim, a agravante somente auferirá receita tributável, nos moldes da Lei 9.718/1998, se no momento da liquidação contraída do exterior, a cotação do dólar estiver inferior à taxa inicialmente contratada.

Ante o exposto, presentes os pressupostos do art. 558, do Código de Processo Civil, para a suspensão da decisão

12. J. 3.4.2002, *DJU*-2 9.4.2002, Des. Fed. Ricardo Regueira.

agravada, concedo o efeito suspensivo ativo requerido, e, excepcionalmente, *defiro a liminar vindicada, a fim de impedir que a autoridade coatora ou algum de seus agentes pratique qualquer ato no sentido de exigir da agravante os valores das contribuições para o PIS e a COFINS, **relativamente às reduções de valores de suas despesas financeiras ocasionadas em razão da queda da cotação da moeda norte-americana***; (...) (g.n).

Como se vê, a incidência de PIS e COFINS sobre as receitas de variação cambial de passivos ainda não vencidos, é totalmente descabida, pois atinge receitas que nem sequer existem.

Mais do que isto. Se analisarmos atentamente, além da oscilação do câmbio gerar uma receita que nem sequer existe, podemos constatar a tributação das referidas contribuições da forma pretendida pelo Fisco pode gerar o fenômeno do *bis in idem*, o qual é repudiado pelo Sistema Constitucional Brasileiro.

Apenas para relembrarmos o que vem a ser tal fenômeno, julgamos oportuno transcrever sua respectiva definição, concebida por Roque Carraza: "(...) dá-se o *bis in idem* quando o mesmo fato jurídico é tributado duas ou mais vezes pela mesma pessoa jurídica".[13]

Ora, os constantes recuos da cotação do dólar, seguidos por disparadas desta moeda, geram o reconhecimento de receitas que, a rigor, dizem respeito à mesma obrigação indexada ao dólar, e, no decorrer dos meses, podem ser tributadas mais duas vezes!

Vale dizer, além de tributar receitas inexistentes, o PIS e a COFINS podem alcançar tais receitas mais de uma vez.

Evidentemente, que tal situação não pode ser aceita pelo Poder Judiciário. O próprio STJ, aliás, ao analisar questão que envolvia a tributação pelo IR das receitas de variação cambial de um mesmo passivo, reconhecidas no decorrer dos anos, entendeu que deve ser afastada a lei tributária *bis in idem*,[14] isto é, decidiu que se um passivo atrelado ao dólar gerou uma receita de variação cambial em um certo período, o montante correspondente a tal receita, não pode ser desconsiderado no futuro, quando o contribuinte reconhecer outras receitas sobre o mesmo passivo.

Prosseguindo.

Embora, a nosso ver, as considerações até aqui esposadas bastem para elucidar a questão ora discutida, julgamos conveniente afastar um argumento que, equivocadamente, costuma ser suscitado para fundamentar a tributação das variações cambiais.

Com efeito, sustenta-se que a tributação das variações cambiais positivas relativas a passivos não vencidos são legítimas porque aos contribuintes é conferida a possibilidade de optar entre o regime de caixa e de competência, para fins de apuração do PIS e COFINS.

Assim, de acordo com tal raciocínio, se um determinado contribuinte optar pelo regime de competência, então ele estaria obrigado a tributar as receitas registradas em sua contabilidade.

Vale dizer, tal contribuinte, ao renunciar à sua opção legal pelo regime de caixa, não pode deixar de tributar o PIS/COFINS em relação às variações positivas dos passivos atrelados à moeda estrangeira, reconhecidas de acordo com o regime de competência.

Da nossa parte, entendemos que este argumento é absolutamente equivocado, na medida em que distorce o conceito de regime de competência. Vejamos.

Láudio Camargo Fabretti assim distinguiu esses regimes contábeis: "4.6 *Regimes Contábeis*. Denomina-se regime contábil a maneira de reconhecer o resultado das operações em razão do período em que foram efetuadas ou no período em que foram rea-

13. *Curso de Direito Constitucional Tributário*, 17ª ed., Malheiros Editores, p. 515.

14. REsp 204.159-RJ, *DJU*-1 21.6.1999.

lizadas, ou seja, no mês do efetivo pagamento ou recebimento. 4.6.1 *Regime de Caixa. É aquele em que se consideram as receitas e despesas do mês em que foram efetivamente realizadas (recebidas ou pagas).* Exemplo: o art. 1º do Decreto-lei 2.397/1987, que disciplina a apuração do resultado das sociedades civis de profissão regulamentada (advogados, contadores, médicos, dentistas etc.), determina que as receitas e despesas devem ser registradas pelo regime de caixa, ou seja, a receita dos serviços prestados e recebidos e a despesa efetivamente paga. 4.6.2 *Regime de Competência. É aquele em que determina que os resultados sejam reconhecidos (considerados) no mês da operação, independentemente de sua efetiva realização (recebimento).* Por exemplo: o faturamento das vendas a prazo de dezembro de 1995 deve ser considerado na Receita Bruta de Vendas desse mês, embora os vencimentos das duplicatas sejam para janeiro, fevereiro e março de 1996" (*Contabilidade Tributária*, Atlas, 1996, p. 52) (g.n.).

O regime de competência decorre da combinação dos princípios da realização da receita e da confrontação das despesas com as mesmas receitas. É norteado pelo princípio do conservadorismo contábil, que prestigia o reconhecimento das receitas e despesas pela máxima segurança.

São métodos de apuração de resultados contábeis-societários, que necessariamente *não se prestam à tributação de ingressos ou rendas.*

Tanto isso é correto que certas provisões são obrigatórias dentro do regime de competência, *v.g.*, as de perdas com créditos, de contingências, de ajustes de estoques, e outras, sem que sejam dedutíveis para o IR/CSLL; a inexatidão na contabilidade, em decorrência da inobservância do regime de competência, só tem relevância para fins de IR, quando dela resulte redução de imposto ou postergação de seu pagamento (PN CST 57/1979, item 8).

Portanto, o fato do contribuinte optar pelo regime de competência (que em casos de S/A abertas ou controladas por agências governamentais é *obrigatório*) por si só não pode ter o condão de submetê-la a uma tributação do PIS/COFINS que não se amolda à lei de regência.

Em outras palavras, as variações cambiais ativas de obrigações pendentes devem ser contabilizadas, pelo regime de competência, para atenderem a legislação societária e os princípios contábeis, mas isso não implica automaticamente em tratar o reconhecimento de tais variações como expressão de riqueza tributável.

Conclusão

Tendo em vista todo o exposto, somos da opinião de que a tributação pelo PIS/COFINS das variações cambiais ativas de passivos vincendos não deve ocorrer nas atualizações intermediárias dessas obrigações, ainda que compelidas pelo regime contábil de competência, porque ainda não se verificou definitivamente a ocorrência de um efetivo ganho cambial.

CADERNOS DE DIREITO TRIBUTÁRIO

STJCE "LANKHORST-HOHORST *VS.* FINANZAMT STEINFURT", DE 12.12.2002, AS. C-324/00. LIBERTAD DE ESTABLECIMIENTO. NORMAS TRIBUTARIAS SOBRE SUBCAPITALIZACIÓN. DISTRIBUCIÓN ENCUBIERTA DE BENEFICIOS. COHERENCIA DEL RÉGIMEN FISCAL. EVASIÓN FISCAL*

MANUEL LUCAS DURÁN

Profesor Titular de Derecho Financiero y Tributario, Universidad de Alcalá, Madrid

I — Doctrina del Tribunal. II — Antecedentes jurisprudenciales. III — Supuesto de hecho. IV — Tipo de procedimiento. V — Fundamentos jurídicos. VI — Comentario crítico: A. El acierto de la resolución judicial; B. Cuestiones colaterales sugeridas por la sentencia estudiada. VII — Relevancia para España. VIII — Bibliografía.

I — Doctrina del Tribunal

En la resolución comentada el Tribunal de Justicia de Luxemburgo determina que el art. 43° TCE (art. 52° TCE antes de la versión consolidada) debe interpretarse en el sentido de que se opone a una norma fiscal de subcapitalización como la contenida en el § 8.a KStG (Ley germana del Impuesto sobre Sociedades) en virtud de la cual se recalifican automáticamente ciertos pagos de intereses como distribución encubierta de beneficios cuando la empresa prestamista no es residente en Alemania, siendo así que dicha recalificación no operaría con tal automatismo si la empresa prestamista tuviera su residencia fiscal en Alemania.

II — Antecedentes jurisprudenciales

Aunque no existe propiamente jurisprudencia anterior sobre el mismo supuesto, pueden destacarse algunas resoluciones precedentes del Tribunal de Justicia de Luxemburgo en el ámbito de la imposición directa en las que se desarrollan algunas cuestiones que tienen relevancia en el supuesto ahora estudiado. Tales sentencias son: STJCE de 28.1.1986, Comisión/Francia,

* Acórdão publicado, nesta revista, na p. 246.

270/83; de 28.1.1992, Bachmann, C-204/90; de 28.1.1992, Comisión/Bélgica, C-300/90; de 11.8.1995, Wielockx, C-80/94; de 14.11.1995, Svenson y Gustavsson, C-484/93; de 27.6.1996, Asscher, C-107/97; de 15.5.1997, Futura Participations y Singer, C-250/95; de 16.7.1998, ICI, C-264/96; de 9.3.1999, Centros, C-212/97; de 29.4.1999, Royal Bank of Scotland, C-311/97; de 21.9.1999, Saint Gobain ZN, C-307/97; de 26.10.1999, Eurowings Luftverkehr, C-294/97; de 13.4.2000, Baars, C-251/98; de 6.6.2000, Verkooijen, C-35/98; de 8.3.2001, Metallgesellschaft y otros, asuntos acumulados C-397/98 y C-410/98.

III — Supuesto de hecho

La cuestión que ha de resolver el Tribunal de Luxemburgo se plantea por razón de un préstamo concedido a una sociedad alemana por una sociedad holandesa vinculada con esta última. La estructura del entramado del grupo societario de referencia sería el siguiente: Lankhorst-Hohorst GmbH (LH GmbH), es una sociedad limitada alemana cuyo socio único es una sociedad holandesa, Lankhorst-Hohorst BV (LH BV en lo sucesivo), que al mismo tiempo está enteramente participada por Lankhorst Taselaar BV (LT BV en adelante), también residente en Holanda.

Así las cosas, ocurre que con fecha de 1.12.1996 LT BV concede a la sociedad alemana LH GmbH un préstamo de 3.000.000 marcos alemanes, que debería ser reembolsado en los diez años siguientes, a un tipo de interés variable. Dicho préstamo iba acompañado de un compromiso (declaración de patrocinio) en virtud del cual la sociedad prestamista renunciaría al reembolso del préstamo si la prestataria fuera demandada por terceros acreedores. Con el préstamo concedido por LT BV, pudo LH GmbH reducir el préstamo que tenía concertado con una entidad financiera y, de este modo, aminorar el montante de intereses que debían pagarse, mejorando así su estructura financiera.

Sin embargo, la Administración tributaria alemana entendió en 1999 que los pagos de intereses producidos en 1997 y 1998, y que habían sido objeto de deducción por LH GmbH, eran equiparables a una distribución de beneficios encubierta, por lo que a tenor del § 8.a KStG tales pagos no podían deducirse de la base imponible y, en consecuencia, debían haber estado sometidos a gravamen por el IS alemán al tipo del 30%.

El § 8.a KStG establece que si una sociedad residente retribuye a otra sociedad que participa sustancialmente a la primera y "que carece de crédito" por razón de haber obtenido de dicha sociedad no residente un préstamo, los pagos de intereses se considerarán un reparto de beneficios cuando los recursos ajenos tripliquen durante el ejercicio el valor de la participación del socio, a menos que la sociedad prestataria hubiera podido obtener estos recursos ajenos de un tercero en iguales condiciones. Cuando la legislación alemana hace referencia al "crédito fiscal" se está refiriendo a la deducción por doble imposición de dividendos, de tal manera que según la normativa germana no se concede dicho crédito fiscal a los no residentes (puesto que será su país de residencia el que habrá de concederle en su propia normativa referido crédito fiscal) o bien cuando se trate de determinadas sociedades alemanas exentas del impuesto sobre sociedades y, por ende, privadas del ejercicio de la deducción aludida (crédito fiscal).

Pues bien, LH GmbH alegó que la finalidad del § 8.a KStG es impedir el fraude fiscal y no evitar la mejor gestión financiera de las sociedades, que en el caso concreto permitió aminorar notablemente los intereses pagados a otras entidades y, por ende, mejorar el beneficio social. A esta alegación respondió la Administración tributaria alemana que en este particular la norma es clara y no admite interpretación teleológica alguna. Pero además sostiene LH GmbH que la norma aludida resulta discriminatoria porque trata de forma desigual situaciones de partida idénticas, y todo ello sin justificación suficiente. Por el contrario tanto la Administración tributaria alemana como otras administraciones que se personan en el procedimiento entienden, por un lado, que se trata de normas válidas, seguidas por la mayoría de los países y con un cierto reconocimiento en tratados internacionales para evitar la doble imposición (así en el art. 9 MCOCDE), y tienen la finalidad de volver ineficaces determinadas maniobras defraudatorias que de otra forma causarían un grave quebranto a las haciendas nacionales. Por otro lado, se alegó también en el proceso por las administraciones concurrentes que las normas de subcapitalización vienen exigidas por la propia coherencia del sistema fiscal, circunstancia que ha sido admitida por el Tribunal de Justicia para reconocer la legitimidad de determinadas diferencias de trato fiscal (STJCE Banchmann).

IV — Tipo de procedimiento

El procedimiento ante el Tribunal de Luxemburgo se plantea con motivo de una cuestión prejudicial del art. 234° TCE que eleva el Finanzgericht Münster (Tribunal Financiero de Münster) para resolver un litigio seguido ante dicha instancia entre la sociedad alemana filial a su vez de sociedades holandesas (LH GmbH) y el Finanzamt Steinfurt (Administración tributaria de Steinfurt).

V — Fundamentos jurídicos

Sobre la *existencia de un obstáculo a la libertad de establecimiento*, el Tribunal de Luxemburgo determina: "Dicha diferencia de trato entre filiales residentes en función del domicilio de su sociedad matriz constituye un obstáculo a la libertad de establecimiento, en principio prohibido por el artículo 43° TCE. La disposición fiscal controvertida en el litigio principal hace menos atractivo el ejercicio de la libertad de establecimiento por parte de sociedades domiciliadas en otros Estados miembros, las cuales, en consecuencia, podrían renunciar a la adquisición, la creación o el mantenimiento de una filial en el Estado-miembro que adopte dicha disposición" (apartado 32).

Sobre la *justificación del obstáculo a la libertad de establecimiento*, el Tribunal de Luxemburgo determina:

"En primer lugar, los gobiernos alemán, danés y del Reino Unido, así como la Comisión, sostienen que la disposición nacional controvertida en el litigio principal está destinada a luchar contra la evasión fiscal (...)" (apartado 34). "(...) es preciso señalar que la normativa controvertida en el litigio principal no tiene por objeto específico excluir de una ventaja fiscal los montajes puramente artificiales cuyo objetivo sea eludir el peso de la obligación fiscal alemana, sino que contempla, en general, cualquier situación en la que la sociedad matriz tenga, sea cual fuere el motivo, su domicilio fiscal fuera de la República Federal de Alemania. Ahora bien, dicha situación no implica, en sí, un riesgo de evasión fiscal, ya que la sociedad en cuestión estará sujeta, de todos modos, a la legislación fiscal del Estado de establecimiento" (apartado 37).

"En segundo lugar, los gobiernos alemán y del Reino Unido sostienen que el artículo 8.a, apartado 1, punto 2, de la KStG está además justificado por la necesidad de garantizar la coherencia de los regímenes tributarios aplicables (...)" (apartado 39). "(...) mientras en los asuntos que dieron lugar a las citadas sentencias Banchmann y Comisión/Bélgica, al tratarse de un único y mismo contribuyente, existía un vínculo directo entre el carácter deducible de las primas abonadas en el marco de los contratos de seguro de vejez y fallecimiento y la tributación de las cantidades percibidas en cumplimiento de dichos contratos, vínculo que debía preservarse para salvaguardar la coherencia del sistema tributario allí controvertido, no existe un vínculo directo de esta naturaleza cuando, como en el caso del litigio principal, la filial de una sociedad matriz no residente sufre un tratamiento fiscal desfavorable sin que el gobierno alemán haya invocado ninguna ventaja fiscal que pudiera compensar a aquéllas por ese tratamiento recibido" (apartado 42).

"En tercer lugar, el gobierno del Reino Unido, haciendo referencia al apartado 31 de la sentencia Futura Participations y Singer, antes citada, alega que la disposición nacional controvertida en el litigio principal puede estar justificada por el propósito de garantizar la eficacia de los controles fiscales" (apartado 43). "A este respecto, basta observar que no se ha invocado ante el Tribunal de Justicia ningún argumento destinado a demostrar en qué medida la norma de calificación contenida en el artículo 8.a, apartado 1, punto 2, de la KStG puede permitir a las autoridades alemanas controlar el importe de los ingresos imponibles" (apartado 44).

VI — Comentario crítico

A. El acierto de la resolución judicial

La sentencia que comentamos presenta una claridad meridiana al expresar que disposiciones de las características del § 8.a KStG son contrarias al Derecho comunitario por resultar una discriminación prohibida en los Tratados constitutivos, y particularmente ir contra la libertad de establecimiento reconocida en el actual art. 43° TCE. Se trata de un fallo, en mi opinión, muy adecuado por cuanto que para lograr esta conclusión la Corte europea sigue una lógica deductiva muy bien construida y ya aplicada en pronunciamientos anteriores:

- en primer lugar existe una desigualdad de trato fundamentada en motivos de residencia fiscal al tratarse de forma distinta situaciones comparables;
- en segundo lugar dicha desigualdad de trato deviene en una desventaja fiscal para el no residente;
- y, en tercer lugar, referida desigualdad de trato no resulta en absoluto justificada por razones que pudieran entenderse suficientes y necesarias.

Así pues, el Tribunal de Justicia recoge en primer lugar que las *situaciones* traídas a colación en el procedimiento son efectivamente *comparables* como requisito previo a la existencia de discriminación. En efecto, el Estado alemán había alegado que no se trata de una disposición discriminatoria por cuanto que los no residentes no son los únicos que están sometidos a dicha regla jurídica de recalificación obligatoria de intereses en dividendos encubiertos, pues también es aplicable a algunos residentes como las personas jurídicas de Derecho público y a las que ejerzan una actividad económica en determinados sectores específicos o que desempeñen funciones de interés general.

Frente a esta alegación del Estado alemán, el TJCE sigue la tesis mantenida por el Abogado General en sus conclusiones y declara que la comparación no debía realizarse entre entidades no residentes y las residentes de Derecho público o de determinados sectores económicos — especialmente privilegiados por el ordenamiento alemán —, sino entre dos entidades de Derecho privado y con fines lucrativos que por el mero hecho de no ostentar residencia alemana se encontrarán necesariamente sujetas a un régimen de tributación al que no se encuentran compelidas las entidades residentes de las mismas características.

Es decir, no basta para negar el efecto discriminatorio de la norma que determinados residentes estén sometidos al mismo régimen que los no residentes, sino que los residentes y no residentes sujetos a las mismas características han de tener idéntica tributación, circunstancia que no ocurre en el supuesto planteado y ahora estudiado.

En el ámbito de la comparabilidad de situaciones es preciso tener en cuenta un hecho importante: el Estado alemán, al ser preguntado por el Tribunal de Luxemburgo, explicó que siendo la prestamista residente alemana si hubiera firmado una "declaración de patronato" como la que concertó LH BV, los rendimientos pagados a dicha prestamista se hubieran recalificado como distribución encubierta de beneficios. Sin embargo entiende el Tribunal que aún así y todo, la norma resulta discriminatoria porque fuera de consideraciones de este tipo, la disposición debatida obliga a una recalificación objetiva, provocando una palpable diferencia de trato en igualdad de condiciones.

Efectivamente la declaración de patronato es un *plus* añadido al supuesto; pero lo que parece incontestable es que el § 8.a KSTG en su redacción actual, y fuera de cualquier otra consideración, resulta discriminatorio y contrario particularmente a la libertad de establecimiento.

En segundo lugar, resulta obvia la *desventaja fiscal* que supone para la sociedad litigante, por cuanto que se le exige un desembolso tributario adicional al que hasta ese momento se había realizado. Y ocurre también que dicho pago suplementario resultará normalmente en un sobre gravamen por cuanto que los rendimientos del capital mobiliario percibidos por LT BV (prestamista holandesa) ya fueron gravados a su vez, como no podía ser de otra forma, por el Estado holandés. Tal y como puso de manifiesto la Comisión en el procedimiento judicial, existe riesgo de doble imposición si no hay coordinación entre el país que recalifica los rendimientos (en este caso Alemania) y el otro país que ya hizo tributar por tales rendimientos (Holanda, para el supuesto examinado), coordinación que probablemente encontrará grandes reticencias por cuanto que supone una significativa merma de recaudación para uno de los países implicados.

En tercer lugar, el Tribunal de Justicia rechaza que la *desigualdad* de trato fiscal puesta de manifiesto en los párrafos anteriores pueda resultar *justificada* por alguna causa razonable.

Así, primeramente, se rechaza que tales disposiciones puedan venir justificadas por la *lucha contra el fraude fiscal.* Declara el TJCE que la normativa de subcapitalización debatida no persigue específicamente un fin de lucha contra el fraude, sino un objetivo recaudatorio; además, señala el Alto Tribunal que no se ha probado que en el caso concreto haya existido abuso alguno de las formas del derecho para reducir la carga fiscal, sino el uso legítimo de las posibilidades de gestión abiertas para toda empresa.

Pero además, entiende la Corte Europea que tal regulación no puede venir justificada por razones de *coherencia del sistema fiscal*, como quisieron hacer valer los gobiernos de Alemania y Reino Unido. En efecto, argumenta el TJCE que la coherencia fiscal como motivo de una desigualdad de trato entre residentes y no residentes se puede predicar tan sólo de determinados supuestos (en la jurisprudencia del Tribunal de Luxemburgo tuvo especial significación la tributación del seguro de vida) en que el tratamiento conjunto de una circunstancia requiere de dos medidas asociadas que no tienen significado aisladamente (*v.gr.*, deducción de primas y posterior tributación en el país que le otorgó la deducción).

Ahora bien, el tratamiento de la subcapitalización no conforma un sistema de este tipo, pues — así lo entiende el Tribunal — no se otorga ninguna ventaja fiscal a la matriz extranjera que pueda compensar a aquélla por el tratamiento recibido. En mi opinión, la alegación realizada por el gobierno alemán no es del todo inoportuna por cuanto que existe una cierta lógica en la exclusión de las sociedades residentes del ámbito de la subcapitalización: las rentas que no tributaron en sede de la filial lo harán en sede de la matriz salvo que ésta última se encuentre en pérdidas, mientras que esta circunstancia no se presenta cuando la matriz sea no residente.

Ahora bien, el hecho de que exista una cierta lógica o justificación en el sistema no quiere decir que esa coherencia deba reputarse adecuada y conforme a Derecho. Lo que estamos analizando en estos momentos es si la circunstancia de coherencia ha de ser tan cualificada que justifique necesariamente una desigualdad de trato para que el efecto final no resulte injusto. Parece por ello evidente que no nos encontramos en dicho supuesto.

Y por último, descarta el Tribunal de Justicia que dicha desigualdad de trato pueda venir justificada por *razones de control tributario* (como alegó el Reino Unido), puesto que, como declara la Corte Europea, no existen razones que induzcan a pensar que la norma de subcapitalización debatida permita a las autoridades alemanas controlar el importe de ingresos imponibles.

Pero es que aunque así fuera, habría que preguntarse si no existen otros medios para llevar a cabo ese control, como el sistema de colaboración administrativa y de intercambio de información instaurado por la Directivas de 77/799/CEE y 79/1070/CEE. Por todo ello, aunque ese argumento aparece con carácter tangencial en la resolución comentada y el TJCE se limita a indicar que no resulta probado del expediente que fuera necesaria la regulación debatida para ejercer un control tributario efectivo, la Corte Europea ha rechazado en otras sentencias que el control fiscal sea justificación suficiente para la aprobación de determinadas medidas que restringen las libertades comunitarias.

B. Cuestiones colaterales sugeridas por la sentencia estudiada

Sin perjuicio del acierto de la resolución judicial comentada, quedan otros aspectos que no han sido directamente tratados por la sentencia y que cobran, en este momento, un renovado interés.

En primer lugar, la sentencia es explícita en su declaración de incompatibilidad con el Derecho comunitario de una disposición como el germano § 8.a KStG, por cuanto que establece una discriminación prohibida por los tratados constitutivos de la Comunidad. Ahora bien, no entra a indagar sobre una cuestión que se trata de soslayo en la sentencia y que tiene una importancia notable: la *calificación de los negocios jurídicos de financiación que están a caballo entre el préstamo y la aportación de capital*, como ocurre con los préstamos con declaración de patrocinio a que se refiere la sentencia comentada, pero no sólo con éstos (préstamos condicionados, préstamos participativos etc.).

Pues bien, al respecto cabe indicar que la inaplicación de las normas de subcapitalización para los residentes en otros Estados miembros no significará necesariamente que sean deducibles todos los pagos realizados para remunerar recursos ajenos. Antes al contrario, parece que el cambio normativo que nos viene impuesto por la modificación de este tipo de regulaciones que deberá producirse en un futuro próximo va a determinar únicamente que *la recalificación de intereses en dividendos ocultos perderá su automatismo y se producirá de forma singularizada en cada supuesto*, atendiendo a las circunstancias del caso concreto.

En segundo lugar, queda patente un peligro que puede conllevar la recalificación administrativa habida cuenta de las circunstancias particulares de cada caso. Dicho peligro no es otro que la posibilidad de que existan calificaciones diversas en el Estado de residencia de la filial y en el Estado de residencia de la matriz, provocando por ello *situaciones de doble imposición*.

En realidad, no se trata de nada nuevo en el ámbito del derecho internacional tributario. La cuestión radica más bien en encontrar soluciones en el ordenamiento europeo para una cuestión tan antigua. Pues bien, en el ámbito del ordenamiento comunitario existe una norma que puede prevenir referida sobre imposición: el Convenio Multilateral 90/436/CEE, referido a los precios de transferencia, pero que puede resultar de aplicación a los supuestos de rectificación de beneficios por cambios de calificación.

En todo caso, otra solución posible sería que el Estado de residencia de la matriz calificara necesariamente de conformidad con la calificación del Estado de la filial (estado de la fuente de la renta recalificada), como ha propuesto un sector importante de la doctrina internacional tributarista. Ahora bien, en la actualidad estamos lejos de lograr una uniformidad tal como para que todos los Estados miembros califiquen de acuerdo con el país de la fuente de la renta (de residencia de la sociedad filial que paga los intereses).

En tercer lugar, y por último, se plantea el Abogado General si resulta de *aplicación la Directiva 90/435/CEE* (conocida como *matriz-filial*) al supuesto planteado. Así, en los apartados 100 a 120 de sus Conclusiones, defiende referido Abogado General la aplicabilidad de la directiva citada sin obtener, no obstante, ninguna consecuencia jurídica clara de tal conclusión.

Al respecto es preciso indicar que, en mi opinión, no resulta de aplicación la directiva matriz-filial por cuanto que, como pusieron de manifiesto los gobiernos alemán y del Reino Unido, la normal imposición de los beneficios de una sociedad filial no constituye "retención en origen" a los efectos de la Directiva 90/435/CEE, argumento que me parece intachable por mucho que el Abogado General quiera traer a colación la sentencia Athinaïki, que en mi opinión no resulta en absoluto aplicable. En todo caso, una vez se ha estimado que el § 8.a KStG contraviene el art. 43° TCE, no merece la pena indagar más sobre esta cuestión.

VII — Relevancia para España

Las repercusiones de la sentencia comentada en el derecho español tienen una relevancia notable:

En primer lugar, *debe necesariamente modificarse el art. 20 LIS* en el sentido de no discriminar prestamistas residentes y no residentes comunitarios. Ello podrá hacerse eliminando pura y simplemente la recalificación automática implícita en las normas de subcapitalización o bien, en segundo lugar, eliminar en tales normas toda referencia a residentes y no residentes o, como alternativa a las dos opciones anteriores, añadir a la locución "no residentes en territorio español" la expresión "o en algún otro Estado-miembro de la Unión Europea" o frase por el estilo que provoque similares efectos jurídicos: que las entidades prestamistas de residentes en otros estados de la Unión Europea no sean consideradas a los efectos del art. 20 LIS.

De entre todas las opciones de modificación propuestas, lo más probable es que el legislador español adopte la última de las señaladas, esto es, realice una reforma mínima del art. 20 LIS en el sentido de excluir del ámbito de la subcapitalización las matrices residentes en otros estados miembros que a su vez sean prestamistas de sus filiales residentes en España. Sin embargo dicha opción encierra varias interrogantes:

Así, en primer lugar, debe determinarse cómo hay que interpretar la *expresión "residente en un Estado-miembro"*. Ciertamente, no sería la primera vez que en nuestro ordenamiento jurídico-tributario aparece una expresión de este tipo; baste recordar a este propósito los arts. 101 y 102 LIS o los apartados *b* y *g* del art. 13.1 LIRNR. Sin embargo, es por todos conocido que los Estados miembros de la UE tienen gran variedad de territorios — normalmente de ultramar — con regímenes jurídicos en algunos casos muy singulares, y que no en todos los casos la residencia fiscal en tales territorios permitirá la consideración de residente en la UE (baste recordar a modo de ejemplo las Islas Faore — Dinamarca —, Aruba y Antillas Holandesas — Holanda — o las Islas del Canal y la Isla de Man — Reino Unido). A estos efectos resulta muy conveniente la consulta al art. 299° TCE.

En segundo lugar, habría que determinar en qué medida permite el TCE una *diferencia de trato en relación con la libre circulación de capitales y países terceros* de acuerdo con el tenor, por ejemplo, de los arts. 56 y ss.

Además, la tacha de norma discriminatoria podría extrapolar sus efectos a otros ámbitos no estrictamente comunitarios. Así por ejemplo, la gran mayoría de los *tratados fiscales bilaterales* firmados por España en el ámbito de la eliminación de la doble imposición en tributos que gravan la renta y el patrimonio, incluyen una *cláusula de prohibición de discriminación fiscal*; por ello podría concebirse que en tales casos la cláusula de subcapitalización también estaría discriminando a las matrices no residentes respecto de las matrices residentes en España. Y si bien es cierto que la cláusula de no-discriminación recogida en los tratados fiscales ha tenido tradicionalmente una menor repercusión que las previstas en el ordenamiento comunitario, lo cierto es que la razón que informa unos y otros preceptos es sustancialmente la misma y, de la misma manera, las conclusiones deberían ser — por lógica — muy parecidas.

En tercer lugar, es preciso indicar — como ya se señaló más arriba — que la eliminación del automatismo que supone la cláusula de subcapitalización en lo que concierne al la recalificación que se deriva actualmente del art. 20 LIS no debe entenderse como una imposibilidad de entender a efectos fiscales (de no-deducción en el IS) que determinadas retribuciones del capital formalizadas como préstamos por las partes sean consideradas por la administración tributaria como *distribuciones ocultas de beneficios*.

Ello es así porque, cuando de las circunstancias del caso se desprenda una naturaleza idéntica o muy similar a la aportación de capital en lo que se refiere al riesgo y al tipo de retribución (restitución en un periodo muy prolongado de tiempo, su lugar en el orden de prelación para el cobro, su cuantificación en función de los beneficios obtenidos), podría plantearse que la Administración recalifique el negocio jurídico de préstamo en otro de aportación de capital, y a los rendimientos derivados del "préstamo" en dividendos a efectos fiscales.

Como se deduce del texto de la sentencia comentada, ésta ha sido la postura adoptada por la Administración tributaria alemana en algunos supuestos en que tanto prestatario como prestamista son residentes, sin necesidad de acudir al § 8.a KStG. Por ello, en circunstancias similares, cabría plantearse si nuestro ordenamiento jurídico-tributario permite dicha recalificación.

Dicha duda lleva a plantearnos si podría utilizarse el *procedimiento de fraude a la Ley tributaria* recogido en el art. 24 LGT cuando se abusaran de las formas jurídicas para lograr un resultado similar al de aportación de capital — evitando así el pago del Impuesto de Operaciones Societarias y permitiendo la deducibilidad de los intereses pagados — cuando materialmente estuviéramos ante un acto de naturaleza similar al aumento de capital. Obviamente, habría que estar al caso concreto para determinar si dicho expediente de fraude de ley sería o no viable, y parece claro que en cualquier caso todo se reducirá a una cuestión de prueba de los hechos y de valoración de la prueba, que puede conducir a una actividad administrativa larga y tediosa y que puede conducir a una vía de erosión de la soberanía tributaria de un determinado país.

Todo lo dicho anteriormente sugiere que la cláusula de subcapitalización del art. 20 LIS sea examinada con sumo cuidado antes de su próxima y obligada modificación. Por ello, de conformidad con lo ya expresado, una solución que podría resultar ponderada, habida cuenta de los intereses en conflicto, y de una técnica legislativa quizá más depurada, sería acaso convertir la actual recalificación del art. 20 en una mera *presunción "iuris tantum"* en la que se trasladara la carga de la prueba al contribuyente (filial residente en España) *con independencia de la residencia de la entidad prestamista relacionada con esta última*. Algo similar ocurre en la actualidad con la posibilidad de proponer a la administración un coeficiente distinto de endeudamiento siempre que se pruebe que hubiera podido obtenerse en el mercado dicho préstamo en tales condiciones.

Sin embargo, en la modificación que se propone, la circunstancia que habría de probar el contribuyente para que no se le aplicara la norma de subcapitalización es que el préstamo ha sido contraído "por motivos económicos válidos", y no "cuando la operación tenga como principal objetivo el fraude o la evasión fiscal", en expresiones ya utilizadas en la actualidad en el art. 110.2 LIS.

De esta forma, quedaría salvaguardado el interés recaudatorio del Estado y, por otro lado, el interés particular de quienes hayan contraído un préstamo con un motivo válido desde el punto de vista de la gestión económica de la sociedad. Del mismo modo, no resultaría necesario aplicar el inconciso procedimiento de fraude de ley contenido en el art. 24 LGT. Además, el hecho de que no haya diferencia entre residentes y no-residentes (con independencia de su residencia fiscal en la UE) estaría en consonancia con los CDI que incorporan una cláusula de no-discriminación.

Tan sólo parece adecuado establecer dos excepciones al régimen de presunción *iuris tantum* propuesto líneas más arriba para modificar el art. 20 LIS:

• por un lado, dicho régimen no debería ser aplicable a los países declarados paraísos fiscales según nuestra normativa interna, de forma similar a como ocurre en la actualidad;

• por otro lado, podría plantearse también que — fuera de los supuestos de los residentes en otros estados miembros — la relajación de los criterios de subcapitalización contenidos en el art. 20 LIS según lo propuesto más arriba deba acompañarse de una cláusula de reciprocidad. Se trata de una cuestión de política normativa, pues es bien sabido que las cláusulas de reciprocidad se compaginan mal con la eficacia del principio de no-discriminación. Sin embargo, y teniendo en cuenta que el derecho internacional en el ámbito fiscal tiene un alto contenido de reciprocidad en los sacrificios tributarios, parece acaso lo más conveniente, sobre todo habida cuenta de otras disposiciones similares ya existentes en nuestro derecho.

Otra cosa sería que la contraprestación del capital prestado (tipo de interés) estuviera o no de acuerdo con la normativa sobre operaciones vinculadas de cada Estado, lo cual es una cuestión distinta.

Finalmente, parece obligado en último lugar recordar que pueden derivarse de la resolución comentada solicitudes de devolución de ingresos indebidos que podrán instarse por todas aquellas sociedades residentes y no residentes a quienes les haya sido aplicado el art. 20 LIS, siempre y cuando no haya prescrito el derecho para pedir dicha devolución, según la doctrina ya consolidada en este tipo de reclamaciones.

VIII — Bibliografía

CALDERÓN CARRERO, J. M. "Estudio de la normativa española sobre subcapitalización de sociedades a la luz del principio de no-discriminación: análisis de su compatibilidad con los convenios de doble imposición y con el ordenamiento comunitario", *Crónica Tributaria* 76/1995.

M. GARCÍA-MONCÓ, A. *Libre Circulación de Capitales en la Unión Europea: Problemas Tributarios*, Civitas, 1999.

GOUTHIÈRE, B. "Thin capitalization rules and the non-discrimination principle", *European Taxation* 4/2002.

PALAO TABOADA, C. "Límites de aplicación de la norma española contra la subcapitalización: estado de la cuestión", *Revista de Técnica Tributaria* 46, 1999.

SANTA-BÁRBARA RUPÉREZ, J. *La No-Discriminación Fiscal*, Edersa, 2001.

SEDEMUND, J. "Direkte und mittelbare Reichweite der Grundfreiheiten des EG-Vertrags am Beispiel des para. 8 a KStG", *Internationales Steuerrecht* 11/2002.

VILLAR EZCURRA, M. "El tratamiento de la subcapitalización en España frente a las exigencias de no-discriminación del Derecho comunitario", *Carta Tributaria* 300, 1998.

ESTUDOS & COMENTÁRIOS

AS CONTRIBUIÇÕES SOCIAIS E A TREDESTINAÇÃO DE SEUS RECURSOS

PAULO AYRES BARRETO

Mestre e Doutorando pela PUC/SP.
Professor nos Cursos de Especialização da PUC/SP e do IBET.

Considerações Iniciais

Por ocasião do VII Congresso Nacional de Direito Tributário promovido pela ABRADT-Associação Brasileira de Direito Tributário, fomos instados a discorrer sobre a temática das contribuições, haja vista o crescente relevo que o tema tem alcançado no cenário tributário nacional. Novas contribuições têm sido instituídas com freqüência nunca antes vista. Aumentos de alíquotas e ampliações nas bases de cálculo das contribuições existentes têm ocorrido de forma recorrente. A razão mais evidente é a seguinte: desnecessidade da repartição do incremento de receita tributária com Estados, Distrito Federal e Municípios. Subjacente à motivação arrecadatória, tem-se um efetivo descompasso doutrinário sobre o regime jurídico aplicável às contribuições, à luz da Constituição Federal, produtor de uma correspectiva complacência jurisprudencial. Em síntese, à míngua de uma clara e precisa demarcação das balizas constitucionais que norteiam a instituição de contribuições em nosso ordenamento jurídico, abrem-se ensanchas para a criação de figuras canhestras que não se amoldam ao nosso figurino constitucional.

Tradicionalmente, nossos Textos Magnos têm desenhado, de forma minudente, verdadeiro subsistema constitucional tributário,[1] com o evidente propósito não apenas de incluir, já no plano superior de nossa pirâmide normativa, uma série de direitos e garantias dos contribuintes, mas também de estruturar a atividade impositiva no país. O objetivo maior é, sem sombra de dúvida, permitir sejam coartados eventuais abusos do legislador infraconstitucional. Desvelar o real conteúdo, sentido e alcance dessas normas jurídicas é a principal

1. Paulo de Barros Carvalho leciona: "Se é correto mencionarmos a Constituição brasileira, como sistema de proposições normativas, integrante de outro sistema de amplitude global que é o ordenamento jurídico vigente, podemos, é claro, analisar os subconjuntos que nele existem. O que nos interessa agora é a subclasse, o subconjunto ou o subsistema constitucional tributário, formado pelo quadro orgânico das normas que versem matéria tributária, em nível constitucional" (*Curso de Direito Tributário*, 14ª ed., Ed. Saraiva, São Paulo, 2002, pp. 138-139).

missão do intérprete do Direito. Em súmula, cumpre-nos traçar os contornos constitucionais que delineiam as contribuições em nosso ordenamento jurídico, perquirindo sobre a relevância jurídica da destinação do produto de sua arrecadação e dos efeitos da tredestinação de tal produto.

Contribuições na Constituição

A necessidade de classificar tributos tem, como pano de fundo, a definição do regime jurídico aplicável às diferentes espécies tributárias. Coube a Geraldo Ataliba a elaboração de proposta de classificação que, por sua excelência, goza, ainda hoje, de amplo prestígio dentre os que se dedicam ao estudo da matéria tributária. Diz o acatado mestre: "na própria lei tributária – situado em posição essencial e nuclear – haverá de ser encontrado o elemento decisivo de classificação. Efetivamente, este está na hipótese de incidência, mais precisamente, no seu aspecto material.

"É a materialidade do conceito do fato, descrito hipoteticamente pela h.i. que fornece o critério para classificação das espécies tributárias."[2]

E conclui, aduzindo que "a materialidade do fato descrito pela h.i. (aspecto material da h.i.) de todo e qualquer tributo ou é uma (1) atividade estatal ou (2) outra coisa qualquer. Se for uma atividade estatal o tributo será (1) vinculado. Se um fato qualquer, o tributo será (2) não vinculado".[3]

A força e consistência dessa classificação explicam o seu acatamento pela mais abalizada doutrina. Paulo de Barros Carvalho adverte que "o interesse científico dessa classificação está no seu ponto de partida: o exame das unidades normativas, visualizadas na conjugação do suposto (hipótese de incidência), e da base de cálculo (que está na conseqüência da norma), mantendo plena harmonia com a diretriz constitucional que consagra a tipologia tributária no direito brasileiro".[4]

Por se tratar de proposta de classificação formulada exclusivamente a partir do exame da estrutura interna da norma jurídica tributária, desconsidera aspectos que são a ela extrínsecos.

Tal fato não autoriza, segundo entendemos, seja ignorada a relevância jurídica de prescrições constitucionais que não necessariamente digam com a estrutura interna da norma jurídica tributária. Se pressupostos, motivos e finalidades relacionados com a instituição de certas espécies tributárias foram constitucionalmente juridicizados, como olvidá-los na interpretação da norma jurídica tributária?

Divergimos, pois, da posição de Heron Arzua, para quem motivo e finalidade são fenômenos metajurídicos. São suas palavras: "Entendo, como dantes, que só pode ser elemento caracterizador de qualquer tributo o dado que surge de sua própria estrutura jurídica. Numa palavra, é ainda a hipótese de incidência e a base imponível da obrigação tributária que tipifica qualquer tributo. Os motivos e finalidades são fenômenos metajurídicos, sem força para lindar a natureza jurídica do tributo".[5]

Sem adentrarmos no tema específico da classificação dos tributos, em face dos angustos limites deste nosso estudo, é forçoso reconhecer, de plano, que "motivos" e "finalidades", em relação à instituição de contribuições, são requisitos que distam de ser metajurídicos.

Como qualificar de metajurídica expressa previsão constitucional? Como descurar da observância de regras de estrutura, postas no ponto mais alto de nossa estrutura normativa?

Paulo de Barros Carvalho ensina que normas de estrutura são "normas que apa-

2. *Hipótese de Incidência Tributária*, 6ª ed., 5ª tir., Malheiros Editores, São Paulo, 2004, p. 130.

3. *Hipótese de Incidência Tributária*, cit., p. 131.

4. *Curso de Direito Tributário*, 13ª ed., Saraiva, São Paulo, 2000, pp. 35.

5. "As Contribuições Sociais na Constituição de 1988", *Revista de Direito Tributário* 49/186 e 187.

recem como condição sintática para a elaboração de outras regras, a despeito de veicularem comandos disciplinadores que se vertem igualmente sobre os comportamentos intersubjetivos". E continua: "E são tipicamente regras de estrutura aquelas que outorgam competências, isenções, procedimentos administrativos e judiciais, as que prescrevem pressupostos etc".[6]

Incluem-se neste rol, segundo pensamos, as regras que instituem "motivos" e "finalidades" no que concerne a contribuições. Como regras de estrutura insertas na Constituição, devem ser consideradas na identificação do tipo tributário.[7]

Como bem adverte Eurico de Santi, "a classificação intrínseca dos tributos não esgota o repertório de variáveis do sistema constitucional vigente".[8] É dizer, conquanto variáveis externas à estrutura íntima da norma jurídica tributária, são juridicamente relevantes, como procuraremos demonstrar.

Deveras, há vários dispositivos insertos na Constituição Federal de 88 que afirmam e reafirmam a relevância da causa ou motivo ensejador da instituição de contribuição, bem assim a consideração jurídica da destinação do produto de arrecadação. Vejamos.

6. *Direito Tributário – Fundamentos Jurídicos da Incidência*, Saraiva, São Paulo, 1998, pp. 35 e 36.

7. Roque Carrazza esclarece de forma percuciente que, "como não poderia deixar de ser, também a Constituição brasileira contém normas que disciplinam a produção de outras normas. São as "normas de estrutura", estudadas por Paulo de Barros Carvalho, em seu *Curso de Direito Tributário*. Pertencem a esta categoria as que tratam das competências tributárias, especificando quem pode exercitá-las, "de que forma e dentro de que limites temporais e espaciais". Tais normas autorizam os Legislativos da União, dos Estados, dos Municípios e do Distrito Federal a criarem, *in abstracto*, tributos, bem como a estabelecerem o modo de lançá-los e arrecadá-los, impondo a observância de vários postulados que garantem os direitos dos contribuintes" (*Curso de Direito Constitucional Tributário*, 19ª ed., 3ª tir., Malheiros Editores, São Paulo, 2004, p. 436).

8. "As Classificações no Sistema Tributário Brasileiro", in *Justiça Tributária*, Max Limonad, São Paulo, 1998, p. 138.

O artigo 165, § 5º, III, da CF, prevê um orçamento específico para a seguridade social, abrangendo todas as entidades e órgãos a ela vinculados.

Prescreve o art. 195 da Constituição Federal que "a seguridade social será financiada por toda a sociedade, de forma direta e indireta, nos termos da lei, mediante recursos provenientes dos orçamentos da União, dos Estados, do Distrito Federal e dos Municípios, e das seguintes contribuições sociais (...)".

O § 5º do mesmo dispositivo estabelece ainda que "nenhum benefício ou serviço da seguridade social poderá ser criado, majorado ou estendido sem a correspondente fonte de custeio total".

Por força do artigo 167, IV, da CF, é vedada a vinculação de receita de impostos a órgão, fundo ou despesa.

Regras de estrutura insertas em nosso Texto Magno estatuem os limites formais e materiais a que adstrito está o legislador infraconstitucional na instituição de contribuições. O artigo 149 da CF, ao fixar a competência da União para instituir contribuições sociais de intervenção no domínio econômico e de interesse de categorias profissionais, prescreve limites formais específicos a serem observados pelo legislador infraconstitucional. Ao lado destes, outros de caráter geral hão de ser respeitados.[9]

Para os lindes deste ensaio, interessanos o exame de limites materiais vinculados à destinação do produto da arrecadação das contribuições.[10]

9. Sobre o assunto, ver Helenilson Cunha Pontes, "Notas sobre o Regime Jurídico-Constitucional de Intervenção no Domínio Econômico", in *Grandes Questões Atuais do Direito Tributário*, Valdir de Oliveira Rocha (Coord.), Dialética, São Paulo, p. 122 e ss.

10. Marco Aurélio Greco ensina que, "em matéria de contribuições, a pergunta inicial a fazer e o requisito inicial a perquirir é a questão da finalidade a que se destinam". "O Encargo de Capacidade Emergencial Exigido dos Consumidores de Energia Elétrica (Artigo 1º da Lei Federal n. 10.438/2002)", in *Grandes Questões Atuais do Direito Tributário*, Valdir de Oliveira Rocha (Coord.), Dialética, São Paulo, p. 321.

Há, na outorga de competência para instituição de contribuições,[11] à luz da CF de 1988, precisa demarcação das hipóteses em que cabível a sua instituição. É dizer, o exercício da competência impositiva estará subordinado à necessária afetação do tributo às despesas que lhe deram origem. É o que deflui inexoravelmente dos dispositivos constitucionais retrocitados.[12]

Como bem observa Heleno Tôrres, "tratando-se de matéria tributária, pelo princípio da estrita legalidade, inerente a este subsistema, a correlação lógica entre o fundamento constitucionalmente demarcado e o exercício da atividade legiferante é *conditio sine qua non* para a validade do ato normativo de criação de tributos ou modificação do regime impositivo de tributo já instituído".[13]

A própria compatibilidade da regra-matriz de incidência tributária haverá de ser perquirida, examinada mediante contraste com pressupostos, limites e fundamentos constitucionais.

Misabel Derzi esclarece, com precisão, que "a destinação passou a fundar o exercício da competência da União para criar contribuições". São ainda suas lições: "a destinação discriminada na Constituição é que define o conteúdo e a extensão da norma de competência federal. A União, os Estados e Municípios não podem instituir impostos com destinação específica. Apenas a União poderá criar tributos com destinação específica, denominados de contribuição ou empréstimo compulsório. Essas últimas espécies tributárias, ainda que tenham hipótese de impostos (lucro, faturamento ou remuneração paga a empregados), fatos que indicam capacidade econômica do contribuinte, a teor do art. 145, § 1º, só podem ser instituídas para atender às finalidades expressamente consignadas no Texto Constitucional. A destinação é fundante da norma de competência.

"Se inexiste o órgão, a despesa ou a pessoa que, necessariamente, devem financiar, falece competência à União para criar contribuições ou empréstimos compulsórios. Inexistindo o fundamento constitucional, legitimador do exercício da faculdade legislativa, o contribuinte pode opor-se à cobrança, pois indevido o tributo que nasce de norma sem validade".[14]

Exsurge da chamada validação finalística das contribuições duplo efeito jurídico: de um lado, a destinação é condição necessária de sua legitimação constitucional;[15] de outro, não basta a mera afetação a órgão, fundo ou despesa: é imprescindível a correlação entre a causa da obrigação e o benefício, direto ou indireto, decorrente da atuação estatal.[16]

11. Aires Barreto destaca: "Multifária é a gama das contribuições passíveis de criação, pelo legislador ordinário, à luz da Lei Maior. Não obstante tenham traços comuns, é assente que as contribuições comportam divisão, segundo a atividade estatal ser provocante ou provocada. Enquanto na primeira, a provocação decorre da atuação do Poder Público, na última é a ação do particular que exige a atuação do Estado" (*Base de Cálculo, Alíquota e princípios constitucionais*, 2ª ed., Max Limonad, São Paulo, 1998, p. 99).

12. "As contribuições sociais constituem tributos de características específicas, vinculadas a despesa especial ou vantagem referida aos contribuintes e que podem implicar, ou não, em atuação estatal. A receita das contribuições deve ser destinada diretamente ao custeio da seguridade social, integrando seu orçamento" (José Eduardo Soares de Melo, *Contribuições Sociais no Sistema Tributário*, Malheiros Editores, São Paulo, 1993, p.78).

13. *Revista de Direito Tributário 85*/157.

14. Anotações à obra *Limitações Constitucionais ao Poder de Tributar*, 7ª ed., Forense, Rio de Janeiro, 1997, p. 614.

15. "Só existirão verdadeiras contribuições sociais quando atentar o legislador para a finalidade constitucionalmente definida como sendo a própria desse tipo de exação" (Wagner Balera, "Contribuições Destinadas ao Custeio da Seguridade Social", in *Revista de Direito Tributário 19*/110.

16. Como observa Hamilton Dias de Souza, "ter como pressuposto ou causa da obrigação a vantagem decorrente da atividade estatal está em consonância com o critério adotado por nossa Constituição no que respeita à outorga de competências para instituir tais exações. Com efeito, as contribuições podem ser instituídas, nos termos da Constituição, desde que para atender a finalidades previamente traçadas" ("Contribuições Especiais", in *Curso de Direito Tributário*, Ives Gandra (Coord.), pp. 504-505).

Tredestinação: Efeitos

Numa acepção estreita do termo, a tredestinação consistiria no desvio do recurso atrelado a órgão, fundo ou despesa, para aplicação em fins diversos daqueles normativamente determinados. Visto o fenômeno de uma perspectiva mais ampla, poderíamos agregar as hipóteses de desvinculação do produto da arrecadação por exigência constitucional ou legal.

Ao examinar a fenomenologia da incidência tributária, a tredestinação põe-se um átimo posterior à extinção do crédito, ao passo que a desvinculação põe-se necessariamente em momento anterior, no plano das normas gerais e abstratas.

Cabe-nos, pois, examinar os diferentes efeitos decorrentes de tais anomalias (tredestinação e desvinculação indevida). Por estarem em momentos distintos no processo de positivação do direito, produzem conseqüências também diversas. Cuidemos, inicialmente, da hipótese de desvinculação parcial, introduzida por Emenda Constitucional.

Desvinculação no Plano Constitucional

A Emenda Constitucional n. 27, de 22 de março de 2000, introduziu o artigo 76 no Ato das Disposições Constitucionais Transitórias, por intermédio do qual se desvincula "de órgão, fundo ou despesa, no período de 2000 a 2003, vinte por cento da arrecadação de impostos e contribuições sociais da União, já instituídos ou que vierem a ser criados no referido período, seus adicionais e respectivos acréscimos legais".

Vimos de ver que a destinação do produto de arrecadação é condição necessária de legitimação da criação de contribuições no ordenamento jurídico brasileiro.

Sendo assim, a Emenda Constitucional n. 27/2000 teria, em rápida penada, criado espécie tributária esdrúxula, *sui generis*, bifronte, parcialmente imposto, parcialmente contribuição.

Ocorre que impostos e contribuições estão sujeitos a regimes jurídico-constitucionais distintos. Previsão normativa deste jaez, ainda que posta no plano constitucional, suprime direitos e garantias individuais dos contribuintes, em clara afronta ao artigo 60 da Constituição Federal.[17]

Com efeito, foi maculada a garantia de que a União só poderá exercer sua competência residual mediante instituição, em Lei Complementar, de impostos não cumulativos e que não tenham fato gerador ou base de cálculo próprios dos demais impostos discriminados na Constituição. A Emenda Constitucional 27/2000 fez tábula rasa, dentre outras, desta garantia constitucional.[18]

Em síntese, trata-se de norma constitucional inconstitucional, a ser expungida do sistema normativo, pelos mecanismos nele previstos.

Desvinculação no Plano Legal

Se se operar, por intermédio de lei, a desvinculação do produto da arrecadação de contribuição regularmente instituída, o tributo originário torna-se, *ipso facto*, inconstitucional. Se a afetação a órgão, fundo ou despesa é requisito essencial à instituição de contribuição, sua desvinculação haverá de fulminar a exigência.

17. Júnia Roberta Gouveia Sampaio tem a seguinte posição sobre o tema: "No modelo das contribuições a finalidade não é mera característica operacional da figura, pois condiciona a própria competência da União. Sendo assim, sua obediência constitui um efetivo elemento que inibe o exercício do poder de tributar, integrando, por conseguinte, o "Estatuto do Contribuinte", reconhecido pelo Supremo Tribunal Federal como limite insuperável aos poderes do Estado.

"Verifica-se, portanto, que a desvinculação das contribuições sociais não representa apenas descaracterização de sua natureza jurídica, mas ofensa ao direito individual do contribuinte de só ser atingido desde que a finalidade esteja resguardada ("Emenda Constitucional – Descaracterização das Contribuições Sociais", in *Revista Dialética de Direito Tributário 64/122.*

18. Em sentido análogo, ver Fabiana Del Padre Tomé, *Contribuições para a Seguridade Social. Aspectos Constitucionais*, Ed. Juruá.

Vale dizer, qualquer determinação legal no sentido de desvincular o produto da arrecadação das contribuições, desvirtuando, assim, a finalidade de sua instituição, será qualificada como inconstitucional.

Deveras, a desvinculação – no plano constitucional e legal – está presente no plano das normas gerais e abstratas. A norma que a estabelece já nasce inconstitucional. E tal inconstitucionalidade deve-se ao fato de o legislador, no momento de sua elaboração, deixar de observar as regras (de estrutura) constitucionais direcionadas às contribuições.

Tredestinação "stricto sensu"

Denominamos "tredestinação *stricto sensu*" o efetivo desvio do produto da arrecadação de contribuição criada regularmente. Como já ressaltado, a possibilidade de tal desvio só surge após a extinção do crédito tributário.

Insta, pois, examinar os efeitos jurídicos da tredestinação real e enfrentar a seguinte questão: a sua ocorrência macula o próprio tributo, dando ensejo à repetição do indébito tributário?

Misabel Derzi responde a esta questão de forma afirmativa: "O contribuinte pode opor-se à cobrança de contribuição que não esteja afetada aos fins, constitucionalmente admitidos; igualmente poderá reclamar a repetição do tributo pago, se, apesar da lei, houver desvio quanto à aplicação dos recursos arrecadados. É que, diferentemente da solidariedade difusa ao pagamento de impostos, a Constituição prevê a solidariedade do contribuinte no pagamento de contribuições e empréstimos compulsórios e a conseqüente faculdade outorgada à União de instituí-los, de forma direcionada e vinculada a certos gastos. Inexistente o gasto ou desviado o produto arrecadado para outras finalidades não autorizadas na Constituição, cai a competência do ente tributante para legislar e arrecadar".[19]

No mesmo sentido, leciona Werther Botelho: "Mais que legitimidade, o sujeito ativo só tem competência para a exigência de uma Contribuição quando esta se destinar à consecução de um gasto ou finalidade determinados constitucionalmente. A existência de qualquer desvio tem como reflexo imediato a descaracterização da natureza jurídica específica de Contribuição e, conseqüentemente, o câmbio dos requisitos formais de sua imposição. Em sendo assim, não há que se falar em mero interesse do contribuinte na concreta aplicação dos recursos, mas em direito subjetivo à repetição dos valores pagos, uma vez que a Constituição só autoriza a exigência de uma Contribuição em atenção a um objetivo específico. Aqui podemos ressaltar a distinção entre esta figura tributária e as Taxas, no tocante ao direito de repetição de indébito advindo da tredestinação do produto da arrecadação. Isso porque, no caso das Taxas, o direito surgirá em razão da inexistência de fato gerador e, em se tratando de Contribuição, pelo exercício ilegítimo da competência impositiva".[20]

A posição dos ilustres mestres foi acatada, ainda que em voto vencido, pelo eminente Ministro do Supremo Tribunal Federal Carlos Velloso, que assim se pronunciou: "Uma ressalva é preciso ser feita. É que caso há, no sistema tributário brasileiro, em que a destinação do tributo diz com a legitimidade deste e, por isso, não ocorrendo a destinação constitucional do mesmo, surge para o contribuinte o direito de não pagá-lo. Refiro-me às contribuições parafiscais – sociais, de intervenção no domínio econômico e de interesse de categorias profissionais ou econômicas, CF, art. 149 – e aos empréstimos compulsórios (CF, art. 148)".[21]

Examinando, rapidamente, a fenomenologia da incidência tributária, no que tange à instituição, arrecadação e fiscalização de contribuições, é forçoso reconhecer que

19. Notas ao *Limitações Constitucionais ao Poder de Tributar*, cit., pp. 598-599.

20. *Da Tributação e sua Destinação*, Del Rey, Belo Horizonte, 1994, p. 89.

21. RE 183.906-6-SP.

eventual tredestinação *stricto sensu* ocorrerá em momento ulterior à extinção do crédito tributário. Os seguintes passos terão ocorrido: (i) norma geral e abstrata foi produzida em absoluta conformidade com regras de estrutura postas no plano constitucional; (ii) ocorreu o fato jurídico tributário, previsto no antecedente desta norma jurídica, desencadeando relação de cunho obrigacional; (iii) o crédito tributário foi extinto, por força de pagamento realizado pelo sujeito passivo; e (iv) o produto da arrecadação foi tredestinado.

Vê-se, pois, que, conquanto a norma geral e abstrata guardasse plena consonância com normas de estrutura de superior hierarquia, a tredestinação ainda assim se operou. A enunciação dos passos evidencia que a tredestinação põe-se em momento lógico e cronologicamente posterior ao desencadeamento dos efeitos da incidência tributária. Não pode, assim, em nosso entendimento, fulminar a norma instituidora dos tributos. Acarretará, isso sim, conseqüências jurídicas aos responsáveis pela tredestinação.

A tredestinação não altera os requisitos formais observados para a instituição do tributo. A norma geral e abstrata, instituidora da exação, remanesce em perfeita harmonia com a Constituição, produzindo seus correspectivos efeitos. As normas individuais e concretas dela decorrentes, no processo de positivação do direito, também remanescem juridicamente intocáveis. A inobservância normativa é ulterior à extinção do crédito tributário. A conduta antijurídica é desviar verba pública, o que, de resto, pode ocorrer com receita decorrente de qualquer espécie tributária. Conseqüências jurídicas decorrentes do ato viciado atingem as autoridades administrativas responsáveis pelo ato.

O desvio, perpetrado após a extinção do crédito tributário, não autoriza a restituição do tributo pago; não há, pois, se falar em direito subjetivo à repetição do indébito.

Sacha Calmon Navarro Coelho é incisivo: "O que não pode haver é a tredestinação real, ou seja, o emprego do tributo arrecadado noutros fins, contra o orçamento ditado pelo Congresso e a destinação indicada pela Constituição. Aliás a tredestinação na espécie implica o seu fautor em crime de responsabilidade, seja até mesmo o Presidente da República ou seu Ministro de Estado".[22]

Em síntese, a tredestinação real é matéria que refoge ao estrito âmbito da incidência tributária. Produz efeitos jurídicos relevantes no campo do Direito Administrativo e Penal, os quais, conquanto sobejamente desejados, infelizmente não têm surdido no mundo jurídico.

22. "Estudo Breve sobre Contribuições Sociais às Luzes da Constituição de 1988", *Revista de Direito Tributário* 60/99.

ELEMENTOS QUE INTEGRAM O ATO COOPERATIVO DE FORMA GENÉRICA E A COMPETÊNCIA PARA ESTABELECER NORMAS COMPLEMENTARES QUE ESTABELEÇAM LIMITES À INCIDÊNCIA DE TRIBUTOS

RENATO ROMEU RENCK

Mestre em Direito Tributário pela PUC/SP. Advogado em Porto Alegre/RS

1. Da consulta formulada. 2. Da especificação dos fatos. 3. Das questões introdutórias fundamentais. 4. Do direito constitucional cooperativo. 5. Do adequado tratamento ao ato cooperativo. 6. Da cooperativa no contexto universal. 7. Natureza jurídica da Lei 5.764/1971. 8. O princípio constitucional da isonomia. 9. Da sociedade cooperativa brasileira. 10. A quem pertencem o capital e as reservas?. 11. Efeitos materiais do ato cooperativo. 12. A garantia de terceiros. 13. Da apuração da renda tributada: 13.1 Dos fundamentos gerais – 13.2 Destinação das reservas e seus efeitos tributários. 14. Encaminhamento da solução – Tipos de renda. 15. Tratamento das receitas. 16. Efeito tributário da compensação da receita com perdas sofridas. 17. As reservas como fator de investimento (do produtor rural). 18. Respostas às indagações formuladas.

PARECER

1. Da consulta formulada

A Consulente informa que vendeu as instalações fabris e um prédio em que funcionava o complexo industrial de soja, que constitua sua filial-3, por um valor de R$ 8.000.000,00, e tem em seu ativo imobilizado o valor de custo ainda não depreciado de R$ 3.000.000,00 para dedução na apuração do ganho de capital, implicando a venda um resultado isolado de R$ 5.000.000,00. Diante dessa situação, indaga sobre o tratamento que deve ser dado ao resultado (ganho de capital) da venda efetuada. Na essência, indaga se o valor do ganho deve ser tributado pelo imposto de renda e qual critério deve ser adotado para efeito de destinação contábil do valor recebido em razão da operação.

2. Da especificação dos fatos

A Consulente está constituída em forma de sociedade cooperativa, nos termos dos seus atos constitutivos, atendendo à legislação aplicável, notadamente a Lei 5.764/1971. As instalações vendidas foram adquiridas com a aplicação de investimentos feitos pelos associados por via de subscrição de capital e das reservas, objetivando a consecução da finalidade associativa básica da cooperativa no mercado, constituindo-se, na verdade, da estrutura de recepção, secagem, armazenagem e venda dos produtos agrícolas num Município diverso do de sua sede.

3. Das questões introdutórias fundamentais

O tema a ser enfrentado, apesar de ser aparentemente singelo, envolve indagações de ordem constitucional, em que estão presentes os elementos que integram o ato cooperativo de forma genérica e a competência para estabelecer normas complementares que estabeleçam limites à incidência de tributos. Tendo em vista que, no momento da entrega dos produtos à cooperativa, esta recebe mera "outorga de plenos poderes para a sua livre disposição", nos termos do art. 83 da referida Lei 5.764/1971, impõe-se promover o traçado dos lindes jurídicos sob a ótica do direito patrimonial. A par disso, deve-se constatar se há possibilidade de a lei tributária tratar diferentemente o associado de cooperativa agropecuária e o contribuinte que aufere ganhos na atividade agrícola, sem ser associado, com vista a estabelecer as semelhanças ou diferenças entre as duas situações, para que se possa ou não invocar o princípio da igualdade entre esses produtores.

No pertinente à legislação infraconstitucional, a atividade das sociedades cooperativas é regulada a partir de dois planos jurídicos. O primeiro envolve o ato-fim, compreendido pelas relações patrimoniais entre sócio e a cooperativa – cujo exame é essencial para que se identifique a sua natureza patrimonial, que terá importância fundamental na formação da renda, conceituada como acréscimo patrimonial. No segundo plano, composto por dois subplanos especiais, deve-se examinar os efeitos jurídicos e patrimoniais causados (1) pela subscrição de capital e (2) pela destinação das reservas. O enfrentamento das questões inerentes a esse segundo plano impõe o exame da relação patrimonial que se estabelece entre cooperados e os bens adquiridos em nome da entidade, o dever de formar as reservas e o direito à sua compensação em relação aos associados, contrapostos aos direitos de terceiros em face do patrimônio da cooperativa.

Cabe, desde logo, notar que, mesmo havendo certa semelhança entre o capital das sociedades cooperativas e o capital das empresas comerciais, não se pode tratar as duas situações como similares. Ocorre que, conforme se detalhará adiante, já por exigência constitucional, a cooperativa é constituída sob forma associativa especial, em que os sócios mantêm os direitos patrimoniais individuais sobre os valores correspondentes às vendas dos produtos entregues à associação, perdendo, sob alguns aspectos, o direito direto de disponibilidade sobre os valores que consubstanciam a formação de capital e os valores das reservas, que devem, legalmente, ser destinadas ao incremento das atividades e servem também de garantia de direitos de terceiros.

Finalmente, para definir a matéria posta, ainda se deverá identificar as diferenças da natureza jurídica das receitas auferidas pela aquisição e venda de produtos de terceiros e das vendas de bens de uso continuado, registrados na escrita contábil, para definir a contabilização das reservas e a promoção de eventuais compensações previstas na legislação vigente. Uma vez formado esse contexto, têm-se elementos para fundamentar o tratamento tributário aplicável aos *resultados* das vendas de bens do ativo permanente das sociedades cooperativas e sua destinação contábil, objeto posto a deslinde.

4. Do direito constitucional cooperativo

Questão constitucional

Cabe inicialmente referir que a Constituição, no seu art. 146, prescreve: "Cabe à lei complementar: (...) III – estabelecer normas gerais em matéria de legislação tributária, especialmente sobre: a) adequado tratamento tributário ao ato cooperativo praticado pelas sociedades cooperativas".

Além disso, pelo art. 174, § 2º, da CF prescreve-se que: "A lei apoiará e estimulará o cooperativismo (...)".

Preliminarmente, cabe relembrar que a Constituição, como norma fundamental, estrutura todo o sistema jurídico e estabelece o critério da hierarquia relativo a outras normas. Nesse contexto, existem situações em que a Carta prescreve o direito com exclusividade e, por isso, definitivamente. Outras situações existem, como no caso em foco, em que a Constituição estabelece uma estrutura jurídica básica, em que defere competência ao legislador complementar para promover a prescrição normativa infraconstitucional em forma de normas gerais. Finalmente, em um terceiro plano jurídico, a Carta outorga ao legislador ordinário poderes para que defina, em lei, critérios normativos aplicáveis, que devem guardar os limites formais e materiais prescritos pelo legislador constitucional e complementar.

Diante desse panorama genérico, há que se definir em que tipo de regra se enquadram as disposições constitucionais antes transcritas, notadamente para identificar o que significam as duas proposições: a) o *tratamento adequado ao ato cooperativo*; b) a *estimulação ao cooperativismo*.

Para esse efeito, cabe referir que, como a norma constitucional é regra que inaugura o sistema, não se pode cogitar da possibilidade de se considerar os efeitos de qualquer prescrição normativa anterior à vigência da Constituição, essencialmente a infraconstitucional, para definir o significado dos termos utilizados pelos dispositivos contidos na Carta.

A Carta deve ser interpretada como a primeira norma do sistema que subordina a eficácia e limita o conteúdo prescritivo das demais normas. Esse fato importa sobremaneira, uma vez que faz com que os termos utilizados pelo legislador constituinte de 1988 tenham seus núcleos de conteúdo de significação situados no âmbito pré-jurídico. Em outras palavras: os termos utilizados para formar o texto constitucional têm seu conteúdo primordialmente moldado no contexto social e técnico. Por isso não se pode pesquisar o significado das palavras que a Carta utiliza a partir do significado das prescrições já estabelecidas nas leis infraconstitucionais, sob pena de se inverter a hierarquia normativa e admitir que o legislador ordinário molde livremente o conteúdo dos termos que implicam limitação ao poder de tributar.

Identificado o âmbito em que o intérprete deve buscar a significação dos termos utilizados pela Constituição, cabe então verificar o que isso significa e qual o conceito do que vem a ser *ato cooperativo*, que constitui um quase-instituto em torno do qual se estabelecem todas as relações jurídicas que envolvem esse tipo de associação, quer entre os seus associados, quer em relação a terceiros.

O primeiro campo de interesse situa-se no identificar, no âmbito real, o que vem a ser *ato cooperativo*, para então se estabelecer exatamente o limite em que o legislador complementar deve operar para cumprir seu dever constitucional no contexto da legislação tributária que envolve as cooperativas. De forma mais precisa, impõe-se verificar se o legislador complementar pode dar moldura diferente, de conteúdo de significação mais estreito do que a expressão "ato cooperativo" tem no mundo social e técnico.

A Carta Política, em seu art. 174, § 2º, prescreve textualmente que: "A lei apoiará e estimulará o cooperativismo e outras formas de associativismo".

Pela leitura textual constata-se que Constituição, por regra jurídica, e não por um princípio, impõe que o Estado – logo, por via das leis – deverá estimular e apoiar a cooperativa. Sem dúvida, essa norma não implica concessão de imunidade fiscal, nem obriga que se concedam isenções, mas institui uma regra que manda estimular e apoiar as cooperativas, respeitando os limites e sua natureza associativa, universalmente conhecidos. Só esse dispositivo já permite, *a priori*, que se afirme que, tendo em vista que o cooperativismo deve ser estimulado, está vedado ao legislador tratar de forma mais onerosa o associado do que o não-associado, quando praticam operações similares.

Cabe abrir um parêntesis para referir que a *regra* tem conteúdo antinômico imediato, não admitindo disposição em contrário, enquanto o *princípio* tem conteúdo normativo, que, antes de ser aplicado, deve ser ponderado com outros princípios que traduzem a concretização de valores que muitas vezes se contrariam. Assim, pode-se resumir a diferença entre esses dois tipos de preceitos transcrevendo nossa posição:

Diferentemente, quando se identifica uma regra constitucional, não há este caráter tão abstrato de significação. Não há previsão de um espaço de conformação, de acomodamento, da conduta prescritiva, que se deve harmonizar com os princípios. Nestes estão contidos fins que devem ser ponderados; seu conteúdo operador de conduta é mediatamente finalístico. A regra, ao contrário, prescreve de forma imediata o operador de conduta.[1]

No momento em que a Carta impõe ao legislador ordinário incentivar o cooperativismo, prescreve simplesmente um dever de fortalecer as cooperativas como forma associativa específica, e, por intermédio delas, cada um dos associados. Essa regra fica ainda mais evidente pela prescrição, também constitucional, contida no inciso VI do art. 187, que determina que o planejamento da política agrícola será executado na forma da lei, "envolvendo produtores e trabalhadores rurais, bem como dos setores da comercialização, de armazenamento (...)" – prescrevendo, por regra e não por principio, que nesse contexto o legislador deverá levar em conta o cooperativismo. Com isto se demonstra que a Carta efetivamente ordena que o legislador privilegie o cooperativismo na adoção das políticas no setor agrícola como forma específica de traçar os planos de desenvolvimento econômico.

A regra insere o cooperativista no contexto da produção, da comercialização, do armazenamento e do transporte dos produtos agropastoris. Essa regra é de suma importância na definição dos limites do cooperativismo, uma vez que insere no ato cooperativo todos os elementos mencionados expressamente na Constituição. Sem dúvida, o prédio e a estrutura patrimonial, objeto deste estudo, estão expressamente incluídos na atividade compreendida pelo cooperativismo tanto na qualidade de "ato-meio" como na de "ato-fim", porque se destinavam à formação da comercialização e do armazenamento dos produtos agrícolas dos associados.

5. *Do adequado tratamento ao ato cooperativo*

Para identificar melhor o enfoque dado pelo texto constitucional já transcrito (art. 146, III), cabe examinar o conteúdo normativo da expressão "*estabelecer adequado tratamento tributário ao ato cooperativo*".

Chama a atenção o termo "adequado", e autores há que dizem que o legislador complementar não poderia dar um tratamento inadequado ao *ato cooperativo*, e, por isso, o uso do termo ("adequado") não teria influência alguma.[2] Contudo, tais afirmativas não têm procedência, uma vez que o legislador constituinte não tem amarras pré-jurídicas, a não ser que estas decorram diretamente da articulação sistêmica das normas postas em forma de ordenamento.

O conteúdo frásico da expressão "adequado" pode ser mais bem esclarecido com a seguinte proposição: o *ato cooperativo* deve ser tratado de forma a se adequar ao conteúdo conceitual reconhecido universalmente.

Sem dúvida, deverá haver adequação, instituída por lei, ao conteúdo formado pelos elementos que técnica e cientificamente caracterizam o *ato cooperativo*, na forma em que ele é tecnicamente reconhecido

1. Renato Romeu Renck, *Imposto de Renda da Pessoa Jurídica – Critérios Constitucionais de Apuração da Baste de Cálculo*, Livraria do Advogado, p. 55.

2. Neste sentido Ives Gandra Martins, *Comentários à Constituição do Brasil*, obra conjunta com Celso Bastos, São Paulo, Saraiva, 1989, pp. 100-102.

no contexto intersubjetivo subjacente à Ciência Jurídica. Com esta afirmativa quer-se dizer que ao legislador foi negada competência para moldar um instituto diferente do universalmente conhecido; em conseqüência, sem que se adote a expressão "ato cooperativo" na acepção e compreensão que tem no contexto universal não se poderá afirmar que houve tratamento adequado. Nesse plano, como abaixo se verá, o ato cooperativo constitui a estrutura essencial – a espinha dorsal – da associação cooperativa formada por características e elementos que no mundo a diferenciam das demais entidades (jurídicas) admitidas nos sistemas jurídicos conhecidos.

Essa conclusão implica afirmar não ser admitido ao legislador moldar um novo conteúdo jurídico, diferente do que se entende, por via dos conceitos universais, ser *ato cooperativo*. O que define o que efetiva e constitucionalmente é "cooperativa" são os princípios universais que regem o cooperativismo, transpostos pelo constituinte ao texto constitucional brasileiro quando determinou que o legislador complementar desse *adequado tratamento ao "ato cooperativo"*. Pode-se, pois, afirmar que ao legislador complementar é vedado, *v.g.*, identificar, parcial ou totalmente, um ato praticado pela cooperativa em benefício da realização dos seus objetivos básicos com um ato de comércio.

Trata-se – o *ato cooperativo* e o ato de comércio – de dois institutos diferentes. Por isso também lhe é vedado constitucionalmente, *v.g.*, tratar as sobras, que são complementação do valor da venda de cada associado, como se fossem lucros. Finalmente, não pode o legislador tributário tratar diferentemente o conteúdo patrimonial dos bens adquiridos pelos associados da cooperativa, aplicados como capital e reservas para cumprir a finalidade associativa, como se fossem bens de uma empresa privada, tributando o respectivo resultado decorrente de sua venda.

Assim, já se traça um contorno do limite constitucional previamente estabelecido, qual seja: a obrigatoriedade do respeito ao que é *ato cooperativo*. Esse significado é reforçado essencialmente pela expressão "adequado tratamento". Vale dizer: o legislador complementar, quando estabelecer normas gerais, que se opõem a todos os entes políticos (União, Estados, Distrito Federal, e Municípios), deverá identificar os diversos tipos de negócios que estão subjacentes ao *ato cooperativo* e respeitá-los a todos. Com isto, o *ato cooperativo* deve ser considerado a partir dos diversos tipos de negócios necessários à conformação da finalidade associativa do objeto de cada entidade, ou seja: não pode ter seu conteúdo remoldado nem pelo legislador complementar e muito menos pelo legislador ordinário.

Esses argumentos permitem que se afirme que o legislador tributário está submetido a regras de conteúdo material especifico, não podendo estabelecer o que quiser, mas deve normatizar o instituto reconhecido como tal no contexto pré-jurídico. Por isso, quando a Carta prescreve, por regra – que não admite qualquer conduta legal antinômica –, que o cooperativismo está integrado ao âmbito econômico como forma de realizar os objetivos do Estado, além de, no seu art. 174 § 2º, prescrever que *a lei apoiará e estimulará o cooperativismo*, está trançando um molde, cerne especifico e nítido, que não pode ser alterado nos seus elementos conformadores, nem ser contrariado pelo legislador ordinário, sob pena de prática de ato que viola a Constituição.

Não pode haver mais dúvida: o instrumento jurídico – sociedade cooperativa – foi posto, constitucionalmente, à disposição de cada cidadão brasileiro, em forma de direito pessoal, notadamente dos produtores agrícolas, para estimular a atividade econômica como meio de alcançar o interesse público. Em outros termos, *cooperativismo* é a via associativa instituída constitucionalmente para que o Estado realize, com mais eficiência, seus próprios fins. Cabe ter em mente que os agricultores singulares, em todo o país, dependem da competitividade que se instala em um mundo cada vez mais globalizado, competindo, no próprio território nacional, com produtores de outros países.

Nesse contexto emerge o art. 174, § 2º, impondo uma regra jurídica que não pode ser contrariada, no sentido de que a cooperativa deve ter um tratamento que estimule a atividade econômica produtiva, no *âmbito da produção, comercialização e da armazenagem e transporte*. Esta regra – vale reiterar – contém hierarquia constitucional e se aplica a todos os entes políticos nacionais, essencialmente à União, Estados, Distrito Federal e Municípios.

6. Da cooperativa no contexto universal

A doutrina nacional e estrangeira identifica a sociedade cooperativa como sendo entidade que tem como objeto a prestação de serviços a seus sócios. Nesse sentido firma-se o entendimento de Pontes de Miranda: "A sociedade cooperativa é sociedade em que a pessoa do sócio passa à frente do elemento econômico e as conseqüências da pessoalidade são profundas, a ponto de torná-la espécie de sociedade".[3]

Vê-se que o autor nacional destaca o caráter pessoal da sociedade cooperativa, identificando, em grau de importância máxima, a característica de o cooperado manter sua individualidade. Além disso, reconhece a natureza econômica dessa sociedade, porém sem confundi-la com as sociedades de capital. Deixa evidente a posição acessória dos elementos patrimoniais, o que envolve notadamente o capital e reservas.

No mesmo sentido, Roque Carrazza afirma, peremptoriamente: "No ato cooperativo típico inexistem negócio mercantil e mutação de titularidade da coisa. É que a cooperativa atua em nome, por conta e em benefício do cooperado".[4]

3. *Tratado de Direito Privado – Parte Especial*, t. XLIX, São Paulo, Ed. RT, 1984, p. 429.

4. "Cooperativa de consumo. Sua intributabilidade por via de ICM", *RT* 40/223.

Afirma, pois, esse autor que pela entrega de produtos à cooperativa não ocorre mutação de titularidade patrimonial – o que vale afirmar que a cooperativa em algum momento adquire os bens do seus associados.

Elucidativas são as palavras de Bugarelli:

"Os princípios cooperativos foram sendo elaborados e consolidados ao longo dos anos, até serem firmados pela Aliança Cooperativa Internacional, em 1938, que superou a diversidade de doutrinas existentes.

"Apesar, porém, dessa diversidade e da existência de diversas correntes doutrinárias, os princípios de sua doutrina foram sendo elaborados e consolidados, não mais no sentido das cooperativas distributivas apenas, mas para abranger todas as formas de cooperativas, até que, por ocasião do XV Congresso da Aliança Cooperativa Internacional, entidade que reúne cooperativas do mundo inteiro, foram afinal fixados os seguintes princípios, inspirados no programa de Rochdale, por isso tomando-lhe o nome, e conhecidos como *Princípios de Rochdale*.

"O conceito universal sofreu algumas modificações em face da atualização dos princípios cooperativos, afirmados pelo Congresso de Manchester, de 1995, assim propostos:

"*1º Princípio – Adesão livre e voluntária*. Cooperativas são organizações voluntárias e abertas a todas as pessoas aptas a usar seus serviços e dispostas a aceitar as responsabilidades de sócio, sem discriminação social, racial, política ou religiosa e de gênero.

"*2º Princípio – Controle democrático pelos sócios*. As cooperativas são organizações democráticas controladas pelos seus sócios, os quais participam ativamente no estabelecimento de suas políticas e na tomada de decisões. Homens e mulheres, eleitos como representantes, são responsáveis para com os sócios. Nas cooperativas singulares os sócios têm igualdade na votação (um sócio, um voto); as cooperativas de outros graus são também organizadas de maneira democrática.

"*3º Princípio – Participação econômica dos sócios*. Os sócios contribuem de forma eqüitativa e controlam democraticamente o capital de suas cooperativas. Parte desse capital é propriedade comum das cooperativas. Usualmente os sócios recebem juros limitados (se houver algum) sobre o capital, como condição da sociedade. Os sócios destinam as sobras aos seguintes propósitos: desenvolvimento das cooperativas, possibilitando formação de reservas, parte dessas podendo ser indivisíveis; retorno aos sócios na proporção de suas transações com as cooperativas e apoio a outras atividades que forem aprovadas pelos sócios.

"*4º Princípio – Autonomia e independência*. As cooperativas são organizações autônomas para ajuda mútua, controladas por seus membros. Entretanto, em acordo operacional com outras entidades, inclusive governamentais, ou recebendo capital de origem externa, elas devem fazê-lo em termos que prescrevam o seu controle democrático pelos sócios e mantenham sua autonomia.

"*5º Princípio – Educação, treinamento e informação*. As cooperativas proporcionam educação e treinamento para os sócios, dirigentes eleitos, administradores e funcionários, de modo a contribuir efetivamente para seu desenvolvimento. Eles deverão informar o público em geral, particularmente os jovens e os líderes formadores de opinião, sobre a natureza e os benefícios da cooperação.

"*6º Princípio – Cooperação entre cooperativas*. As cooperativas atendem a seus sócios mais efetivamente e fortalecem o movimento cooperativo, trabalhando juntas através de estruturas locais, nacionais, regionais e internacionais.

"*7º Princípio – Preocupação com a comunidade*. As cooperativas trabalham pelo desenvolvimento sustentável de suas comunidades, através de políticas aprovadas por seus membros."[5]

Renato Lopes Becho comenta esses princípios, afirmando:

"Para nós, as cooperativas são sociedades de pessoas, de cunho econômico, sem fins lucrativos, criadas para prestar serviços aos sócios de acordo com princípios jurídicos próprios e mantendo seus traços distintivos intactos.

"Sociedades de pessoas porque, na linha exposta por Pontes de Miranda, o capital cede importância para os membros individualizados, que não buscam na sociedade uma melhor remuneração para seus dinheiros, mas sim para seu trabalho.

"O cunho econômico destaca que as cooperativas não são sociedades beneficentes ou culturais (mesmo se enfocarem tais atividades por liberalidade de seus membros). Os sócios visam a incrementos econômicos para si, o que tem causado muita confusão para os desconhecedores da matéria, já que confundem conteúdo econômico com lucro. Não é o caso.

"Entidade sem fim lucrativo posto que, como destacado, a cooperativa não existe para criar riqueza e depois distribuí-la entre seus associados na proporção de sua participação societária. Este item está muito ligado com o anterior, tanto é que Pontes de Miranda explicou: 'O fim econômico, nas sociedades cooperativas, é atingido diretamente pelos sócios, em seus contatos com a sociedade. O fim econômico, nas sociedades lucrativas, é obtido com a repartição do que a sociedade recebeu de lucro. A diferença é sutil, porém sempre da máxima relevância'."[6]

Com fundamento nos argumentos postos, já se demonstra que a cooperativa efetivamente constitui forma societária especial, que tem como características – formadas a partir do seu objeto – prestação de

5. Transcritas por Renato Lopes Becho, *Tributação das Cooperativas*, São Paulo, Dialética, 1999, p. 99.

6. Idem, p. 80.

serviços aos cooperados, fundados em princípios universais que a caracterizam. Os atos que pratica com terceiros estão subjacentes a esse objeto – que fica englobado pelo *ato cooperativo* –, que se destaca como um todo isolado prestigiado pelo legislador constituinte. Assim, já se pode estabelecer a efetiva situação jurídica que ocorre no momento em que são feitas as "entregas" à cooperativa. Elas constituem – integram – uma relação da cooperativa com seu associado (negócio-fim) e a venda dos produtos entregues à cooperativa a terceiros (negócio-meio). Neste ato a entidade cooperativa simplesmente constitui-se numa personificação jurídica, instituída com finalidade específica para estabelecer uma estrutura material que facilite diretamente a atividade do associado. Em cada negócio jurídico a cooperativa comparece como ente auxiliar de mera presentação do associado vendedor, um intermediário, com uma personalidade jurídica especificamente estruturada para tal fim, e suficiente para que ocorram, na prática, os atos jurídicos que servem de elemento-causa que implica elo que vincula juridicamente o associado com o comprador.

Nesse sentido, Waldírio Bugarelli refere:

"Decorre assim que da mutualidade (serviços comuns) e da cooperação (colaboração econômica) a cooperativa se apresenta como uma empresa auxiliar, cujo fim é a prestação de serviços aos seus associados, sendo o seu objeto o ramo de atividade escolhida (crédito, seguro, venda em comum da produção, fornecimento etc.).

"Em termos jurídicos, verifica-se, pois, a existência de relações entre os associados e a cooperativa de duas naturezas: societárias e negociais. A vantagem do associado é que decorre do seu *status* de sócio utilizar os serviços da cooperativa, obtendo um proveito ou uma redução de custos."[7]

Considerando os elementos já postos, pode-se afirmar que a cooperativa se assemelha à figura jurídica do mandatário mercantil. Essa semelhança se acentua em face da autorização, legal, que a cooperativa – como entidade – tem para vender em nome de cada um dos associados, sem que tenha que revelar ao comprador, no momento do negócio jurídico, em nome de qual associado está operando. Por via dessa instrumentalização jurídica específica, *v.g.*, toda venda, como qualquer negócio jurídico feito pela cooperativa, fica imune à alegação de vício de origem, uma vez que se a administração vender os bens em desacordo com a legislação e as ordens dadas pelo associado terá de resolver a questão internamente, ficando preservado todo o direito do comprador.

O legislador brasileiro, como já se referiu, para o efeito da molduração do *ato cooperativo* para fins tributários, essencialmente para efeito de tributação da renda dos associados, não pode dar-lhe tratamento isolado desse contexto. Nessa relação estão contidos: uma entrega de produto pelo associado à cooperativa sem transmissão de propriedade e o poder de venda do produto pela cooperativa a terceiros – poder, este, não decorrente de um ato de entrega específico, mas do próprio instituto formado pelo direito cooperativo. Todos os negócios necessários ao complemento da finalidade posta no objeto associativo integram o *ato cooperativo* e formam um conjunto incindível, e, integrados juridicamente, culminam na operação de venda para o terceiro. Isto tudo decorre dos efeitos da relação jurídica entre a cooperativa e os seus sócios e emerge dos efeitos do *ato cooperativo.*

Renato Lopes Becho leciona: "Porém, quando as cooperativas praticam atos típicos, não estarão praticando atos de mercado, como corretamente determinou a Lei 5.764/1971, em seu art. 79, parágrafo único. Não serão, nestes casos, comerciantes".[8]

7. *Direito Empresarial Moderno*, Rio de Janeiro, Forense, 1992, p. 337.

8. *Tributação das Cooperativas*, p. 182.

Tais efeitos caracterizam os atos praticados pela cooperativa, como atos praticados em relação ao cooperado, como uma prestação de serviço (1º Princípio Universal), o que opõe, na ponta da relação entre o comprador, o próprio cooperado. Então, já se mostra nítido o poder deformador da lei que estabelece relações entre os diversos sujeitos por via de pressupostos factuais, dando-lhes caracterizações específicas.

Na venda dos bens entregues à cooperativa pelo associado nos termos da lei específica comparece a cooperativa como obrigada da relação de venda. Mas a legislação, com relação ao cooperado, para efeito da relação jurídica entre a entidade e seus associados (negócios internos), lhe dá uma natureza diferente, uma vez que a cooperativa se presta somente como entidade que cumpre sua finalidade de servir de elo consagrador do vínculo jurídico entre o associado e terceiro.

A tal propósito leciona Pontes de Miranda: "A natureza jurídica própria da cooperativa consiste em ser ela uma 'sociedade auxiliar', de caráter institucional, a qual, na sua condição de ente personificado, existe tão-só para prestar serviços aos associados, independentemente da idéia de, como pessoa jurídica, obter vantagens para si".[9]

Essa natureza é que deve ser respeitada pelo legislador infraconstitucional, porque expressamente protegida pela Carta Política. Com esses elementos já se pode adiantar que quem vende e recebe o preço dos bens entregues pelo sócio, na realidade, não é a cooperativa, como entidade detentora dos direitos patrimoniais desses bens;.ela o faz em razão de uma espécie de responsável pela venda em nome do associado.

Com esses argumentos tem-se fundamento suficiente para antecipar que, no momento em que a lei das cooperativas brasileiras qualificou estas associações típicas como de natureza civil, constituídas unicamente para prestar serviços aos associados, impediu a distribuição de lucros (art. 24, § 3º) e impôs uma administração democrática e a abertura destas (porta aberta) à livre adesão, etc., atendeu aos princípios internacionais que moldam o ato cooperativo. O conteúdo universal do ato cooperativo é reforçado pela enumeração – posta na lei referida – de uma gama de outros elementos que são caracterizadores da cooperativa brasileira e que também se harmonizam com o conceito universal.

Tendo em vista os argumentos já postos, pode-se afirmar, aprioristicamente, sem temer que haja dúvida, que a lei brasileira em vigor no momento da promulgação da Carta Política vigente efetivamente concedia o tratamento adequado ao *ato cooperativos*. Dessa forma, nos termos da Constituição, caso a lei das cooperativas vigente no momento da promulgação da Constituição contivesse preceito que não fosse adequado – *v.g.*, as conceituasse no mesmo plano das empresas comerciais –, estaria prevendo uma deformação da cooperativa brasileira em relação a seu conceito universal. Caso tal fato tivesse ocorrido teríamos um tratamento inadequado com a nova ordem constitucional, que, por tal motivo, não teria sido recepcionado, ao menos para os efeitos tributários.

7. Natureza jurídica da Lei 5.764/1971

Como mencionado, o ato cooperativo, em face do disposto no art. 146, III, "c", da CF, deve ser regulado por via de lei complementar. Como no momento em que passou a viger a nova Carta já havia uma lei que regulava o ato cooperativo, esta passou a ter conteúdo de norma complementar. Pode-se, então, preliminarmente, afirmar que os dispositivos da lei que regem as sociedades cooperativas, Lei 5.764/1971, e que tenham mantido harmonia com o ato cooperativo no contexto tributário no momento em que foi promulgada a Constituição, foram recepcionados como lei formalmente complementar; e os preceitos que com ela não se harmonizavam foram ex-

9. *Tratado* ..., t. XLIX.

cluídos do sistema normativo nacional. A matéria – relativa ao *ato cooperativo* – nela prevista que se adequar aos princípios cooperativos universais somente poderá ser alterada por lei complementar. Considerando esses elementos normativos, já se pode afirmar que as disposições contidas no novo Código Civil, notadamente nos arts. 1.093 a 1.096, devem ser interpretadas considerando os limites contidos na atual lei do cooperativismo, não possuindo eficácia, no contexto da aplicação da norma tributária, naquilo que a contrariarem.

Isso permite-nos reafirmar que, havendo um tratamento adequado, já posto no momento da promulgação da Carta Política, pela Lei 5.764/1971 quando se iniciou a vigência da nova Carta, aquela lei passou a ter natureza complementar, registrando-se o mesmo fenômeno que ocorreu com a Lei ordinária 5.172/1966 — atual Código Tributário Nacional –, que se transformou em lei complementar tributária com o advento da Carta Política de 1967. Com essa transformação de natureza formal da legislação das cooperativas, operada pela Constituição de 1988, toda a legislação do imposto de renda passou a ser composta por leis de hierarquia inferior à lei que rege as cooperativas, e por isso a tributação deste imposto somente pode se operar nos limites da Lei 5.764/1971.

Aliás, é nesse sentido que se firma uma das conclusões a que chegou Renato Lopes Becho na sua alentada obra sobre o cooperativismo: "Após a Constituição Federal de 1988, por força do seu art. 146, as normas que tratam da tributação das cooperativas passaram a ser reservadas à lei complementar. As normas existentes sobre o assunto que veiculavam disposições que se adequam *[sic]* às características das cooperativas, passaram a ter formalmente natureza de lei complementar. Com isso, só podem ser revogadas, suprimidas ou alteradas mediante lei desta natureza (lei complementar)".[10]

10. *Tributação* ..., p. 207.

8. *O princípio constitucional da isonomia*

Um dos fundamentos essenciais do presente estudo é o principio da isonomia, que impõe uma tributação igual da renda dos associados a cooperativas e dos não-associados. Como se referiu, e se reafirmará adiante, trata-se de operações juridicamente iguais, e, por isso, não se pode tratá-las de modo diferente, sob pena de violar frontalmente a Carta Política, no seu princípio da igualdade, inscrito no art. 5º, *caput*.

Em relação à matéria tributária o princípio da isonomia é novamente repetido pela Constituição Federal – *no art. 150, II* – quando trata das limitações constitucionais ao poder de tributar, determinando expressamente que a lei não dê tratamento diferenciado entre contribuintes que se encontrem na mesma situação.

Não se diga que o fato de um produtor rural ser cooperado é fator de discrímen suficiente para justificar tratamento desigual. Ainda que fosse – o que se admite apenas para pôr um novo argumento –, o fato de ser cooperado jamais poderá determinar tratamento tributário mais oneroso, por força de todos os preceitos constitucionais em favor do cooperativismo, já exaustivamente comentados. Por outro lado, há que se levar em conta que a Carta, com intuito específico de concretizar na prática a igualdade, prescreveu, no art. 153, § 2º, I, que o imposto de renda *será informado pelos critérios da generalidade e da universalidade*.

Devendo o legislador aplicar os critérios da generalidade e universalidade como forma de *informar* o imposto de renda, sem dúvida que cada um dos elementos que compõem a hipótese de incidência da regra-matriz tributária deve atender a esses critérios. Dessa forma, o elemento passivo da sujeição tributária deve ser tratado como uma generalidade, sem que se possa estabelecer, entre os contribuintes, tratamento diferenciado. Tendo ficado constatado que a cooperativa é mera entidade, de natureza auxiliar, personificada especialmente para que presente seu associado, em caráter individual, na condição de pessoa física, não se pode estabelecer diferenças de tratamento adotando como elemento discriminador o ser, ou não, associado de uma cooperativa.

Por outro lado, o critério universal também informa outro elemento da regra-matriz de incidência, qual seja, a própria base de cálculo. Esta, devendo ser universal, rejeita que se adotem tipos de renda. Assim, o associado à cooperativa, como qualquer outro contribuinte, não pode ter parte de sua renda tributada de uma forma e outra parte por critério diferente. Disto tudo decorre que o legislador não pode fazer discriminação entre os rendimentos considerando como elemento diferenciador a origem. Por isso, o resultado da venda do agricultor cooperativado tem o mesmo tratamento conferido ao não-cooperativado.

9. Da sociedade cooperativa brasileira

Prescreve o art. 3º da Lei 5.764/1971 que "celebram contrato de sociedade cooperativa as pessoas que reciprocamente se obrigam a contribuir com bens ou serviços para o exercício de uma atividade econômica, de proveito comum, sem objetivo de lucro". Já no artigo seguinte a lei reitera que o contrato da cooperativa tem forma e natureza jurídica própria, com a finalidade de prestar serviços aos associados.[11]

Como referido, a atividade cooperativa envolve diversos tipos negociais distintos, que devem ser considerados de forma integrada pelo intérprete. Esses tipos e subtipos de negócios constituem elementos essenciais para definir a tributação, já tendo sido invocados em decisões do STJ (REsp 109.711-RS) como fundamentais, porque orientam o tratamento tributário das cooperativas. Estes, na lição de Walmor Franke (quase que literalmente repetidos na decisão citada), podem ser assim identificados:

"É preciso anotar as diversas espécies de negócios, ou atos negociais, que podem ser praticados pelas cooperativas.

"Surge em primeiro lugar o chamado 'ato cooperativo', também chamado 'negócio-fim' ou 'negócio cooperativo', ou, ainda, os negócios internos, isto é, as relações entre a cooperativa e os cooperados. É aqui que há o recebimento das mercadorias dos produtos dos cooperados, como exemplo que se adapta à espécie sob exame, de cooperativa de produtores rurais. Esse negócio-fim, evidentemente, é o ato cooperativo básico, fundamental. (...).

"As cooperativas, para chegar a esse negócio-fim, precisam praticar alguns atos com terceiros, que são os pressupostos necessários para a realização dos atos cooperativos. Se a cooperativa recebeu a produção de um cooperado, precisa vender essa produção a terceiros. Esse tipo de negócio constitui os chamados 'negócios externos' ou 'negócios de meio' – são os atos-meios para que se realize o ato cooperativo – ou, ainda, 'negócios de contrapartida': são as vendas dos produtos recebidos, para terceiros. Aí também, é claro, se está dentro da finalidade da cooperativa, pois esses atos são atos derivados do ato cooperativo, são decorrentes da função específica das cooperativas. (...).

"Em terceiro lugar, existem ainda outros negócios ou atos que são acessórios ou auxiliares para a boa administração da cooperativa: contratar empregados, alugar salas, vender imóveis, vender máquinas velhas, vender resíduos de beneficiamento ou produtos estragados e outras alienações eventuais. Aí, a cooperativa estará agindo não como uma sociedade comercial, mas

11. "Art. 4º. As cooperativas são sociedades de pessoas, com forma e natureza jurídica próprias, de natureza civil, não sujeitas a falência, constituídas para prestar serviços aos associados, distinguindo-se das demais sociedades pelas seguintes características: (...) II – variabilidade do capital, representado por cotas-parte; III – limitação do número de cotas-parte do capital para cada associado; IV – incessabilidade das quotas-parte do capital a terceiros, estranhos à sociedade; (...); VII – retorno das sobras líquidas do exercício, proporcionalmente às operações realizadas pelo associado, salvo deliberação em contrário da Assembléia-Geral."

como qualquer pessoa em atividade não-comercial, como uma associação civil que é, procurando não o lucro, mas simplesmente a mais-valia na forma de ganho (...).

"A quarta modalidade de negócios que pode ser praticada pelas cooperativas são os atos chamados 'vinculados à finalidade básica'. Serão os negócios com não-associados, autorizados pela lei das cooperativas nos art. 85, 86 e 88. São negócios com os não-associados ou investimentos em sociedades não-cooperativas. Esta é uma abertura que a lei deu, para que as cooperativas tenham condições de melhor funcionamento, porque poderão aproveitar uma capacidade ociosa na sua maquinaria, ou terão possibilidades de aplicar o dinheiro em investimentos, em vez de deixar o dinheiro parado. A lei autorizou que as cooperativas efetuassem esses tipos de transações. São atividades não ligadas ao objetivo principal, mas, de algum modo, com ele relacionadas, pois visam a dar uma melhor capacidade, um aproveitamento maior às virtualidades, às potencialidades da cooperativa (...).

"Por fim, existe uma quinta espécie de negócios que podem ser praticados pelas cooperativas. Podem no sentido fático, mas não no sentido jurídico, porque são negócios vedados pela lei. (...). O art. 24, § 3º, proíbe às cooperativas distribuir vantagens a associados ou a outras pessoas. (...). Esse tipo de transação não é permitido. (...). Parece claro que, praticando negócios ilegais, a cooperativa deixa de atuar como sociedade cooperativa, ou seja, como aquela associação que visa apenas a melhorar as condições econômicas dos associados."

A transcrição longa do autor se justifica porque, segundo a grande maioria dos estudiosos, é ele a maior autoridade no assunto. Como se pode notar, os pontos de vista transcritos inserem-se literalmente no contexto posto sob estudo.

Aplicando a lição do grande Mestre, reitera-se que a cooperativa é uma sociedade civil que atende a regras especiais; e, por isso, o tratamento a ela dispensado é totalmente específico. A entrega da produção à cooperativa, como já referido, implica mera *outorga de plenos poderes para a sua livre disposição*. A contabilização dos valores patrimoniais que estão envolvidos no tráfego de bens entre associados e cooperativa, e entre esta e terceiros, se forma a partir de vínculos jurídicos que devem se adequar a essa relação associativa, não se podendo confundir a entrega de bens do associado à cooperativa com venda, ou o recebimento de sobras com distribuição de lucros, ou a existência de um patrimônio universal administrado pela cooperativa como se fosse um patrimônio de uma sociedade comercial. Essa diferença decorre exatamente da institucionalização jurídica que tem como viga mestra o ato cooperativo. As relações patrimoniais relativas a toda a atividade do associado com sua cooperativa emergem em face desse relacionamento.

Além da mencionada diferença entre as sociedades cooperativas e as sociedades comerciais, deve-se acrescentar que no momento do registro, no órgão competente, dos atos constitutivos da sociedade comercial emerge nova personalidade jurídica, que passa a ter direitos totalmente diversos dos de seus sócios, havendo um limite bem nítido entre os direitos patrimoniais da sociedade e os direitos do sócio. A cooperativa, em face das peculiaridades da associação, tem a finalidade única de servir como entidade com poderes de, ao mesmo tempo, gerir a comunidade de interesses de todos e cuidar do interesse de cada associado isoladamente, como elemento que intervém nos negócios jurídicos, em nome individual dos associados, com vista à prestação de serviços. Esta personificação se dá de modo suficiente para que exerça sua finalidade.

10. A quem pertencem o capital e as reservas?

Tanto os princípios universais da cooperativa como a legislação brasileira impõem a formação de um capital que servirá de elemento econômico com vista ao cumprimento da finalidade da cooperativa. Com isto já se deve ressaltar que, pela aquisição de patrimônio conjunto comum – formado pela instituição de capital –, esse núcleo patrimonial está inserido num contexto jurídico associativo. Em outros termos, o contrato firmado entre os associados transmite sua natureza e eficácia também em relação aos direitos patrimoniais que se formam em relação a esse capital, que é reforçado pelas reservas calculadas sobre as sobras (3º Princípio Universal das Cooperativas, retrotranscrito – art. 28 da Lei 5.764/1971).

Assim afirmando, queremos insistir e, que o contrato de cooperativa não tem o condão de gerar um direito patrimonial, consubstanciado pelo capital e reservas, que conformam um patrimônio próprio da cooperativa. Segundo entendemos, não se forma uma relação jurídica de conteúdo patrimonial diferente do associativo, mesmo porque a existência de um patrimônio básico constitui um elemento acessório ao contrato principal. Sua finalidade deve sempre estar compreendida dentro do aparato necessário ao cumprimento do objeto associativo. Dessa forma, não há uma transmissão de direitos de propriedade do associado à entidade associativa, como se ela tivesse a titularidade patrimonial total sobre o valor representativo do capital e das reservas. Essa relação jurídica patrimonial comunitária é constituída como função assessoria, e é do mesmo conteúdo associativo, não se podendo conceber que esta, diferentemente dos elementos estruturais do contrato, tenha transferido poder jurídico conferindo titularidade de direitos de propriedade individualizados à cooperativa. Em face disso, entendemos que, no momento da constituição do capital, a destinação dos bens sempre será feita em nome e em beneficio da totalidade dos associados, atendendo inclusive aos princípios da *ajuda mútua* e da *propriedade comum dos sócios*. Assim, nos termos do 3º Princípio, antes referido, que está subjacente à formação da relação associativa nas cooperativas, é constituída uma relação jurídica específica que aglutina vínculos de propriedade comum dos associados sobre o capital e a reserva. Mas esta relação patrimonial não é constituída em favor de uma entidade associativa, mas em favor dos associados entre si, contraposta a direitos de terceiros. A entidade cooperativa simplesmente é a fachada por via da qual é promovida a relação jurídica inerente a um núcleo de direitos patrimoniais que cumprem função interna entre os associados e externamente constituem lastro de garantia a terceiros.

Os bens que consubstanciam o capital têm uma finalidade adesiva a esta atividade, não conformando qualquer traço de efeitos de uma alienação feita à cooperativa, mas em benefício de um núcleo de direitos e obrigações conjuntos. Esse núcleo patrimonial consubstanciado pelo capital e reservas constitui-se como figura que se assemelha ao condomínio, uma vez que tem natureza jurídica que implica co-propriedade. Por isso, os valores de capital, no momento da integralização, formam um patrimônio especial, indiviso, que passa a pertencer aos associados, destinado legalmente ao respaldo da prestação dos serviços. Essa conclusão ratifica-se com o direito de retirada unilateral de cada sócio – que implica devolução do capital –, deixando inequívoco que o capital das cooperativos está constituído de forma totalmente diversa do capital das sociedades comerciais. Isso impede que se afirme a existência de um núcleo patrimonial que tenha identidade e conformação próprias e individualizadas em benefício da cooperativa como ente individual.

Em outros termos, efetivamente, a cooperativa não tem um direito patrimonial específico, próprio, sobre os bens que compõem seu capital. Recebe um patrimônio que pertence de forma indivisa aos associados. A entidade, por via de poderes de presentação jurídica, administra este patrimônio comum. Com tais argumentos pode-se definir a questão fundamental para efeito da definição da tributação do imposto sobre a renda. Enquanto na sociedade comercial os bens, em face do seu objeto, no momento da integralização são alienados e passam a constituir um patrimônio da pessoa jurídica, na cooperativa passa a haver uma indisponibilidade desses bens em face de uma vinculação a uma finalidade de buscar a estruturação patrimonial dos serviços a serem prestados aos associados, que, ao mesmo tempo, servem de garantia de terceiros interessados nos casos de liquidação, e que passam a estar sujeitos a um regime jurídico especial.

Com os argumentos postos, já se pode concluir que a cooperativa constitui uma entidade especial que tem a finalidade de aglutinar os interesses dos associados como uma unidade e fazê-los presentes perante terceiros, incluindo nesta constituição jurídica uma forma de aglutinação de bens que servem para gerir o desenvolvimento da atividade associativa e garantir créditos perante terceiros. A cooperativa não adquire bens em seu nome. As compras implicam aquisição conjunta dos associados. Sua interveniência nos atos de aquisição presenta, no negócio jurídico, o conjunto associativo.

Cabe rememorar a lição de Pontes de Miranda: "O pertencer a um só sujeito é pressuposto necessário, porém não suficiente, de patrimônio. Os pressupostos necessários e suficientes são a unidade e a pluralidade potencial dos elementos 'direitos', 'pretensões', 'ações' e 'exceções'. Como conjunto, o patrimônio cresce, ou diminui, sem que se lhe altere a identidade. O conjunto vazio continua ser de patrimônio".[12]

Verifica-se, assim, que é pressuposto da existência de um patrimônio específico o "pertencer a um só sujeito" – o que não ocorre na formação das cooperativas.

Modesto Carvalhosa, comentando o tema, assevera: "O conceito de renda, portanto, é intrinsecamente ligado ao conceito de patrimônio, já exposto, no sentido de que patrimônio é conjunto de riqueza material, intelectual ou profissional *de uma pessoa capaz de produzir*, renda a qual, por sua vez, virá a se acrescer a esse mesmo patrimônio"[13] (grifamos).

O professor Paulo Frontini afirma que: "Patrimônio é o conjunto de *relações econômicas ativas e passivas pertinentes a uma pessoa*, de que é titular uma única pessoa; e cada pessoa só tem um patrimônio"[14] (grifamos).

Esse patrimônio, posto em risco, no contexto do objeto social de uma empresa comercial, em face do objetivo social, recebe um tratamento legal diferenciado para que se possa apurar o lucro, denominação que lhe é concedida pelo direito societário. Esse lucro emerge como uma variação quantitativa, que caracteriza um acréscimo patrimonial especifico. Na cooperativa, ao invés de se ter um patrimônio em que se contrapõe um ativo a um passivo, têm-se parcelas de patrimônio pertencentes a diversas pessoas aglutinadas, sob a administração da entidade associativa. Trata-se, pois, de uma aglutinação de partes, de direitos patrimoniais de associados, não se podendo cogitar de um incremento patrimonial, individualizado na entidade cooperativa, conformador de um núcleo patrimonial que possa constituir um acréscimo de patrimônio individualizado, pressuposto de incidência de imposto de renda.

As empresas comerciais exercem o direito de propriedade de forma a excluir o direito de outras pessoas, inclusive dos sócios ou acionistas. Este elemento, o que configura o princípio da entidade patrimonial, não se conforma nas cooperativas. Nestas não há um corte nítido de propriedade de bens conferidos à associação de forma definitiva, estabelecendo-se, neste contexto, uma relação de meros direitos de administração patrimonial destinados a fins nitidamente prescritos.

A relação jurídica patrimonial forma-se nos termos da lei aplicável, e, por isso,

12. Ob. cit., p. 366.

13. "Imposto de renda, conceituação no sistema tributário da Carta Constitucional", *RDP* 188/196.

14. "Periodicidade do imposto de renda II", Mesa de Debates, *RDTributário* 63/55.

não se pode confundir os registros contábeis da cooperativa – expressos por planos de contas especiais – com os que são feitos nas sociedades em geral. Vale dizer, o *ato cooperativo* encerra a relação patrimonial intersubjetiva especial entre o cooperado e sua entidade associativa. Os registros contábeis devem espelhar essa posição patrimonial com fidelidade.

11. Efeitos materiais do ato cooperativo

Pela natureza da cooperativa, o cooperado não perde sua individualidade negocial. A cooperativa, sendo entidade civil, universalmente reconhecida, é forma associativa típica que permite ao associado usufruir dos serviços que, no caso sob consulta, constituem-se de secagem, beneficiamento, venda de soja no mercado.

Comparando-se o cooperado com o produtor individual, que vende diretamente seu produto no mercado, tem-se uma só diferença: os custos do não-associado são diretos; surgem de forma direta, e a venda é feita por ele. No caso do cooperado há uma entidade de natureza típica, formada por um conjunto de produtores de um mesmo bem – associados –, que presta serviços, recebendo em depósito e beneficiando o produto, fazendo a venda, sem o intuito de lucro para a entidade, mas perseguindo o resultado de cada associado.[15] No final das vendas, pela característica da entidade, rateiam-se os custos incorridos, proporcionalmente ao volume de serviços recebidos. (art. 4º, VII, da Lei 5.764/1971), e devolvem-se as sobras. Cabe referir que entre os custos da venda são incluídos todos os desgastes dos bens de uso contínuo adquiridos com os valores destacados do capital e das reservas. Esse fato deixa mais uma vez evidente a relação íntima que existe entre o associado e o patrimônio conjunto dos associados.

Aqui já se identifica um elemento importante: segundo a lei que rege as cooperativas brasileiras, o valor dos custos incorridos para prestar os serviços onera diretamente o associado. Isso determina que o custo incorrido não pode ser separado do preço recebido, como se fosse um valor de natureza diversa. O custo rateado tem a mesma natureza do custo que cada não-associado tem ao promover, isoladamente, o beneficiamento e a venda dos seus produtos. A diferença é que o não-associado registra um custo real, exatamente igual a seu gasto; já o associado tem seu custo calculado por rateio dos custos da totalidade dos gastos da cooperativa.

Após a venda de todo o produto, os valores que poderiam constituir lucro na sociedade comercial, após constituída uma reserva de 10%, são distribuídos como sobra, que nada mais é do que complementação de preço obtido na venda dos bens de cada um dos cooperados.

Assim, já se têm elementos para reforçar argumentos e afirmar que a venda a terceiros feita pelo cooperado através da cooperativa é igual à feita pelo não-cooperado. Com essa afirmativa já se ressalta que a lei não pode tributar de forma mais gravosa o associado da cooperativa do que trata um não-associado. Além disso, a cooperativa não tem faturamento nem receitas, estas são obtidas em nome e conta de cada associado. Nos termos do art. 88, no momento de receber o produto a cooperativa passa a ter exclusivamente a "outorga de plenos poderes para sua livre disposição".

Com isto já se consolida ainda mais o que se pretende afirmar: a plena identidade – ou seja, igualdade – jurídica entre o associado e o não-associado no momento em que fazem investimento com vista a criar uma infra-estrutura para a produção e venda de seus produtos agrícolas.

Transpondo essa igualação para o âmbito da infra-estrutura de produção, identifica-se uma diferença: o não-associado é

15. "Art. 79. Denominam-se atos cooperativos os praticados entre as cooperativas e seus associados, entre estes e aquelas e pelas cooperativas entre si quando associadas, para a consecução dos objetivos sociais.

"Parágrafo único. O ato cooperativo não implica operação de mercado, nem contrato de compra e venda de produto ou mercadoria."

único dono do seu equipamento, já os associados têm seu equipamento numa espécie de patrimônio comum. Outra diferença é que a venda é feita, pelo que é cooperado, por via de um presentante que o substitui na negociação; no caso do não-cooperado há intervenção direta deste no ato da venda. No caso do associado a cooperativa presenta-o no momento do negócio jurídico com terceiros, sem que esta intervenção altere o negócio. Assim, essa presentação – este fazer presente –, esta *longa manus* do cooperado no momento da venda de seu produto, tem seu núcleo fundamental no ato cooperativo. A intervenção da cooperativa não tem o condão de alterar a natureza jurídica do pólo vendedor do negócio jurídico realizado.

Ante essa constatação, fica reforçado o que antes se afirmou: quando a cooperativa vende os bens dos cooperados não obtém receita própria e não faz faturamento; a receita juridicamente é dos cooperados no plano genérico, e pertence a cada associado na proporção de suas entregas. Da receita total é que se deduzirão os custos do serviço e do desgaste da estrutura material (equipamentos, instalação, etc.), que oneram diretamente o associado na proporção da sua venda, considerada a totalidade comercializada pela cooperativa, e se obtém o resultado total da venda conjunta dos associados, que será transferida a cada cooperado por via de distribuição de sobras. O valor recebido pelo cooperado, no momento em que autoriza a venda do seu produto, é acrescido da sobra e constitui sua "própria" receita de venda, já descontados os valores dos custos incorridos após a entrega do bem na cooperativa. Está incluído nessa totalidade das sobras o valor que deve ser levado à reserva.

Contudo, a reserva está juridicamente indisponibilizada, porque destinada à finalidade especifica da própria associação cooperativa. Por isso deve permanecer no patrimônio comum da cooperativa como reserva (3º Princípio Universal – art. 28 da Lei 5.764/1971). Nessa condição, constitui um investimento determinado na lei que, por regra, apesar de originariamente constituir receita do associado no período, deve ser considerado como parcela indisponível, que não integra o valor tributado da renda do produtor rural unicamente porque o associado não adquiriu a respectiva disponibilidade econômica e financeira dessa receita (art. 43, *caput*, do CTN).

12. A garantia de terceiros

Como já se referiu, os bens que compõem o patrimônio comum dos sócios se consubstanciam pelas reserva e o capital. Este pode ser resgatado pelo exercício do direito de retirada de cada um dos associados, imanente ao direito que emerge do princípio – cooperativo – de associatividade livre. E não há óbices legais quanto à redução do capital das cooperativas, uma vez que não há o direito à oposição dos credores (terceiros), das sociedades comerciais, nos casos de redução de capital (art. 174 da Lei 6. 404/1976[16]).

Constata-se, pois, que as garantias de terceiros nas cooperativas, em face de seus créditos, se resumem ao capital e às reservas, uma vez que os associados têm limitação de responsabilidade presa às quotas de capital subscrito (art. 11 da Lei 5.764/1971[17]), mas não têm direito ao recebimento das reservas, a não ser de forma indireta, como acima comentado.

16. "Art. 174. Ressalvado o disposto nos arts. 45 e 107, a redução do capital social com restituição aos acionistas de parte do valor das ações, ou pela diminuição do valor destas, quando não integralizadas, à importância das entradas, só se tornará efetiva 60 (sessenta) dias após a publicação da ata da Assembléia-Geral que a tiver deliberado.

"§ 1º. Durante o prazo previsto neste artigo, os credores quirografários por títulos anteriores à data da publicação da ata poderão, mediante notificação, de que se dará ciência ao Registro do Comércio da sede da companhia, opor-se à redução do capital; decairão desse direito os credores que o não exercerem dentro do prazo."

17. "Art. 11. As sociedades cooperativas serão de responsabilidade limitada, quando a responsabilidade do associado pelos compromissos da sociedade se limitar ao valor do capital por ele subscrito."

Tanto assim é que o associado, em caso de liquidação da cooperativa, deverá integralizar as quotas de capital ainda não realizadas, e a partir daí, em princípio, sua responsabilidade cessa, a não ser que tenha havido violação de prescrição contida na Lei 5.764/1971.[18]

Com esses argumentos constata-se que um dos elementos essenciais de garantia de terceiros constitui-se a partir do patrimônio – de todos os associados – conformado pela aplicação das reservas. Pela lei, uma das suas funções é atender ao desenvolvimento das atividades da cooperativa, figurando, sem dúvida, neste âmbito os investimentos feitos na aquisição dos bens vendidos sob enfoque.

O capital aglutinado deve estar disponível a qualquer associado, que pode pedir sua devolução ao se excluir do quadro social, desde que cumpra a garantia de eventuais prejuízos formados no curso do exercício em que ocorre sua retirada. O mesmo já não ocorre quanto às reservas. Em face de tais conteúdos jurídicos, de ordem patrimonial, pode-se afirmar que a cooperativa é entidade que, em relação ao capital e às reservas, é uma espécie de depositária destes valores, para resguardá-los da distribuição, figurando a diretoria, no sentido amplo, como responsável pelo resguardo de tais direitos.

A função jurídica da cooperativa, por via de sua administração, é a de cumprir os deveres dos sócios diante de terceiros, sem que estes terceiros tenham que se importar com a condição jurídica e patrimonial de cada associado. Em outro dizer, as reservas e o capital consubstanciam econômica e financeiramente a aquisição de bens que serão utilizados em benefício de todos os associados, mas também garantem os créditos de terceiros como se fossem patrimônio da cooperativa. Neste caso – a entidade patrimonial se estabelece de forma ficta –, exclusivamente para se prestar a essa função de interesse essencial à cooperativa. Sem ter uma garantia patrimonial originária, conjunta dos associados, seria impossível obter créditos junto a terceiros. Mas esta ficção é mais um traço da associação. Juridicamente, para efeito de representação patrimonial de garantia – que é feita pelos associados em conjunto –, a cooperativa é passível de ação de execução dos bens que adquiriu, nos limites em que estes representem o capital e as reservas. Deste contexto estão excluídos os produtos dos associados, desde que não tenham sido dados em garantia nos termos do art. 83 da Lei 5.764/1971. Com tais argumentos constata-se que novamente comparece um sujeito de direito – a cooperativa – que presenta o conjunto dos sócios, nessa situação de garantias de créditos diante de terceiros.

13. Da apuração da renda tributada

13.1 Dos fundamentos gerais

Não há dúvida na doutrina, na jurisprudência e na lei (art. 43 do CTN) de que a renda tributável constitui-se a partir de um acréscimo patrimonial novo, que deve ser apurado aplicando-se os critérios da universalidade e generalidade previstos no art. 153, § 2º, I, da CF.

Logo, as pessoas associadas e não-associadas devem constituir um mesmo gênero. Conseqüentemente, há impedimento constitucional para diferenciá-las. Por outro lado, o critério universal engloba numa só toda a totalidade das rendas de cada contribuinte. Dessa forma, para o presente caso, a renda tributável da qual se cogita deve ser constituída pela totalidade que cada associado recebe, uma vez que a cooperativa não aufere renda, pelo simples fato de não ter patrimônio próprio como entidade consolidada. Como se viu, ela é mera presentante de cada um dos associados, quer por prestação de serviço propriamente dito, como para gerir o patrimônio comum dos associados, conformado pelo capital e as reservas.

18. "Art. 68. São obrigações dos liquidantes: (...) VII – exigir dos associados a integralização das respectivas quotas-partes do capital social não realizadas, quando o ativo não bastar para solução do passivo; (...)."

Firmado esse conceito, cabe levar em conta o fluxo de renda para o associado em face de suas entregas na cooperativa, o que se dá basicamente por duas formas. A primeira ocorre no momento em que o associado recebe o valor correspondente à entrega do produto; a segunda ocorre no momento em que os associados, em Assembléia-Geral, promovem a distribuição das sobras.

As sobras, por si só, não constituem renda efetiva; são uma complementação do preço do produto entregue, recebida pelo associado. As sobras, no momento em que são identificadas, pertencem proporcionalmente a cada um dos associados É pela decisão da Assembléia que a relação patrimonial se estabelece numericamente entre o associado e o valor que lhe corresponde. Contudo, a sobra, como já referido, antes de ser dividida, primeiro tem uma parte destinada à formação de uma reserva exigida pelo art. 28, I, em um montante mínimo correspondente a 10%. Promovida a reserva, que por prescrição legal é indivisível, a sobra que corresponde a cada associado passa a constituir mera receita, que será contraposta a outros custos incorridos na produção do bem na lavoura, para que a diferença (entre os custos de produção e o valor total recebido) se constitua em renda tributável. Assim sendo, já se identifica um elemento de suma importância para a solução deste estudo: a natureza jurídica da reserva da cooperativa não constitui renda do período em que é apurada. O que for efetivamente pago como sobra é que, somado ao valor inicialmente recebido, deve ser contraposto aos custos do associado, anteriores à entrega da produção à cooperativa, e somente então poderá implicar tanto prejuízo como renda do período.

13.2 Destinação das reservas e seus efeitos tributários

A reserva prescrita no art. 28, I, passa a compor, junto com o capital subscrito pelos associados, o patrimônio que fica à disposição da gestão da cooperativa. A reserva tem conotação jurídica diferente do capital subscrito pelo associado: tem a finalidade específica de servir de reforço econômico à associação (3º Princípio Universal), destinado a reparar perdas e a atender ao desenvolvimento da atividade associativa. Ao mesmo tempo, por constituir patrimônio dos associados preservado legalmente da distribuição, é também garantia dos credores em eventual liquidação. Com esta constatação se pode reafirmar que a cooperativa tem fundamento econômico constituído pela aglutinação de parcelas de patrimônio, de cada associado, formado pelo capital e pela reserva.

Além disto, como já mencionado, capital e, conseqüentemente, reservas constituem legalmente instrumentos exclusivos de prestação do serviço da entidade a seus associados, porque de sua aplicação se obtém a estrutura material que, operacionalizada, resulta em serviço aos associados.

Esse plano secundário em que figura o patrimônio à disposição da cooperativa é que impõe a limitação dos resultados da cooperativa aos bens que tenham aplicabilidade direta ou indireta às operações compreendidas pelo ato cooperativo. Se a cooperativa adquirir um bem com vista à especulação, sem que tenha vinculação de uso à prestação de serviço, a comunidade dos associados estará praticando ato que deve ser considerado sob dois pontos de vista distintos: 1) sob a ótica da legislação cooperativa, é ato jurídico que se enquadra na quinta modalidade enunciada por Walmor Franke – texto retrotranscrito – e que constitui prática vedada; 2) nos termos da lei tributária, está-se praticando um ato que não tem qualquer vinculação com os efeitos do ato cooperativo. Por isso é que a lei determina a tributação dos resultados auferidos que não decorram diretamente do ato cooperativo. A lei das cooperativas ainda trata de outros negócios (a que se refere Walmor Franke), englobados na quarta modalidade de negócios jurídicos excepcionados nos termos dos arts. 87 e 111 da Lei 5.764/1971. Estes preceitos impõem, respectivamente, a tributação dos valores obtidos com operações desvinculadas do ato cooperativo e a transferência do resultado para o Fundo de Assistência Técnica e Educacional.[19]

Dessa forma, a legislação impõe um limite nítido entre atos específicos e típicos de cooperativa, reconhecendo-lhes um efeito especial. No caso de atos que não se inserem nesse contexto, não permite que os associados tenham qualquer fruição patrimonial sobre o *resultado* gerado com as operações. Os valores correspondentes ao resultado dos atos não-cooperativos passam à disposição da administração das cooperativas, que deve destiná-los a fins determinados em lei (art. 28, II). Com base nesse fundamento, os resultados com operações não-cooperativas não estão sujeitos às relações patrimoniais que emergem do ato cooperativo, e por isso são tributadas. Além disso, devem ser utilizadas em função do próprio sistema cooperativo. Tal dispositivo, que isola o resultado dos atos não-cooperativos, impõe a perda da fruição patrimonial dos associados do resultado, e efetivamente constitui regra fundamental do sistema cooperativo. Por um lado, permite à cooperativa atuar de forma plena no mercado para manter suas vendas sem qualquer interrupção decorrente das safras, bem como admite adoção de uma forma de utilização plena de sua capacidade para suportar as condições de sazonalidade. Por outro lado, veda que os associados se utilizem da entidade cooperativa para finalidades diversas e atuem no mercado em concorrência com as empresas comerciais. A tributação do resultado se impõe em face do princípio da isonomia, uma vez que já se demonstrou: pertencer a uma cooperativa não implica pagar menos imposto do que o não-cooperativado. Tendo em vista que qualquer ganho, genericamente considerado, de mera compra e venda de bens é tributado na pessoa jurídica como ganho de capital – sujeito a uma apuração especial –, não se pode cogitar de incluir operações não-cooperativas entre as que se inserem no âmbito do ato cooperativo.

Outro fator importante é constituído pelo fato de que o capital, por ser patrimônio que o associado vincula à cooperativa, já está tributado, diferenciado-se das sobras retidas que ainda não sofreram a tributação. Já se mencionou que as reservas estão indisponíveis juridicamente e, por isso, não constituem renda tributável, nos termos do art. 43 do CTN.

No momento em que se forma uma parcela de reserva, o associado passa a não ter um direito numericamente estabelecido sobre ela. No ano da formação da reserva a relação existente se formaria na proporção ditada em função dos volume dos bens entregues pelos sócios. Em outros termos, se a sobra fosse integralmente distribuída no final do período em que é gerada, certamente a relação de disponibilização individual seria diferente daquela que irá se estabelecer no futuro.

Assim, no momento em que a sobra é transformada em reserva não há qualquer critério de individualização a ser estabelecido com os associados, uma vez que esta – como reserva indivisível – passa a ser compensável com prejuízos futuros, que terão seus critérios de distribuição de onerações diferentes. Com isto já se identifica uma das principais características da reserva: não obstante pertencer a todos os associados, não há uma forma predeterminada de seu rateio entre os sócios, exatamente porque passa a integrar um patrimônio indivisível comum. O rateio irá variar na medida e em conformidade com sua utilização para compensar futuros prejuízos.

Sem dúvida, a conformação do conteúdo econômico – riqueza nova – é deduzida do conceito constitucional de renda, cumprindo o art. 43 mera formalidade

19. "Art. 111. Serão considerados como renda tributável os resultados positivos obtidos pelas cooperativas nas operações de que tratam os arts. 85, 86 e 88 desta Lei."

"Art. 87. Os resultados das operações das cooperativas com não-associados, mencionados nos arts. 85 e 86, serão levados à conta do 'Fundo de Assistência Técnica, Educacional e Social' e serão contabilizados em separado, de molde a permitir cálculo para incidência de tributos."

declarativa desse conceito, que, no caso específico, se conforma com os limites constitucionais. Dessa forma, nada impede utilizá-lo para explicitar melhor os elementos de formação do que vem a ser *renda* sob a ótica constitucional.[20] Na verdade, esse dispositivo engloba três elementos que traduzem conteúdos de significação distintos, a saber: 1) renda é produto de capital e de serviços, ou a combinação de ambos; 2) a renda deve estar disponível como coisa própria, caracterizada por elemento patrimonial específico pertencente a alguém; 3) o contribuinte, para ser tributado, deve ter direito a dispor do patrimônio novo consolidado juridicamente.

A constituição da reserva de 10% sobre a sobra, prescrita pelo art. 28, I, implica formação de um valor que pertence a todos os associados de forma indireta. Em face disto não existem a fruição e a disponibilidade factual desse valor pelo contribuinte, uma vez que a reserva somente pode ser utilizada como valor a ser compensado com futuros prejuízos.

Transpondo esse fato ao contexto do imposto sobre a renda, verifica-se, primeiro, que o pressuposto para admitir a tributação é a aquisição da disponibilidade econômica e jurídica da renda. Trata-se, assim, de um conjunto de três elementos que devem estar presentes. 1) a renda – riqueza nova; 2) a fruição da renda pelo recebimento; 3) o direito patrimonial – que traduz riqueza nova – individualizado, plenamente estabelecido. A não-conformação de nenhum destes três elementos permite que se afirme a impossibilidade de tributar a reserva enquanto tal.

A retenção da reserva é forma jurídica que o legislador encontrou para viabilizar a atividade da cooperativa, forçando investimentos. Em outros termos, a reserva constitui um elemento patrimonial que deve permanecer investido na atividade associativa como elemento universal e que não pode ser confundido com o capital de uma sociedade comercial. A disponibilidade econômica do valor da reserva, em face da sua caracterização legal, ocorre de forma indireta, sem que previamente se possa relacioná-la com um aumento de patrimônio de cada sócio.

Pode-se, pois, apontar duas diferenças fundamentais: (i) o capital e as reservas das sociedades comerciais estão submetidos ao princípio da entidade, em que os bens patrimoniais pertencem diretamente a esta, e, como tais, constituem pressuposto de incidência de imposto de renda, que tem como sujeito passivo a sociedade; (ii) as reservas das sociedades cooperativas, no momento em que se formam, pertencem indiretamente aos sócios e serão rateadas em cada ano em que o evento "prejuízo" ocorrer, em proporções calculadas em face das entregas feitas no ano. Como a proporção das entregas de cada sócio varia de ano a ano, se realça ainda mais a impossibilidade de se vincular qualquer elemento da reserva com um ganho direto de cada associado. O benefício de não ter que devolver valores relativos a prejuízos do ano, em face da decisão de compensar reservas, dependerá da matriz de cálculo, que será estabelecida pela proporção dos volumes de entrega dos sócios quando ocorrer a compensação.

O direito à reserva, no momento em que o sócio se retira da cooperativa, não é aglutinado ao capital para efeito do cálculo do valor a ser recebido. Legalmente, então, define-se a destinação da reserva como um valor que tem indisponibilidade direta para o sócio. O sócio somente tem acesso a seu uso no momento em que a Assembléia decide compensar prejuízos, que é fato de certa forma aleatório. Em outros temos, a reserva, enquanto tal, não constitui renda do associado.

20. "Art. 43. O imposto, de competência da União, sobre a renda e proventos de qualquer natureza tem como fato gerador a aquisição da disponibilidade econômica ou jurídica: I – de renda, assim entendido o produto do capital, do trabalho ou da combinação de ambos; II – de proventos de qualquer natureza, assim entendidos os acréscimos patrimoniais não compreendidos no inciso anterior."

14. *Encaminhamento da solução – Tipos de renda*

A aquisição dos bens vendidos – objeto de estudo – implicou aplicação de recursos carreados à cooperativa em forma de capital e da aplicação das reservas, com vista ao cumprimento de sua atividade associativa. Constituiu um patrimônio que pertence diretamente a todos os associados, adquirido para cumprir a finalidade associativa. Fica, assim, fora de dúvida que a existência desse patrimônio se insere entre os qualificados como ato-meio (segunda modalidade de negócios elencada por Walmor Franke, retrotranscrita). Sem a compra desses bens a associação não teria meios para cumprir sua finalidade. Estes bens se incluíam entre os direitos diretamente vinculados a uma finalidade básica da associação cooperativa, e o ganho decorrente de sua venda não pode ser considerado como formado fora do contexto do ato cooperativo. No caso das cooperativas agropastoris a Carta é clara quando, como mencionado, inclui no contexto do ato cooperativo o comércio e a armazenagem.

Pode-se, pois, afirmar que – o objeto deste estudo – se trata de venda vinculada a uma atividade inerente à cooperativa e, como tal, compreendida na não-incidência posta na lei das cooperativas (Lei 5.764/1971). Cabe ponderar que somente são tributáveis, nos termos do art. 111, os resultados positivos obtidos pelas cooperativas nas operações de que tratam os art. 85, 86 e 88 da lei.

Em outros termos, à exceção dos elementos patrimoniais expressamente indicados nos artigos citados, os demais ganhos não são tributados. Mais ainda: em face da competência que o legislador ordinário tem, nos termos do art. 146, III, "c", da CF, tais exceções somente poderiam ser alteradas por via de lei complementar, uma vez que, como se mencionou acima, a Lei 5.764/1971 passou a ter vigência no plano da legislação complementar após a promulgação da Constituição de 1988.

Os preceitos enumerados determinam sejam tributados, como resultados diretos da cooperativa, respectivamente, o resultado da venda de compras de não-associados, o fornecimento de serviços a não-associados e o resultado decorrente de participação em sociedades não-cooperativas. São também tributados os resultados decorrente dos atos que constituem o quinto tipo de negócio enumerado por Walmor Franke e que, como se referiu, são juridicamente vedados. Pela exclusão dos elementos enumerados, chega-se à conclusão de que não são tributados como renda da cooperativa os resultados decorrentes dos atos praticados ao amparo do ato cooperativo ou em função dele.

Esse é o entendimento do STJ, que pode ser deduzido do despacho do Min. Nílson Naves no REsp 328.775 (*DJU* 19.12.2001, p. 115), em que se decidiu pela tributação das atividades financeiras da cooperativa pela CPMF. Refere, assim, o Ministro, no que interessa no deslinde do presente estudo: "1. A jurisprudência do STJ tem enveredado no sentido de que a isenção prevista na Lei 5.764/1971, em combinação com o art. 111, RIR/80, art. 129, só alcança negócios jurídicos diretamente vinculados à finalidade básica da associação cooperativa". A mesma Corte também decidiu no sentido de tributar os resultados de atividades não estritamente vinculados à atividade-fim da cooperativa, e em face desse critério incluiu os juros como tributáveis. Veja-se o voto do Min. Demócrito Reinaldo no REsp 109.711-RS: "Não é inerente ao ente cooperativo a atividade desenvolvida junto ao mercado de risco. A especulação financeira, como forma de obter o crescimento da entidade, não é o meio que o legislador previu para tirá-la do campo de incidência do imposto sobre a renda".

Relembra-se que, como referido, no contexto das cooperativas agropastoris, o ato cooperativo deve ser estimulado, no que se refere a comercialização, armazenagem e transporte. Isso implica incluir no contexto do ato cooperativo todas as aquisições da estrutura física necessárias à prestação de serviços relativos a todos esses elementos. O resultado obtido na venda dos bens que compõem a filial-3 da Consulente, sem qualquer dúvida, se insere neste âmbito.

Por outro lado, a cooperativa não tem a propriedade dos bens vendidos, simplesmente porque não tem patrimônio próprio. Sua atividade se restringe a administrar o patrimônio dos associados. Trata-se, pois, de um valor situado fora da tributação pelo imposto de renda.

Pondera-se, então, que está superado, e carece de fundamentação, o entendimento consignado no acórdão 1011.92912 do 1º Conselho de Contribuintes, que decidiu tributar o resultado da alienação de bens do imobilizado de cooperativa, considerando a proporção em que ela promoveu com operação própria e com terceiros.

Para contestar a posição do Tribunal Administrativo basta considerar que tributação de operação com terceiros tem um procedimento de quantificação específico em que, em um cálculo isolado, já se tributa a "mais-valia" que lhe foi agregada. Por outro lado, uma vez que não se pode pensar em *isenção* de valores a tributar, cabe corrigir o uso da expressão empregada pelo próprio STJ para "não incidência". Falar em isenção de valores é manifestar o desconhecimento dos efeitos patrimoniais que decorrem do ato cooperativo. É, em síntese, não observar os lindes concernentes à formação dos direitos patrimoniais específicos que existem entre a cooperativa e as sociedades de fins lucrativos.

Tivesse a operação de venda ocorrido no seio de uma sociedade comercial, não se teria dúvida em afirmar que se trataria de um ativo imobilizado e o preço obtido na venda pertenceria à sociedade de forma direta, em face do princípio fundamental da identidade, que orienta o direito patrimonial. No caso, a exclusão do resultado da venda da tributação implicaria isenção efetiva. Os sócios teriam meros direitos patrimoniais indiretos sobre esse valor, o qual, juridicamente, pertenceria aos sócios após distribuído.

Contudo, não é assim no contexto da cooperativa. O princípio da identidade patrimonial, na forma já referida, não se consolida, uma vez que todos os gastos são rateados e todos os direitos sobre receitas e os direitos relativos aos bens pertencem diretamente a todos os sócios. Ocorre certa semelhança (não identidade) com as relações jurídicas que emergem de um condomínio, em que há um exercício de um só direito de propriedade por um conjunto determinado de pessoas. A venda pela cooperativa de um bem que utilizou, como elemento essencial à prestação de serviços aos associados, compõe o resultado genérico da venda feita pela cooperativa por ordem e conta dos associados. Contudo, esse ingresso não pode receber o tratamento que é dado ao preço de venda dos produtos, que deve ser liquidado anualmente. Por isso, deve ser apurado isoladamente, com vista à manutenção da reserva que foi aplicada na sua aquisição. Cabe lembrar, como argumento importante: (i)o produto é entregue à conta e ordem do associado, tendo a cooperativa o direito à sua mera disponibilidade; (ii) o capital e as reservas são aplicados exatamente na aquisição de meios para viabilizar a consecução do objeto da cooperativa e devem ser utilizados e orientados por critérios legais específicos.

15. Tratamento das receitas

Em um primeiro plano, há que se mencionar que a lei das cooperativas somente exige que se promova uma apuração anual das operações das cooperativas, devendo-se, nos enceramentos dos exercícios, promover o ajuste de todas as despesas, ficando os associados responsáveis pela cobertura das perdas, que obrigatoriamente devem ser levadas à aprovação da Assembléia que aprova as contas (art. 44, I, "c", e II, da lei das cooperativas[21]). Em face dessa re-

21. "Art. 44. A Assembléia-Geral Ordinária, que se realizará anualmente nos 3 (três) primeiros

gra, todo valor que deve permanecer à disposição dos associados está conformado pela reserva.

Por esse raciocínio poder-se-ia concluir que a lei, ao se referir genericamente a *prejuízos*, não faz qualquer diferenciação entre os prejuízos que devem ser compensados independentemente de serem decorrentes da atividade do próprio exercício como os que foram gerados no curso dos anos.

Para melhor discutir a questão, cabe relembrar o que se afirmou no início deste estudo: que as relações jurídicas, no contexto das cooperativas, se formam em dois planos jurídicos distintos: um que trata da prestação de serviços aos associados, que deve ser liquidado anualmente; e outro que regula a relação entre a associação e terceiros. Por isso, no momento em que emerge uma despesa ou uma receita no contexto da cooperativa podem ocorrer duas hipóteses distintas: a) a receita ou a despesa são relativas à venda dos bens do exercício, o que as relaciona com o serviço direto prestado ao associado no período; b) a perda ou o ganho apurados são relativos a investimentos de outros exercícios. No primeiro caso as receitas e despesas alteram os valores que devem ser retornados aos associados no período. No segundo caso, como a receita não tem relação direta com a apuração anual prevista, e indubitavelmente é decorrente da atividade da cooperativa no tempo, passa a ter uma vinculação estreita com o capital e reservas, uma vez que ela constitui uma resultante da aplicação desses elementos patrimoniais. Como se viu, tais elementos têm a finalidade de servir de suporte econômico à atividade associativa; e, por isso, seu tratamento deve ser diferente.

Aplicando esses mesmos critérios, pode-se afirmar que a definição do destino do resultado decorrente das receitas da venda de bens utilizados em diversos exercícios implica destinação do ganho, isoladamente apurado, vinculado às reservas. Essa questão, pela sua importância na definição final do presente estudo, passa a ser examinada mais detidamente.

A receita produzida pela venda da produção entregue pelo sócio vincula-se diretamente às sobras, que devem ter seu destino decidido na Assembléia anual. Mas o mesmo destino não é dado – ao menos de forma expressa na lei – no que se relaciona a resultado de venda, isoladamente considerado, de um bem que compõe o patrimônio permanente da associação. Mesmo não havendo vedação explícita, a distribuição desta receita aos associados no período em que ocorreu a venda, além de implicar distribuição de reserva, gera grave discrepância no tratamento dos associados em geral. Sem dúvida, haverá, no ano da venda, uma distribuição proporcional totalmente diferente da que ocorreu nos anos passados. Assim, se for considerada a colheita do ano que se encerra como parâmetro de distribuição do valor de receita gerado no tempo, poderá haver associado que tenha perda e outros, que casualmente tiveram uma grande colheita, que tenham mais ganhos. Assim, a definição da proporção de recebimento do resultado da venda em causa, formada a partir de posição das entregas no ano, é forma que certamente implica tratamento não admitido.

Em face desses argumentos, parecenos, deve-se manter sob um critério as receitas e despesas que correspondam à atividade anual, e sob outro critério as receitas e perdas que se formem em período não-anual. Com esses elementos já se dá um passo importante na solução definitiva da questão, uma vez que se define que tipo de

meses após o término do exercício social, deliberará sobre os seguintes assuntos que deverão constar da ordem-do-dia: I – prestação de contas dos órgãos de administração acompanhada de parecer do Conselho Fiscal, compreendendo: (...) c) demonstrativo das sobras apuradas ou das perdas decorrentes da insuficiência das contribuições para cobertura das despesas da sociedade e o parecer do Conselho Fiscal; II – destinação das sobras apuradas ou rateio das perdas decorrentes da insuficiência das contribuições para cobertura das despesas da sociedade, deduzindo-se, no primeiro caso, as parcelas para os Fundos Obrigatórios; (...)."

relação jurídica se estabelece em face do preço recebido pela venda dos bens.

Vê-se claro, a natureza da receita extraordinária não se confunde com a receita proveniente da venda de bens entregues pelos associados: trata-se da venda de um bem instrumental que servia de elemento de venda da produção adquirida com aplicação de parcelas de capital e/ou reservas. A receita total da venda do bem (incluindo a parte do "ganho" e também a parte do recurso investido do imobilizado ainda não depreciado) constitui patrimônio comum dos associados. Enquanto não for distribuída aos sócios não se configurará a hipótese deflagradora da relação jurídica tributária. Além disso, a intributabilidade reforça-se pelo fato, segundo entendemos: a) de se tratar de parcelas que, em face dos direitos de terceiros, não podem ser livremente distribuídas; b) de se tratar de realização de valores consubstanciadores de reserva, somente utilizáveis na compensação de prejuízos.

Mas, se os sócios, apesar dos óbices legais apontados, definirem pela distribuição após compensados os prejuízos do ano, esse valor terá o mesmo tratamento tributário do valor recebido pelo sócio no ano. Como tal, deve ser tributado na pessoa dos sócios.

16. Efeito tributário da compensação da receita com perdas sofridas

Nos termos da lei, no final de cada exercício os sócios devem repor os prejuízos da cooperativa, a não ser que haja reservas para compensar. Na verdade, caso se exija a reposição de prejuízos, ocorrerá a devolução de parcelas já recebidas no ano, que tem como conseqüência a redução da receita tributável de todos os associados.

Em outros termos, quando se promove a compensação com prejuízo se viabiliza a manutenção anual da receita de cada associado no nível dos pagamentos recebidos pela venda conjunta da safra. Esses fatos evidenciam que toda vez que se compensam prejuízos do período com reservas acumuladas estas são utilizadas em favor do Fisco, porque é uma forma jurídica de não se diminuir as receitas tributáveis já recebidas pelos associados no ano com devoluções de dinheiro para cobrir os prejuízos: isso implica maior renda destes a ser tributada.

Com tais argumentos já se tem fundamento para afirmar que (a) a formação da reserva, com a retenção de 10% das sobras, efetiva e legalmente, é forma de investimento feito na cooperativa, buscando a melhoria da prestação de serviços e (b) a compensação das reservas com prejuízos anuais é forma de compensar um ganho anterior com prejuízos no período.

Está, pois, comprovado que, no momento em que a Assembléia define a retenção da reserva – instituindo a indisponibilidade econômica e jurídica do valor correspondente –, não está decretando a não-incidência definitiva do imposto de renda sobre esse valor. No momento em que a cooperativa usa a reserva para compensar prejuízo, na realidade, todos os sócios estão oferecendo o valor em conjunto à tributação de forma indireta. Além disso, a reserva efetivamente constitui parcela de patrimônio que permanece na cooperativa, onde, em face da legislação específica, sua finalidade é ser aplicada em elementos patrimoniais em favor da finalidade associativa.

17. As reservas como fator de investimento (do produtor rural)

Pela legislação do imposto de renda, todo investimento de produtor rural pode ser imediatamente tomado como despesa, e os valores que excederem as receitas tributáveis serão imediatamente transferidos aos exercícios seguintes. Literalmente, o art. 314, combinado com o art. 62, § 2º, do RIR prescreve o direito à dedução imediata como despesa dos investimentos nas empresas rurais e da pessoa física.[22]

22. "Art. 314. Os bens do ativo permanente imobilizado, exceto a terra nua, adquiridos por pes-

Cabe ter em mente que a decisão de fazer o investimento é de cada contribuinte isolado. Mas o benefício fiscal posto na lei tem o nítido objetivo de incentivar a produção rural.

A capitalização na cooperativa, sem dúvida, é forma de promover um investimento que tem a função de contribuir na formação de uma estrutura que, de forma direta, influirá na obtenção da renda agrícola. Parece, pois, inequívoco que a contribuição do associado à cooperativa agrícola, até em forma de aquisição de parcelas de capital utilizando recursos já tributados, teria que estar compreendida no contexto do investimento. Por isso, teria que ser imediatamente dedutível da renda do associado.

Por outro lado, o valor retido como reserva nos termos da lei permanecerá na cooperativa como um investimento na estruturação dos negócios conjuntos. Como tal, nos termos do art. 62, § 2º, do RIR, constitui, para os produtores rurais, um investimento que será imediatamente alocado como despesa da atividade. Dentre os diversos itens que especificam tipos de investimento se destaca o inciso V do art. 62, § 2º, do RIR, que expressamente menciona "serviços técnicos especializados, devidamente contratados, visando a elevar a eficiência do uso dos recursos da propriedade ou exploração rural".

Sem dúvida que esse tratamento tributário, que transforma um investimento em despesa no momento em que é efetuado, é um benefício fiscal expressamente concedido ao produtor rural genericamente considerado. Deve, pois, ser estendido aos associados, em face da sua identidade com o produtor não-associado à cooperativa. Mas esse benefício não decorre da lei das cooperativas de forma direta. Ele deve ser reconhecido exatamente porque, pela natureza da associação cooperativa, o associado não perde sua personificação de contribuinte que lhe é reconhecida como pessoa física, mantendo, por isso, sua individualidade patrimonial. Atuando o associado e o não-associado em condições iguais, pelo princípio da isonomia, não se pode negar à reserva o caráter de investimento. Cabe, de forma expressa, advertir que a igualação entre associado e não-associado não envolve qualquer equiparação: trata-se de uma atuação, com meios específicos diferentes, de duas pessoas físicas.

No caso da constituição da reserva, como amplamente discutido, já se tem um

soa jurídica que explore a atividade rural (art. 58), para uso nessa atividade, poderão ser depreciados integralmente no próprio ano de aquisição (Medida Provisória n. 1.749-37, de 1999, art. 5º)."

"Art. 62. Os investimentos serão considerados despesas no mês do pagamento (Lei n. 8.023, de 1990, art. 4º, §§ 1º e 2º).

"§ 1º. As despesas de custeio e os investimentos são aqueles necessários à percepção dos rendimentos e à manutenção da fonte produtora, relacionados com a natureza da atividade exercida.

"§ 2º. Considera-se investimento na atividade rural a aplicação de recursos financeiros, durante o ano-calendário, exceto a parcela que corresponder ao valor da terra nua, com vistas ao desenvolvimento da atividade para expansão da produção ou melhoria da produtividade e seja realizada com (Lei 8.023, de 1990, art. 6º):

"I – benfeitorias resultantes de construção, instalações, melhoramentos e reparos;

"II – culturas permanentes, essências florestais e pastagens artificiais;

"III – aquisição de utensílios e bens, tratores, implementos e equipamentos, máquinas, motores, veículos de carga ou utilitários de emprego exclusivo na exploração da atividade rural;

"IV – animais de trabalho, de produção e de engorda;

"V – serviços técnicos especializados, devidamente contratados, visando a elevar a eficiência do uso dos recursos da propriedade ou exploração rural;

"VI – insumos que contribuam destacadamente para a elevação da produtividade, tais como reprodutores e matrizes, girinos e alevinos, sementes e mudas selecionadas, corretivos do solo, fertilizantes, vacinas e defensivos vegetais e animais;

"VII – atividades que visem especificamente à elevação sócio-econômica do trabalhador rural, tais como casas de trabalhadores, prédios e galpões para atividades recreativas, educacionais e de saúde;

"VIII – estradas que facilitem o acesso ou a circulação na propriedade;

"IX – instalação de aparelhagem de comunicação e de energia elétrica;

"X – bolsas para formação de técnicos em atividades rurais, inclusive gerentes de estabelecimentos e contabilistas."

preceito impositivo determinando a decisão da Assembléia (onde se manifesta o conjunto da decisão dos associados), que caracteriza nitidamente um investimento. Ou seja, a reserva nada mais é do que um investimento, e como tal deve ser imediatamente deduzido do valor a ser tributado.

Intensifica-se, assim, por uma segunda fundamentação legal, a exclusão dos valores levados à reserva da base de cálculo do imposto de renda de cada associado. Em outras palavras, o valor deixado na cooperativa, em cada ano, em forma de reserva, *prima facie*, constitui parcela de patrimônio dos associados, que é constituída de forma indivisa. Não pode ser tributado, em virtude da sua indisponibilidade econômica e financeira em face das prescrições contidas no art. 43 do CTN. Mesmo que fosse tributado, em face da sua destinação legal para servir de investimento dos associados na consecução de seus objetivos, implicaria intributabilidade por via indireta. Por isso estão presentes dois elementos que determinam a exclusão das reservas do contexto da tributação do imposto de renda: a) a indisponibilidade econômica e jurídica; b) a anulação de eventual receita (que poderá ser alegada sem fundamento pelo Fisco), com a imediata anulação, em face do caráter de investimento.

18. Respostas às indagações formuladas

O "ganho de capital" a que se refere a introdução deste estudo (1) não está sujeito à incidência do imposto sobre a renda, enquanto permanecer em reserva; (2) é obrigatória a destinação à reserva do valor referido; (3) este valor poderá ser compensado com futuros prejuízos anuais, e seus reflexos implicam, no contexto do rendimento de cada associado beneficiado, aumento de rendimento.

ESTUDOS & COMENTÁRIOS

A TEORIA COMUNICACIONAL DO DIREITO E O DIREITO TRIBUTÁRIO BRASILEIRO

DANIELA DE ANDRADE BRAGHETTA

Mestre em Direito do Estado pela PUC/SP. Advogada

1. Noções introdutórias. 2. O termo "comunicação": 2.1 Comunicação no Direito; 2.2 O Direito como texto; 2.3 Dogmática jurídica e teoria comunicacional do Direito; 2.4 A ação no Direito: 2.4.1 Ação e procedimento. 3. Conclusão.

1. Noções introdutórias

Sempre que nos depararmos com uma nova teoria, seja ela realmente inovadora ou uma simples decorrência de outra já existente, buscamos analisá-la em seus fundamentos para que, então, possamos declará-la mais ou menos útil em relação ao modelo até então seguido.

Assim, a trajetória do cientista do Direito é usualmente trespassada por novéis doutrinas que serão examinadas de acordo com seu grau de utilidade e clareza para, no momento seguinte, serem aceitas ou descartadas.

Diante dessas palavras introdutórias, deixamos claro que o modelo de estudo do direito tributário que adotamos foi construído por Paulo de Barros Carvalho com seu *Curso de Direito Tributário* e ainda com aquela que foi sua tese para a titularidade da Cátedra de Direito Tributário na Universidade de São Paulo, transformada no livro *Direito Tributário — Fundamentos Jurídicos da Incidência.*

Pois bem. O arquétipo doutrinário referido baseia-se fulcralmente na hermenêutica para análise dos fenômenos tributários. Parte da leitura dos textos positivos para, assim, interpretá-los e posteriormente compreendê-los dentro dos limites de nossa cultura.

Agregamos a isto uma teoria, denominada Teoria Comunicacional do Direito, desenvolvida por Gregório Robles Morchón, catedrático em Filosofia do Direito da Universidade de Palma de Maiorca, que tem como premissa estudar o Direito como texto, ou seja, como linguagem, não apenas partindo da leitura, mas, indo além, chegando à compreensão do mesmo.

A teoria, com ampla possibilidade de aplicação prática, parte do positivismo da primeira metade do século XX, cujo pensamento se apóia na corrente que descreve a realidade, em que fundamentais são os fatos para perceber que entre o observador e o observado têm entre si um elo, ou seja, a linguagem.

Assim, resumidamente se diz que os instrumentos de trabalho dos juristas são os textos. Mas qualquer tipo de texto? Óbvio que vai interessar para o Direito os textos jurídicos, cuja função é a de regular a ação humana, composto essencialmente pelo conjunto de normas jurídicas existente num determinado limite espacial, delimitando-se o espaço temporal analisado.

A noção primordial para entender o direito é entendê-lo como linguagem, como sistema de comunicação com a conseqüência patente de vê-lo como um texto, ou seja, é tudo aquilo suscetível de interpretação e compreensão.

Sendo o direito um sistema de comunicação entre seres humanos para organizar-se, é possível concluir se tratar dos atos de fala (do legislador, do judiciário etc.) os criadores dos textos jurídicos.

Afirma-se, ademais, ser a Teoria Comunicacional do Direito a análise da linguagem dos juristas ou a teoria hermenêutico-analítica de interpretação e decomposição do direito como um todo em seus elementos mais simples e individualizados.

2. *O termo "comunicação"*

Dizemos que o direito surge por meio da linguagem, percebendo que por intermédio dessa é que ocorre o processo comunicacional.

Lúcia Santaella[1] vai além, examinando o processo de comunicação inerente à atividade cultural: "(...) Considerando-se que todo fenômeno de cultura só funciona culturalmente porque é também um fenômeno de comunicação, e considerando-se que esses fenômenos só comunicam porque se estruturam como linguagem, pode-se concluir que todo e qualquer fato cultural, toda e qualquer atividade ou prática social constituem-se como práticas significantes, isto é, práticas de produção de linguagem e de sentido".

1. *O Que É Semiótica*, São Paulo, Brasiliense, 1983, p. 12.

Haverá comunicação sempre que um emissor estiver apto a transmitir uma mensagem a um receptor, que a compreenderá.

Nas palavras sempre precisas de Paulo de Barros Carvalho,[2] "o espírito humano sempre aspira por encontrar nas manifestações comunicacionais certa porção de coerência em relação ao mundo circundante, que lhe permita voltar ao *factum* da comunicação com recursos adequados ao entendimento da mensagem".

Em obra específica sobre o tema, Lúcia Santaella[3] afirma que "a comunicação é inevitável porque, mesmo quando não queremos, estamos o tempo todo emitindo mensagens para o outro. Ela é irreversível porque não podemos voltar atrás naquilo que já foi comunicado. Por fim, a comunicação é irrepetível porque todos e tudo estão continuamente mudando. Em razão disso, mesmo quando lemos o mesmo livro, ou assistimos a um mesmo filme pela segunda ou quarta vez, esse filme não será para nós o mesmo filme".

Mais adiante, a autora define comunicação como "a transmissão de qualquer influência de uma parte de um sistema vivo ou maquinal para uma outra parte, de modo a produzir mudança. O que é transmitido para produzir influência são mensagens, de modo que a comunicação está basicamente na capacidade para gerar e consumir mensagens".[4]

Nesse sentido, faz-se necessário frisar que a comunicação não é característica privativa dos seres vivos, podendo ser presenciada, e mais, constitui papel fundamental de máquinas e sistemas cibernéticos.

Relacionando o papel do direito na sociedade dos dias atuais, veja-se a definição

2. *Direito Tributário — Fundamentos Jurídicos da Incidência*, São Paulo, Saraiva, 1999, p. 1.
3. *Comunicação e Pesquisa*, São Paulo, Hacker, 2001, p. 22.
4. Lúcia Santaella, *Comunicação e Pesquisa*, São Paulo, Hacker, 2001, pp. 22-23.

de Celso Fernandes Campilongo[5] para comunicação:

"A sociedade pode ser examinada como uma rede de comunicações. O que diferencia o sistema social dos demais sistemas é exatamente isso. *A operação típica da sociedade é a comunicação, entendida como ato de transmitir, receber e compreender a informação.* A própria evolução sociocultural é exemplo da contínua transformação e ampliação das possibilidades de comunicação.

"No interior do sistema social, algumas formas de comunicação ganham especificidade tão grande que chegam a formar subsistemas com funções particulares. É esse, particularmente, o percurso do sistema jurídico moderno. Ele, hoje, é um conjunto de operações de comunicação diferenciado, por exemplo, da economia, da política ou da religião, e cumpre uma função específica, vale dizer, distinguir o direito do não-direito, o lícito do ilícito, o legal do ilegal. Em outros termos, na rede de comunicações da sociedade, o direito se especializa na produção de um tipo particular de comunicação que procura garantir expectativas de comportamentos assentadas em normas jurídicas" (grifamos).

Na análise que Manfredo Araújo de Oliveira[6] faz da obra de Jürgen Habermas, ele acredita haver, na comunicação, uma estrutura de dupla dimensionalidade, que seria a associação de um ato de fala (o dizer algo) com uma sentença de conteúdo proposicional (utilizada para comunicar sobre objetos). No seu entender, portanto, "só se realiza verdadeiramente uma compreensão quando pelo menos dois sujeitos atingem, ao mesmo tempo, ambos os níveis: a) o nível da intersubjetividade, no qual ouvinte e falante falam um ao outro; b) o nível dos objetos, sobre os quais eles se entendem".

2.1 Comunicação no Direito

Premissa basilar de nosso trabalho, então, seria uma visão do direito, e, mais especificamente, tratando da questão do comércio eletrônico, por meio da chamada *teoria comunicacional*, propondo-se abordar a linguagem por intermédio da análise desta em seu sentido hermenêutico.

Gregorio Robles[7] vem afirmar que "la teoría comunicacional del derecho se propone entender el derecho como un fenómeno de comunicación y no sólo como un orden coactivo de la conducta humana, un medio de control social o un ideal de justicia".

Ainda que se consiga esta ordem social, e mesmo que se alcance o controle social e o ideal de justiça, esta não é a função primeira do direito, que seria sim um sistema de comunicação, denominado "texto organizativo-regulativo",[8] destinado a regrar a convivência humana por intermédio de suas ações.

O "texto" a que nos referimos não seria apenas aquele escrito, mas qualquer realidade suscetível de interpretação, já que qualquer realidade humana, inclusive a social, poderá ser considerada como texto por ser algo que deve, necessariamente, ser lido e interpretado, para daí se extrair a compreensão de seu sentido. Dessa forma, a filosofia hermenêutica irá se basear, inevitavelmente, *na leitura, interpretação e compreensão.*

Paulo de Barros Carvalho esclarece graficamente esse processo hermenêutico:

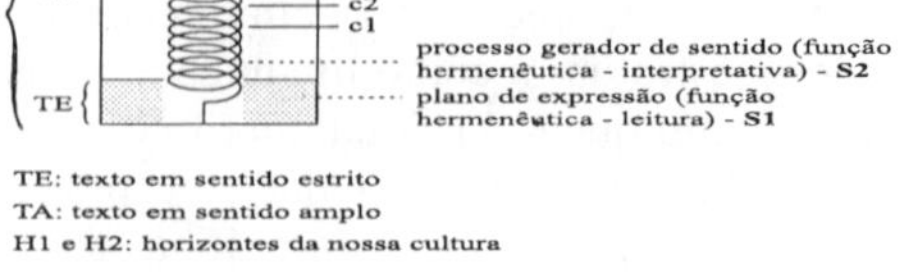

TE: texto em sentido estrito
TA: texto em sentido amplo
H1 e H2: horizontes da nossa cultura

5. *O Direito na Sociedade Complexa*, São Paulo, Max Limonad, pp. 161-162.

6. *Reviravolta Lingüístico-Pragmática na Filosofia Contemporânea*, São Paulo, Loyola, 1996, p. 297.

7. *El Derecho como Texto — Cuatro Estudios de Teoría Comunicacional del Derecho*, Madri, Civitas, p. 10.

8. Ob. cit., p. 15.

Nesse contexto, estaríamos diante de três planos, ou seja: *S3*, abarcado pelos diversos níveis de compreensão, o plano do conteúdo; *S2*, que seria o processo gerador de sentido, a interpretação, estando também no plano do conteúdo; e *S1*, que estaria no plano da literalidade textual ou da expressão e que seria a leitura.

Com o intuito de explicar a teoria comunicacional do direito, Ana Cebeira Moro[9] assevera: "La comunicación es posible gracias al lenguaje, sin comunicación la sociedad no es posible. Todo fenómeno cultural es una forma de comunicación de los hombres entre sí. La sociedad es um sistema comunicativo que se pone de manifesto de diferentes formas y niveles según el tipo de relación al que se quiera aplicar (relaciones privadas, económicas, políticas, religiosas...)".

Vem a ser uma análise da linguagem dos juristas que, por meio de um processo comunicacional, determina quais ações serão consideradas lícitas ou ilícitas para o direito.

2.2 O Direito como texto

Gregorio Robles[10] introduz sua teoria comunicacional do direito com a premissa básica de que uma sociedade qualquer sempre dependerá do direito para existir e, mais que isso, necessitará de uma linguagem comum. Sua definição seria de um sistema de signos que possibilitem a *comunicação* entre os membros da sociedade.

Como frisado anteriormente, seria essa a base da teoria comunicacional do direito: propõe-se a entender o direito não como ordem coativa da conduta humana,[11] meio de controle social ou ideal de justiça, mas sim como um fenômeno de comunicação, equiparando-se, assim, o direito à linguagem, ou ao *texto*. Com essa última afirmação estar-se-ia certificando ser o sistema do direito positivo um texto gerado por *atos de fala*,[12] que seriam o que chamamos de decisões jurídicas.[13]

Desta sorte, todo o sistema jurídico do direito positivo seria um texto em sentido lato, formado por um conjunto de textos que seriam a Constituição, os diversos tipos de leis etc., utilizando-se, para tanto, de uma linguagem prescritiva (dirigida à ação, como oportunamente veremos).

Mais que isso. O texto jurídico, diferentemente da moral ou dos usos sociais, é, também, institucional, no sentido de que é organizado, isto é, regulando as ações humanas, nos permite identificar todos os elementos necessários para a coadunação do fato ocorrido concretamente à norma jurídica, no caso do presente estudo, à norma tributária.

Poder-se-ia argumentar sobre a presença, num texto jurídico, de um caráter informativo. Na verdade ele está, sim, presente, mas sua função seria secundária, ou seja, seria posterior ao caráter regulativo intrínseco ao direito.

9. "Dogmática jurídica, sistema y norma jurídica", *Jurispoiesis* — Revista dos Cursos de Direito da Universidade Estácio de Sá, ns. 4/3-29, ano 2, Rio de Janeiro, Universidade Estácio de Sá, 2000, p. 13.

10. *Teoría del Derecho — Fundamentos de Teoría Comunicacional del Derecho*, v. 1, Madri, Civitas, 1998, p. 65.

11. O principal precursor do entendimento de que o direito seria uma ordem coativa seria Hans Kelsen, predominantemente em sua principal obra, *Teoria Pura do Direito*.

12. Esclarece J. L. Austin que o ato de dizer certas palavras, em detrimento de outras, para se referir a algo, seria um processo de exteriorização de um sinal audível, contrapondo-se a uma atitude interior, espiritual. Para o autor, trata-se de definição de difícil prova, mas que seria, em si, um fato (*How to Do Things with Words*, 2ª ed., Massachusetts, Harvard University Press, 2001, p. 13).

13. Segundo Gregorio Robles, "toda decisión implica una elección y, consiguientemente, la exclusión de las otras posibles alternativas. Decidir es elegir. Para elegir hay que estar convencido de que no se yerra o, al menos, de que la elección hecha es la menos mala. Para elegir entre varias alternativas hay que comparar. Y para comparar hay que valorar. El tema de la decisión nos lleva irremediablemente al de *los valores*, que son precisamente las pautas desde las cuales se valora o se enjuicia y, por tanto, se elige, esto es, se decide" (*Teoría del Derecho...*, cit., v. 1, p. 77).

No entender de Gregorio Robles, o modo usual de aparecimento do direito seria por intermédio da linguagem, incluindo o autor aqui tudo aquilo suscetível de ser transformado em linguagem. Entretanto, essa última assertiva não parece ser muito sustentável, haja vista não se tratar, nesse primeiro momento, de uma linguagem que efetivamente interessa ao direito.

Isto porque o direito falado gera dúvidas, é ambíguo e facilmente se perde. Neste contexto, faz-se necessária a utilização de linguagem escrita, base do direito pátrio.

2.3 Dogmática jurídica e teoria comunicacional do Direito

No entender de Paulo de Barros Carvalho,[14] "não é correta a proposição segundo a qual, dos enunciados prescritivos do direito positivo extraímos o conteúdo, sentido e alcance dos comandos jurídicos. Impossível seria retirar conteúdos de significação de entidades meramente físicas. De tais enunciados partimos, isto sim, para a *construção* das significações, dos sentidos, no processo conhecido como interpretação".

Dos enunciados prescritivos extraímos a interpretação, chegando então às normas,[15] o que nos leva a crer que o direito é linguagem.

Eis aí o ponto de partida para entender ser a dogmática jurídica, utilizando-se sempre do processo comunicacional de interpretação, uma ciência construtivista, não querendo com isso, como pretende Gregorio Robles,[16] refutar a descritividade do direito, já que estaria aquela intrínseca nesta.

2.4 A ação no Direito

O conceito de ação presente neste trabalho será referência para qualquer outro que porventura surja, por se tratar do objeto das normas.

Gregorio Robles[17] define "la acción, en su sentido genérico, como un conjunto de movimientos dotado de significado unitario. La acción, como he dicho antes, es una 'unidad'. Ahora añado: es una unidad de *significado*, cuyo referente es, simplemente, un conjunto de movimientos".

Vale dizer, ademais, que, sempre quando temos uma ação, necessariamente estará presente um agente humano. Nesse sentido, pode-se afirmar que todas as ações são eventos, pois há sempre uma conduta humana por trás de cada uma delas. Todavia, a recíproca não é verdadeira, isto é, nem todo evento é uma ação, uma vez que os eventos ocasionalmente prescindem da conduta humana, como no caso de uma inundação.

Seria a ação um movimento[18] ou conjunto de movimentos dotado de significado unitário, ou seja, trata-se do sentido de um conjunto de movimentos. Mais que isso: assim como o texto, é o resultado de um processo interpretativo oriundo da atividade intelectual, pois no seu caso também temos presentes a leitura, a interpretação e a compreensão.

Cada ato de linguagem é uma ação,[19] o que significaria dizer, reduzindo complexidades, que ação é texto.

Elementos necessários para a existência da ação seriam o movimento, o sujeito, o sentido (significado) e o marco hermenêutico de referência (aspecto cultural que proporciona a linguagem para compreender a ação).

Exemplificando, seria uma ação o ato de o sujeito "A", utilizando-se de um computador ligado à Internet, entrar no *site* (pá-

14. *Direito Tributário — Fundamentos Jurídicos da Incidência*, São Paulo, Saraiva, 1999, p. 17.

15. Cf. Eros Roberto Grau, *Ensaio e Discurso sobre a Interpretação/Aplicação do Direito*, São Paulo, Malheiros Editores, 2002, p. 17.

16. Ob. cit., v. 1, pp. 129 e ss.

17. Ob. cit., v. 1, p. 228.

18. O movimento, considerado em si mesmo, não seria uma ação, por carecer de significado, recebendo da ação o seu contexto.

19. Poder-se-ia afirmar ser o direito, nesse sentido, uma ação convencional. Assim, exemplificando, o fenômeno físico de "matar", considerado juridicamente, não tem significado.

gina colocada na rede de computadores) das lojas "X" e, fornecendo todos os dados ali determinados, concluir a operação, adquirindo um fogão.

2.4.1 Ação e procedimento

No entender de Gregorio Robles,[20] o procedimento "no es otra cosa que una *regla* o *norma* que establece lo que un sujeto *tiene que* [*müssen*] hacer para realizar una acción (en su sentido estático). Dicho de otra forma: todo procedimiento se expresa verbalmente (comunicativamente) por medio de una regla o norma que establece los requisitos necesarios del hacer en que consiste una determinada acción".

Mais além, evolui o autor,[21] afirmando que "la regla de procedimiento establece la acción genérica, el modelo o estereotipo de acción, del que la acción concreta no constituye sino la actuación de un sujeto determinado en una situación determinada de dicha acción genérica. Esta se manifiesta verbalmente en un procedimiento genérico que es el que establece la regla".

Pode-se concluir ter cada ação seu próprio procedimento, sendo este, utilizando o exemplo dado anteriormente, formado pelos atos de ligar o computador, conectá-lo à Internet, entrar no *site* específico, preencher todos os dados necessários e, finalmente, obter a confirmação de que a operação foi concluída.

3. Conclusão

O presente estudo busca apresentar as premissas da teoria comunicacional do direito, integrando-as com os ensinamentos de Paulo de Barros Carvalho mostrando, dessa forma, a possibilidade de coadunação entre os dois modelos.

Pretende, ademais, apresentar a aplicação prática das teorias, demonstrando, assim, o aproveitamento das mesmas em questões atuais, como o é o comércio eletrônico e a sua tributação.

20. Ob. cit., p. 234.
21. Ob. cit., p. 235.

ASPECTOS CONSTITUCIONAIS DA HIPÓTESE TRIBUTÁRIA DA TAXA PELA PRESTAÇÃO DE SERVIÇO PÚBLICO

VLADIMIR DA ROCHA FRANÇA
Mestre em Direito Público pela Faculdade de Direito do Recife (UFPE).
Doutorando em Direito do Estado pela PUC/SP

1. Introdução. 2. Tributo e serviço público como conceitos do direito positivo: 2.1 Conceitos do direito positivo e conceitos da Ciência do Direito – 2.2 O conceito jurídico-positivo de serviço público – 2.3 O conceito jurídico-constitucional de tributo no art. 145, "caput", da CF. 3. Considerações sobre a teoria da regra-matriz de incidência tributária: 3.1 Sobre as normas jurídicas – 3.2 As normas jurídicas tributárias e a regra-matriz de incidência tributária – 3.3 A instituição da regra-matriz de incidência tributária e o princípio constitucional da legalidade tributária – 3.4 Regra-matriz de incidência tributária e a competência para sua expedição. 4. Hipótese tributária da taxa pela prestação de serviço público: 4.1 Taxa pela prestação de serviço público como espécie constitucional de tributo – 4.2 Hipótese tributária e fato jurídico tributário – 4.3 Critério material da hipótese tributária da taxa pela prestação por serviço público: 4.3.1 Noções gerais – 4.3.2 O que vem a ser "serviço público específico e divisível"? – 4.3.3 E "utilização efetiva" e "utilização potencial"? – 4.3.4 Os serviços públicos concedidos ou permitidos podem compor o critério material da hipótese tributária da taxa? – 4.3.5 Critérios materiais possíveis para a taxa pela prestação de serviço público – 4.4 Os critérios espacial e temporal da hipótese tributária da taxa pela prestação por serviço público – 4.5 A base de cálculo da taxa pela prestação de serviço público e a questão do princípio da retribuição. 5. Considerações finais.

1. Introdução

Um dos temas que passou a chamar a nossa atenção foi o problema dos instrumentos jurídicos empregados para a remuneração pela prestação de serviços públicos. Não se pode negar a importância da questão para o exercício da cidadania.[1]

O cidadão é consumidor necessário desses benefícios gerados pelo Estado ou por quem atue como delegado deste. Afinal, a prestação de serviços públicos destina-se, como toda e qualquer atividade estatal, à materialização dos interesses públicos, ou seja, dos interesses consagrados na Constituição Federal.

1. Fundamento do Estado Brasileiro que determina a efetiva participação do cidadão na formação e exercício das prerrogativas que foram atribuídas ao Estado pelo direito positivo. V. CF, art. 1º, parágrafo único, II.

Como consumidor, o administrado precisa saber identificar o conjunto de preceitos jurídicos que regulam a prestação que usufrui, permitindo-lhe conhecer os seus direitos e garantias e, também, a reivindicação de uma atividade estatal o menos danosa possível aos seus interesses privados. O Estado, por sua vez, necessita empregar corretamente os instrumentos jurídicos de que o direito positivo o investe, para o melhor logro do interesse da coletividade.

Mecanismo interessante é referido no art. 145 da Lei Maior: "Art. 145. A União, os Estados, o Distrito Federal e os Municípios poderão instituir os seguintes tributos: (...) II – *taxas*, em razão do exercício do poder de polícia ou *pela utilização, efetiva ou potencial, de serviços públicos específicos ou divisíveis, prestados ao contribuinte ou postos à sua disposição*".

O que procuraremos fazer é, numa perspectiva jurídica,[2] analisar um dos meios que o direito positivo brasileiro determina para a prestação remunerada de serviço público, partindo do enunciado acima transcrito.

Inicialmente procuraremos elucidar os conceitos de tributo e de serviço público, referidos nesse dispositivo constitucional, para, logo após, tentar identificar o alcance das proposições que podemos dele construir. O direito positivo brasileiro constitui a base empírica do trabalho em nossas mãos.

2. *Tributo e serviço público como conceitos do direito positivo*

2.1 *Conceitos do direito positivo e conceitos da Ciência do Direito*

O conceito de serviço público representa um dos focos constantes de convergência de parcela considerável da doutrina. Embora não seja mais apontado como praticamente o sinônimo de toda a atividade desempenhada pelo Estado,[3] nunca deixou de ser um conceito discutido pela Dogmática Jurídica que se dedica ao direito público.

Todo conceito (ou definição) é composto por duas partes: uma, o *definiendum*, a palavra a ser definida; e a outra o *definens*, a enunciação de seu significado.[4] Os conceitos instrumentalizam o discurso, sejam eles frutos da liberdade de estipulação, sejam eles edificadores de uma realidade dentro do mesmo discurso.

O direito positivo – enquanto sistema de normas jurídicas válidas (postas ou assim reconhecidas pelo Estado) orientadas à regulação da conduta humana intersubjetiva em determinadas coordenadas de espaço e de tempo – emprega os conceitos para selecionar os dados da realidade social que lhe serão relevantes para a sua concreção. Embora não seja possível admitir que os elementos sociais referidos pelos conceitos do direito positivo "ingressem", em sua totalidade, no sistema, a sua influência na composição da realidade do direito positivo não pode ser ignorada. Aliás, o direito positivo constrói sua própria realidade, com base na realidade social em que visa a influir e segundo o padrão ideológico que lhe serve de norte. Se o meio físico é alterado pelo homem pelo trabalho, a intervenção humana na realidade social exige a linguagem normativa.[5]

Na perspectiva da Dogmática Jurídica, constitui o objeto da Ciência do Direito a descrição do direito positivo. Através de

2. Na acepção que a Dogmática Jurídica lhe confere, esclarecida adiante.

3. Como o fazia a chamada "Escola do Serviço Público". Cf. León Duguit, *Las Transformaciones del Derecho – Público y Privado*, trad. de Adolfo G. Posada, Ramón Jaén e Carlos G. Posada, Buenos Aires, Editorial Heliasta, 1975, pp. 37-41; e Gaston Jèze, *Los Principios Generales del Derecho Administrativo*, trad. de Carlos García Oviedo, Madri, Editorial Reus, 1928, pp. 283-284.

4. Eurico Marcos Diniz De Santi, "As classificações no sistema tributário brasileiro", in *Justiça Tributária*, São Paulo, Max Limonad, 1998, p. 135.

5. Lourival Vilanova, *As Estruturas Lógicas e o Sistema do Direito Positivo*, São Paulo, Max Limonad, 1997, p. 40.

proposições descritivas[6] busca o jurista identificar e compreender a estática e a dinâmica desse sistema prescritivo, empregando também conceitos.

Mas qual seria a diferença essencial entre os conceitos da Ciência do Direito e os conceitos do direito positivo?[7] Os conceitos são postos no discurso através de proposições, e, por conseguinte, recebem a qualificação própria de seus veículos de introdução.

As proposições do direito positivo são qualificadas como válidas ou inválidas, consoante sua pertinência ao ordenamento jurídico posto ou reconhecido pelo Estado. Por sua vez, as proposições da Ciência do Direito recebem o epíteto de verdadeiras ou falsas segundo sua capacidade de descrever ou não o fenômeno normativo. São injunções necessárias da dissociação metódica entre os mundos do ser e do dever-ser.

Portanto, os conceitos do direito positivo têm natureza prescritiva e vinculam a conduta daqueles responsáveis pela inserção e concretização das normas jurídicas no sistema. Tal conceito será válido ou não, consoante sua pertinência com o direito positivo.

Padecerão de falsidade, seguindo esse raciocínio, todos os conceitos da Ciência do Direito que forem de encontro aos conceitos do direito positivo.

Após esses esclarecimentos, vejamos o conceito de serviço público.

2.2 O conceito jurídico-positivo de serviço público

O conceito de serviço público tem especial relevância para o direito tributário positivo – as normas jurídicas válidas orientadas à regulação do fenômeno tributário[8] –, quando o Estado institui tributos[9] para a direta manutenção das atividades que deve desempenhar em prol do interesse social qualificado pela Constituição como interesse público.

O direito positivo pátrio não nos oferece um *definiens* para "serviço público", obrigando o jurista a realizar um intenso labor para identificar, através dos enunciados desse sistema, o conceito jurídico-positivo de serviço público. Tarefa, aliás, que a doutrina administrativista não almejou lograr com unanimidade.[10]

Voltemos novamente para o texto constitucional, no seu art. 175, *caput*: "Art. 175. *Incumbe ao Poder Público, na forma da lei, diretamente ou sob regime de concessão ou permissão*, sempre através de licitação, *a prestação de serviços públicos*" (grifamos).

Pelo que depreende desse enunciado, a prestação de serviço público constitui uma atividade privativa do Estado. Somente mediante sua regular concessão ou permissão é juridicamente permitido o desempenho dessa atividade pelo particular. E, mesmo assim, não perde o Estado a titularidade de tal atribuição.

Mas não basta apenas identificar quem desenvolve a atividade para qualificá-la juridicamente. É preciso ainda investigar no que consiste "prestação de serviço público".[11]

6. Para os fins de nosso ensaio, empregamos "proposição" como o significado construído a partir dos enunciados, ou seja, dos sinais empregados pelo homem para se comunicar. As normas jurídicas são, por exemplo, os significados edificados através da interpretação dos enunciados postos ou reconhecidos pelo Estado como pertinentes ao direito positivo.

7. Cf. Eurico Marcos Diniz De Santi, "As classificações ...", cit., in *Justiça Tributária*, pp. 130-133.

8. Cf.: Paulo de Barros Carvalho, *Curso de Direito Tributário*, 9ª ed., São Paulo, Saraiva, 1997, p. 11; e Geraldo Ataliba, *Hipótese de Incidência Tributária*, 5ª ed., 5ª tir., São Paulo, Malheiros Editores, 1996, p. 47.

9. Elucidaremos mais adiante o conceito de "tributo" adotado.

10. Cf. Elaine Cardoso de Matos Novais, "Serviço público: conceito e delimitação constitucional", in *Estudos de Direito Administrativo – Em Homenagem ao Professor Celso Antônio Bandeira de Mello*, São Paulo, Max Limonad, 1996, pp. 127-137.

11. Nossa proposta tem forte lastro teórico nas proposições científicas de Celso Antônio Bandeira de Mello (*Curso de Direito Administrativo*, 11ª ed., São Paulo, Malheiros Editores, 1999, pp. 477-481)

A prestação de serviço público constitui o *objeto de uma relação jurídica* entre o Estado (ou o particular a que ele delegou) e o cidadão. Afinal, *somente a conduta humana é passível de regulação jurídica, ou seja, de ser qualificada como obrigatória, proibida ou permitida pelo direito positivo.*[12]

O serviço público, *enquanto objeto da prestação*, representa uma comodidade ou utilidade material para o cidadão (ou mesmo outro ente estatal na posição de seu consumidor), cuja fruição é direta e depende necessariamente de seu oferecimento. São necessidades constitucional ou legalmente fixadas como bens (num sentido lato) relevantes para a coletividade. Como, por exemplo, os serviços de telecomunicações.[13]

Contudo, o serviço somente merecerá o adjetivo "público" quando se *tratar de objeto de uma prestação somente realizável pelo Estado ou por quem tenha recebido delegação hábil para tanto.* Mas outro elemento ainda se faz necessário para configurar o benefício como serviço público: o regime jurídico administrativo.

A distinção entre direito público e direito privado, ao nosso ver, não é meramente doutrinária. Através dos princípios jurídicos, o direito positivo fixa os pontos de convergência das demais normas jurídicas, visando a racionalizar a regulação da conduta social. No caso do direito público há um conjunto de princípios que torna peculiar a formação e o desenvolvimento de considerável parte das relações jurídicas entre o Estado e o particular, se comparadas com suas congêneres entre os particulares. O direito positivo não deixa de ser um só quando reparte-se em público e privado, havendo aqui, tão-somente, o metódico agrupamento de seus preceitos em prol dos interesses que deve concretizar.

Constitui o regime jurídico administrativo o conjunto de normas jurídicas válidas que regulam o desenvolvimento da função administrativa, centradas em dois cânones básicos: a prevalência do interesse público sobre o interesse privado e a indisponibilidade do interesse público.[14] Através da função administrativa o Estado (ou quem esteja no exercício de prerrogativas públicas) provê a expedição de normas jurídicas complementares às normas veiculadas pela Constituição e pelas leis, para dar cumprimento a estas, bem como o desenvolvimento das atividades materiais que se fizerem necessárias para tanto.[15]

Embora o regime jurídico seja um elemento "externo" ao objeto da prestação, influi aquele decisivamente para o regramento da relação jurídica que este mediatamente integra.[16] Todo serviço público deve ser prestado consoante o regime jurídico de direito público, mas nem todo benefício prestado sob esse conjunto normativo pode ser enquadrada como serviço público.

Já podemos, aqui, fixar o que entendemos como o conceito constitucional de serviço público: *serviço público consiste na comodidade ou utilidade material prestada pelo Estado (ou por concessionário ou permissionário), de fruição direta pelas*

e Lucia Valle Figueiredo (*Curso de Direito Administrativo*, 4ª ed., São Paulo, Malheiros Editores, 2000, pp. 72-75). Em face da relevância sócio-econômica dos serviços públicos, é possível, numa perspectiva mais ampla de Ciência Jurídica, classificá-los como uma espécie de atividade econômica (cf. Vladimir da Rocha França, *Invalidação Judicial da Discricionariedade Administrativa – No Regime Jurídico-Administrativo Brasileiro*, Rio de Janeiro, Forense, 2000, pp. 27-28). Contudo, a exigência metodológica da Dogmática Jurídica demanda tratar serviço público e atividade econômica como fenômenos juridicamente distintos, reconheçamos.

12. Cf. Geraldo Ataliba, *Hipótese ...*, cit., p. 22.

13. V. CF, art. 21, XI.

14. Sobre o regime jurídico administrativo v.: Celso Antônio Bandeira de Mello, *Curso ...*, cit., pp. 25-53; e Vladimir da Rocha França, *Invalidação ...*, cit., pp. 47-90.

15. Cf. Vladimir da Rocha França, *Invalidação ...*, cit., p. 24.

16. Quando conceituamos podemos buscar elementos internos ao objeto ou elementos "externos" – que lhe são relacionados em virtude de sua inserção dentro de uma realidade. Cf. Eurico Marcos Diniz de Santi, "As classificações ...", cit., in *Justiça Tributária*, pp. 129-130.

pessoas,[17] *sob o regime jurídico de direito público.*

Dúvida poderia remanescer quanto aos serviços de educação e saúde. Como não são privativos do Estado, sendo permitida sua prestação pelo particular, independentemente de delegação (embora sob forte regulação estatal), não podem ser enquadrados como serviços públicos.[18] Ao nosso ver, quando o Estado os presta ao cidadão deve ser empregado o regime jurídico administrativo.

No caso de atividade econômica desempenhada pelo Estado há a utilização do regime jurídico de direito privado naquilo que não atentar contra os cânones do regime jurídico de direito público.[19] Deve ainda ser lembrado que a atividade econômica é de titularidade própria dos particulares, dada a positivação constitucional da livre iniciativa, sendo a intervenção estatal de natureza excepcional, e somente admitida consoante os requisitos fixados pela própria Lei Maior.[20]

2.3 O conceito jurídico-constitucional de tributo no art. 145, "caput", da CF

Ao contrário do serviço público, o conceito de tributo encontra um *definiens* no art. 3º do CTN: "Art. 3º. Tributo é toda prestação pecuniária compulsória, em moeda ou cujo valor nela se possa exprimir, que não constitua sanção de ato ilícito, instituída em lei e cobrada mediante atividade administrativa plenamente vinculada".

Como foi veiculada por diploma legislativo anterior à ordem constitucional instaurada pela Constituição Federal de 1988, é preciso aferir se esse conceito jurídico-positivo foi ou não recepcionado, ou seja, se ainda remanesce válido ou não no sistema do direito positivo.

Diversas acepções são possíveis para "tributo":[21] quantia em dinheiro, prestação correspondente ao dever jurídico do sujeito passivo; direito subjetivo de que é titular o sujeito ativo; sinônimo de relação jurídica tributária;[22] norma jurídica tributária; complexo norma, fato e relação jurídica;[23] processo de positivação, em sua integralidade.

Mas em que acepção se emprega "tributo" no *caput* do art. 145 do texto constitucional? Explica Paulo de Barros Carvalho: "Que representa *instituir, criar, decretar* um tributo? Nesse instante, a fraseologia jurídica não admite digressões ou equivocidades: instituir um tributo é tarefa legislativa que se contém na edição de normas jurídicas, determinadas e peculiares, cuja estrutura ante-supõe a descrição de um fato a que o legislador associa o surgimento de um vínculo jurídico. Aliás, sendo o tributo uma instituição jurídica, e tomando-se o Direito como um sistema de normas, dificilmente poderíamos demonstrar que aquela realidade escapa da configuração normativa (...)".[24]

E lembra Roque Antônio Carrazza: "(...) a Lei das Leis ainda classificou os tributos em impostos, taxas e contribuições de melhoria (...) desenhando a *regra-ma-*

17. Vale advertir que empregamos "pessoa" no sentido de ente dotado de personalidade jurídica, da capacidade de ser sujeito de direitos e deveres no ordenamento jurídico. Podem fruir dos serviços públicos pessoas físicas ou jurídicas, tanto as de direito público como as de direito privado.

18. V. CF, arts. 205 e 209, sobre a educação; e arts. 196 e 199, também da Lei Maior, sobre a saúde.

19. V. CF, art. 173, *caput*, e §§ 1º, II e III, e 2º.

20. V. CF, arts. 1º, parágrafo único, IV, 170, *caput*, 173, *caput*, e 174. Cf. Vladimir da Rocha França, *Invalidação ...*, cit., pp. 27-28.

21. Cf. Paulo de Barros Carvalho, *Direito Tributário – Fundamentos Jurídicos da Incidência*, 2ª ed., São Paulo, Saraiva, 1999, pp. 77-78; e *Curso ...*, cit., p. 20.

22. Acepção defendida por Roque Antônio Carrazza, *Curso de Direito Constitucional Tributário*, 11ª ed., São Paulo, Malheiros Editores, 1998, p. 255; e Geraldo Ataliba, *Hipótese ...*, cit., p. 32.

23. Acepção que reflete o art. 3º do CTN, segundo Paulo de Barros Carvalho (*Curso ...*, cit., p. 19).

24. *Curso ...*, cit., p. 18 (grifos no original). No mesmo sentido Márcio Severo Marques, *Classificação Constitucional dos Tributos*, São Paulo, Max Limonad, 2000, p. 87.

triz (o *arquétipo genérico*, a *norma-padrão de incidência*) de cada uma destas figuras jurídicas e discriminando competências para que as pessoas políticas, querendo, viessem a instituí-las (sempre, como vimos, por meio de lei)".[25]

O legislador dispõe de liberdade de estipulação dos conceitos que deverão ser empregados no processo de concretização das normas que expede para a comunidade, observados os preceitos constitucionais. O conceito de tributo no art. 145, *caput*, da CF pode não guardar o mesmo significado que o conceito de tributo no art. 3º do CTN, e nem estava o constituinte obrigado a mantê-lo. Contudo, ambos os conceitos jurídico-positivos são válidos, e de modo algum tornam inviável a aplicação das normas jurídicas constitucionais e legais.

E de modo algum o conceito jurídico-constitucional de tributo, nesse enunciado da Lei Maior, retira a validade do conceito infraconstitucional de tributo veiculado pelo Código Tributário Nacional. Refere-se o art. 3º do CTN a todo o fenômeno jurídico da incidência: a instituição legal de uma norma jurídica que descreve um fato lícito, o qual, caso relatado mediante linguagem competente, enseja a instauração de uma relação jurídica de natureza obrigacional entre o Estado-administração ("Fisco") e o cidadão.

Mas como a fonte principal de nossas preocupações é justamente um enunciado constitucional, fiquemos com o conceito de tributo como norma jurídica, tal como veiculado pelo art. 145, *caput*, da CF. O tributo significa a regra-matriz de incidência tributária, uma das diversas modalidades de norma jurídica.

3. Considerações sobre a teoria da regra-matriz de incidência tributária

3.1 Sobre as normas jurídicas

As normas jurídicas são proposições prescritivas, construídas através dos enunciados do direito positivo. É somente através da interpretação, ou seja, mediante a atribuição de significados a esses sinais, que o jurista pode identificar a mensagem normativa.

Mas somente é possível constatar a norma jurídica completa quando se alcança uma unidade integral de significação deôntica,[26] sendo, para tanto, necessário: identificar os enunciados do direito positivo; aferir as proposições que estão veiculadas por esses enunciados; e, por fim, conjugá-las para se obter a norma jurídica completa.[27]

Todas as proposições do direito positivo são normas jurídicas, mas numa acepção lata. Isoladamente elas são insuficientes para a regulação efetiva da conduta, ou seja, qualificá-la como obrigatória, proibida ou permitida. É pela junção dessas proposições que se torna viável atingir essa finalidade.

O que caracteriza a norma jurídica, numa acepção estrita, "é o fato de ser *uma estrutura proposicional enunciativa de uma forma de organização ou de conduta, que deve ser seguida de maneira objetiva e obrigatória*".[28] Como inexiste uma forma-padrão para o revestimento verbal das proposições jurídicas, faz-se necessário o emprego da formalização, ou seja, da busca das estruturas lógicas que as sustentam.[29]

As normas jurídicas em sentido estrito podem ser normas jurídicas de organização ou normas jurídicas de conduta.[30]

25. *Curso* ..., cit., p. 255 (grifos no original). Cf. Geraldo Ataliba, *Hipótese* ..., cit., p. 48.

26. Em outros termos, permitir ao destinatário das prescrições do direito positivo discernir qual o comportamento devido e, de certo modo, a razão do mandamento.

27. Cf. Paulo de Barros Carvalho, *Direito Tributário* ..., cit., pp. 57-76.

28. Miguel Reale, *Lições Preliminares de Direito*, 17ª ed., São Paulo, Saraiva, 1990, p. 95 (grifos no original).

29. Lourival Vilanova, *As Estruturas* ..., cit., p. 95; e Eurico Marcos Diniz De Santi, *Lançamento Tributário*, São Paulo, Max Limonad, 1996, pp. 33-34.

30. Cf.: Paulo de Barros Carvalho, *Direito Tributário* ..., cit., pp. 35-37; Eurico Marcos Diniz De Santi, *Lançamento* ..., cit., pp. 54-55; Miguel Reale, *Lições* ..., cit., pp. 95-97.

As normas jurídicas de conduta possuem uma estrutura bimembre, prescrita pelo próprio sistema do direito positivo, constituída por duas proposições hipotético-condicionais.[31] Elas têm por objeto a conduta humana intersubjetiva, regulando-a consoante os padrões sociais incorporados ao sistema do direito positivo através de sua qualificação como obrigatória, permitida ou proibida.

No primeiro membro, a norma primária, sua hipótese compreende a descrição de um eventos ou eventos de possível ocorrência na realidade,[32] cuja constatação implica um conseqüente, prescritor de um dado efeito: uma relação de direitos e deveres entre dois sujeitos de direito. O segundo membro, a norma secundária, possui na hipótese a descrição da inobservância dos deveres prescritos na norma primária, implicando uma relação angular entre os sujeitos de direito e o Estado, no exercício da função jurisdicional.[33]

A norma jurídica de conduta caracteriza-se pela disjuntividade. O sujeito da relação tem a opção de seguir a conduta lícita (prescrita na norma primária) ou a conduta ilícita (definida na norma secundária), suportando as conseqüências de sua escolha.

Cabe às normas jurídicas de estrutura ou de organização regular a produção das demais normas jurídicas. São compostas por uma estrutura implicacional, mas não bimembre como as normas de conduta. Disciplinam a conduta de introduzir, modificar ou extinguir as normas jurídicas e seus efeitos.

Dentre as várias áreas de intervenção das normas jurídicas encontra-se o fenômeno da tributação.

31. Cf. Lourival Vilanova, *Causalidade e Relação no Direito*, 2ª ed., São Paulo, Saraiva, 1989, pp. 123-125; e *As Estruturas* ..., cit., pp. 111-112.

32. Passaremos a nos referir a essas ocorrências pela expressão "suporte fático".

33. Lourival Vilanova, *Causalidade* ..., cit., p. 125. As normas primárias são as normas qualificadas como de "direito material", enquanto que as normas secundárias, de "direito processual". Os membros das normas de conduta não deixam de ser, isoladamente, normas jurídicas.

3.2 As normas jurídicas tributárias e a regra-matriz de incidência tributária

O fenômeno da instituição, arrecadação e fiscalização das prestações destinadas ao Fisco disciplina-se pelas normas jurídicas tributárias. São elas: as normas jurídicas que regulam o exercício da função legislativa em matéria tributária; as normas jurídicas que estipulam os elementos dos eventos de possível ocorrência e das relações jurídicas tributárias; e, por fim, as normas que fixam as providências administrativas necessárias para a materialização desses vínculos jurídicos.[34]

Dentre as normas jurídicas tributárias destaca-se a regra-matriz de incidência tributária. Ela é denominada pela doutrina como a norma jurídica tributária em sentido estrito.[35]

A regra-matriz de incidência tributária consiste em uma norma primária que associa a uma classe de eventos distantes do ilícito uma relação jurídica que obriga o sujeito passivo a recolher uma quantia em dinheiro aos cofres públicos, a relação jurídica tributária.[36]

Leciona Paulo de Barros Carvalho: "Os modernos cientistas do direito tributário têm insistido na circunstância de que, tanto no *descritor* (hipótese) quanto no *prescritor* (conseqüente), existem diferenças a critérios, aspectos, elementos ou dados identificativos. Na hipótese (descritor), haveremos de encontrar um critério material (comportamento da pessoa), condicionado no tempo (critério material) e no espaço (critério espacial). Já na conseqüência (*prescritor*), depararemos com um critério pessoal (sujeito ativo e sujeito passivo) e um critério quantitativo (base de cálculo e alíquota). A conjunção desses dados

34. Cf. Paulo de Barros Carvalho, *Direito Tributário* ..., cit., p. 79.

35. Paulo da Barros Carvalho, idem, ibidem.

36. Cf.: Paulo de Barros Carvalho, *Direito Tributário* ..., cit., pp. 80-84; Eurico Marcos Diniz De Santi, *Lançamento* ..., cit., pp. 110-111; e Geraldo Ataliba, *Hipótese* ..., cit., p. 21.

indicativos nos oferece a possibilidade de exibir, na sua plenitude, o núcleo estrutural da norma-padrão de incidência tributária".[37]

São esses os elementos que serão agrupados na regra-matriz de incidência tributária para viabilizar a efetiva vinculação da conduta do contribuinte aos interesses fiscais assegurados pela Constituição.

3.3 *A instituição da regra-matriz de incidência tributária e o princípio constitucional da legalidade tributária*

Dentre essas normas jurídicas de estrutura temos o princípio constitucional da legalidade tributária.[38] Trata-se de uma norma jurídica de posição privilegiada no direito positivo pátrio, determinando limites objetivos para a ação do Estado[39] e, de certo modo, para o próprio cidadão.

O art. 5º, II, da CF tem o seguinte enunciado: "Art. 5º. (...) II – ninguém será obrigado a fazer ou deixar de fazer alguma coisa senão em virtude de lei".

Conforme o princípio da legalidade, o Estado somente pode intervir na esfera jurídica do cidadão, imputando-lhe direitos ou deveres, diante de permissivo legal que autorize tal atividade e mediante norma jurídica legal conforme os preceitos constitucionais.[40] Dada a ausência de norma jurídica veiculada por lei, fica o Estado impedido de exigir qualquer prestação por parte do cidadão.[41]

Como bem ensina Roque Antônio Carrazza: "(...). Bastaria este dispositivo constitucional para que tranqüilamente pudéssemos afirmar que, no Brasil, ninguém pode ser obrigado a pagar um tributo ou a cumprir um dever instrumental tributário que não tenham sido criados por meio de lei, da pessoa política competente, é óbvio. Dito de outro modo, do princípio expresso da legalidade poderíamos extratar o princípio implícito da legalidade tributária".[42]

Optou o constituinte por colocar um enunciado explícito para o princípio da legalidade tributária, constante no art. 150, I, da Lei Maior: "Art. 150. Sem prejuízo de outras garantias asseguradas ao contribuinte, é vedado à União, aos Estados, ao Distrito Federal e aos Municípios: I – *exigir* ou aumentar tributo sem lei que o estabeleça" (grifamos).

E lembra Hugo de Brito Machado: "O princípio da legalidade pode ser entendido em dois sentidos, a saber: (a) o de que o tributo deve ser cobrado mediante o consentimento daqueles que o pagam e (b) o de que o tributo deve ser cobrado segundo normas objetivamente postas, de sorte a garantir plena segurança nas relações entre o Fisco e os contribuintes".[43]

Para criar o tributo, por conseguinte, inovar originariamente a ordem jurídica, é preciso haver competência legislativa.[44] Somente enunciados veiculados por lei podem ser empregados pelo jurista para composição da regra-matriz de incidência tri-

37. Cf. Paulo de Barros Carvalho, *Curso* ..., cit., pp. 151-152.

38. Os princípios jurídicos são normas jurídicas de estrutura que asseguram a coerência, objetividade e concreção do ordenamento jurídico-positivo, prescrevendo os valores (fundamentos constitucionais) e finalidades (diretrizes constitucionais) que devem ser observados pelo Estado e pelo cidadão na sua vida jurídica. Cf. Vladimir da Rocha França, "Questões sobre a hierarquia entre as normas constitucionais na Constituição de 1988", *RTJE* 168/117-118, janeiro-fevereiro de 1999.

39. Paulo de Barros Carvalho, *Curso* ..., cit., p. 93.

40. Cf. Carlos Ari Sundfeld, *Fundamentos de Direito Público*, 2ª ed., São Paulo, Malheiros Editores, 1993, p. 156.

41. Cf.: Geraldo Ataliba, *República e Constituição*, 2ª ed., atualizada por Rósolea Miranda Folgosi, São Paulo, Malheiros Editores, 1998, pp. 123-124; e Caio Tácito, "O princípio da legalidade: ponto e contraponto", in *Temas de Direito Público (Estudos e Pareceres)*, Rio de Janeiro, Renovar, 1997, p. 339.

42. *Curso* ..., cit., p. 167. Cf. Vladimir da Rocha França, "Questões ...", cit., *RTJE* 168/126.

43. *Princípios Jurídicos*, p. 17. Cf. Roque Antônio Carrazza, *Curso* ..., cit., pp. 167-168.

44. Hugo de Brito Machado, *Princípios* ..., cit., p. 25.

butária, uma vez que a relação jurídica tributária tem por objeto uma obrigação de dar.[45] Sem dispor de proposições jurídicas legais sobre os critérios que informam a hipótese e o conseqüente tributários fica impedida qualquer atividade administrativa fiscal que vise à exigência do implemento de relação jurídica tributária.[46]

Daí afirmar a doutrina majoritária que a legalidade tributária indica uma legalidade estrita, associando-lhe o princípio da tipicidade fechada, que vedaria, entre outras técnicas legislativas, o emprego dos chamados "conceitos indeterminados".[47]

É a lei ordinária o veículo adequado para a introdução de regra-matriz de incidência tributária, podendo haver excepcionalmente o recurso à lei complementar quando expressamente previsto na Constituição.[48] Recorde-se, ainda, que, quando o texto constitucional emprega "lei", esta deve ser entendida como um produto do Poder Legislativo resultante do processo legislativo prescrito pela própria Constituição.[49] E, recorrendo mais uma vez às lições de Roque Antônio Carrazza: "A lei ordinária (inclusive e principalmente a que cria ou aumenta tributos) tem uma força própria: a *força de lei*. A *força de lei* consiste na possibilidade que ela tem de inovar na ordem legislativa não-constitucional (conjunto de normas de nível legal) preexistente (*força de lei ativa*) e, ao mesmo tempo, de não ser afetada por normas de inferior hierarquia (*força de lei passiva*)".[50]

3.4 Regra-matriz de incidência tributária e a competência para sua expedição

No sistema do direito positivo brasileiro há todo um conjunto de normas jurídicas de estrutura veiculadas pela Constituição Federal vinculando decisivamente o exercício da função legislativa em matéria tributária, ou seja, a competência tributária.[51] Exercitada tal prerrogativa, ela se esgota, permitindo o surgimento da capacidade tributária ativa, outra prerrogativa do Estado consistente na atividade da arrecadação da prestação tributária.[52]

A Constituição Federal estabelece os limites para o exercício da competência tributária, atribuindo aos contribuintes direitos fundamentais, tais como o direito à segurança jurídica, o direito à propriedade e o direito à igualdade.[53] Esses e outros direitos constitucionais, ao lado dos demais preceitos que, direta ou indiretamente, dizem respeito à regulação jurídica do fenômeno tributário, formam o "estatuto do contribuinte".[54] Somente através de sua observância a tributação fica conciliada com os fundamentos e diretrizes constitucionais.[55]

45. Paulo de Barros Carvalho, *Direito Tributário* ..., cit., p. 73-74.

46. Cf.: Paulo da Barros Carvalho, *Curso* ..., cit., p. 98; Roque Antônio Carrazza, *Curso* ..., cit., pp. 169-176; e Hugo de Brito Machado, *Princípios* ..., cit., p. 28.

47. Cf.: Paulo de Barros Carvalho, *Curso* ..., cit., p. 98; Roque Antônio Carrazza, *Curso* ..., cit., p. 283; e José Juan Ferreiro Lapatza, "Norma jurídica y seguridad jurídica", *RDTributário*. 61/10, 1993. Em prol de uma "tipicidade aberta", v. José Marcos Domingues Oliveira, "Legalidade tributária – O princípio da proporcionalidade e a tipicidade aberta", *RDTributário* 70/109-114, 1998.

48. Roque Antônio Carrazza, *Curso* ..., cit., pp. 185-186. Cf. Paulo de Barros Carvalho, *Curso* ..., cit., pp. 44-46. V. CF, arts. 148, *caput*, e 154, I.

49. V. CF, arts. 59 e ss. A legalidade tributária não deixa de ser uma proteção constitucional à instituição da propriedade, assegurada nos art. 5º, XXII e XXIII, da Lei Maior.

50. *Curso* ..., cit., p. 202.

51. Cf.: Paulo de Barros Carvalho, *Curso* ..., cit., p. 140; e Roque Antônio Carrazza, *Curso* ..., cit., p. 255. "Função legislativa" compreende a expedição de normas jurídicas complementares à Constituição ou que inovam originariamente a ordem jurídica, estabelecendo novas classes de fatos e relações jurídicas, para a efetivação dos interesses constitucionalmente consagrados. Mas ela pode ser tomada num sentido mais amplo (cf. Vladimir da Rocha França, *Invalidação* ..., cit., pp. 19-20).

52. Cf.: Paulo de Barros Carvalho, *Curso* ..., cit., p. 140; e Roque Antônio Carrazza, *Curso* ..., cit., p. 305.

53. V. CF, art. 5º, *caput*.

54. Cf. Roque Antônio Carrazza, *Curso* ..., cit., pp. 278 e 306-307.

55. Esses valores e finalidades estão elencados nos arts. 1º, parágrafo único, e 3º, todos da CF.

Somente as pessoas políticas podem instituir tributos, por serem as únicas dotadas de poder legislativo e, por conseguinte, de competência tributária.[56] Os espaços da competência tributária de cada uma das pessoas políticas são delimitados por normas constitucionais de estrutura, que apontam previamente os tributos cuja criação lhes é permitida, preservando, assim, o princípio federativo.

Adverte-se que não houve criação de tributos pela Constituição Federal, mas ela tão-somente discrimina as competências tributárias e estabelece os limites para o seu exercício,[57] ainda que oferte enunciados cujas proposições vinculam as pessoas políticas na confecção dos enunciados que servirão de ponto de partida para a identificação da regra-matriz de incidência tributária.

Noutros termos: a Constituição fixou o arquétipo de toda e qualquer regra-matriz de incidência tributária, determinando os espaços semânticos a serem observados pelas pessoas políticas quando a institui.[58] E, portanto, da taxa pela prestação de serviços públicos.

Centraremos nossa atenção em uma das partes da taxa pela prestação de serviços públicos: sua hipótese tributária.

4. *Hipótese tributária da taxa pela prestação de serviço público*

4.1 *Taxa pela prestação de serviço público como espécie constitucional de tributo*

Voltemos ao enunciado do art. 145, II, da Carta Magna:[59] "Art. 145. A União, os Estados, o Distrito Federal e os Municípios poderão instituir os seguintes tributos: (...) II – *taxas*, em razão do exercício do poder de polícia ou *pela utilização, efetiva ou potencial, de serviços públicos específicos ou divisíveis, prestados ao contribuinte ou postos a sua disposição*".

A competência tributária para a instituição dessa espécie de tributo foi, portanto, repartida entre as pessoas políticas.[60]

Dois aspectos, constantes do tributo, servem para distingui-los das demais espécies constitucionais. São a hipótese tributária e um dos aspectos do conseqüente tributário, a base de cálculo.[61] Não há unanimidade na doutrina quanto ao número de espécies constitucionais de tributos ou quanto ao modo como os mesmos devem ser agrupados nas classificações da Ciência do Direito. Entretanto, a taxa é tributo que sempre se faz presente nas proposições jurídico-científicas que consultamos.

O que tentaremos a seguir é, seguindo a estrutura da regra-matriz de incidência tributária, identificar quais as proposições constitucionais que influem no desenho legal da hipótese tributária da taxa pela prestação de serviço público.

4.2 *Hipótese tributária e fato jurídico tributário*

A hipótese tributária é composta por uma proposição que descreve algo passí-

56. Roque Antônio Carrazza, *Curso* ..., cit., pp. 307-308.

57. Roque Antônio Carrazza, idem, pp. 308-209. Cf.: Paulo de Barros Carvalho, *Curso* ..., cit., pp. 42-44; e Márcio Severo Marques, *Classificação* ..., cit., pp. 154-155.

58. Cf.: Roque Antônio Carrazza, *Curso* ..., cit., pp. 311-312; e Geraldo Ataliba, *Hipótese* ..., cit., pp. 32-33 e 48.

59. Interessante notar que a redação desse dispositivo constitucional guarda similaridade com o constante no art. 77 do CTN: "Art. 77. As taxas cobradas pela União, pelos Estados, pelo Distrito Federal ou pelos Municípios, no âmbito de suas respectivas atribuições, têm como fato gerador o exercício regular do poder de polícia, *ou a utilização, efetiva ou potencial, de serviço público específico ou divisível, prestado ao contribuinte ou posto à sua disposição*" (grifamos).

60. Cf. Márcio Severo Marques, *Classificação* ..., cit., pp. 167-168.

61. V. CF, arts. 145, § 2º, e 154, I. Cf.: Paulo de Barros Carvalho, *Curso* ..., cit., p. 23; e Roque Antônio Carrazza, *Curso* ..., cit., p. 173. Leciona Paulo de Barros Carvalho (*Direito Tributário* ..., cit., p. 170) que padecem do vício de inconstitucionalidade os tributos fixos, ou seja, desprovidos de base de cálculo e de alíquota, por quebra desses preceitos da Lei Maior.

vel de ser fato jurídico tributário.[62] Apesar de estruturada no modo lingüístico descritivo, ela não é sujeita a verificação empírica para que o seu relato pelo agente competente (fato jurídico tributário) faça surgir a relação jurídica tributária prescrita em seu conseqüente.

Com melhor precisão o magistério de Lourival Vilanova sobre a hipótese da norma jurídica: "(...). É descritiva, mas sem valor veritativo. Quer dizer, verificado o fato jurídico, no suporte fático, ou não verificado, a hipótese não adquire valor-de-verdade. Mas a hipótese da proposição normativa do Direito tem um *valer* específico: vale, tem validade jurídica, foi posta consoante o processo previsto no interior do sistema jurídico. A mesma hipótese contida no projeto de lei apresenta o mesmo conteúdo de significação, mas não vale ainda, enquanto não se transforma em lei. Diremos: o deôntico não reside na hipótese como tal, mas no vínculo entre a hipótese e a tese. *Deve-ser o vínculo implicacional*. Em outro giro: deve-ser a implicação entre hipótese e tese".[63]

O que determina a identidade da regra-matriz de incidência tributária – em relação às demais normas jurídicas – não é o seu conseqüente normativo, mas sim sua hipótese, como leciona Geraldo Ataliba.[64] Os textos do direito positivo empregam, todavia, "fato gerador" para designá-la.

Essa expressão tem sido profundamente criticada,[65] por designar duas realidades distintas: a descrição legal de um evento ou de uma classe de eventos que pode ser referido por fato jurídico tributário; e o próprio fato jurídico tributário.

Na hipótese tributária há a descrição de um evento (ou uma classe de eventos) que pode *ocorrer* na realidade circundante do homem. Para tanto é preciso que haja a fixação dos critérios material (no que consiste), espacial (onde deve ocorrer) e temporal (quando deve ocorrer) do evento tributário, que devem estar presentes no evento constatado por quem detiver a atribuição de constituir o fato jurídico tributário.

O fato jurídico tributário também constitui uma descrição, mas, por sua vez, de um evento *ocorrido* no mundo das percepções dos sentidos humanos. O fato jurídico não é simplesmente fato social, mas sim o enunciado proferido pela linguagem competente do direito positivo, e articulado com a teoria das provas.[66]

Tal como a hipótese tributária, o fato jurídico tributário fixa os elementos material (o que consistiu), espacial (onde ocorreu) e temporal (quando ocorreu) do evento tributado.

A relação jurídica tributária não surge da sua prescrição geral no conseqüente da regra-matriz de incidência tributária, ou da configuração do evento descrito, em termos abstratos, pela hipótese dessa norma jurídica.[67] Nasce simultaneamente com o fato jurídico tributário, compondo o conseqüente de norma jurídica individual e concreta.

62. Paulo de Barros Carvalho, *Direito Tributário* ..., cit., p. 24.
63. Em seu *As Estruturas* ..., cit., pp. 95-96 (grifos no original). Cf. Paulo de Barros Carvalho, *Direito Tributário* ..., cit., pp. 24-25.
64. *Hipótese* ..., cit., p. 48.
65. Cf.: Paulo de Barros Carvalho, *Curso* ..., cit., pp. 154-156; e Geraldo Ataliba, *Hipótese* ..., cit., pp. 51-52.

66. Paulo de Barros Carvalho, *Direito Tributário* ..., cit., p. 89. O que justifica essa lição – explica esse jusfilósofo – é a distinção que existe entre fato e evento (idem, pp. 85-89): O evento compreende o percebido pelo homem (*v.g.*, o frio), enquanto o fato, o relato que este emprega para comunicar o que percebeu (*v.g.*, "sinto frio"). "(...) para o *ponto de vista do Direito*, os fatos da chamada realidade social serão simples eventos, enquanto não forem constituídos em linguagem jurídica própria" – lembra, ainda (idem, p. 89).
67. A norma é geral quando se limita a indicar os critérios que devem estar presentes nos aspectos intrínsecos ao vínculo relacional (os sujeitos ativo e passivo, a prestação e o objeto da prestação) que deve ser instaurado, caso materializada e devidamente relatada a sua hipótese. Já na norma individual há a especificação dos sujeitos ativo e passivo, bem como da prestação e seu respectivo objeto, consoante a subsunção dos elementos pessoais do caso concreto ao prescrito no conseqüente daquela outra norma. Mas não adentraremos aqui, como já advertimos no estudo dos conseqüentes tributários.

Tanto o fato jurídico tributário como a relação jurídica tributária, por conseguinte, são proposições do direito positivo, e, não se confundindo, respectivamente, com o evento descrito e a conduta individual que se deseja diante deste.

Os elementos da realidade social que servirão de suporte fático para a hipótese tributária são necessariamente valorados pelo órgão legislativo responsável por seu delineamento lingüístico e constatados pelo órgão administrativo responsável pela confecção do fato jurídico tributário.[68] Contudo, observadas as normas constitucionais de estrutura que vinculam o desempenho da instituição do tributo, como já vimos.

Três critérios se fazem presentes na hipótese tributária: o critério material, o critério espacial e o critério temporal, como vimos.[69] Vejamos como a Constituição delineou esses aspectos para a taxa pela prestação de serviço público.

4.3 Critério material da hipótese tributária da taxa pela prestação por serviço público

4.3.1 Noções gerais

O critério material da hipótese tributária refere-se ao comportamento de pessoa, física ou jurídica, não qualificado como ilícito pelo direito positivo. Sua identificação se faz através do verbo e complemento empregados para representar a conduta no plano da linguagem jurídica.

A Constituição Federal permite às pessoas políticas a instituição de taxas pela "utilização, efetiva ou potencial, de serviços públicos específicos e divisíveis, prestados ao contribuinte ou postos à sua disposição".[70]

As taxas são classificadas por Geraldo Ataliba[71] como tributos vinculados, haja vista o critério material da hipótese tributária referir-se a uma atividade estatal. Para diferenciá-las das contribuições explica que a atuação estatal descrita tem direta e imediata relação com o contribuinte.[72]

A prestação de serviço público, como vimos, constitui uma atribuição privativa do Estado, podendo ser desempenhada por particular quando há sua regular delegação, e, ainda sim, precedida de licitação. Mas para haver a taxa pela prestação de serviço público faz-se imprescindível que essa atividade estatal esteja devidamente prevista em lei.

A legalidade administrativa determina que a Administração Pública somente pode fazer aquilo que a lei lhe autorizar. Na ausência de norma jurídica legal que determine o serviço público a ser prestado tal atividade fica impossibilitada.

A Constituição estabelece um amplo rol de serviços públicos, discriminando as competências legislativas para sua instituição e, por conseguinte, as competências administrativas para sua prestação. Seguindo a lição de Geraldo Ataliba: "Não há necessidade de a Constituição discriminar competências para exigência de taxas (como há, pelo contrário, no que respeita impostos), porque a h.i. da taxa é sempre uma atuação estatal (atividade de polícia, prestação de serviço público). A pessoa pública competente para desempenhar a atuação, e só ela, é competente para legislar sobre sua atividade e colocar essa atuação no núcleo da h.i. de taxa sua".

A hipótese das normas jurídicas pode selecionar eventos que já foram objeto de

68. Lourival Vilanova, *As Estruturas* ..., cit., p. 98.

69. Deve-se ressaltar que tanto a hipótese como o conseqüente tributários são unidades de significação, somente podendo seus elementos ser separados para os estritos fins do estudo científico.

70. V. CF, art. 145, II.

71. Em seu *Hipótese* ..., cit., p. 129. V. também: Paulo de Barros Carvalho, *Curso* ..., cit., p. 30; e Roque Antônio Carrazza, *Curso* ..., cit., p. 326. Diferenciando-as, assim, dos impostos, tributos não-vinculados por não conterem na hipótese tributária a descrição de evento diverso de atuação estatal e relacionado com a esfera jurídica do contribuinte (idem, p. 121).

72. Roque Antônio Carrazza, idem, ibidem.

consideração por outras normas jurídicas ou, mesmo, condutas já qualificadas pelo direito positivo. O que a hipótese tributária da taxa pela prestação de serviço público realiza é a descrição de um comportamento do contribuinte que tem direta referência com uma outra relação jurídica, entre o mesmo e o Estado: a relação jurídica de serviço público.

Tal como a relação jurídica tributária, a relação jurídica de serviço público surge quando configurado um fato jurídico. Como este vínculo jurídico integra o critério material da taxa pela prestação de serviço público, a instituição do tributo sob análise fica prejudicada caso ausente a norma jurídica que viabilize essa atuação estatal.[73]

Seguindo a lição de Geraldo Ataliba: "(...). No caso da taxa a Constituição está impondo duas exigências: uma que haja o exercício do poder de polícia ou a prestação de serviços públicos, primeira exigência; segunda exigência, que haja uma lei dizendo que essas atividades do Estado ensejam a incidência de tributos. Então, duas leis, uma administrativa de polícia ou de serviços públicos e uma tributária, qualificando esses fatos para o efeito de fazerem nascer obrigações tributárias. Também aqui é perfeita a fidelidade do texto constitucional às melhores propostas da Ciência Jurídica".[74]

A competência para instituir a taxa será da pessoa política à qual foi constitucionalmente designado o desempenho da atividade estatal, configurada no critério material da hipótese tributária da norma sob análise.[75]

4.3.2 O que vem a ser "serviço público específico e divisível"?

Dentre os conceitos infraconstitucionais válidos temos os referidos no art. 79 do CTN:[76] "Art. 79. Os serviços públicos a que se refere o art. 77 consideram-se: (...) II – específicos, quando possam ser destacados em unidades autônomas, de intervenção, de utilidade ou de necessidade pública; III – divisíveis, quando suscetíveis de utilização, separadamente, por parte de cada um de seus usuários".

O estudo do direito positivo deve partir da Constituição Federal, mas não se restringe somente à Constituição Federal. Se a legislação, recepcionada ou posterior à ordem constitucional posta, oferece-nos conceitos, devemos verificar seu grau de compatibilidade com as proposições jurídicas da Lei Maior.

O serviço público, como todo e qualquer conceito jurídico, pode ser recortado pela hipótese normativa e não ingressar, em toda sua totalidade semântica, na composição do fato jurídico que ensejará a relação jurídica prescrita no conseqüente normativo. Como também pode a hipótese normativa selecionar apenas uma espécie dentre o gênero referido mediante o conceito. É o que acontece com a hipótese tributária da taxa pela prestação por serviço público.

No foco de nossas preocupações – o art. 145, II, da Lei Maior – há o emprego de "serviços públicos específicos e divisíveis".[77] Portanto, é evidente que nem toda a espécie de serviço público pode servir como elemento para o pressuposto da taxa pela prestação de serviço público.

73. Fábio Barbalho Leite, "O conceito de serviço público para o direito tributário", in Elizabeth Nazar Carrazza (coord.), *Direito Tributário Constitucional*, São Paulo, Max Limonad, 1999, p. 182.

74. "Taxas e preços no novo texto constitucional", *RDTributário* 47/143-144, 1989. É possível ainda, lembra Fábio Barbalho Leite ("O conceito ...", cit., in Elizabeth Nazar Carrazza (coord.), *Direito Tributário* ..., cit., p. 182), que ambas as normas jurídicas, a norma jurídica que determina a prestação do serviço público e a norma jurídica instituidora da taxa, sejam veiculadas numa mesma lei.

75. Cf. Márcio Severo Marques, *Classificação* ..., cit., pp.167-169.

76. Válidos por ainda não terem sido retirados do direito positivo os enunciados que lhes servem de suporte. E sua recepção pela ordem constitucional vigente não nos parece contestável, como veremos.

77. Cabe advertir que "serviço público", no art. 79 do CTN, tem, a nosso ver, a acepção de prestação do objeto "serviço público", tal como o conceituamos. Não é o serviço público, enquanto objeto de prestação jurídica, que deve ser "específico e divisível", mas sim a própria prestação, dentro de uma interpretação sistêmica do direito positivo brasileiro.

A especificidade da prestação do serviço público advém da existência de órgãos administrativos diretamente vinculados a essa atribuição, se seguirmos as lições de Aliomar Baleeiro.[78] Mas fica difícil imaginar a prestação de um serviço público sem que seja designado um órgão como competente para realizá-lo.

Outra proposta doutrinária é identificar os "serviços públicos específicos" como serviços *uti singuli*, por se referirem a uma pessoa ou a número determinado (ou determinável) de pessoas, distintos dos "serviços públicos gerais" (serviços *uti universi*), que seriam prestados indistintamente a todos os cidadãos.[79] Seria uma decorrência natural da natureza vinculada do tributo sob análise.[80]

Já a divisibilidade da prestação do serviço público, por sua vez, decorre do caráter exclusivo e direto dos efeitos práticos que o benefício pode assumir na esfera do cidadão que a solicitou. Sem a possibilidade da delimitação de uma classe de indivíduos que possa fruir separadamente a prestação do serviço público fica impedida a instituição da taxa.

Na prestação divisível de serviço público o administrado pode fruir individual e exclusivamente do benefício.[81] Quando se trata, porém, da prestação de um serviço público carente dessa natureza os efeitos benéficos se irradiam para toda a coletividade, indistintamente, impossibilitando a sua fruição estritamente individual. A noção de serviço *uti singuli* é bem mais compatível com a de serviço divisível, a nosso ver.

A divisibilidade da prestação do serviço público é condição indispensável para a mensuração econômica da prestação e, portanto, para a instituição de contribuições pecuniárias dos contribuintes para sua manutenção.[82]

E aqui, seguindo a lição de Hugo de Brito Machado: "Não é fácil definir o que seja um serviço público *específico* e *divisível*. Diz o Código que os serviços são *específicos* quando possam ser destacados em unidades autônomas de intervenção, de utilidade ou de necessidades públicas, e *divisíveis* quando suscetíveis de utilização, separadamente, por parte de cada um de seus usuários (art. 79, itens I e II). Não obstante estejam tais definições contidas em dispositivos separados, *cuida-se de duas definições inseparáveis, no sentido de que um serviço não pode ser* ***divisível*** *se não for* ***específico****. Não tem sentido prático, portanto, separar tais definições, como a indicar que a taxa pode ter como fato gerador a prestação de um serviço público* ***específico****, ou de um serviço público* ***divisível****. Aliás, isto decorre do próprio dispositivo constitucional, que se refere a serviço específico e divisível*".[83]

4.3.3 E "utilização efetiva" e "utilização potencial"?

Visitemos novamente o art. 79 do CTN, mas em outros pontos: "Art. 79. Os serviços públicos a que se refere o art. 77

78. *Direito Tributário Brasileiro*, Rio de Janeiro, Forense, 1996, p. 353. O exemplo dado pelo autor para explicar o art. 79, II, do CTN nos induziu essa interpretação: a existência do corpo de bombeiros para o risco potencial de fogo.

79. Cf.: Roque Antônio Carrazza, *Curso ...*, cit., p. 327; Carlos Roberto de Miranda Gomes, *Manual de Direito Financeiro e Finanças*, Natal, Nossa Editora, 1996, p. 182.

80. Fábio Barbalho Leite, "O conceito ...", cit., in Elizabeth Nazar Carrazza (coord.), *Direito Tributário ...*, cit., p. 196.

81. Os serviços divisíveis, uma vez implantados, "geram direito subjetivo à sua obtenção para todos os administrados que se encontrem na área de sua prestação ou fornecimento e satisfaçam as exigências regulamentares" (cf. Hely Lopes Meirelles, *Direito Administrativo Brasileiro*, 20ª ed., atualizada por Eurico de Andrade Azevedo, Délcio Balestero Aleixo e José Emmanuel Burle Filho, São Paulo, Malheiros Editores, 1995, pp. 296-297).

82. Geraldo Ataliba, "Taxas ...", cit., *RDTributário* 47/152. Cf. Ruy Barbosa Nogueira, "Princípios e conceitos científicos da tributação, como pressupostos para a legislação e para a interpretação e aplicação do direito tributário", *Revista Dialética de Direito Tributário* 36/100-101.

83. *Curso de Direito Tributário*, 10ª ed., São Paulo, Malheiros Editores, 1995, p. 325.

consideram-se: I – utilizados pelo contribuinte: a) efetivamente, quando por ele usufruídos a qualquer título; b) potencialmente, quando, sendo de utilização compulsória, sejam postos à sua disposição mediante atividade administrativa em efetivo funcionamento; (...)".

E retornemos ao enunciado do art. 145, II, da CF: "Art. 145. (...) II – taxas, em razão do exercício do poder de polícia *ou pela utilização, efetiva ou potencial*, de serviços públicos específicos e divisíveis, *prestados ao contribuinte ou postos à sua disposição*" (grifamos).

Há a "utilização efetiva" da prestação de serviço público quando o contribuinte usufrui direta e imediatamente do benefício gerado pela atuação estatal. Entretanto, a "utilização potencial" somente se configura quando: o serviço público é de utilização compulsória; e o mesmo se encontra acessível aos seus consumidores. Mas como conciliar essas proposições infraconstitucionais com o art. 145, II, da CF?

Em três momentos há emprego do conectivo "ou":

a) "(...) em razão do exercício do poder de polícia *ou* pela utilização (...)";

b) "(...) efetiva *ou* potencial (...)";

c) "(...) prestados ao contribuinte *ou* postos à sua disposição (...)".

O conectivo "ou" pode ter dois sentidos.[84] Como "includente", permite a convivência entre termos de mesmo valor; como "excludente", afasta tal possibilidade.

No primeiro momento o "ou" tem o sentido de includente. Nosso direito positivo permite a coexistência entre uma taxa pelo exercício do poder de polícia e outra pela prestação de serviço público. Embora ambas sejam atividades estatais, possuem conteúdo bastante diverso.[85]

Os outros dois momentos mencionados referem-se ao cerne da taxa pela prestação de serviço público.

No segundo momento o "ou" assume a acepção de excludente. Haveria como o indivíduo, ao mesmo tempo, utilizar efetiva e "utilizar potencialmente" um mesmo recurso material? A própria expressão "utilização potencial" é bastante contraditória (há ou não há utilização de algo). Outras considerações são desnecessárias para indicar a infelicidade desta.

O mais razoável é interpretar "utilização potencial" como a iminência da utilização de algo, que não deixa de refletir com melhor precisão o que se pretendeu dizer através dos enunciados constitucional e legal transcritos, ao nosso ver.

No terceiro e último momento o "ou" também fica com o significado de excludente.

Um serviço prestado ao contribuinte é um serviço efetivamente utilizado, ainda que sua qualidade possa deixar a desejar. E se houve recurso ao serviço é porque ele esteve à sua disposição.

Outra pergunta: haveria respeito ao princípio constitucionalidade da proporcionalidade ao se tributar o contribuinte pela simples razão de o Estado ter posto à sua disposição um serviço público cuja utilização não seja obrigatória?[86]

O que se quer indicar com "posto à sua disposição", no art. 145, II, é o caráter compulsório que a prestação de serviço público deve ter para que a simples acessibilidade ao benefício possa ser validamente posta como pressuposto de uma obrigação tributária.[87] Determina o princípio da legalidade que o cidadão somente pode ser obrigado a uma prestação se norma jurídica veiculada por lei assim determinar. E, como já ressaltamos, a instituição da taxa

84. Cf. Lourival Vilanova, *As Estruturas ...*, cit., pp. 122-123.

85. Sobre a diferença entre o exercício do poder de polícia e a prestação de serviço público v. Celso Antônio Bandeira de Mello, *Curso ...*, cit., pp. 482-485.

86. Sobre o princípio da proporcionalidade v. Vladimir da Rocha França, *Invalidação ...*, cit., pp. 65-68.

87. Cf. Geraldo Ataliba, *Hipótese ...*, cit., p. 138.

pela prestação de serviço público somente pode advir se houver norma jurídica anterior que institua e assegure essa ação estatal.

Portanto, houve plena recepção, na ordem constitucional vigente, das proposições construídas a partir do art. 79, I, do CTN. Mesmo que retirados do sistema esses enunciados infraconstitucionais, remanescem no sistema do direito positivo os conceitos que enunciaram.

4.3.4 Os serviços públicos concedidos ou permitidos podem compor o critério material da hipótese tributária da taxa?

Conforme a Lei Maior,[88] ao Estado incumbe a prestação dos serviços públicos, de modo direto ou através de sua delegação ao particular, mediante concessão ou permissão precedida de licitação. Faz ainda menção à disciplina em lei da "política tarifária" dos serviços públicos concedidos ou permitidos.[89]

A delegação da prestação de serviço público ao particular não descaracteriza a titularidade dessa atuação, dado o caráter de *res extra commercium* a esta inerente, havendo apenas a transferência de seu exercício.[90] O aspecto contratual reside no dever do Poder Público de manter o equilíbrio econômico-financeiro que assegura o legítimo interesse do lucro do concessionário ou permissionário.[91]

Mas dúvida remanesce na doutrina quanto à admissibilidade da instituição de tributo em virtude da prestação de serviço público delegado.

Uma corrente doutrinária entende que a Constituição Federal veda a discrição legislativa na opção entre remunerar a prestação do serviço público através de taxa (tributo) ou tarifa (preço público).[92] A prestação de serviço público seria incompatível com uma relação de índole contratual, que pressupõe a igualdade entre as partes que compõem este tipo de vínculo jurídico e a disponibilidade do objeto da prestação.[93] O preço público se restringiria àquelas atividades estatais submetidas ao regime jurídico de direito privado.[94] E o emprego da expressão "política tarifária" não seria um empecilho à proposta, uma vez que esta seria fixada unilateralmente pelo Estado.[95]

Também não seria obstáculo a natureza de direito privado da prestadora do serviço público delegado, haja vista haver necessária distinção entre a competência tributária – instituição de tributos – e a capacidade ativa tributária – aptidão para ser sujeito ativo de prestação tributária.[96] Aliás, seria um exemplo próprio do fenômeno da parafiscalidade.[97]

88. V. CF, art. 175, *caput*.

89. V. CF, art. 175, parágrafo único, III.

90. Celso Antônio Bandeira de Mello, *Curso* ..., cit., p. 507.

91. Celso Antônio Bandeira de Mello, idem, p. 508. Isso é bastante claro na concessão, mas fica bem nebuloso quando se trata da permissão da prestação de serviço público. Não adentraremos aqui a admissibilidade de aspectos contratuais nesse instituto jurídico, certamente afirmativa no caso de "permissão" que enseja direitos ao permissionário incompatíveis com a idéia de "precariedade" (idem, pp. 543-553).

92. Cf.: Geraldo Ataliba, "Taxas ...", cit., *RDTributário* 47/154; Fábio Barbalho Leite, "O conceito ...", cit., in Elizabeth Nazar Carrazza (coord.), *Direito Tributário* ..., cit., p. 207; Roque Antônio Carrazza, *Curso* ..., cit., pp. 332-333. A discrição legislativa se restringiria à opção entre a prestação gratuita ou onerosa do serviço público.

93. Cf.: Hamílton Dias de Souza e Marco Aurelio Greco, "Distinção entre taxa e preço público", *Cadernos de Pesquisas Tributárias* 10/114, São Paulo, s/d; Eugênio Doin Vieira, "Taxas – Algumas considerações propedêuticas", in Celso Antônio Bandeira de Mello (org.), *Estudos em Homenagem a Geraldo Ataliba – Direito Tributário*, v. 1, São Paulo, Malheiros Editores, 1997, p. 140; e Roque Antônio Carrazza, *Curso* ..., cit., pp. 333-335.

94. V. CF, art. 173, *caput* e §§ 1º, II, e 2º.

95. Roque Antônio Carrazza, *Curso* ..., cit., p. 336.

96. Fábio Barbalho Leite, "O conceito ...", cit., in Elizabeth Nazar Carrazza (coord.), *Direito Tributário* ..., cit., p. 210.

97. Sobre a parafiscalidade v.: Paulo de Barros Carvalho, *Curso* ..., cit., p. 148; e Geraldo Ataliba, *Hipótese* ..., cit., pp. 76-77.

Portanto, seria irrelevante para a configuração da hipótese tributária o caráter direto ou indireto da prestação do serviço público, haja vista ser a instituição de taxa a única via constitucional para a remuneração dessa atuação estatal. E, por conseguinte, ensejar-se-ia a sujeição da matéria ao regime jurídico tributário.

Entretanto, para outra parcela da doutrina a remuneração da prestação de serviço público delegado deve ser realizada mediante "preço público", cobrado pelo concessionário ou permissionário pela utilização efetiva do benefício pelo administrado.[98] O regime jurídico do "preço público" também seria o regime jurídico administrativo, com a garantia do equilíbrio econômico-financeiro ajustado entre o concedente (ou permitente) e o concessionário (ou permissionário) da prestação do serviço público num contrato administrativo.

A dificuldade da questão se agiganta com a indefinição doutrinária quanto ao que constituiria "preço público".[99]

A Súmula 545 do STF, editada sob a ordem constitucional imediatamente pretérita, propõe o seguinte critério para distingui-lo da taxa: "Preços de serviços públicos e taxas não se confundem, porque estas, diferentemente daqueles, são compulsórias e têm sua cobrança condicionada à prévia autorização orçamentária, em relação à lei que as instituiu".

Como o princípio da anualidade não foi recepcionado ou prescrito pela ordem constitucional vigente, torna, de imediato, irrelevante a necessidade de prévia autorização orçamentária para a cobrança da prestação tributária.

A compulsoriedade também constitui um critério precário. Mesmo na hipótese tributária dos serviços públicos "específicos e divisíveis, cuja efetiva disposição para o administrado pode ensejar a cobrança de taxa pela sua prestação, a obrigatoriedade exigida é do dever administrativo do contribuinte em empregá-la, não se confundindo com o dever tributário de pagar, ao Fisco, a quantia fixada no conseqüente tributário".[100]

E, ao se afirmar que a prestação de pagar o "preço público" é objeto de uma obrigação *ex voluntate*, fica a advertência de Eurico Marcos Diniz de Santi: "(...) a classificação das obrigações *ex voluntate/ex lege* não se sustenta, primeiro porque não traz qualquer oposição entre os critérios que a definem (a obrigação de entregar o bem, num contrato de compra e venda, é *ex voluntate* e *ex lege* ao mesmo tempo); e segundo, dizer que o tributo é obrigação *ex lege* é uma tautologia, pois todas as obrigações em nosso Direito o são".[101]

Não cabe aqui a pretensão de criar uma teoria para os preços públicos – fuga completa do tema ao qual nos propomos. Mas, se o *definiens* de "preço público" nos é incerto, resta apenas a saída de aferir se a utilização ou a disposição da prestação de serviço público concedido (ou permitido) pode ser tributada. Tentemos buscar uma resposta através da Constituição Federal.

Temos no art. 150, VI, "a": "Art. 150. Sem prejuízo de outras garantias assegura-

98. Cf.: Antônio Carlos Cintra do Amaral, *Licitação para Concessão de Serviço Público*, São Paulo, Malheiros Editores, 1995, p. 10; Toshio Mukai, *Concessões, Permissões e Privatizações de Serviços Públicos – Comentários à Lei n. 8.947 de 13 de Janeiro de 1995, e à Lei n. 9.074/95, das Concessões do Setor Elétrico*, 2ª ed., São Paulo, Saraiva, 1997, p. 29; Hely Lopes Meirelles, *Direito Administrativo* ..., cit., p. 346; Carlos Roberto de Miranda Gomes, *Manual* ..., cit., pp. 185-188. E, mesmo nesse conjunto, os doutrinadores elencados não compartilham integralmente as mesmas premissas, embora atinjam conclusões similares.

99. Cf.: Carlos Roberto de Miranda Gomes, *Manual* ..., cit., pp. 145-152; e Régis Fernandes de Oliveira, *Receitas Públicas Originárias*, São Paulo, Malheiros Editores, 1994, pp. 91-98.

100. Cf. Flávio Bauer Novelli, "Taxas – Apontamentos sobre o seu conceito jurídico", *RDTributário* 59/111-113, 1993. E o dever administrativo de empregar a prestação do serviço público, ressalte-se, é apenas referido, e, portanto, não prescrito na hipótese tributária mencionada.

101. "As classificações...", cit., in *Justiça Tributária*, p. 136.

das ao contribuinte, é vedado à União, aos Estados, ao Distrito Federal e aos Municípios: (...) VI – instituir impostos sobre: a) patrimônio, renda ou serviços, uns dos outros; (...)".

E, pouco mais adiante, no § 3º do mesmo art. 150: "§ 3º. As vedações do inciso VI, 'a', e do parágrafo anterior não se aplicam ao patrimônio, à renda e aos serviços, relacionados com exploração de atividades econômicas regidas pelas normas aplicáveis a empreendimentos privados, *ou em que haja contraprestação ou pagamento de preços ou tarifas pelo usuário*, nem exonera o promitente comprador da obrigação de pagar imposto relativamente ao bem imóvel".

O dispositivo refere-se, sem dúvida, às empresas públicas e sociedades de economia mista. Essas entidades são pessoas jurídicas de direito privado instituídas pelo Estado em razão de um processo de descentralização administrativa.[102] Elas podem explorar atividade econômica ou prestar serviço público, consoante a destinação que lhes tiverem sido dada pela lei que permite sua instituição.

Fiquemos apenas com os entes dessa natureza que prestam serviço público.

Caso a empresa pública prestadora de serviço público atue sob a órbita da pessoa política que a instituiu e tem a titularidade do serviço, inexiste concessão se o seu capital for exclusivamente formado por recursos oriundos dessa mesma esfera da Federação, como esclarece Celso Antônio Bandeira de Mello.[103]

"(...). Com efeito, em hipóteses deste jaez não faria sentido considerar presente, na relação entre a criatura e seu sujeito criador (que pode até mesmo extingui-la, a seu talante), o específico plexo de direitos oponíveis pelo concessionário ao concedente. De outro lado, os poderes da entidade criadora em relação à criatura também não teriam por que se delinear na conformidade dos específicos poderes que se reconhecem a um concedente. Logo, considerar tais situações como configuradoras de uma concessão de serviço público não faz sentido algum e só propicia confusões.

"Tratando-se de empresa pública formada por capitais oriundos de mais de uma esfera da federação, ela será concessionária."[104]

As sociedades de economia mista prestadoras de serviço público, por conjugarem capitais públicos e privados, sempre atuaram como concessionárias.

Voltemos, um pouco, para o direito tributário. A imunidade tributária consiste no conjunto de normas constitucionais de estrutura que prescrevem a incompetência das pessoas políticas para instituir tributos que alcancem situações determinadas nas respectivas hipóteses normativas.[105] No caso do art. 150, VI, "a", da Lei Maior temos a imunidade recíproca entre as pessoas políticas que integram a Federação.

O que a norma construída a partir do § 3º do art. 150 prescreve é a sujeição tributária do patrimônio, renda e serviços estatais que estejam vinculados ao exercício de atividade econômica ou (excludente) a *prestação remunerada de serviço público*.

"Contraprestação" e "pagamento" podem ser vistos como sinônimos, como repetições desnecessárias de uma mesma realidade, e, colocando o "ou" no sentido do conectivo "e".[106] Contudo, ao constar "preços" e "tarifas", e levarmos em consideração as lições doutrinárias atinentes às pessoas jurídicas de direito privado instituídas pelo Poder Público, induz-nos a ver o *definiendum* de um, distinto do outro – e, portanto, o "ou" tem o sentido de excludente, aqui.

102. Cf. Celso Antônio Bandeira de Mello, *Curso ...*, cit., p. 98.

103. Idem, pp. 122-123.

104. Idem, p. 123.

105. Cf.: Paulo de Barros Carvalho, *Curso ...*, cit., pp. 115-118; e Roque Antônio Carrazza, *Curso ...*, cit., p. 418.

106. Nem sempre o suporte físico do enunciado corresponde ao sentido que lhe é atribuído.

Identificamos, a partir dessas considerações, preço e tarifa como conceitos jurídico-constitucionais distintos, que se voltam para realidades distintas do direito positivo pátrio. Lembre-se sempre que esse sistema cria suas próprias realidades.

Preço – no art. 150, § 3º, da Lei Maior – consiste na remuneração cobrada pelo Estado (ou pessoa jurídica de direito privado por ele instituída) pela prestação de bem ou serviço de cunho mercantil, ou seja, no exercício de atividade econômica.[107] Sua fixação e cobrança estão sujeitas ao regime jurídico de direito privado, naquilo que não se contrapõe aos princípios do regime jurídico administrativo.[108]

Já a tarifa é a remuneração devida pela utilização efetiva da prestação de serviço público concedido ou permitido. Como o serviço público é *res extra commercium*, insuscetível de transação mercantil, estabelece a Constituição um meio próprio para a manutenção de sua regular oferta pelo particular investido nessa atividade de interesse público.

Foi o caminho, dito de outra maneira, determinado pelo direito positivo para a conciliação do interesse público presente na prestação de serviços dessa natureza e o legítimo interesse de lucro do particular quando exerce tal atividade.

O equilíbrio econômico-financeiro constitui um direito constitucional daqueles que celebram com o Estado os contratos administrativos.[109] A incompatibilidade do regime jurídico tributário com esse direito subjetivo dos concessionários da prestação de serviços públicos é flagrante.

A política tarifária não deixa de integrar o aspecto regulamentar do instituto da concessão, podendo o concedente determiná-la unilateralmente, em consonância com as demandas do interesse público.[110] Contudo, sujeitá-la ao regime jurídico tributário significaria tornar sem qualquer efeito o direito constitucional do concessionário à preservação da equação financeira. Como conciliar, de modo efetivo, esse ditame da Lei Maior com princípios como o da anterioridade? Ou ao princípio da legalidade tributária, de natureza bem mais estrita do que a legalidade administrativa, que impediria a remessa de uma recomposição mais urgente da equação financeira ferida mediante o exercício do poder regulamentar?

Outro aspecto que tornaria inviável a colocação do pagamento de tarifa como prestação tributária é o interesse privado na prestação do serviço público concedido. A tributação consiste numa restrição ao direito constitucional à propriedade; a instituição de tarifa, por sua vez, num meio para que o particular aufira renda em consonância com o interesse público, quando presta serviço público.

Afinal, a tributação existe para garantir recursos para a estrita manutenção das atividades estatais ou para assegurar lucro ao sujeito ativo da relação jurídica tributária?

Lembrando a lição de Celso Antônio Bandeira de Mello: "Para o concessionário, a prestação de serviço é um *meio* através do qual se obtém o *fim* que almeja: o lucro. Reversamente, para o Estado, o lucro que propicia ao concessionário é *meio* por cuja via busca sua *finalidade*, que é a boa prestação do serviço".[111]

Admitida a tarifa como "tributo", como explicar a "possibilidade" de se instituir tributo (imposto) sobre a receita decorrente do recolhimento de tributo (taxa)? Ficaria o art. 150, § 2º, da CF inteiramente sem sentido. Como concessionárias da prestação de serviços públicos, as empresas públicas e as sociedades de economia mista

107. Poderia, perfeitamente, receber o adjetivo "público", para diferenciar dos fixados pela iniciativa privada. Mas trata-se apenas de uma sugestão, dada a inconveniência de adentrarmos o tema dos "preços públicos" mais do que já fizemos, conforme os objetivos desse trabalho.

108. V. CF, art. 173, § 1º.

109. V. CF, art. 37, XXI.

110. Cf. Celso Antônio Bandeira de Mello, *Curso ...*, cit., pp. 509 e 521. V. CF, art. 175, parágrafo único, III.

111. *Curso ...*, cit., p. 508.

são possíveis contribuintes para efeitos de imposto.

A remuneração dos serviços públicos concedidos ou permitidos não está sujeita a um regime jurídico de direito privado ou ao regime jurídico tributário, mas sim ao regime jurídico administrativo que está orientado para a prestação dos serviços públicos.

Portanto, está vedado, constitucionalmente, que serviços públicos cuja prestação é realizada por pessoa jurídica de direito privado e sob o regime de concessão (ou de permissão) componham o critério material da hipótese tributária da taxa pela prestação de serviço público. O lucro auferido com o recolhimento das tarifas constitui, então, uma renda plenamente tributável.

Tratando se de empresa pública dotada de capital exclusivamente originário da esfera da pessoa política detentora da competência sobre o serviço público prestado por aquela, a atividade que desempenha pode compor o critério material da hipótese tributária da taxa pela prestação de serviço público. Constitui uma mesma esfera federativa de patrimônio público, ficando a receita auferida pela taxa naturalmente imune à tributação, a nosso ver.

No caso dos contratos de prestação de serviços a pessoas jurídicas de direito público, onde atua o particular como mero executor material de uma atividade e por remuneração direta do contratante, não há que se falar em concessão ou permissão.[112] Nesse caso não há também óbice para que a atividade, se configurar a prestação de serviço público "específico e divisível", integre o critério material da taxa sob análise.

4.3.5 Critérios materiais possíveis para a taxa pela prestação de serviço público

Diante das considerações acima tecidas, é possível identificar dois critérios materiais que podem ser empregados pela pessoa política para a instituição de tributo para o financiamento da prestação de serviço público de sua competência. São eles:

a) utilizar a prestação "específica e divisível"[113] de serviço público, realizada por pessoa jurídica de direito público[114] ou por empresa pública formada por capital cuja origem é exclusiva da esfera federativa daquela;

b) ter acesso à prestação "específica e divisível" de serviço público, cuja utilização é compulsória, e realizada por pessoa jurídica de direito público ou por empresa pública formada por capital cuja origem é exclusiva da esfera federativa daquela.

4.4 Os critérios espacial e temporal da hipótese tributária da taxa pela prestação por serviço público

O critério espacial da hipótese tributária demarca o local onde o evento, a ser relatado no fato jurídico tributário, deve surgir para a deflagração dos efeitos prescritos no conseqüente tributário.[115]

No critério temporal a hipótese tributária indica o momento no qual o evento deve ocorrer.[116]

No caso das taxas cujo critério material configure a utilização da prestação "específica e divisível" de serviço público o critério espacial compreende o local no qual deve ser realizada. Já o critério temporal, o momento possível da prestação.

Tratando-se das taxas de critério material consistente na acessibilidade à prestação "específica e divisível" de serviço público, cuja utilização é compulsória, trata o critério espacial da abrangência territorial da atividade estatal; o critério tempo-

112. Cf. Celso Antônio Bandeira de Mello, *Curso ...*, cit., p. 501.

113. Empregamos "específica e divisível" na falta de outra melhor. Sugestões são bem-vindas.

114. Abrangendo tanto a prestação de serviço público pelas pessoas políticas (União, Estados, Distrito Federal e Municípios) como a efetuada pelas pessoas administrativas (autarquias).

115. V. Paulo de Barros Carvalho, *Curso ...*, cit., p. 166.

116. Paulo de Barros Carvalho, idem, p. 169.

ral, o momento a partir do qual a prestação do serviço passa a ser colocada à disposição dos contribuintes.

4.5 A base de cálculo da taxa pela prestação de serviço público e a questão do princípio da retribuição

A base de cálculo – junto à alíquota – integra o critério quantitativo da regra-matriz de incidência tributária.

Através do critério quantitativo torna-se possível a fixação concreta do valor pecuniário do objeto da prestação tributária, ou seja, da quantia que passará a ser devida pelo contribuinte ao Estado, caso o fato jurídico tributário se configure.

Serve a base de cálculo para a mensuração do possível evento tributário – determinado consoante a hipótese tributária – e para viabilizar a determinação do débito tributário. E confirma, infirma ou afirma o verdadeiro critério material da hipótese tributária, como bem leciona Paulo de Barros Carvalho: "Demasiadas razões existem, portanto, para que o pesquisador, cintado de cautelas diante dos freqüentes defeitos da redação legal, procure comparar a medida estipulada como base de cálculo com a indicação do critério material, explícito na regra de incidência. A grandeza haverá de ser mensuradora adequada da materialidade do evento, constituindo-se, obrigatoriamente, de uma característica peculiar ao fato jurídico tributário. Eis a base de cálculo, na sua função comparativa, confirmando, infirmando ou afirmando o verdadeiro critério material da hipótese tributária. Confirmando, toda vez que houver perfeita sintonia entre o padrão de medida e o núcleo do fato dimensionado. Infirmando, quando for manifesta a incompatibilidade entre a grandeza eleita e o acontecimento que o legislador declara como a medula da previsão fática. Por fim, afirmando, na eventualidade de ser obscura a formulação legal, prevalecendo, então, como critério material da hipótese, a ação-tipo que está sendo avaliada".[117]

117. *Curso* ..., cit., p. 222.

Nas taxas – ensina Geraldo Ataliba[118] – é a atuação estatal que deve ser dimensionada, buscando-se o custo, valor ou outra grandeza que lhe seja intrínseca. Por força do princípio da isonomia, o custo do serviço deve ser repartido entre todos os usuários, obrigando-se, então, o seu utente a pagar pela manutenção da atividade na medida em que a provoque.[119] As taxas são regidas pelo princípio da retribuição,[120] e caracterizadas pelo caráter sinalagmático.[121]

Deve ser advertido que essa retribuição tem por finalidade a estrita manutenção da atividade estatal tributada, e não a geração de lucro para quem a desempenha. Como bem recorda Márcio Severo Marques: "(...) assegura o texto constitucional que a atividade administrativa imposta ao Estado (concernente aos serviços públicos e ao poder de polícia) possa ser devidamente implementada e custeada pelo produto da arrecadação das taxas, finalidade para qual autoriza sua instituição: custear a atividade estatal, referida ao contribuinte. Deveras, se se reconhece que há finalidade específica para o tributo, tal finalidade há de estar vinculada à destinação do produto de arrecadação".[122]

Recorde-se que não é o serviço público – na acepção que empregamos – o objeto da tributação, mas sim sua prestação.[123] É com esta que a base de cálculo deve manter a estrita pertinência.

Veda a Constituição que as taxas tenham a base de cálculo própria dos impos-

118. *Hipótese* ..., *cit.*, pp. 133 e 173. Cf. Márcio Severo Marques, *Classificação* ..., cit., p. 175.

119. Geraldo Ataliba, *Hipótese* ..., cit., p. 134.

120. Idem, p. 73.

121. Paulo de Barros Carvalho, *Curso* ..., cit., pp. 31-32. Em sentido diverso, v.: Gian Antonio Micheli, *Curso de Direito Tributário*, trad. de Marco Aurelio Greco, São Paulo, Ed. RT, 1978, pp. 79-83; Flávio Bauer Novelli, "Taxas – ...", cit., *RDTributário* 59/117, 1993; e Hugo de Brito Machado, *Curso* ..., cit., pp. 321-322.

122. *Classificação* ..., cit., p. 176. Cf. Geraldo Ataliba, *Hipótese* ..., cit., p. 175.

123. Cf. Eugênio Doin Vieira, "Taxas – ...", cit., in Celso Antônio Bandeira de Mello (org.), *Estudos* ..., v. 1, p. 140.

tos. Do contrário o critério constante na base de cálculo é próprio da vida do contribuinte, e não da ação estatal.[124]

5. *Considerações finais*

Tanto o tributo como o serviço público são conceitos do direito positivo, com sentidos determinados implicitamente pela Constituição Federal.

O conceito de serviço público é redimensionado para fins de tributação, selecionando a Lei Maior algumas espécies do gênero que aquele representa. Ou, melhor, que podem ser apreciadas para a instituição de tributo.

Tomando-se o tributo como norma jurídica – tal como se apresenta no art. 145 da Lei Maior –, verificamos que a hipótese tributária da taxa pela prestação de serviço público também é delineada constitucionalmente, vinculando o titular da competência tributária quando exerce suas prerrogativas.

A taxa pela prestação de serviço público tem a finalidade de ressarcir o Estado pelos custos da manutenção da atividade de oferecer aos cidadãos utilidades ou comodidades materiais *extra commercium*, cuja titularidade é atribuída ao mesmo pela Constituição. Como tributo, sujeita-se ao regime jurídico tributário.

A referida taxa não se confunde com a tarifa, remuneração devida pelo consumidor da prestação de serviços públicos sob regime de concessão ou permissão. O regime jurídico aplicável a esta é também um regime jurídico de direito público, mas distinto do regime jurídico tributário: o regime jurídico do serviço público.

Duas hipótese tributárias podem integrar a regra-matriz de incidência tributária conhecida por taxa pela prestação de serviço público:

a) utilizar a prestação "específica e divisível" de serviço público, realizada por pessoa jurídica de direito público ou por empresa pública formada por capital cuja origem é exclusiva da esfera federativa daquela, no local e momento nos quais pode a atividade ocorrer;

b) ter acesso à prestação "específica e divisível" de serviço público, cuja utilização é compulsória, e realizada por pessoa jurídica de direito público ou por empresa pública formada por capital cuja origem é exclusiva da esfera federativa daquela, no local e momento a partir do qual a prestação do serviço passa a ser colocada à disposição dos contribuintes.

124. Hugo de Brito Machado, *Curso* ..., cit., p. 326. Os impostos são regidos pelo princípio da capacidade contributiva, prescrito no art. 145, § 1º, da CF. Cf.: Elizabeth Nazar Carrazza, *Progressividade e IPTU*, Curitiba, Juruá, 2000, p. 54; Geraldo Ataliba, *Hipótese* ..., cit., p. 73; e Hugo de Brito Machado, *Princípios* ..., cit., pp. 67-68.

ACÓRDÃO DO TRIBUNAL DE JUSTIÇA (Quinta Secção)
12 de dezembro de 2002*

(Art. 43 CE – Caso Lankhorst-Hohorst)

Liberdade de estabelecimento. Fiscalidade. Imposto sobre os rendimentos das pessoas coletivas. Distribuição encoberta de lucros. Crédito de imposto. Coerência do regime fiscal. Evasão fiscal.

No processo C-324/00, que tem por objeto um pedido submetido ao Tribunal de Justiça, nos termos do art. 234° CE, pelo Finanzgericht Münster (Alemanha), destinado a obter, no litígio pendente neste órgão jurisdicional entre Lankhorst-Hohorst GmbH e Finanzamt Steinfurt, uma decisão a título prejudicial sobre a interpretação do art. 43° CE, o Tribunal de Justiça (Quinta Secção), composto por: M. Wathelet (Relator), Presidente de Secção, C. W. A. Timmermans, D. A. O. Edward, P. Jann e A. Rosas, Juízes; Advogado-Geral: J. Mischo; Secretário: L. Hewlett, administradora principal; vistas as observações escritas apresentadas:

• em representação do Governo alemão, por W.-D. Plessing e T. Jürgensen, na qualidade de agentes,

• em representação do Governo dinamarquês, por J. Molde, na qualidade de agente,

• em representação do Governo do Reino Unido, por J. E. Collins, na qualidade de agente, assistido por R. Singh, *barrister*,

• em representação da Comissão das Comunidades Européias, por R. Lyal, na qualidade de agente, assistido por R. Bierwagen, *Rechtsanwalt*,

visto o relatório para audiência, ouvidas as alegações da Lankhorst-Hohorst GmbH, representada por J. Schirmer e J. A. Schirmer, *Steuerberater*, do Governo alemão, representado por W.-D. Plessing e G. Müller-Gatermann, na qualidade de agente, do Governo do Reino Unido, representado por J. E. Collins, assistido por R. Singh, e da Comissão, representada por R. Lyal, assistido por R. Bierwagen, na audiência de 30 de maio de 2002, ouvidas as conclusões do Advogado-Geral apresentadas na audiência de 26 de setembro de 2002, profere o presente *acórdão*.

1. Por despacho de 21 de agosto de 2000, que deu entrada no Tribunal de Justiça em 4 de setembro seguinte, o Finanzgericht Münster submeteu, nos termos do art. 234° CE, uma questão prejudicial relativa à interpretação do art. 43° CE.

2. Esta questão foi suscitada no âmbito de um litígio que opõe a sociedade

* Língua do processo: alemão.

Lankhorst-Hohorst GmbH (a seguir "Lankhorst-Hohorst"), com sede em Reine (Alemanha), ao Finanzamt Steinfurt, uma administração fiscal alemã, a respeito da liquidação do imposto sobre os rendimentos das pessoas coletivas correspondente ao exercício 1997 e 1998.

Quadro jurídico nacional

3. A *Körperschaftsteuergesetz* (lei relativa ao imposto sobre os rendimentos das pessoas coletivas), na versão vigente no período de 1996 a 1998 (a seguir "KStG"), tem um § 8.a, intitulado "Financiamento pelos Sócios", que dispõe o seguinte no seu n. 1:

> A remuneração do capital externo que uma sociedade de capitais, sujeita a tributação sem qualquer limitação, tenha recebido de um sócio sem direito a crédito de imposto que, no decurso do exercício em causa, tenha detido uma participação substancial no capital social inicial da sociedade, será considerada uma distribuição encoberta de dividendos quando:
>
> (...)
>
> 2. Haja sido acordada uma remuneração por referência a uma fração do capital e o capital externo seja mais de três vezes superior ao capital próprio correspondente à participação do referido sócio no decurso do exercício, a menos que a sociedade tivesse podido obter o referido capital externo de outra entidade terceira em igualdade de condições ou se o capital externo constituir um empréstimo destinado a financiar operações bancárias habituais. (...).

4. Resulta do despacho de reenvio que, de forma geral, não têm direito ao crédito de imposto, por um lado, os sócios não-residentes e, por outro lado, as pessoas coletivas de direito alemão isentas do imposto sobre os rendimentos das pessoas coletivas, ou seja, as pessoas coletivas de direito público e as pessoas coletivas que exercem uma atividade econômica num setor específico ou que assumem missões que devem ser incentivadas.

O litígio no processo principal e a questão prejudicial

5. A Lankhorst-Hohorst tem como atividade o comércio de acessórios náuticos, artigos de desportos náuticos, artigos de tempos livres e *bricolage*, roupa de lazer e de trabalho, objetos decorativos bem como ferragens e outros produtos similares. O seu capital social foi aumentado, em agosto de 1996, para 2.000.000 DM.

6. A Lankhorst-Hohorst tem como único sócio a sociedade Lankhorst-Hohorst BV (a seguir "LH BV"), com sede nos Países Baixos, em Sneek. O único sócio desta última sociedade é a sociedade Lankhorst Taselaar BV (a seguir "LT BV") com sede igualmente nos Países Baixos, em Lelystad.

7. Por contrato de 1 de dezembro de 1996, a LT BV concedeu à demandante no processo principal um empréstimo de 3.000.000 DM, reembolsável em dez prestações anuais de 300.000 DM, com início em 1 de outubro de 1998 (a seguir "empréstimo"). A taxa de juro variável era de 4,5% até ao final de 1997. Os juros deveriam ser pagos no final de cada ano. Assim, foram pagos à LT BV, a título de juros, 135.000 DM em 1997 e 109.695 DM em 1998.

8. O empréstimo, que devia desempenhar a função de capital de substituição, foi acompanhado da emissão de uma *Patronatserklärung* (carta de garantia da sociedade-mãe) na qual a LT BV renunciava ao reembolso se a demandante no processo principal fosse demandada por terceiros credores.

9. O empréstimo permitiu à Lankhorst-Hohorst reduzir de 3.702.453,59 para 911.174,70 DM o empréstimo concedido por uma instituição de crédito e diminuir assim o montante dos juros que suportava.

10. Nos exercícios de 1996 a 1998, o balanço da demandante no processo principal apresentou um prejuízo não coberto por capitais próprios, que ascendeu a 1.503.165 DM no exercício de 1998.

11. Nos seus avisos de liquidação do imposto sobre os rendimentos das pessoas coletivas correspondentes aos exercícios de 1997 e 1998, datados de 28 de junho de 1999, o Finanzamt Steinfurt considerou que os juros pagos à LT BV eram equiparáveis a uma distribuição de lucros ocultos na acepção do § 8.a da KStG e, como tal, tributou-os à Lankhorst-Hohorst à taxa de 30%.

12. Segundo o órgão jurisdicional de reenvio, a exceção prevista no § 8.a, n. 1, segundo parágrafo, da KStG, no caso de a sociedade em causa ter podido obter igualmente capitais externos junto de terceiros em condições idênticas, não podia colher no caso em apreço no processo principal. Tendo em conta a situação de sobreendividamento da Lankhorst-Hohorst e a sua incapacidade de oferecer garantias, a mesma não poderia, efetivamente, ter obtido um empréstimo semelhante de terceiros, concedido sem garantia e coberto por uma carta de garantia da sociedade-mãe.

13. Por decisão de 14 de fevereiro de 2000, o Finanzamt Steinfurt indeferiu a reclamação apresentada pela demandante no processo principal contra os avisos de liquidação do imposto sobre os rendimentos das pessoas coletivas.

14. Em apoio do recurso para o órgão jurisdicional de reenvio, a Lankhorst-Hohorst alegou que a concessão do empréstimo pela LT BV constituía uma tentativa de salvamento da sua situação e que os juros pagos àquela não podiam ser qualificados de distribuição encoberta de lucros. Além disso, sustentou que o § 8.a da KStG era discriminatório, tendo em conta o tratamento dado aos sócios alemães, que beneficiam do crédito de imposto, diferentemente de sociedades como a LH BV e a LT BV que tem a sua sede nos Países Baixos e, assim, contrário ao direito comunitário, em particular ao art. 43º CE.

15. A Lankhorst-Hohorst acrescenta que há que tomar em consideração a finalidade do § 8.a da KStG, que é impedir os casos de fraude no imposto devido pelas sociedades de capitais. Ora, no caso do processo principal, o empréstimo foi concedido com o único objetivo de minimizar os encargos da Lankhorst-Hohorst e permitir realizar consideráveis economias em termos de juros bancários. A demandante no processo principal alegou a este respeito que, antes da modificação do empréstimo bancário, os juros representavam o dobro dos juros devidos daí em diante à LT BV. Portanto, não se tratava de um caso em que um sócio que não tem direito ao crédito de imposto procura evitar a tributação devida por uma efetiva distribuição de lucros através do pagamento de juros.

16. Segundo o Finanzamt Steinfurt, a aplicação do § 8.a da KStG pode ter, é certo, como resultado agravar a situação de sociedades em dificuldade, mas o legislador alemão teve em conta esta circunstância ao prever no § 8.a, n. 2, terceiro parágrafo, da KStG, uma derrogação que não é, contudo, aplicável no processo principal. O Finanzamt Steinfurt sustentou também que a redação do § 8.a não permite concluir que a fraude constitui uma das condições da aplicação deste artigo, o que o órgão jurisdicional de reenvio confirma.

17. Apesar disto, o Finanzamt Steinfurt alega que o § 8.a da KStG não é contrário ao princípio comunitário da não discriminação. Existem muitos países com disposições com um objetivo semelhante, designadamente para lutar contra os abusos.

18. O Finanzamt Steinfurt alegou também que a distinção constante do § 8.a da KStG entre as pessoas que beneficiam e as que não beneficiam do crédito de imposto não comporta uma discriminação encoberta em razão da nacionalidade, dado que da conjugação do § 5, relativo à isenção de impostos sobre os rendimentos das sociedades, e do § 51 da KStG resulta igualmente a exclusão de diversos grupos de contribuintes alemães que não têm direito ao crédito de imposto.

19. Além disso, o princípio da tributação nacional única e a coerência do sistema fiscal alemão justificariam a aplicação do § 8.a da KStG nas circunstâncias do processo principal.

20. O Finanzgericht Münster, tendo em conta a jurisprudência do Tribunal de Justiça, suscita dúvidas quanto à compatibilidade do § 8.a da KStG com o art. 43º CE (v. designadamente, acórdãos de 28.1.1986, Comissão/França, 270/83, *Colect.*, p. 273; de 29.4.1999, Royal Bank of Scotland, C-311/97, *Colect.*, pp. I-2.651, e de 26.10.1999, Eurowings Luftverkehr, C-294/97, *Colect.*, pp. I-7.447). Recorda, a este respeito, que, segundo jurisprudência do Tribunal de Justiça, o nacional de um Estado-membro que detém no capital de uma sociedade com sede noutro Estado-membro uma participação que lhe confere uma influência inequívoca sobre as decisões dessa sociedade exerce o seu direito de estabelecimento (acórdão de 13.4.2000, Baars, C-251/98, *Colect.*, pp. I-2.787).

21. Segundo o órgão jurisdicional de reenvio, existe uma violação da liberdade de estabelecimento quando uma filial tem um tratamento menos favorável em termos fiscais pelo simples fato de a sociedade-mãe ter a sua sede num Estado-membro diferente daquele onde a filial está estabelecida, sem que exista qualquer justificação objetiva.

22. A este respeito, o Finanzgericht observa que a regra constante do § 8.a da KStG não está diretamente ligada à nacionalidade, mas à possibilidade de o sujeito passivo beneficiar do crédito de imposto.

23. O órgão jurisdicional de reenvio refere que, nestas condições, um sócio que tem a sua sede fora da Alemanha está sempre sujeito à regra do § 8.a da KStG, ao passo que, entre os sócios residentes na Alemanha, só uma categoria bem determinada de sujeitos passivos está isenta do imposto sobre os rendimentos das pessoas coletivas e não tem, conseqüentemente, direito ao crédito de imposto. Ora, esta última categoria de pessoas coletivas não se encontra numa situação comparável à da sociedade-mãe da demandante no processo principal.

24. Quanto à justificação do § 8.a da KStG, o órgão jurisdicional de reenvio observa que as razões que se prendem com a coerência do regime fiscal só podem ser invocadas quando existe uma conexão direta entre o benefício fiscal concedido a um contribuinte e a tributação do mesmo contribuinte (acórdão do Bundesfinanzhof de 30.12.1996, I B 61/96, *BStBl.* II, 1997, 466, e acórdão Eurowings Luftverkehr, já referido, n. 42). No caso vertente, não se verifica uma conexão deste tipo.

25. Tendo em conta o que antecede, o Finanzgericht Münster decidiu suspender a instância e submeter ao Tribunal de Justiça a seguinte questão prejudicial:

"O princípio da liberdade de estabelecimento dos nacionais de um Estado-membro no território de outro Estado-membro, previsto no art. 43º do Tratado que institui a Comunidade Européia, na versão de 10.11.1997, deve ser interpretado no sentido de que se opõe à regra constante do § 8.a da *Körperschaftsteuergesetz* (lei relativa ao imposto sobre os rendimentos das pessoas coletivas)?"

Resposta do Tribunal de Justiça

26. A título liminar, deve recordar-se que, segundo jurisprudência assente, embora a fiscalidade direta releve da competência dos Estados-membros, estes últimos devem exercer essa competência no respeito do direito comunitário e abster-se, em particular, de qualquer discriminação em razão da nacionalidade (acórdãos de 11.8.1995, Wielockx, C-80/94, *Colect.*, pp. I-2.493, n. 16; de 27.6.1996, Asscher, C-107/94, *Colect.*, pp. I-3.089, n. 36; Royal Bank of Scotland, já referido, n. 19; Baars, já referido, n. 17, e de 8.3.2001, Metallgesellschaft e o., C-397/98 e C-410/98, *Colect.*, pp. I-1.727, n. 37).

Quanto à existência de um obstáculo à liberdade de estabelecimento

27. Importa referir que o § 8.a, n. 1, segundo parágrafo, da KStG, apenas se aplica à "remuneração do capital externo que uma sociedade de capitais, sujeita sem qualquer limitação a tributação, tenha recebido de um sócio sem direito a crédito de imposto". Esta restrição introduz, no que respeita à tributação dos juros pagos por filiais às suas sociedades-mãe como remuneração de capitais externos, uma diferença de tratamento entre filiais residentes consoante a sua sociedade-mãe tenha ou não sede na Alemanha.

28. Com efeito, as sociedades-mãe residentes beneficiam, na grande maioria dos casos, do crédito de imposto, ao passo que, regra geral, as sociedades-mãe estrangeiras não beneficiam. Como referido no n. 4 do presente acórdão, as pessoas coletivas de direito alemão isentas do imposto sobre os rendimentos das pessoas coletivas e, portanto, excluídas do direito ao crédito de imposto são essencialmente pessoas coletivas de direito público e pessoas coletivas que exercem uma atividade econômica num setor específico ou que assumam missões de interesse geral. A situação de uma sociedade, como a sociedade-mãe da demandante no processo principal, que exerce uma atividade econômica com fins lucrativos e sujeita a imposto sobre os rendimentos das pessoas coletivas não pode validamente ser comparada à situação desta última categoria de pessoas coletivas.

29. Resulta assim que, ao abrigo do § 8.a, n. 1, segundo parágrafo, da KStG, os juros pagos por uma filial residente como remunerações de capitais externos provenientes de uma sociedade-mãe não-residente são tributados como dividendos ocultos à taxa de 30%, ao passo que, no caso de uma filial residente cuja sociedade-mãe, beneficiária do crédito de imposto, também é residente, os juros pagos são tratados como despesas e não como dividendos ocultos.

30. Em resposta a uma questão colocada pelo Tribunal de Justiça, o Governo alemão explicou que os juros pagos por uma filial residente à sociedade-mãe igualmente residente, como remuneração de capitais externos recebidos desta última, são igualmente tratados do ponto de vista fiscal como lucros ocultos no caso de a sociedade-mãe ter fornecido uma carta de garantia.

31. Esta circunstância não é, contudo, suscetível de pôr em causa a existência de um tratamento diferenciado em função da sede da sociedade-mãe. Com efeito, a qualificação de um pagamento de juros como distribuição oculta de lucros decorre, tratando-se de uma filial residente que tenha beneficiado de um empréstimo de uma sociedade-mãe não-residente, direta e unicamente da aplicação do § 8.a, n. 1, segundo parágrafo, da KStG, independentemente da existência ou não de uma carta de garantia.

32. Esta diferença de tratamento entre filiais residentes em função da sede da sua sociedade-mãe constitui um obstáculo à liberdade de estabelecimento, em princípio proibida pelo art. 43º CE. A medida fiscal em causa no processo principal torna menos atraente o exercício da liberdade de estabelecimento pelas sociedades estabelecidas noutros Estados-membros, as quais poderiam, conseqüentemente, renunciar à aquisição, à criação ou à manutenção de uma filial no Estado-membro que promulga esta medida.

Quanto à justificação do obstáculo à liberdade de estabelecimento

33. Importa ainda verificar se uma medida nacional como a que consta do § 8.a, n. 1, segundo parágrafo, da KStG, prossegue um objetivo legítimo compatível com o Tratado e se se justifica por razões imperativas de interesse geral. De qualquer modo, ainda seria necessário, em tal hipótese, que fosse adequada para garantir a realização do objetivo que prossegue e não ultrapassasse o que é necessário para atingir esse objetivo (v., designadamente, acórdãos de 15.5.1997, Futura Participations e Singer, C-250/95, *Colect.*, pp. I-2.471, n. 26, e de 6.6.2000, Verkooijen, C-35/98, *Colect.*, pp. I-4.071, n. 43).

34. Em primeiro lugar, os Governos alemão, dinamarquês e do Reino Unido bem como a Comissão sustentam que a medida nacional em causa no processo principal se destina a lutar contra a evasão fiscal à qual levaria o recurso ao mecanismo dito "da subcapitalização" ou da "capitalização dissimulada". Admitindo que todas as outras condições fossem iguais, seria fiscalmente mais vantajoso assegurar o financiamento de uma filial por empréstimos do que por entradas de capital. Neste caso, com efeito, os lucros da filial são transferidos para a sociedade-mãe sob a forma de juros dedutíveis no momento do cálculo dos lucros tributáveis da filial, e não sob a forma de dividendos não dedutíveis. Na medida em que a filial e a sociedade-mãe têm a sua sede em diferentes países, a dívida fiscal é, então, suscetível de ser transferida de um país para o outro.

35. A Comissão acrescenta que o § 8.a, n. 1, segundo parágrafo, da KStG, prevê, é certo, uma exceção no caso de a sociedade demonstrar que poderia ter obtido os capitais externos de terceiros em condições idênticas e fixar a proporção admissível de capitais externos em relação aos capitais próprios. Contudo, a Comissão refere que, no caso em apreço, existe um risco de dupla tributação na medida em que a filial alemã está sujeita ao imposto alemão em relação aos juros pagos, enquanto a sociedade-mãe não-residente deve ainda declarar nos Países Baixos, como receitas, os juros que recebeu. O princípio da proporcionalidade exigiria que os dois Estados-membros em causa se concertassem para evitar uma dupla tributação.

36. A título liminar, importa recordar a jurisprudência constante segundo a qual a redução de receitas fiscais não constitui uma razão imperiosa de interesse geral suscetível de justificar uma medida em princípio contrária a uma liberdade fundamental (v. acórdãos de 16.7.1998, ICI, C-264/96, *Colect.*, pp. I-4.695, n. 28; Verkooijen, n. 59; Metallgesellschaft e o já referido n. 59, e de 21.9.1999, Saint-Gobain ZN, C-307/97, *Colect.*, pp. I-6.161, n. 51).

37. No que toca, mais concretamente, à justificação baseada no risco de evasão fiscal, importa sublinhar que a legislação em causa no processo principal não tem por objetivo específico excluir de um benefício fiscal os expedientes puramente artificiais cuja finalidade é fugir à alçada da legislação fiscal alemã, mas visa, de maneira geral, qualquer situação na qual a sociedade-mãe tem a sua sede, qualquer que seja a razão, fora da República Federal da Alemanha. Ora, tal situação não implica, em si, um risco de evasão fiscal, pois a sociedade em questão fica de qualquer forma sujeita à legislação fiscal do Estado de estabelecimento (v., neste sentido, acórdão ICI, já referido, n. 26).

38. Quanto ao restante, segundo o que o próprio órgão jurisdicional de reenvio apurou, não se provou a existência de qualquer abuso no caso em apreço, tendo efetivamente o empréstimo sido contraído para reduzir, a favor da demandante no processo principal, o encargo dos juros financeiros resultantes do seu crédito bancário. Além disso, resulta dos autos que a Lankhorst-Hohorst, em relação aos exercícios de 1996 a 1998, tinha prejuízos que eram muito superiores aos juros pagos à LT BV.

39. Em segundo lugar, os Governos alemão e do Reino Unido sustentam que o § 8.a, n. 1, segundo parágrafo, da KStG, se justifica também pela necessidade de garantir a coerência dos regimes fiscais aplicáveis. Mais concretamente, esta disposição está em conformidade com o princípio da plena concorrência, internacionalmente reconhecido, nos termos do qual as condições em que os capitais externos são colocados à disposição de uma sociedade devem ser comparadas com as condições com que a sociedade depararia se obtivesse estes capitais de terceiros. O art. 9º da Convenção-tipo da Organização de Cooperação e Desenvolvimento Econômicos (OCDE) traduz esta preocupação, ao prever a reintegração de lucros para fins fiscais quando as transações são efetuadas entre empresas associadas em condições diferentes das do mercado.

40. A este respeito, há que referir que, nos acórdãos de 28.1.1992, Bachmann (C-204/90, *Colect.*, pp. I-249), e de 28.1.1992, Comissão/Bélgica (C-300/90, *Colect.*, pp. I-305), o Tribunal de Justiça considerou, efetivamente, que a necessidade de assegurar a coerência do regime fiscal pode justificar uma regulamentação suscetível de restringir a livre circulação de pessoas.

41. Contudo, não é este o caso da regulamentação em causa no processo principal.

42. Com efeito, ao passo que nos processos na origem dos acórdãos Bachmann e Comissão/Bélgica, já referidos, existia um nexo direto, uma vez que estava em causa um único e mesmo contribuinte, entre a dedutibilidade das cotizações pagas no quadro dos contratos de seguro de velhice e de morte e a tributação dos montantes recebidos em cumprimento dos mesmos contratos, nexo que interessava preservar para salvaguarda da coerência do sistema fiscal em causa, nenhum nexo direto desta natureza existe quando, como no caso em apreço no processo principal, a filial de uma sociedade-mãe não-residente fica sujeita a um tratamento fiscal desfavorável, sem que, em relação à referida filial, o Governo alemão tenha invocado qualquer vantagem fiscal suscetível de compensar este tratamento (v., neste sentido, acórdãos Wielockx, já referido, n. 24; de 14.11.1995, Svensson e Gustavsson, C-484/93, *Colect.*, pp. I-3.955, n. 18; Eurowings Luftverkehr, já referido, n. 42; Verkooijen, já referido, ns. 56 a 58, e Baars, já referido, n. 40).

43. Em terceiro lugar, o Governo do Reino Unido, referindo-se ao n. 31 do acórdão Futura Participations e Singer, já referido, alega que a medida nacional em causa no processo principal poderia ser justificada pela preocupação de garantir a eficácia dos controles fiscais.

44. Basta referir, a este respeito, que não foi invocado perante o Tribunal de Justiça qualquer argumento destinado a demonstrar em que medida a regra de qualificação constante do § 8.a, n. 1, segundo parágrafo, da KStG, é suscetível de permitir às autoridades fiscais alemães controlar o montante dos rendimentos tributáveis.

45. Tendo em conta as considerações que precedem, há que responder à questão submetida pelo órgão jurisdicional de reenvio que o art. 43º CE deve ser interpretado no sentido de que se opõe a uma medida como a constante do § 8.a, n. 1, segundo parágrafo, da KStG.

Quanto às despesas

46. As despesas efetuadas pelos Governos alemão, dinamarquês e do Reino Unido e pela Comissão, que apresentaram observações ao Tribunal, não são reembolsáveis. Revestindo o processo, quanto às partes na causa principal, a natureza de incidente suscitado perante o órgão jurisdicional de reenvio, compete a este decidir quanto às despesas.

Pelos fundamentos expostos, o Tribunal de Justiça (Quinta Secção), pronunciando-se sobre a questão submetida pelo Finanzgericht Münster, por despacho de 21.8.2000, declara:

O art. 43º CE deve ser interpretado no sentido de que se opõe a uma medida como a constante do § 8.a, n. 1, segundo parágrafo, da Körperschaftsteuergesetz (lei relativa ao imposto sobre o rendimento das pessoas coletivas).

Wathelet, Timmermans, Edward, Jann, Rosas.

Proferido em audiência pública em Luxemburgo, em 12 de dezembro de 2002.

O Secretário, R. Grass.

O Presidente da Quinta Secção, M. Wathelet.

* * *

RDT 88

CADERNOS DE DIREITO TRIBUTÁRIO: LEI COMPLEMENTAR TRIBUTÁRIA – CARLOS MÁRIO DA SILVA VELLOSO • CONSIDERAÇÕES SOBRE O FUTURO DA HERMENÊUTICA TRIBUTÁRIA À LUZ DOS PRINCÍPIOS DA LIBERDADE E JUSTIÇA TRIBUTÁRIA – RICARDO LOBO TORRES • HARMONIZAÇÃO TRIBUTÁRIA NO ACORDO ALCA E O DIREITO BRASILEIRO – HELENO TAVEIRA TÔRRES • EFICIENCIA Y COSTES DE LA ADMINISTRACIÓN DE JUSTICIA: EL MODELO ALEMÁN – TORSTEN EHMCKE e DIEGO MARÍN-BARNUEVO • O SIGILO BANCÁRIO E FISCAL NO ORDENAMENTO JURÍDICO BRASILEIRO – JOSÉ AUGUSTO DELGADO • CONTRIBUIÇÕES SOCIAIS DE SEGURIDADE SOCIAL. ALGUNS ASPECTOS DE SEU REGIME JURÍDICO – WAGNER BALERA • PRINCÍPIOS DE DIREITO ADMINISTRATIVO TRIBUTÁRIO – AURÉLIO PITANGA SEIXAS FILHO • SIGILO BANCÁRIO E INTERPRETAÇÃO ECONÔMICA NO PROCESSO ADMINISTRATIVO – JOHNSON NOGUEIRA • PIS/COFINS – VARIAÇÃO CAMBIAL POSITIVA DE PASSIVOS – NÃO-INCIDÊNCIA – WALDIR LUIZ BRAGA e GUILHERME PEREIRA DAS NEVES • STJCE "LANKHORST-HOHORST *vs.* FINANZAMT STEINFURT", DE 12.12.2002, AS. C-324/00. LIBERTAD DE ESTABLECIMIENTO. NORMAS TRIBUTARIAS SOBRE SUBCAPITALIZACIÓN. DISTRIBUCIÓN ENCUBIERTA DE BENEFICIOS. COHERENCIA DEL RÉGIMEN FISCAL. EVASIÓN FISCAL – MANUEL LUCAS DURÁN • ***ESTUDOS E COMENTÁRIOS***: AS CONTRIBUIÇÕES SOCIAIS E A TREDESTINAÇÃO DE SEUS RECURSOS – PAULO AYRES BARRETO • ELEMENTOS QUE INTEGRAM O ATO COOPERATIVO DE FORMA GENÉRICA E A COMPETÊNCIA PARA ESTABELECER NORMAS COMPLEMENTARES QUE ESTABELEÇAM LIMITES À INCIDÊNCIA DE TRIBUTOS – RENATO ROMEU RENCK • A TEORIA COMUNICACIONAL DO DIREITO E O DIREITO TRIBUTÁRIO BRASILEIRO – DANIELA DE ANDRADE BRAGHETTA • ASPECTOS CONSTITUCIONAIS DA HIPÓTESE TRIBUTÁRIA DA TAXA PELA PRESTAÇÃO DE SERVIÇO PÚBLICO – VLADIMIR DA ROCHA FRANÇA • ACÓRDÃO DO TRIBUNAL DE JUSTIÇA (QUINTA SECÇÃO) 12 DE DEZEMBRO DE 2002 (ART. 43 CE – CASO LANKHORST-HOHORST)

MALHEIROS EDITORES

Revista de Direito Tributário

77